KB086227

나정희

정보관리기술사, 프로젝트 관리, PMO 전문가로 활동하고 있다. 동국대학교에서 컴퓨터공학, 아주대학교에서 정보통신경영학 석사 학위를 취득했다. 대우정보시스템, 넥스젠엔씨지(대표)를 거쳐 현재 ㈜씨에이에스에서 컨설팅사업 부문장(전무)으로 일하고 있다. 정보통신산업진흥원, 국방기술진흥연구소 등에서 총괄 PMO를 수행했다. 또한 대우자동차, 쌍용자동차, 행정안전부, 산림청, 한국석유공사, 중앙선거관리위원회에서 PM 및 컨설팅을 수행했다. 현재는 우리나라 PMO의 발전을 위해 방법론 개발, 지식화, 인력양성 등 많은 활동을 하고 있다.

원선기

프로젝트 관리, PMO 전문가로 활동하고 있다. 경기대학교에서 전자계산학을 전공하였고, 국민은행, 국민데이터시스템, 대신정보통신, SK C&C 등을 거쳐 현재 ㈜씨에이에스에서 PMO사업본부장으로 PMO 산업 발전을 위해 일하고 있다. 국제방송교류재단(아리랑국제방송), 중소기업중앙회, 금융감독원 등에서 총괄 PMO를 수행했다. 또한 국민은행, 기업은행, 대구은행, 동화은행, 산업은행, 서울은행, 수출입은행, 하나은행, 한국은행, 한미은행, 국민기술금융, 국민렌털, 국민카드, 대구영남상호신용금고, 한국증권금융, 한일신탁운영, SK증권에서 개발, 컨설팅 및 PM을 수행했다.

이창희

정보시스템 통제 및 보안 전문가로 활동하고 있다. 고려대학교에서 경영학을 전공하고 한국과학기술원(KAIST)에서 공학 석사학위를 취득했다. 플러스커리어코리아, 다이즈하이미디어를 거쳐 현재 ㈜씨에이에스에서 기업전략, IT전략, IT거버넌스, 내부통제(GRC, ESG) 등의 일을 하고 있다. 한국전력공사, 한국항공우주산업(KAI), 한국해양경찰청, 문화재청, 인천시청, 감사원, 신용보증기금, 한양증권, 휴니드테크놀러지스, 제주국제자유도시개발센터(JDC) 등에서 PM 및 컨설팅을 수행했다. 저서로는 『Cafe에서 끝내는 CISA』, 『Cafe에서 끝내는 PMP』 등이 있다.

정보화사업 성공을 위한
Enterprise PMO 실무가이드

vol.1

정보화사업 성공을 위한

Enterprise
PMO 실무 가이드 vol. 1

은서기, 전영하, 박호순, 나정희, 원선기, 이창희 지음

피톤치드

PMO를 위한 서문

인류 역사에서 가장 오랜 프로젝트는 의식주와 관련된 활동들입니다. 생존을 위한 집단 사냥부터 우주개발을 위한 문샷에 이르기까지 사람들은 끊임없이 사업을 추진해 왔습니다. 컴퓨터를 활용한 정보화 혁명도 프로젝트를 통하여 눈부신 속도로 신문명을 창조하고 있습니다.

최근 제4차 산업혁명에는 글로벌 빅테크기업부터 ICT 스타트업기업의 업무까지 프로젝트로 추진되고 있습니다. 이에 우리는 효과적이고 효율적인 프로젝트 추진이 생존경쟁은 물론 조직발전의 핵심이라는 사실을 봅니다. 이러한 시대적 요구에 부응하기 위해 이 책은 실무 경험자의 축적된 지식과 경험을 공유하고자 추진되었습니다. 집필에 참여한 분들은 ICT 현장 경험과 전문적 지식을 지닌 전문가 그룹입니다. 은서기 박사를 중심으로 집필진들은 ICT 프로젝트 추진 전 과정에 필요한 실무내용을 집대성하였습니다. 그 결과물이 『정보화 사업 성공을 위한 Enterprise PMO 실무가이드』라는 이름으로 세상에 나오게 되었습니다.

본 저서의 주요 집필 목적 중 하나는 프로젝트와 관련된 다양한 이해당사자들에게 실무에 직접적인 도움을 주기 위함입니다. 사업 발주자, 개발 주체, PMO 수행자, 나아가 PMO를 학문적으로 입문하는 대상도 염두에 두었습니다.

빠르게 변하는 시대적 흐름을 고려하여 본 저서는 달 정복을 위한 문샷의 발사와 같이 출간 이후에도 지속적으로 발전할 것입니다. 기술 및 환경변화에 따른 실무내용의 보충과 함께 실효성 가치 추구에 기초하여 다양한 방식으로 쉽게 접근될 수 있도록 개선할 것입니다.

㈜씨에이에스 대표이사

전 영 하

프롤로그

정보화사업이 대형화되고 복잡화되면서 투입인력과 구축 비용이 커지는 등 프로젝트 수행에 있어 위험도가 증가하고 있다. 또한 공공기관 정보화사업 추진 환경의 변화(IT 대기업에서 중소기업 중심으로)로 위험과 이슈관리 등 발주기관의 사업관리 역량과 수행사의 수행역량 부족으로 많은 프로젝트가 일정 지연, 품질 이슈, 부실 등으로 이어지고 있는 형편이다. 한마디로 대한민국의 소프트웨어 개발 생태계가 위기다.

이런 문제를 해결하기 위해 사업관리 수행전문가(PMO: Project Management Office)를 통해 노력하고 있으나 그 효과는 미미한 실정이다. 이는 PMO에 대한 전문적이고 체계적인 방법론과 지식 없이 경험에 기반한 개인기에 의존하고 있기 때문이다.

이 책은 이런 문제에 답변하기 위해 집필되었다. PMO는 프로젝트 수행을 일관성 있게 관리하고, 성공적인 완료를 위하여 지원, 감독, 통제 등의 제반 활동을 수행하는 조직이다. 초기에 PMO의 도입은 사업관리 효율을 향상하는 방법의 하나로 인식되었다. 특히 과거 프로젝트 성공이나 실패에 대한 지식을 효과적으로 전달하거나, 프로젝트 팀에게 프로젝트 수행과 관련된 지원 서비스를 제공한다는 점에서 효율적인 방식으로 인식되었다.

그러나 오늘날 PMO는 단순히 사업관리만이 아니라, 컨설팅, 감리 등이 통합된 형태로 발전하고 있다. 사업관리는 위험·이슈관리를 중심으로, 컨설팅은 업무와 기술 영역을 중심으로, 감리는 품질을 중심으로 PMO를 수행한다. 이 역시 문제가 있는데, PMO를 수행하는 주체가 컨설팅회사, 전문사업관리 수행(PMO)사, 감리법인 등으로 고객의 요구사항을 맞추는 데 초점을 둔다는 점이다.

한편 공공기관의 PMO 도입 형태를 보면 대부분 단일 프로젝트에 단일 PMO를 도입하고 있다. 그러나 PMO 도입의 역사가 오래된 대기업의 경우는 전사 차원의 PMO(EPMO: Enterprise PMO)를 도입하여 운영하고 있다. 향후 PMO는 'PMO → EPMO

→ UPMO(Union PMO)' 형태로 발전될 것으로 본다. PMO는 단일 프로젝트에 단일 발주기관이 기획·집행·사후관리 단계 업무를 수행하는 것이다. 그러나 EPMO는 단일기관이 다수 프로젝트를 통합적, 전사적으로 수행하는 것이다. 한편 UPMO는 다수의 기관이 다수의 프로젝트를 연합적으로 수행하는 개념이다.

PMO는 위기에 처한 대한민국 소프트웨어 개발 생태계의 문제를 해결하는 데 중요한 역할을 하게 될 것이다. 또한 발주기관의 PMO에 대한 요구사항 수준도 높아지며, PMO 시장도 점점 확대될 것이다. 그러나 소프트웨어 생태계 현장에서 발주기관, 수행사, PMO 수행자 등이 실질적으로 활용할 수 있는 방법론, 가이드, 사례 등이 부족한 것이 현실이다.

이 책을 집필하게 된 동기는 첫째, 대한민국의 IT 현장에서 도움이 되는 콘텐츠를 담은 PMO 실무 가이드를 제공하는 것이다. 둘째, 발주기관, 수행사 및 PMO 수행자에게 필요한 PMO 방법론을 제시하는 것이다. 셋째, 위기에 처한 대한민국 소프트웨어 개발 생태계의 문제를 해결하는 데 역할을 하고자 하는 것이다. 마지막으로 PMO를 체계적으로 공부하고 싶은 예비 PMO, 대학생 등에게도 도움을 주는 것이다.

이 책은 3부로 구성되었다. 1부에서는 'PMO란 무엇인가'에 대해서 근원적으로 답변했다. 왜 PMO를 도입하는지, 무엇이 PMO를 움직이는지, PMO 도입의 핵심 성공 요인은 무엇인지 등 PMO의 이론적 배경을 이야기하고 있다.

2부에서는 PMO 도입에 관해서 기술했다. PMO는 기획단계, 집행단계, 사후관리단계로 이뤄진다. 또한 PMO 집행단계는 사업관리 영역과 기술관리 영역, 기술지원 도구 영역으로 나눠진다. 기획단계에서는 정보화 기획, 계획수립, 사업자 선정·계약의 전 과정에 대해서 절차와 사례 중심으로 기술하였다. 집행단계의 사업관리는 통합관리, 이해관계자 관리, 범위관리, 자원관리, 일정관리, 위험·이슈관리, 품질관리, 성과관리, 조달관리, 의사소통 관리, 변화관리, 보안관리 등을 위한 이론적 배경, 기준, 측정지표, 절차, 사례를 중심으로 실무에서 직접 사용할 수 있도록 접근했다. 집행단계의 기술관리 영역은 프로젝트 단계별 응용, 데이터베이스, 아키텍처, 보안 등 점검하고 검토해야 할 내용을 이론적 배경, 기준, 측정지표, 절차, 사례 중심으로 기술하였다. 기술지원 도구 영역은 소프트웨어 소스코드 Inspection, 소프트웨어 개발 보안 약점 진단, 보안 진단(웹 취약점 진단), 인프라 보안 진단, 테스트, 데이터베이스 컬럼 무결성 진단, 데이터베이스 품질진단, 성능진단, 웹 표준(UI/UX), 웹 호환성, 웹 접근성, 개인정보 보호 등에 대해 이들이 무엇이고, 어떤 절차로 활용되며, 사례와 툴(Tool)에 대한 소개를 하였다. 사후관리단계는 PMO대상사업의 하자관리, 변화관리, 성과관리를 어떻게 하는지 기술하였다.

마지막 3부에서는 PMO 응용에 관해서 기술하였다. PMO는 단순히 사업관리, 기술관리, 기술 도구의 적용을 넘어 조직 전체에서 PMO가 어떤 역할을 하는지가 중요하다. CBD 방법론과 PMO, IT 거버넌스와 PMO, EA와 PMO, BPR과 PMO, ISP와 PMO, ISMP와 PMO, IT 아웃소싱과 PMO, 정보화사업 성과와 PMO, 디지털 전환과 PMO, 데이터 거버넌스와 PMO, 정부 클라우드 서비스와 PMO 등 PMO가 각각의 핵심 도메인에서 어떤 역할을 하는지 가이드를 제시했다.

이 책은 공공기관의 정보화사업 관련 법령, 규정, 가이드 등의 많은 내용을 인용해 집필하였다. 그중에 대한무역투자진흥공사(KOTRA), 특허청, 한국지능정보사회진흥원(NIA), 기획재정부, 행정안전부, 환경부, 정보통신산업진흥원(NIPA), 과학기술정보통신부, 조달청, 한국인터넷진흥원, 중소기업중앙회, 한국소프트웨어산업협회 등에서 만들어진 사례와 가이드를 인용한 것에 대해 미리 양해를 구하며, 이를 미리 밝혀둔다.

이 책은 ㈜씨에이에스 전영하 대표의 제언으로 2여 년간의 기획과 집필 과정을 거쳐 세상에 나오게 되었다. 물심양면으로 아낌없는 지원을 주신 것에 감사드린다. 또한 박호순 소장 등 집필에 참여한 모든 분께도 감사드린다.

마지막으로 주 저자로서 위기에 처한 대한민국의 소프트웨어 생태계에 이 책이 조금이나마 도움이 되길 바란다. 이 책은 정보화사업에 관련된 발주기관, 수행사, PMO, 감리사업자, 컨설팅사 등에 종사하는 사람들을 위한 책이다. 대한민국의 소프트웨어산업의 발전을 생각하는 모든 사람들에게 이 책을 바친다.

2023년 가을
사이경영연구원 대표(경영학 박사, PMP)
은서기

추천사

세상은 급속하게 디지털화되어 가며 기존 일자리가 사라지고, 새로운 일자리가 생겨나고 있다. 기업은 생존과 성장을 위해 지금까지 운영되던 비즈니스를 없애고 새로운 형태의 디지털 비즈니스로 전환하고 있다. 하루가 다르게 디지털 경제, 디지털 사회로 성큼성큼 세상이 빠르게 바뀌고 있다.

대한민국 정부도 IT 강국으로 전자정부를 구축한 경험을 토양 삼아 대국민서비스를 근간으로 하는 '디지털 플랫폼 정부'로 대전환 중이다. 전자정부 추진사업이 인프라 구축 등 공급자 중심이었다면, 디지털 플랫폼 정부 계획은 대국민서비스 향상을 지향하는 수요자 중심의 패러다임 전환이다. 다시 말해 디지털 플랫폼 정부는 데이터와 인공지능기술 등을 활용하여 한층 더 깊고 넓게 신뢰할 수 있는 서비스를 쉽고 편리하게 제공하는 정부 서비스 체계이다.

각 행정기관과 공공기관에서는 디지털 플랫폼 정부를 만들기 위해서 '차세대'라는 이름으로 많은 예산을 투입하여 정보화사업을 추진하고 있다. 그렇다 보니 프로젝트 양상도 대형화되고, 중장기 구축 계획을 바탕으로 발주되고 있다. 더불어 AI, 빅데이터, 초거대언어모형, 클라우드, MSA(Micro Service Architecture) 등 새로운 기술의 활용과 접목으로 프로젝트의 복잡도도 높아지고 있다.

이런 변화 가운데 공공 소프트웨어 개발은 전(全) 단계에 걸쳐 여전히 많은 개선 과제를 안고 있다. 예를 들면 예산수립단계에서는 요구사항 정의 및 규모 산정이 쉽지 않다. 제안요청단계에서는 요구사항 상세화, 기능점수 산정, 제안요청서 작성 등이 변경되고 고도화할 필요가 있다. 기술협상단계에서는 기술성 평가에 높은 전문성이 필요하고, 각종 제도의 적용 또한 녹록하지 않다. 사업수행단계에서는 요구사항 및 과업 변경 등 사업관리 및 기술관리역량이 부족하고, 종료단계에서는 결과물 검증과 성과평가가 미흡하다. 결론적으로 공공기관에서 추진하는 소프트웨어 개발 생태계에 경고의 빨간 불이 들어왔다는 얘기다. 이는 일정 지연, 품질 저하, 부실 등의 프로젝트 위협으로 이어질 수 있는 위험에 노출되고 있다는 뜻이다. 과연 이런 근본적인 문제를 해결하고 개선할 방법은 없는가?

『정보화 사업 성공을 위한 Enterprise PMO 실무가이드』는 종합적인 관점에서 문제 진단과 전략적 분석을 통해 해결 방안을 제시한다. 정보화사업의 프로세스인 기획, 계획수립, 사업자 선정과 계약, 사업수행, 검사·운영, 성과·평가 등 세부 분야에서 실무 경험자들이 자신만의 축적된 지식과 경험 등을 기술하였다. PMO의 이론과 실제가 총망라된 프로젝트 매니지먼트 완결판이라 할 수 있다. 대한민국 공공 및 민간 소프트웨어 개발 현장에 있는 사업 발주자, 개발 주체, PMO 수행자 등 모든 분께 이 책을 적극 추천한다.

김범수
(연세대학교 정보대학원 원장, 바른ICT연구소 소장, 한국지식경영학회 회장)

이 책은 국내 및 해외에 나온 책 중 Enterprise PMO에 대한 이론과 실무를 가장 제대로 파악한 책이다. 정보화 현장에서 바로 활용할 수 있는 프로젝트 관리기법을 실질적으로 가이드하고 있다. 무엇보다도 처음으로 PMO를 접하는 사람도 쉽게 이해하고 현장에서 바로 활용할 수 있도록 직관적이며 구체적으로 기술되어 있다.

권호열
(정보통신정책연구원 원장, 강원대학교 교수)

앞으로 PMO는 개별 프로젝트가 아닌 전체 프로젝트를 아우르는 '전사적(Enterprise) PMO'가 될 것이다. 이 책의 목적은 분명하다. 실무 중심의 Enterprise PMO 가이드로 참고할 만한 실전 매뉴얼을 제공하는 것이다. 프로젝트를 성공으로 이끌고 싶다면, 이 책은 선택이 아닌 필수다.

김종협
(법무부 정보화 담당관)

PMO의 조직과 역량에 따라 프로젝트의 효율과 성과가 달라진다. 이 책은 프로젝트 매니저가 달성해야 하는 목표, 예산과 일정 수립, 이해당사자 간의 소통 등 전체 직무를 관리하기 위한 스킬을 친절하게 가르쳐준다. 프로젝트 매니저에게 최고의 사수가 될 책이다.

이 책을 가까이하면 프로젝트의 성공적 수행에 필요한 전 분야를 꼼꼼하게 배울 수 있을 것이다.

조명연
((전)KPMG, 베어링포인트 본부장)

기업의 성공은 프로젝트의 성패에 달려 있다. 오늘날 프로젝트는 점점 대형화되고 고도화되고 있다. 그렇기에 기업 성공의 핵심 전략은 프로젝트를 성공적으로 관리하는 것이 되어야 한다. 이 책에서는 PMO 전문가들이 최소한의 시간과 비용을 투자하여 최고의 성과를 내는 프로젝트 관리 기법을 소개하고 있다. 당신이 CEO라면 전 부서 직원에게 선물해야 할 책이다.

조병휘
((사)정보시스템감리협회 부회장)

이 책은 ICT 현장 경험과 전문지식을 지닌 전문가 그룹이 ICT 프로젝트 추진 전 과정에 필요한 실무내용을 집대성하였다. 특히 PMO 기획 단계부터 집행 단계, 사후관리 단계까지 필요한 제반 사항을 안내하고 있어 이 분야의 좋은 가이드북이 될 것으로 기대된다. 사업 발주자, 개발 주체, PMO 수행자, PMO 입문자 등 프로젝트와 관련된 다양한 이해관계자들에게 적극 추천한다.

최정일
(한국품질경영학회 회장, 숭실대학교 교수)

프로젝트 추진은 과학적이고 효율적이어야 한다. 그래야 기업이 살고 조직이 발전한다. 이 책에서는 프로젝트 매니지먼트의 실무 경험자들이 자신들의 축적된 지식과 경험을 아낌없이 공개하고 있다. 적시에 필요한 산출물과 의사소통의 절차, 사례 등 실무경험이 없다면 담을 수 없는 내용이다. 성공적인 프로젝트 완수를 원한다면, 책장에 꽂아놓지 말고 데스크에 놓아 필요할 때마다 펼쳐 읽어서 참고하길 바란다.

황경태
(동국대학교 경영정보학과 교수)

(추천사는 가나다 순입니다)

vol. 1

제1부 PMO란 무엇인가?   28

제1장 왜 PMO를 도입하는가?   30

제2장 무엇이 PMO를 움직이는가?   36

---

vol. 2

제6장 PMO 기술지원 영역　　　　　　　　　　　　　28

제3부 PMO 응용　　　　478

제11장 EA와 PMO   520

제14장 ISMP와 PMO   572

제15장 IT 아웃소싱과 PMO   598

제1부
PMO란 무엇인가?

제1장 왜 PMO를 도입하는가?

1 PMO 출현 배경

역사적으로 문명은 끊임없는 도전을 통해 발전해 왔다. 이러한 도전은 흔히 프로젝트(Project)라는 형태로 이루어진다. 프로젝트는 기존에 없던 것을 정해진 기한까지 만들어 내기 위한 집약적 노력(Intensive Endeavor)을 수반한다. 대다수 프로젝트는 자원이 제약된 상황에서 이루어지며, 프로젝트 환경과 미래의 불확실성의 영향을 받는다. 따라서 편차는 있겠지만, 모든 프로젝트는 필연적으로 위험 속에서 시작한다.

20세기에 들어, 정보통신기술(ICT)의 발전이 가속화되면서 IT 프로젝트의 규모와 건수도 급격히 늘어나며 프로젝트가 실패로 끝나는 사례가 증가하고 있다. 이에 프로젝트의 실패 위험을 낮추기 위한 학계와 산업계의 폭넓은 연구와 시도가 이루어지고 있다. 이러한 문제 해결을 위해 체계화된 절차, 기법, 도구로 구성된 다양한 프로젝트 관리 방법론이 등장하면서, 프로젝트를 성공적으로 수행하는 데 나름의 역할을 하고 있다.

그럼에도 이런 프로젝트 관리 방법론은 현실적인 한계가 있다. 첫째, 기존 프로젝트 관리 방법론은 발주자 관점보다는 수행자 관점에서 접근하고 있다는 점이다. 따라서 발주자 관점에서 프로젝트 이슈를 선제적으로 대응하거나 진행 상황을 효과적으로 관리하는 데한계가 있다. 둘째, 일정, 예산, 인력 등 제약에 시달리는 PM(Project Manager)은 프로젝트관리 방법론을 적용하는 것에 부담을 느낀다. 그로 인해 본연의 취지를 훼손하면서까지 프로젝트 관리 방법론을 간소화하여 적용하는 경우가 많다.

이러한 문제의 해결방안으로 PMO(Project Management Office)가 등장했다. PMO의최초 사례는 1930년대 미 공군이 항공기 개발과정을 모니터링하기 위해 만든 ProjectOffice(PO)다(Crawford & Cabanis-Brewin, 2010). 이후 1950년대, 미군은 복잡한 미사일 체계를 개발하면서 System Program Office(SPO)를 운영하였다. 1980년대는 이러한 관리방법이 민간 부문에도 활용되기 시작하였고 점차 PMO라는 표현이 널리 사용되었다.

PMO가 프로젝트 성공에 영향을 준다는 실증 연구 사례가 증가하면서 PMO 도입도 증가하기 시작하였다. 예를 들어 미국에서는 2000년 48%, 2006년 77%, 2010년 84%로 PMO도입 사례가 급증하고 있으며, 유럽에서도 조사 대상의 80% 정도가 어떤 방식으로든PMO 기능을 수행하고 있는 것으로 나타났다(김본영 외, 2016). 해외 PMO 성공사례가 증가하면서 2000년대 국내 대기업, 금융기관 등을 중심으로 PMO에 관심을 가지게 되었다. 공공기관은 2010년대 초에 PMO 도입 제도화에 대한 논의가 본격적으로 이루어졌다. 관련법률과 시행령이 각각 2011년과 2013년부터 시행되었고 이후 PMO 도입 사례가 꾸준히늘고 있다.

<그림 1> PMO, 프로젝트 관리팀, 프로젝트팀 관계

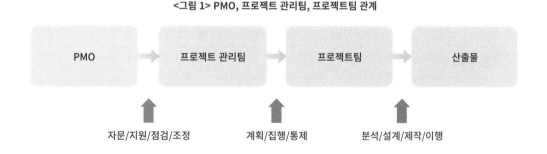

오늘날 PMO라는 표현은 다양한 의미로 사용되고 있지만, '프로젝트'가 아니라 '프로젝트 관리'를 관리한다는 공통 개념을 가지고 있다. 예를 들어, 프로젝트 A의 프로젝트 관리팀은 해당 프로젝트의 범위, 일정, 원가, 리스크 등을 관리하며, 프로젝트팀은 해당 프로젝트의 최종 산출물 제작과 품질을 책임진다. 이에 비해, PMO는 프로젝트 A의 프로젝트 관

리팀이 해당 프로젝트를 체계적으로 관리할 수 있도록 자문, 지원, 조정, 감독 등의 역할을 한다.

2 공공기관의 PMO 도입 배경

2.1 사업관리 전문가 활용

공공기관에서 PMO를 도입하는 가장 큰 이유는 전자정부사업 발주기관의 담당자가 정보시스템 구축 및 사업관리에 대한 전문성과 경험이 부족하기 때문이다. 심지어 담당자가 업무를 수행하면서 하나의 또는 여러 전자정부사업을 동시에 관리하기도 한다. 이런 경우, PMO를 도입하면 외부 전문가로 구성된 PMO로부터 PMO대상사업의 기획, 집행, 사후관리단계에서 전문적인 사업관리 및 기술지원 서비스를 받을 수 있다. 이를 통해 프로젝트 리스크 및 역기능을 최소화하고 사업 성공 가능성을 증대할 수 있다.

2.2 중소 IT업체의 사업관리 역량 미흡

2012년 5월 개정된 「소프트웨어산업 진흥법」이 2013년 1월부터 시행되면서 국가기관 등이 발주하는 소프트웨어사업에서 대기업의 참여 제한이 강화되었다. 이에 공공정보화 관련 사업이 중소기업 중심으로 전환되었다. 이는 중소기업을 보호하기 위한 정책이었으나 일반적으로 중소 IT업체는 대기업보다 사업관리 역량과 경험이 부족하다는 문제가 있다. 따라서 이를 보완하기 위해 PMO 도입을 통해 중소 IT업체의 사업관리를 검토, 조정 및 지원할 필요가 있다.

2.3 객관적 보고

업무의 복잡성과 IT 기술의 발전으로 일부 금융, 공공 등 정보시스템이 전략적으로 매우 중요한 부문에서 거대 자금이 투입되고 있다. 한편 CEO, CFO 등 경영진은 IT 프로젝트에 대한 성과를 최대한 객관적이고 정량적으로 측정하기를 원한다. 최근 IT 총투자 대비 IT 투자로부터 얻어지는 비즈니스 편익의 재무적 가치를 평가하는 체계인 IT ROI(Return on Investment)를 구축하는 조직이 늘고 있는 것도 같은 맥락이다. 외부 PMO를 도입하면 특정한 IT 프로젝트를 위한 재무적/비재무적, 정량적/정성적, 선행/동행/사후 성과를 객관적으로 측정하고 적시에 조치하는 데 도움을 받을 수 있다.

2.4 조직목표 달성

PMO는 동시에 수행되는 복수의 프로젝트를 통합 관리할 때 효과가 크다. 자원과 인력이 제한된 상황에서 동시 진행되는 프로젝트는 필연적으로 자원 쟁탈전을 벌이게 된다. 각각의 프로젝트팀은 독자적인 스타일로 프로젝트를 관리하고, 타 프로젝트와의 연계나 전체적 균형을 고려하지 않은 채 자기 프로젝트의 성공에만 몰두하기 쉽다.

이에 많은 조직이 PMO 도입을 통해 프로젝트 관리 방법의 일관성을 확보하고 전사적/전략적 관점에서 우선순위에 따라 각 프로젝트에 자원을 배분하고, 프로젝트 간 경계를 허물어 상호균형을 실현하고 있다. 최근 들어 공공기관이 발주한 복수의 사업을 복수의 수행사가 동시에 수행하는 경우 외부 PMO를 도입하는 사례가 늘어나고 있다. 향후 PMO의 발전 방향은 이처럼 개별 프로젝트가 아닌 전체 프로젝트를 아우르는 '전사적(Enterprise) PMO'가 될 것으로 보인다.

2.5 IT 환경의 변화

오늘날 ICT의 급격한 발전과 다양한 신기술 개발은 IT 프로젝트의 대형화와 기술환경의 가변성으로 이어지고 있다. 그로 인해 최신 기술이 적용되는 대형 IT 프로젝트일수록 더욱 높은 사업관리 역량과 기술적 전문성이 요구된다. 한편, 이러한 사업관리 역량과 기술적 전문성을 자체적으로 확보하려면 장기간에 걸친 상당한 투자와 꾸준한 연구개발이 필요하다. 하지만 대다수 조직은 이러한 고도의 전문인력을 확보하고 유지하기 위한 비용과 노력을 감당하기 어렵다. 이러한 현실적 상황을 고려할 때 최적의 대안은 외부 전문조직으로부터 PMO 서비스를 위탁 운영하는 것이다.

2.6 복합적 프로젝트 목표 달성

여전히 많은 프로젝트가 최종 납기 준수만을 목표로 관리되고 있다. 일차적으로 이러한 현상은 전술한 바와 같이 발주기관과 수행사 모두 전문적 사업관리 인력이 부족해서 발생한다. 하지만 어느 정도 전문적인 사업관리 인력이 확보된 프로젝트라 할지라도 의도적으로 프로젝트 목표를 단순화하는 경향이 있다. 이에 비해 PMO를 도입하면 다음과 같은 복합적 목표와 지표로 프로젝트 성과를 관리한다.

- 고품질 시스템의 성공적인 오픈
- 비즈니스 개선 과제를 반영한 시스템 구축
- 사용자 중심 시스템 구축
- 프로젝트 성과목표 달성

따라서 복합적인 프로젝트 목표 달성이 촉진될 수 있다.

2.7 IT 조직역량 내재화

PMO는 사업관리 및 기술지원 인력을 훈련하고 역량을 강화하기 위한 목적으로 활용될 수도 있다. PMO와 공동진행을 통해 발주기관 담당자의 사업관리 역량과 기술 전문성을 강화할 수 있다. 예를 들어 프로젝트 기획, 통제, 관리, 적용 기술에 대한 주요 PMO 관리 포인트를 이해하고 최종 시스템의 비즈니스 활용까지 고려하는 이른바 IT 거버넌스 개념을 확립할 수 있다. 실제로 최근 공공기관 PMO사업의 제안요청서는 PMO 교육 및 기술이전에 대한 요구사항이 대부분 포함되어 있다.

2.8 법제도 변경

정부는 「소프트웨어산업 진흥법」 개정으로 전자정부사업에 상호출자제한기업집단의 참여를 전면 제한하였다. 한편 사업수행 환경도 점차 복잡화되어 발주기관 자체로 프로젝트를 감당하기에는 어려움이 있다. 이에 대응하기 위해 정부는 전자정부사업관리 위탁 (PMO)제도 관련 「전자정부법」 개정·공포('13.4.5) 및 시행('13.7.6)을 하였다.

<표 1> PMO를 도입할 수 있는 전자정부사업의 범위

「전자정부법 시행령」 제78조의2(관리·감독업무를 위탁할 수 있는 전자정부사업의 범위 등)
① 법 제64조의2제1항에 따른 관리·감독 업무(이하 "전자정부 사업관리"라 한다)를 위탁할 수 있는 전자정부 사업의 구체적인 범위는 다음 각호와 같다. <개정 2014.7.28>
1. 전자민원창구 시스템, 재난안전관리 시스템 등 국민 생활의 편의와 안전을 위하여 필요한 정보시스템을 구축하거나 고도화하는 사업
2. 행정기관 내 전자문서유통 시스템 등 여러 중앙행정기관 등이 공통으로 사용하여 행정의 효율성에 큰 영향을 미치는 정보시스템을 구축하거나 고도화하는 사업

3. 행정정보의 공동이용시스템 등 둘 이상의 정보시스템이 통합·연계되어 고도의 사업관리 역량이 요구되는 사업

4. 다음 각 목의 어느 하나에 해당하는 사업으로서 전자정부사업관리의 위탁이 필요하다고 중앙행정기관 등의 장이 인정하는 사업

　　가. 해당 중앙행정기관등이 전자정부사업관리에 대한 경험 및 전문성 등이 부족하거나 필요 인력 등이 충분하지 아니하여 위탁관리가 필요한 사업

　　나. 그 밖에 전자정부사업의 중요도 및 난이도 등이 제1호부터 제3호까지의 사업에 준하는 것으로서 전문적인 관리·감독이 필요하다고 인정되는 사업

제2장 무엇이 PMO를 움직이는가?

1 프로젝트

1.1 프로젝트의 정의

조직은 가치 창출을 위해 일한다. 일한다는 것은 시간과 자원을 소비하는 활동이다. 그러나 시간과 자원은 언제나 한정되기에, 조직은 최적의 방식으로 일하도록 끊임없이 노력한다. 조직에서 수행되는 일은 크게 프로젝트(Project)와 운영(Operation)으로 나눌 수 있다. 프로젝트와 운영은 서로 밀접하게 연결되어 있는데, 프로젝트는 새로운 운영이 시작되게 하거나 기존의 운영을 변경시킨다. 프로젝트와 운영이 변화하는 내외부 환경과 조직의 목적을 고려하여 유기적으로 연계될 때, 조직의 가치 창출 능력은 계속해서 향상할 수 있다.

프로젝트관리협회(PMI: Project Management Institute)에 따르면, 프로젝트란 '고유한 제품, 서비스 또는 결과를 창출하기 위한 한시적 노력(temporary endeavor undertaken to create a unique product, service, or result)'이라 정의한다. 프로젝트를 통해 산출되는 제품, 서비스 또는 결과물은 기존의 방식과 달라 고유(unique)하다. 또한 프로젝트는 명확한 시작과 끝을 가지기 때문에 한시적(temporary)이다. 이에 비해 '운영은 반복적인 제품, 서비스 또는 결과를 창출하기 위한 끝이 지정되지 않은 노력(permanent endeavor undertaken to create a repetitive product, service, or result)'으로 정의한다. 운영을 통해 산출되는 제품, 서비스 또는 결과는 기본적인 특성이 거의 변하지 않으며 반복적으로(repetitive) 생산된다. 또한 운영은 끝나는 시점을 명확하게 지정하지 않고 이루어지기 때문에 지속적(permanent)이다.

예를 들어 신약을 개발하거나 생산공장을 자동화하거나, ERP 시스템을 구축하는 등의 노력은 프로젝트에 해당한다. 이에 비해 새로 개발된 치료제를 홍보하고 판매하거나, 새로운 생산공정을 가동하여 제품을 생산하거나, 새로 구축된 ERP 시스템을 가동하여 업무에 활용하는 것은 운영에 해당한다. 프로젝트가 성공적일수록 운영 과정에서 발생하는 소요 시간과 원가가 절감되고 생산성이 향상되며 매출과 고객 만족도가 증가한다.

1.2 프로젝트의 필요성

역사적으로 인류의 발전 과정에는 혁신적인 시도와 대담한 도전이 있었고 그러한 노력은 상당 부분 프로젝트의 형태로 이루어졌다. 물론 모든 프로젝트가 항상 옳거나 선하거나 성공하는 것은 아니다. 하지만 새로운 아이디어를 실현하고, 현실의 문제를 해결하며, 더 나은 미래를 위해 끊임없이 노력하지 않는 조직은 점차 쇠퇴하다 결국 멸망한다. 단언하자면, 프로젝트를 하지 않는 조직에는 미래가 없다.

조직이 프로젝트를 추진하는 동기와 목적은 다양하지만, 상위 수준에서는 어느 정도 유형화할 수 있다. PMI의 『프로젝트 관리 지식 체계(PMBOK: Project Management Body of Knowledge)』6판에서는 프로젝트의 추진 요인을 <그림 2>와 같이 4가지 유형으로 분류한다.

<그림 2> 프로젝트 추진 요인

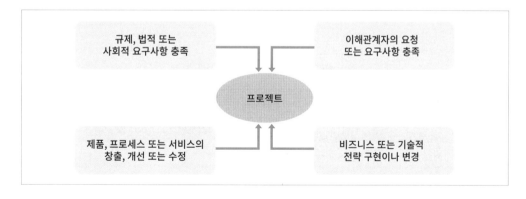

첫째, 규제, 법적 또는 사회적 요구사항 즉, 조직 외부의 강제적 요구사항을 준수하기 위함이다. 세계적으로 개인정보 보호와 관련한 법적 의무가 강화되면서 업무 절차나 정보시스템이 관련 법규를 준수하는지 점검하고 보완하기 위한 프로젝트가 늘고 있다. 금융 및 의료 분야와 같은 고객의 개인정보를 다루거나 유럽연합(EU)처럼 개인정보 보호 관련 법규가 엄격하게 적용되는 국가와 거래하는 기업들의 경우다.

둘째, 이해관계자의 요청 또는 요구사항을 충족하기 위함이다. 예를 들어 국방부는 어느 조직보다 보안 요건이 엄격하여 사용자 편의성보다 시스템 보안성이 중요하다. 그런데도 장병 및 장교들과 군무원들의 지속적인 요청을 받아들여 높은 보안성을 유지하면서도 모바일로 급여 조회, 증명서 발급신청 등 사용자 편의 서비스를 제공할 수 있도록 급여 관리 시스템을 고도화하는 프로젝트를 수행한 바 있다.

셋째, 기존 제품, 프로세스 또는 서비스를 개선 혹은 변경하거나 새롭게 출시하기 위함이다. 예를 들어 자동차 제조업체들은 기존 모델을 업그레이드하거나 신차를 출시하기 위한 연구개발(R&D) 프로젝트를 수행하고 있다. 특히 최근 환경보호에 관심이 커지면서 전기자동차와 관련한 요소기술을 개발하고 신차를 출시하기 위한 프로젝트를 경쟁적으로 추진하고 있다.

넷째, 비즈니스 전략 또는 기술 전략을 구현하거나 변경하기 위함이다. 예를 들어 중국에서 운영되던 생산공장이 현지의 인건비 상승으로 경쟁력을 잃게 되면서 기존 공장을 폐쇄하고 인도나 베트남으로 생산기지를 이전하는 프로젝트를 추진할 수 있다. 또는 제조만 하던 반도체업체가 설계 능력까지 갖추기 위해 관련 설비와 기술 및 전문인력을 확보하는 프로젝트를 추진하는 경우가 이에 해당한다.

PMI의 『PMBOK』 7판에서는 다음 <표 2>와 같이 프로젝트 추진 요인을 예시하고 각각을 4가지 유형과 매핑하고 있다.

<표 2> 프로젝트 추진 요인의 사례

특정 요인	특정 요인의 예	규제, 법적 또는 사회적 요구사항 충족	이해관계자의 요청 또는 요구사항 충족	제품, 프로세스 또는 서비스의 창출, 개선 또는 수정	비즈니스 또는 기술적 전략 구현이나 변경
신기술	전자 회사가 컴퓨터 메모리와 전자부품 기술의 발전을 토대로 더 빠르고, 더 싸고, 더 작은 노트북을 개발하는 신규 프로젝트 승인			○	○

특정 요인	특정 요인의 예	규제, 법적 또는 사회적 요구사항 충족	이해관계자의 요청 또는 요구사항 충족	제품, 프로세스 또는 서비스의 창출, 개선 또는 수정	비즈니스 또는 기술적 전략 구현이나 변경
경쟁 세력	경쟁사의 제품가 인하로 인해 경쟁력 유지를 위한 생산 원가 절감 필요				○
자재 문제	한 지방 교량의 지지 구조물 중 몇 군데서 균열이 생겨 문제를 해결하는 프로젝트 초래	○		○	
정치적 변화	현재 프로젝트의 프로젝트 자금에 변화를 요구하는 새로 당선된 공직자				○
시장 수요	자동차 회사에서 휘발유 부족 사태에 대응하여 연비가 높은 자동차를 생산하는 프로젝트 승인		○	○	○
경기 변화	경기 위축으로 현재 프로젝트의 우선순위 변경 필요				○
고객 요청	전력기업에서 신규 산업 단지를 지원할 변전소를 신축하는 프로젝트 승인		○	○	
이해관계자 요구	조직에서 새로운 결과물을 산출해야 한다고 요구하는 이해관계자		○		
법적 요구사항	화학 회사에서 새로운 독성 물질의 올바른 취급을 위한 가이드라인을 마련하는 프로젝트 승인	○			
비즈니스 프로세스 개선사항	조직이 린 6 시그마 가치 흐름 매핑 연습 결과로 프로젝트 이행			○	
전략적 기획/비즈니스 요구	교육 회사가 매출 증대를 위해 새로운 과정을 개설하는 프로젝트 승인			○	○
사회적 요구	개발도상국의 비정부 기구에서 전염병 발병률이 높은 지역사회에 휴대용 정수기, 화장실, 위생 교육을 제공하는 프로젝트 승인		○		
환경 고려사항	공공 기업이 공해 감소를 위한 전기 자동차 카쉐어링을 위한 신규 서비스 개발 프로젝트 승인			○	○

1.3 프로젝트의 특수성

한 조직에서 운영은 반복적인 결과를 산출하기 위한 지속적인 노력이며, 프로젝트는 고유한 결과를 산출하기 위한 한시적인 노력이다. 제한된 기간에 새로운 결과를 산출해야 하는 특성 때문에 프로젝트는 운영보다 더 높은 불확실성에 노출되는 것이 일반적이다. 이러한 불확실성은 프로젝트 환경의 변화와 맞물려 리스크 증가를 가져온다.

프로젝트와 운영의 차이는 관리적인 차원에서 중요한 차이를 낳는다. 운영은 사전 정의한 프로세스에 따라 표준화된 결과물을 반복적으로 산출하도록 수행한다. 따라서 운영관리의 핵심 목표는 프로세스의 효율성(efficiency)을 높이는 것이다. 이에 비해 프로젝트는 새로운 결과물을 정의하고 이를 산출하는 최적의 방법을 찾아내는 과정으로 필연적으로 시행착오가 발생한다. 따라서 프로젝트 관리의 핵심 목표는 어느 정도의 실수를 감수하더라도 프로젝트의 궁극적 목적을 달성하는 효과성(effectiveness)을 높이는 것이다.

<표 3> 운영과 프로젝트 비교

구분	운영	프로젝트
결과물	반복	고유
수행 기간	지속적	일시적
불확실성 및 리스크	상대적으로 낮다	상대적으로 높다
중점 관리 목표	효율성	효과성

1.4 프로젝트 관리와 포트폴리오

1.4.1 프로젝트

관리(Management)라는 활동을 직관적으로 정의하면 '일이 되게 하는 일(work that makes a work work)'이다. 다시 말해 관리는 운영이나 프로젝트가 효율적으로 수행되고 일의 궁극적 목적이 달성되도록 계획(plan), 실행(do), 검토(check), 조치(act)하는 노력이다. 한편 프로젝트 관리는 운영관리보다 효과성을 중시하는 경향이 있으며, 하드 스킬(직무 수행과 직결되는 전문 기술) 못지않게 소프트 스킬(의사소통 및 대인관계 관련 기술)이 많이 요구되고 공학적(과학적) 기법과 더불어 예술적(감각적) 접근이 필요하다.

프로젝트 관리의 핵심은 분할(decomposition)과 분석(analysis)으로서 관리 대상의 범위와 구성을 잘게 쪼개는 것에서부터 출발한다. 범위와 규모가 작을수록 이해하고 관리하기 쉬우므로 소위 분할·정복(divide and conquer) 전략을 활용하는 것이다. 하지만 결국 쪼개진 단위들은 다시 하나로 결합해야 하므로 소통과 통합(communicate and integrate)의 노력이 병행되어야 한다. 이와 더불어 자원(일정, 원가, 인력)의 제약과 대내외 영향력(리스크, 이해관계자)에 순응하거나 이용하거나 극복하면서 일의 과정과 결과가 갖추어야 할 특성들을 만족시켜야 한다.

프로젝트 관리의 특성을 고려하여, PMI의 『PMBOK』 6판에서는 5개 활동 그룹(착수, 계획, 실행, 감시 및 통제, 종료)과 10개 지식영역(통합, 범위, 일정, 원가, 품질, 자원, 의사소통, 리스크, 조달, 이해관계자)으로 프로젝트 관리를 상세화한다. 하지만 프로젝트 관리자(PM)는 프로젝트의 규모와 복잡성에 따라 프로젝트 관리의 넓이와 깊이와 상세화 정도를 조정하는 것이 필요하다. 이에 대한 세부적인 판단은 PM의 지식과 경험, 개인적 성향과 통찰력, 조직문화 등에 의존하기 때문에 프로젝트는 관리의 예술(Art of Management)이라고 할 수 있다.

1.4.2 프로그램

프로젝트는 순수하게 독립된 하나의 프로젝트만을 가리킬 수도 있지만, 여러 프로젝트를 한데 묶어 프로젝트라고 지칭할 수도 있다. 이때 상위 프로젝트에 포함된 하위 프로젝트를 서브 프로젝트(sub-project)라고 부르는 한편, 프로젝트의 효과적 관리를 위해 프로그램(program)이나 포트폴리오(portfolio)라는 개념을 사용한다.

프로그램이란 상호관련성이 높아서 개별적으로 관리할 때보다 통합적으로 관리할 때 더 많은 편익을 얻을 수 있는 프로젝트들의 집합이다. 대표적인 사례가 아폴로 계획(Project Apollo)이다. 아폴로 계획은 1961~1972년에 미국항공우주국(NASA)이 추진한 유인 달탐사 프로젝트이다. 당시 소련과 체제경쟁을 하던 미국은 제35대 대통령 존 F. 케네디(John F. Kennedy)의 결정에 따라 인간을 안전하게 달에 보내었다가 무사히 지구로 귀환시키는 계획을 추진하였다. 결국 이러한 목표는 1969년 아폴로 11호에 의해 최초로 달성되었고 이후 1972년 12월까지 총 여섯 번에 걸쳐 성공적으로 달에 착륙하였다.

<그림 3> 아폴로 계획에 의한 달탐사 장면

| 사령선 | 달 착륙선 | 월면차 | 우주복 |

아폴로 계획은 전체로 보면 하나의 프로젝트이지만, 세부적으로 보면 엄청나게 많은 하위 프로젝트들로 구성되어 있다. 발사체 개발, 로켓 엔진과 연료 개발, 우주식량 개발, 우주인 양성, 사령선 제작, 달 착륙선 제작, 월면차 제작, 우주복 제작 등 일일이 다 열거하기 어려울 정도다. 이러한 하위 프로젝트들은 상호의존성이 매우 높아서 어느 하나라도 실패하면 계획 전체가 지연되거나 무산될 수밖에 없다.

1.4.3 포트폴리오

포트폴리오란 조직이 전략적 목적을 달성하기 위해 수행하는 프로젝트, 프로그램, 운영의 집합이다. 프로그램과 달리 포트폴리오를 구성하는 프로젝트들은 반드시 서로 연관 관계가 있어야 하는 것은 아니다. 예를 들어 NASA에서 태양 탐사 계획, 화성 탐사 계획, 목성 탐사 계획, 우주 정거장 운영, 로켓 발사시설 운영 등을 수행하고 있다고 가정한다면 이러한 프로젝트, 프로그램, 운영은 NASA의 포트폴리오라고 할 수 있다.

조직이 포트폴리오를 구성하고 관리하는 목적은 포트폴리오를 통해 얻어지는 조직의 이익을 극대화하기 위함이다. 다시 말해 자금, 인력, 작업 공간, 설비 등의 제약과 각각의 프로젝트, 프로그램, 운영을 통해 얻을 수 있는 원가 대비 이익의 총합을 극대화하는 것이다. 이러한 과정에서 상황에 따라 원가 대비 이익이 높은 프로젝트나 프로그램 또는 운영이라도 중단하거나 연기할 수도 있다.

예를 들어 프로젝트 10개가 모두 개별적으로는 경제적, 기술적, 법적 타당성이 높을지라도 보유 자금과 인력의 한계로 8개의 프로젝트만 수행해야 할 경우가 있다. 이와는 반대로 조직의 장기적 전략을 실현하기 위해 정부 보조를 받거나 다른 조직과 제휴하여 10개의 프로젝트 모두를 수행할 수도 있다. 이러한 판단은 전사적 차원에서 경제적/비경제적, 재무적/비재무적, 장기적/단기적 이익과 비용, 기회와 위협을 복합적으로 고려하여 내리게 될 것이다.

2 PMO

2.1 PMO의 정의

PMO(Project Management Office)라는 용어는 상황에 따라 조금씩 다른 의미로 사용되고 있고 <표 4>와 같이 다양한 정의가 있다(김상복, 2016).

<표 4> PMO의 정의

연구자/기관	PMO 정의
이진실 등 (2012)	전사 차원에서 프로젝트를 총괄적으로 관리하기 위한 조직으로 관리체계 구축, 수행 중 발생하는 위험 요인 식별 및 효과적 통제를 통해 프로젝트가 성공적으로 완료될 수 있도록 지원하는 조직
한국정보화 진흥원(NIA) (2012)	프로젝트 전체 추진단계 및 전분야를 총괄 관리하는 전담 조직으로 체계적인 프로젝트 관리체계 구축과 발생 가능한 위험 요소에 대한 효과적인 관리 및 통제, 지원을 통해 프로젝트의 성공적인 추진을 지원하는 조직
이재범 등 (2012)	프로젝트를 성공시키기 위해 다양한 지원 업무의 수행과 통제 권한을 보유하고 있는 프로젝트 관리 전문조직
Owig 등	프로젝트 수행을 위한 중심 조직으로 프로젝트 관리의 지속적인 향상을 위해 체계적인 지원과 리더십 제공 이전 프로젝트 계획, 성과, 이슈, 문제 목록 등 기록과 공유, 프로젝트 이력 문서 보관을 위해 데이터베이스 유지, 기술과 템플릿에 대한 설명 등의 역할수행
Bates	전사 차원에서 프로젝트 관리 방법을 공식화하는 것으로 프로젝트 관리 능력을 향상하고 발전시키기 위한 실질적인 사항을 제시하여 주는 프로젝트 근간 조직
PMI-PMBOK	기업 내에서 수행되는 모든 프로젝트의 통합, 프로젝트 포트폴리오 관리 조직, 프로젝트 방법론, 프로세스 및 절차, 통제, 도구, 인력, 교육 훈련 등 기능 수행
Ward	프로젝트를 지원하는 전문성을 보유한 조직으로 프로젝트 관리자, 프로젝트팀을 지원하고 조직의 정책에 맞도록 적합한 통제 업무를 수행하는 기업 총괄 조직
Dinsmore	전사 차원에서 프로젝트 관리체계 표준화, 프로젝트 수행 경험 축적, 업무수행을 위해 필요한 지식과 교육 훈련 기회 제공, 이를 통해 프로젝트 관리 효율성을 높이기 위한 조직

PMO는 투입인력의 형태에 따라 내부 PMO와 외부 PMO로 나누기도 한다. 내부 PMO는 주로 내부 인력으로 구성하며 조직에서 수행되는 여러 프로젝트에 방법론, 템플릿, 수행 및 관리 도구, 교육 및 훈련 등을 제공한다. 또한 각 프로젝트팀이 자체적으로 해결하기 힘든 이슈나 애로사항의 해결을 지원한다. 일반적으로 내부 PMO는 조직 내 수행되는 프로젝트가 많고 자체적으로 PMO를 운영할 만큼 인력과 전문성을 가진 경우에 도입한다.

외부 PMO의 기능은 큰 틀에서 내부 PMO와 유사하지만, 외부 전문가들로 구성하는 일종의 위탁용역이라는 점에서 차이가 있다. 국내에서 정보화사업의 위탁관리 서비스를 가

리키는 PMO는 기본적으로 외부 PMO로서 발주기관이 PMO대상사업의 관리를 위해 외부 전문가 그룹의 지원을 받는 것이다. 이때 PMO에 위탁하여 관리하는 프로젝트는 하나일 수도 있고 복수일 수도 있다.

한편, 내부 PMO와 외부 PMO를 혼합하여 도입할 수도 있다. 예를 들어 조직의 자체 인력으로 사업관리 중심의 내부 PMO를 구성하여 운영하면서, 기술적 전문성이 강화된 외부 전문가들로 기술지원 중심의 외부 PMO를 구성하여 운영하는 식이다. 이렇게 하면 내부 PMO의 부족한 역량을 외부 PMO를 통해 보완할 수 있다.

2.2 PMO의 역할

PMO의 정의와 마찬가지로, PMO의 실제적인 역할과 책임도 조직 및 프로젝트마다 조금씩 다르다. 하지만 공통적인 역할은 더 큰 시각에서 특정한 프로젝트 또는 일련의 프로젝트들을 지원하는 것이다. 예를 들어 프로젝트 관리 방법론 제공, 리스크 및 이슈관리, 프로젝트 간 의사소통 및 자원 공유 등이 이에 해당한다. 한편, 학자들이 제시하는 PMO의 역할과 기능은 <표 5>와 같다(오민정 외, 2018).

<표 5> PMO의 역할과 기능

학자	역할과 기능	
Berry와 Parasuraman (1991)	- 프로젝트 산출물관리 및 검토(중간자 역할) - 프로젝트 지원(지원자 역할) - 프로젝트 리더십 제공(리더 역할)	
Block과 Frame (1998)	- 프로젝트 보고 및 소프트웨어 지원 - 프로젝트 제안서 개발 및 전문성 제공 - 프로젝트 관리 표준과 방법론 개발 및 활용지원	- 프로젝트 전문인력 교육 - 프로젝트 관리자의 업무 지원
Crawford (2004)	- 프로젝트 계획 수립 및 지원 - 프로젝트 표준방법론 및 역량 개발 - 프로젝트와의 전략적 목표 연계	- 프로젝트 자원관리 - 프로젝트 감시 및 검토, 의사소통 관리 - 구매 및 계약 관리
Dai와 Wells (2004)	- 인력 지원 - 교육 및 훈련 - 자문 및 멘토링	- 과거 프로젝트 기록에 대한 정보 제공 - 프로젝트 관리 지원 - 프로젝트 관리 표준과 방법 개발
Hill (2004)	- 실행 관리 - 기반 관리 - 자원통합 관리	- 기술지원 관리 - 업무 연계성 관리
Hobbs와 Aubry (2007)	- 프로젝트 성과 감시 및 통제 - 프로젝트 관리 역량 및 방법론 개발 - 멀티 프로젝트 관리	- 전략 관리 - 조직 학습

학자	역할과 기능	
Artto 등 (2011)	- 방법론 관리 - 관리 지원 - 프로젝트 모니터링	- 교육 및 컨설팅 - 프로젝트 평가, 분석 및 선정
Unger 등 (2012)	- PPMO(Project Portfolio Management Office)의 지원 기능(프로젝트 관리 표준개발, 지식 이전, 의사 소통관리) - PPMO의 통제 기능(포트폴리오 내 정보관리) - PPMO의 조정 기능(포트폴리오 내 자원관리)	
Too와 Weaver (2014)	- 정보 보관, 제공, 지원 역할 - 상위 경영진의 포트폴리오 관리 의사결정 지원 역할	

Mullaly. M(2002)은 PMO의 운영형태(operating mode)를 'Scorekeeper, Facilitator, Quarterback, Perfectionist'로 구분하고 각각의 역할을 정의하였다. 첫째, Scorekeeper는 프로젝트 진행 상황을 모니터링 및 보고하고 프로젝트 정보의 통합 및 교환을 한다. 둘째, Facilitator는 프로젝트를 전체적으로 개선하고 모범 실무에 관한 원천 정보를 제공한다. 셋째, Quarterback은 프로젝트 결과물의 일정을 준수하고, PM이 PMO에 보고하는 프로젝트의 중심점이 되는 데 중점을 둔다. 마지막으로 Perfectionist는 프로젝트 개선을 위한 통제력을 보유하고 프로젝트를 수행하는 동안 모든 관리, 의사결정, 변화관리 등을 수행한다.

2.3 PMO의 유형

PMI의 『PMBOK』 6판에서는 조직 내 PMO의 영향력과 통제 수준에 따라 PMO를 세 가지 유형으로 구분한다.

- **지원형(Supportive) PMO**: 표준 템플릿, 모범사례, 교육, 과거에 수행한 프로젝트로부터 얻은 정보 및 교훈(lessons learned) 등을 제공한다. 조직 내 수행되는 프로젝트 및 프로젝트 관리에 관한 기록과 정보를 통합적으로 보존·제공하는 면에서 일종의 프로젝트 저장소(repository) 역할을 한다. 프로젝트에 대한 통제 수준은 낮다.
- **통제형(Controlling) PMO**: 지원형 PMO처럼 표준 프로젝트 관리 방법론(프레임워크), 표준 템플릿, 양식 및 도구, 거버넌스 등을 제안할 뿐 아니라 이를 준수하도록 요구한다. 프로젝트 관여 수준은 여전히 제한적이지만, 필요한 경우에는 준수 현황을 검토하여 보완을 요구할 수 있어 코치(coach)와 같은 역할을 한다.

프로젝트에 대한 통제 수준은 보통이다.

- 지시형(Directive) PMO: 프로젝트를 지원하고 통제하는 것에 더해 프로젝트 관리에 직접 관여한다. PMO는 프로젝트에 PM를 배정하고 자원을 제공할 뿐 아니라 진행 상황을 보고받고 지시할 수도 있어 관리자(manager) 또는 감독(director)과 같은 역할을 한다. 프로젝트에 대한 통제 수준은 높다.

한편 PMO는 조직 내 수직적 위치(position)에 따라 다음과 같이 분류하기도 한다. 각 유형의 PMO는 관여하는 프로젝트의 범위가 다를 뿐이며 양립할 수도 있어 병행하여 활용하기도 한다(Giraudo, L. & Monaldi, E., 2015).

<그림 4> 조직 내 수직적 위치에 따른 PMO 유형

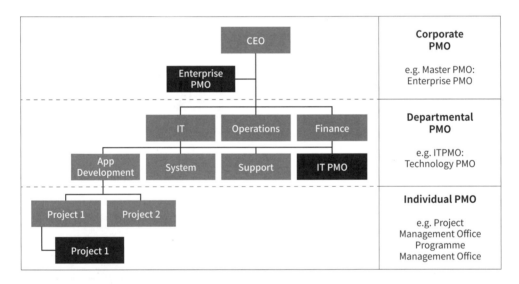

- 개별(Individual) PMO: 복잡한 단일의 프로젝트 또는 프로그램에 기능적 지원(예: 인프라, 문서 관리, 교육 등)을 제공한다. 프로젝트를 위한 기본적인 표준을 설정하고 프로젝트 계획수립 및 통제 활동을 감독한다. 지원 대상이 프로젝트이면 프로젝트 관리 오피스, 프로그램이면 프로그램 관리 오피스(program management office)로 구분하기도 한다.
- 부서(Departmental) 또는 사업부(business unit) PMO: 특정한 부서 또는 사업부 내 수행되는 여러 프로젝트를 동시에 지원한다. 예를 들어 IT 부서에서 수행되는

프로젝트들을 지원하는 PMO는 IT PMO 또는 기술 PMO라고 부를 수 있다. 각 프로젝트에 대한 지원 수준은 프로젝트의 규모와 기간, 투입 자원의 양, 적용 기술의 복잡성 등에 따라 조정한다.

- **기업(Corporate) 또는 전사(Enterprise) PMO**: 조직 내 수행되는 프로젝트 성과를 개선하기 위한 표준 프로세스 및 방법론을 최상위 수준에서 개발하고 제공한다. 조직의 제한된 공유 자원을 각 프로젝트에 할당하고 적절한 시기에 회수하여 다른 프로젝트에 재배치한다. 프로젝트 간 조정, 협력 촉진, 중복 최소화 등으로 마스터(master) PMO라고도 부른다.

또한 PMO는 수행 역할에 따라 다음과 같이 분류하기도 한다(Casey, W. & Peck, W., 2001).

- **기상관측소(Weather Station)**: 작업 진척도, 마일스톤, 비용 지출 현황, 프로젝트 건실도(health), 예상 이슈 및 리스크 등을 파악하여 경영진 및 적절한 당사자에 보고한다. 이처럼 프로젝트 현황 정보를 제공하여 이해관계자들이 더 좋은 의사결정을 하도록 돕는 것이 핵심 역할이다. 계획 및 보고를 위한 자료 작성 방법, 제출 형식과 주기, 활용 도구 등을 제시할 수 있을 뿐 프로젝트 관리와 관련한 조정이나 의사결정 권한은 없다.
- **관제탑(Control Tower)**: 적절한 표준화를 통해 프로젝트 관리 성과를 향상하는 것을 목적으로 한다. 다시 말해 리스크관리, 형상관리, 의사소통 및 이관 절차, 표준 프로세스 및 도구 등과 관련한 표준을 제정하고 계속해서 개선한다. 또한 프로젝트팀들이 이러한 표준을 준수하고 과거에 수행한 다른 프로젝트에서 얻은 교훈을 적용하도록 교육하고 지원할 뿐 아니라 강제하는 역할도 한다.
- **자원풀(Resource Pool)**: 분야별로 고도의 전문성이 요구되는 대기업에서 발견되는 유형으로서 유능한 PM의 확보와 재배치를 촉진한다. PMO의 핵심 역할은 전문성과 숙련성을 갖춘 PM을 확보하여 인력풀을 구성하고 각각의 프로젝트에 적절하게 배정하는 것이다. 각 PM의 관리 방식을 감독하고 역량 강화와 경력 개발을 지원한다. 기상관측소 또는 관제탑의 역할을 겸할 수도 있다.

최근 PMO 조직을 자체 운영하거나 외부 전문조직에 서비스를 의뢰하는 사례가 늘면서 PMO 유형에 따른 성과에 관한 논의도 증가하고 있다. 성과를 달성하는 특정 PMO가 있다기보다 다분히 상황 의존적이다. PMO 서비스를 통해 얻고자 하는 이익과 결과, 발주기관의 사업관리 역량, PMO대상사업의 규모와 복잡성, 수행사의 관리 성숙도 등을 종합적으로 고려해야 한다. 예를 들어 정보화사업의 경우 발주기관이 상당한 인력과 역량을 자체적으로 보유하고 있다면, PMO의 역할은 지원형 또는 기상관측소형이 될 것이다. 하지만 PMO대상사업을 직접 관리할 인력과 경험이 부족하다면 PMO에 상당한 권한을 위임하는 지시형 또는 관제탑형 PMO의 역할을 요구할 수 있다.

한편, 발주기관이 위탁관리를 의뢰하는 사업이 하나라면 개별 PMO, 특정 사업부(본부, 국 등) 단위에서 수행되는 다수의 사업이라면 사업부 PMO, 발주기관(또는 기업)이 관리하는 전사 차원의 관리가 필요한 사업이라면 전사 PMO(EPMO)의 형태를 띠게 된다. PMO 도입의 역사가 오래된 금융기관, 대기업 등에서는 EPMO를 도입하여 추진하는 사례가 많다. 상대적으로 PMO 도입의 역사가 짧은 공공기관의 경우는 단일 PMO 중심으로 도입하고 있으나 향후 점진적으로 EPMO가 확대될 것으로 본다.

2.4 PMO의 3대 역량

PMO에 참여하는 인력은 어떤 역량을 갖춰야 할까? PMO는 발주기관을 대신해 발주부서, 수행사, 이해관계부서, 경영층, 의사결정권자, 사용자 고객, 공급업체 등 다수의 이해관계자와 협업을 통해 PMO대상사업을 성공적으로 이끌 수 있도록 하는 역할을 한다. 이는 쉽지 않은 일이다. 관리해야 할 리스크 및 이슈도 많고, 설득해야 할 이해관계자도 다양하다. 이런 문제들을 해결하기 위해서 PMO는 경험(기술)역량, 소통역량, 조정역량을 갖춰야 한다.

<그림 5> PMO가 갖춰야 할 3대 역량

첫째, 경험(기술)역량이다. PMO는 이론적 지식과 이해도 중요하지만, 풍부한 프로젝트 수행 경험이 뒷받침되어야 한다. 첨예하게 상충하는 요구사항과 이해관계가 복잡하게 얽

혀 있는 프로젝트 현장에서 문제를 해결하기 위해서는 다양하고 복잡한 이슈들을 해결해 본 경험을 바탕으로 해결방안을 실질적으로 제공하는 것이 중요하다. PMO는 해당 프로젝트의 최종 산출물에 대한 업무/업종/기술 역량으로 프로젝트의 세부 활동을 검토하고 조정하는 역량을 갖춰야 한다. PMO가 업무/업종/기술에 대한 전문지식을 가지게 되면 프로젝트 이해당사자에게 충분한 영향력을 행사하는 권위를 가지게 된다. 특히 기술적 수준이 필요한 프로젝트의 경우 프로젝트 관리자의 기술이 부족하면 수행사나 발주기관에 신뢰를 잃게 된다. 기술력에는 기획, 컨설팅 역량, 사업관리 역량, 응용·데이터베이스·인프라·보안 등 기술 영역 등을 포함한다. 특히 AI(인공지능), 빅데이터, 클라우드 등 최신 기술 트렌드 등이 있다. 내부 인력만으로 이러한 전문성을 확보할 수 없다면, 개별 사업 차원에서 일시적으로 외부 인력을 위탁하여 보완하는 것이 필요하다. 또한 부족한 기술에 대한 지원을 받기 위한 외부 전문가 네트워크도 형성해야 한다.

둘째, 소통역량이다. 프로젝트에서 성과는 경험이 많고 역량이 뛰어나다고 달성되는 것은 아니다. 열정적으로 열심히 한다고 해서 나오는 것도 아니다. 역량과 열정, 소통이 조화롭게 이루어졌을 때 목표로 하는 성과가 나온다. 프로젝트는 혼자서 일하는 것이 아니다. 특히 경험이 많은 PMO는 독단적으로 흐를 우려가 있다. 프로젝트의 성공을 위해서 기술 역량은 물론 소통역량을 갖춰야 한다. 소통역량의 바탕은 대화이며, 대화의 핵심은 상호작용이다. 훌륭한 언변으로 자신의 주장이나 생각을 논리적으로 표현하는 것도 중요하지만, 단순히 말만 잘한다고 소통되는 것은 아니다. 이해관계자의 이야기를 귀 기울여 듣는 태도가 매우 중요하다. 그래야 한 단계 높은 차원에서 현상을 조망하고 적합한 대안을 제시할 수 있으며 주변의 더 많은 호응과 공감을 얻게 된다.

마지막으로 조정역량이다. 조정역량이란 환경의 변화에 맞추어 의사결정과 관리 방식을 조정하는 능력이다. 프로젝트 환경과 상황은 수시로 변하기 때문에 하나의 선택과 방식이 처음부터 끝까지 유효할 수는 없다. 또한, 완전히 똑같은 프로젝트도 없다. 프로젝트를 하다 보면 발주기관과 수행사가 의견충돌로 첨예하게 대립하거나, 한쪽으로 일방적으로 흐르는 경우가 종종 있다. 또한 의사결정이 적절한 시기에 이뤄지지 않아 일정이 지연되거나 비용이 추가로 발생하는 예도 있다. 도입된 솔루션이나 기술적 난제가 발생하기도 한다. 또한 객관적 보고를 통해 의사결정권자를 설득해야 할 때도 있다. 이런 이슈들이 발생했을 때 PMO는 때로는 발주자 관점에서 때로는 수행사 관점에서 때로는 의사결정자 관점에서 사실에 근거한 전문가적 인사이트로 조정역량을 발휘해야 한다.

2.5 PMO와 윤리

PMI의 윤리 및 전문직 행동 강령에 따르면 프로젝트 관리 실무자들은 책임감(responsibility), 존중심(respect), 정직성(honesty), 공정성(fairness)을 나타내야 한다고 규정한다. 넓은 틀에서 이러한 윤리적 가치는 당연히 PMO에도 적용된다. 하지만 정보화사업을 위한 PMO에 있어서는 더욱 실무적 현실성과 법률적 책임을 반영한 윤리적 가치가 필요하다. 이에 따라 한국지능정보사회진흥원(NIA)의 「전자정부사업관리 위탁(PMO) 도입·운영 가이드 2.1」에서는 PMO사업자의 독립성, PMO사업자의 책무, 비밀누설 등의 금지, 벌칙 적용 시의 공무원 의제를 제시하고 있다.

<표 6> PMO사업자의 법적 및 윤리적 의무

① **PMO사업자의 독립성 등**
- PMO사업자는 자기 또는 자기의 계열회사(「독점규제 및 공정거래에 관한 법률」 제2조제3호에 따른 계열회사를 말한다)가 해당 전자정부사업을 도급받도록 조언하여서는 아니 된다.
- PMO사업자, PMO대상사업 수행사 및 감리법인 그 상호간에는 사회 통념상 독립성을 침해할 수 있는 특수관계가 없도록 하여야 한다.
  ※ 법 제64조의2(전자정부사업관리의 위탁)제3항, 위탁규정 제6조(전자정부사업관리자의 독립성 확보) 참조

② **PMO사업자의 책무**
- PMO사업자가 전자정부사업관리업무를 수행할 때 계약을 위반하거나 고의나 과실로 발주기관에 손해를 발생시킨 경우는 그 손해를 배상하여야 한다.
- PMO사업자의 귀책사유로 PMO사업 수행기간을 초과한 때에는 PMO사업자는 지체 일수에 해당하는 지체상금을 납부해야 한다.
  ※ 법 제64조의3(전자정부사업관리자의 책무 등), 위탁계약특수조건 제15조(이행 지체책임), 위탁계약특수조건 16조(손해배상책임) 참조

③ **비밀누설 등의 금지**
- 전자정부사업관리 위탁업무에 종사하고 있거나 종사하였던 사람은 정당한 사유 없이 직무상 알게 된 비밀을 다른 사람에게 누설하거나 도용하여서는 아니 된다.
  ※ 법 제74조(비밀누설 등의 금지) 참조

④ **벌칙 적용 시의 공무원 의제**
- 전자정부사업관리 위탁업무에 종사하고 있거나 종사하였던 사람은 공무원이 아닌 경우도 「형법」 제129조부터 제132조까지의 규정을 적용할 때 공무원과 같이 다루어 처벌한다.
  ※법 제75조(벌칙 적용 시의 공무원 의제) 참조

3 PMO의 발전과 성숙

3.1 PMO의 발전단계

Gerald M. Hill(2004)은 PMO 발전단계에 따른 5단계 역량 모델을 제시하였다. 이 모델에 따르면 PMO가 관리하는 프로젝트의 수, PMO 인력구성, PMO의 역할, 비즈니스와의 연계 등을 기준으로 다음과 같이 발전단계를 설명한다.

- **프로젝트 오피스(Project Office):** 프로젝트 결과물 산출과 성과목표(원가, 일정, 자원 활용도 등) 달성에 중점을 두고 관리한다. PM이 한 명이고 진행되는 프로젝트도 하나(상황에 따라 복수일 수도 있음)인 상황에서 프로젝트 관리 원칙과 기법을 제시하고 이를 적용하도록 1차적 수준에서 감독한다.
- **기본(Basic) PMO:** 모든 프로젝트에 공통 적용되는 표준 및 프로젝트 관리 방법론을 제공하여 프로세스를 통제하는 단계로서 프로그램 오피스라고도 한다. PM이 여러 명이고 진행되는 프로젝트도 여러 개인 상황에서 풀타임 프로그램 관리자 한 명이 파트타임 PMO 지원 인력과 일하는 것이 일반적이다. 적절한 지원을 받는다면, 1단계에서 기본 PMO 단계로 발전하는 데는 1년 정도가 소요된다.

<그림 6> Gerard M. Hill의 PMO 성숙도 수준

프로젝트 감독	프로세스 통제	프로세스 지원	비즈니스 성숙	전략적 연계
1단계 Project Office 프로젝트 결과물 및 원가·일정·자원 활용도와 관련한 목적을 달성한다. - 하나 또는 그 이상의 프로젝트 - 1명의 PM	2단계 Basic PMO 모든 프로젝트에 공통 적용될 수 있는 표준 및 프로젝트 관리 방법론을 제공한다. - 복수의 프로젝트 - 복수의 PM - 프로그램 관리자 - 파트타임 PMO 지원 스태프	3단계 Standard PMO 결속력 있는 프로젝트 환경을 지원하고 관장하는 역량과 인프라를 수립한다. - 복수의 프로젝트 - 복수의 PM - 프로그램 관리자들 - 감독관(Director) 및 고위의 PM - 풀타임 또는 파트타임 PMO 스태프	4단계 Advanced PMO 비즈니스 목적 달성을 위해 통합되고 포괄적인 프로젝트 관리 역량을 활용한다. - 복수의 프로젝트 - 복수의 PM - 프로그램 관리자들 - PMO 감독관(Director) - 전담 PMO 기술 및 지원 스태프	5단계 Center of Excellence 전략적 비즈니스 목표 달성을 위해 지속적 개선 및 부서 간 협업을 관리한다. - 복수의 프로그램 - 부사장 또는 프로젝트 관리 감독관(Director) - 전담 PMO 기술 스태프 - 전사적 지원 스태프

- **표준(Standard) PMO:** PM, 프로젝트, 프로그램 관리자 모두가 복수인 상황에서 프로젝트에 맞는 프로젝트 관리 프로세스 설계를 지원한다. PMO 업무만을 전담하는 PMO 관리자(또는 감독자)가 최소한 풀타임 및 파트타임 포함 2명 이상의 지원 인력과 일한다. 필요한 자원 배정과 임원진의 지원을 받는다면, 2단계에서 표준 PMO로 발전하는 데는 2~3년 정도가 소요된다.
- **고급(Advanced) PMO:** 비즈니스 관심사와 목적을 프로젝트 관리와 통합하는 데 초점을 둔다. PMO는 더 많은 가용 인력과 직접적인 자원 배정 권한을 가지며 프로젝트 관리에 대한 포괄적이고 중앙화된 감독, 통제, 지원을 제공한다. PMO의 세부 기능들은 잘 통합되어 있고 효과적이고 효율적으로 작동한다. 3단계에서 고급 PMO로 발전하는 데는 1~2년 정도가 소요된다.
- **탁월성 센터(CoE: Center of Excellence):** CoE는 조직 내 독립 사업부로서 전략적 연계 역할을 하며 전사적 프로젝트 관리에 대한 책임을 진다. 4단계에서 CoE로 발전하는 데는 1~2년 정도가 소요된다. 1~4단계를 거쳐 5단계의 PMO로 발전하는 경우가 있지만, 대형 글로벌 조직들에서는 기존의 PMO와 별도 조직으로 CoE를 설립하는 경우가 있다.

3.2 PMO 역량 성숙도 모델

PMO의 역량 성숙도를 측정하는 목적은 현재 상태에서의 PMO 역량을 명확히 파악하고 성숙도 향상을 위한 방향과 단계별 목표를 수립하기 위함이다. PMO 역량 성숙도 모델을 활용하는 사례는 많지 않으나 「글로벌 스탠다드 프로젝트 경영」에서 <표 7>과 같이 5단계로 분류하고 있다.

1단계는 PMO가 특정한 프로젝트를 지원하며 결과물을 완성하고 비용, 일정, 자원 활용률 등의 목표를 달성하는 것이 주요 활동이다. 2단계는 표준화된 프로젝트 관리 방법론을 개발하여 기업에서 수행되는 모든 프로젝트에서 적용할 수 있다. 3단계는 프로젝트를 성공적으로 수행할 수 있도록 조직과 인프라 등의 프로젝트 역량과 환경을 안정적으로 구축한다. 4단계는 기업의 사업 목적을 달성할 수 있도록 포괄적이고 통합적인 프로젝트 관리 능력을 구축한다. 5단계는 기업 전체적으로 전략 목표를 달성할 수 있도록 지속적인 개선을 추진하고 부서 간 협력을 증진한다.

<표 7> PMO 역량 성숙도 모델 사례

단계	명칭	주된 역할	활동 내용
1단계	프로젝트 오피스 (Project Office)	프로젝트 감독	특정한 프로젝트를 지원하며 결과물을 완성하고 비용, 일정, 자원 활용률 등의 목표를 달성하는 것이 주된 활동 내용이다.
2단계	기본 PMO (Basic PMO)	프로세스 통제	표준화된 프로젝트 관리 방법론을 개발하여 기업에서 수행되는 모든 프로젝트에 적용할 수 있도록 한다.
3단계	표준 PMO (Standard PMO)	프로세스 지원	프로젝트를 성공적으로 수행할 수 있도록 조직과 인프라 등의 프로젝트 역량과 환경을 안정적으로 구축한다.
4단계	고급 PMO (Advanced PMO)	비즈니스 성숙	기업의 사업 목적을 달성할 수 있도록 포괄적이고 통합적인 프로젝트 관리 능력을 구축한다.
5단계	탁월성 센터 (Center of Excellence)	전략적 연계	기업 전체적으로 전략 목표를 달성할 수 있도록 지속적인 개선을 추진하고 부서 간 협력을 증진시킨다.

출처: 글로벌 스탠다드 프로젝트 경영(김승철, 2019)

3.3 PMO와 EPMO(포트폴리오)

Al-Arabi, M. & Al-Sadeq, I. M.(2008)은 프로젝트 포트폴리오 관리의 목적은 조직이 실행 예정이거나 이미 완료된 프로젝트들의 전체 집합이 조직의 전략적 목적을 만족하게 하는 것이다. 이를 위해 조직의 전략적 목표 및 목적에 맞게 프로젝트, 프로그램 및 관련 운영을 선정하고, 우선순위를 부여하며, 평가하고, 관리하는 활동이 수반된다. 프로젝트 포트폴리오 관리는 다음과 같이 크게 6가지 책임이 있다.

- 조직 목표 달성을 위해 실행 가능한 프로젝트 믹스(project mix) 결정
- 프로젝트 믹스가 단기 대 장기, 위험 대 보상, 연구 대 개발, 운영 대 프로젝트 등의 균형을 이룰 수 있도록 포트폴리오 균형 유지
- 선정된 프로젝트의 계획 및 실행 모니터링
- 포트폴리오 성과 및 개선 방법 분석
- 조직의 프로젝트 실행 능력을 고려하면서 현재 포트폴리오와 새로운 포트폴리오를 비교·평가
- 모든 수준의 의사 결정자에게 정보 및 권장 사항을 제공

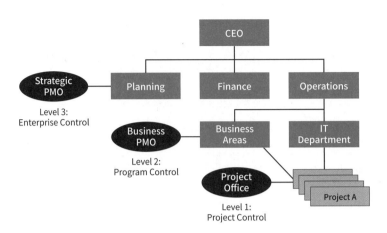

<그림 7> Al-Arabi, M. & Al-Sadeq, I. M.의 PMO 유형 구분

프로젝트 포트폴리오 관리는 포트폴리오 관리자를 지정하여 수행할 수도 있고, EPMO를 통해 수행할 수도 있다. PMO 유형은 조직 내 수직적 위치 또는 관리하는 프로젝트 범위에 따라 개별 PMO, 부서 PMO, 전사 PMO로 나눌 수 있다. 이는 다음 그림과 같이 PO(Project Office), 사업부 PMO, 전략적 PMO로도 부를 수 있다.

이때 EPMO는 전략적 PMO에 해당하며 포트폴리오 관리를 수행하는 책임을 맡는다. 따라서 EPMO는 포트폴리오 관리 오피스(Portfolio Management Office)로 부를 수도 있다.

<표 8> 조직 내 수직적 위치와 PMO 유형 구분

구분	유형 구분 1	유형 구분 2	유형 구분 3
기업 수준	전사 PMO	전략적 PMO	Portfolio Management Office
부서 수준	부서 PMO	사업부 PMO	Program Management Office
프로젝트 수준	개별 PMO	프로젝트 오피스	Project Management Office

EPMO의 역할은 지향하는 대상에 따라 크게 팀 중심적 기능(team-focused functions)과 기업 지향적 기능(enterprise-oriented functions)으로 구분할 수 있다. 팀 중심적 기능은 프로젝트 관리팀들을 위해 수행하는 프로젝트 관리 기능인 데 비해, 기업 지향적 기능은 프로젝트 관리팀들이 효율적이고 방법론적으로 일하도록 지원하는 기능이다.

<表 9> EPMO의 두 가지 기능 구분

表題: **<표 9> EPMO의 두 가지 기능 구분**

팀 지향적 기능	기업 지향적 기능
과도기적 성격	안정적 및 정교함
일상적 / 과업 지향적 / 단기적	장기적
로컬	글로벌
대응적	선제적
프로젝트 관리팀들을 위한 EPMO가 수행	프로젝트 관리팀들이 수행하도록 지원
위기 및 문제 대응	효율적
전술적	전략적

EPMO와 별도로 포트폴리오 관리팀이 있는 경우에도 EPMO는 포트폴리오 관리팀에 프로젝트 우선순위 결정, 프로젝트 수행 중 성과평가, 전략적 연계 등을 위한 도구 및 기법을 제공할 수 있다. 어떤 경우든 프로젝트 포트폴리오 관리 실무가 존재하는 조직은 프로젝트 관리 성숙도가 상당 수준에 이르렀다는 증거가 될 수 있다.

4 PMO의 조직구성

4.1 PMO의 조직 유형

PMO 조직을 구성할 때는 조직에서 수행되는 프로젝트의 수, 규모, 기술적 복잡성, 일반적 리스크, 관련 법규 및 제약사항 등과 더불어 조직이 보유한 프로젝트 관리인력, 경험, 도구, 기법, 방법론 및 성숙도 현황을 고려해야 한다. 이때 현실적 필요와 비교하여 불필요하게 높은 수준의 목표를 지향하는 PMO 조직을 운영하고 있다면 운영 비용 대비 이익은 저하될 수밖에 없다. 반대로 실제적 필요에 못 미치는 PMO 조직이라면 PMO 성숙도 향상을 통한 이익 창출의 기회를 놓치고 있는 것이 될 것이다.

PMO 조직을 구성할 때 선택할 수 있는 첫 번째 결정 사항은 PMO가 조직 내 존재하는 수직적 위치이다. 복잡한 프로젝트가 어쩌다 한 번 수행된다면 개별 PMO를 조직하거나 일시적으로 외부 전문가에게 자문받는 것으로 충분할 수 있다. 하지만 프로젝트의 빈도가 잦고 규모가 커진다면 PMO의 위치를 상위 수준으로 높여 부서 PMO나 EPMO를 조직하는 것을 고려해야 한다. 이러한 위치 조정은 PMO의 위상을 높이고 투입 자원 대비 이익이 증가한다.

　두 번째 결정 사항은 PMO 조직의 운영 유형이다. PMO는 개별 프로젝트에 미치는 영향력과 통제 수준에 따라 지원형, 통제형, 지시형으로 나눌 수 있다. 조직이 수행하는 프로젝트의 수, 규모, 복잡성, 다양성이 일정 수준 이하이고 PM이 각자 프로젝트를 관리할 수 있다면 지원형 PMO로 충분할 수 있다. 하지만 일정 수준을 초과한다면 점차 통제형이나 지시형으로 PMO 스타일을 조정하는 것이 필요할 것이다.

<표 10> PMO 조직의 운영 유형별 장단점

구분	장점	단점
지원형	- 일선 PM의 재량권과 자율성 허용 - PMO 운영 인력과 예산 절감	- PM의 미준수 증가 시 유명무실화 - 복잡한 프로젝트 이슈 지원 미흡
통제형	- 프로젝트 관리 표준 준수의 강제화 - PMO 운영 인력과 예산 많지 않음	- 프로젝트별 고유성·예외성 인정 필요 - 복잡한 프로젝트 이슈 지원 미흡
지시형	- 프로젝트 관리 표준 준수의 강제화 - 복잡한 프로젝트 이슈 해결 지원	- 프로젝트별 고유성·예외성 인정 필요 - PMO 운영 인력과 예산 증가

　위의 표에서 볼 수 있듯이 각각의 PMO 유형은 나름대로 장단점이 있다. 따라서 모든 프로젝트에 일괄적으로 어떤 유형이 무조건 좋다고 할 수 없다. PMO대상사업의 특성에 따라 선택하는 것이 바람직하다. 프로젝트 리스크 및 예외성이 낮고 해당 PM의 능력이 충분하다면 지원형으로 충분하지만, 그 반대라면 통제형이나 지시형이 적합할 것이다. 다만, 지시형 PMO 조직은 더 많은 인력과 경험, 예산과 절차 정립이 필요하다. 이러한 이유로 지시형 PMO는 통제형과 지원형을 병행하기가 상대적으로 쉽지만, 지원형 PMO가 통제형이나 지시형을 병행하기는 쉽지 않다. 특히 PMO가 프로젝트 관리에 관여하고 지시하는 것을 PM이 수용하려면 PMO에 그러한 권한이 공식적으로 부여되어야 하며 조직 문화가 정착되어야 한다.

　세 번째 결정 사항은 PMO 조직의 성숙도이다. Gerald M. Hill(2004)은 PMO의 성숙도를 5단계(프로젝트 오피스, 기본 PMO, 표준 PMO, 고급 PMO, CoE)로 구분했다. 이때 유의할 점은 모든 조직과 상황에서 더 성숙한 PMO가 항상 유리한 것은 아니라는 점이다. 유사한 논리로 수행되는 프로젝트 수, 규모, 복잡성, 리스크, 다양성이 크지 않다면 낮은 성숙도의 PMO로도 충분할 것이다. 하지만 프로젝트 수행이 전략적으로 중요하고 수행 주기와 빈도가 잦고 규모가 큰 조직이라면 높은 성숙도의 PMO를 조직하는 것이 바람직하다.

4.2 PMO의 이해관계자

이해관계자들은 프로젝트 자체 또는 각각의 프로젝트 현안에 대하여 긍정적이거나 부정적인 태도로 강하든 약하든 영향력을 발휘한다. 이러한 영향력은 서로 결합하여 강화되거나, 반대 세력과 대립하면서 더 나빠지거나, 이슈나 명분이 사라지면서 소멸하는 등 역동적인 과정을 겪게 된다. 이러한 현상은 프로젝트를 추진하는 강력한 에너지가 될 수도 있지만, 적절히 관리하지 않으면 엄청난 장애가 될 수도 있다. 따라서 PMO는 프로젝트의 이해관계자들을 식별하고 서로의 다양한 이해관계를 종합적으로 고려해야 한다. 특히 EPMO처럼 지원 대상 프로젝트가 많고 전사적 관점을 견지해야 할수록 더욱 그러하다.

개별 프로젝트 관점으로 보면, 첫 번째로 고려해야 하는 이해관계자들은 프로젝트 발주자, 프로젝트팀(PM, PL, 팀원), 프로젝트 결과물의 최종사용자, 감리 등이다. 두 번째로는 해당 프로젝트를 행정적으로 지원하는 조직 내부의 예산, 경리, 인사, 영업, 연구개발 등의 운영부서가 있다. 상황에 따라 해당 프로젝트와 직접적 관련 있는 다른 프로젝트팀, 행정기관, 협력업체, 경쟁업체, 지역사회, 전문가 등을 추가로 고려해야 할 수 있다. 전사적 관점으로 보면, 이해관계자들의 범위는 급격히 증가한다. 내부적으로는 최고경영자를 포함한 임원, 프로젝트 포트폴리오를 구성하는 전체 팀(프로젝트, 프로그램, 운영 등), 관리자, 직원 등이 있다. 외부적으로는 조직의 비즈니스와 어떤 식으로든 관련 있는 행정기관, 협력업체, 경쟁업체, 전문가 단체, 일반 대중 등이 포함된다.

<**사례 1**> 「전자정부법 시행령」에 따른 **PMO 이해관계자 사례**

- **전자정부 사업관리자**: 영 제78조의3에 따른 자격요건을 갖춘 자로서 전자정부 사업관리 업무를 위탁받아 수행하는 자(PMO사업자)를 말한다.
- **발주기관**: 「전자정부법」 제2조제1호에 따른 행정기관 등으로서 전자정부 사업관리에 관한 위탁용역(PMO사업)을 발주하거나 발주하려는 기관을 말한다.
- **발주부서**: PMO사업 관리를 수행하는 발주기관 내의 해당 부서를 말하며, 이와 관련한 입찰 및 계약 등을 전담하는 부서를 계약부서라 한다.
- **사업관리 위탁 대상사업(PMO대상사업)**: 영 제78조의2제1항에 따라 관리·감독의 대상이 되는 전자정부 사업(분리 발주되는 소프트웨어사업을 포함한다)을 말하며, 이를 수행하는 자를 PMO대상사업 수행자라 한다.
- **발주총괄부서**: 발주기관 내 여러 PMO대상사업에 대한 관리·감독 업무를 하나의 PMO사업으로 통합발주할 수 있는지를 검토·결정하는 부서를 말한다.

이해관계자들은 프로젝트 현황, 성과, 일정, 리스크, 이슈 등을 소통(보고, 공유, 홍보)하고 필요하다면 의견 청취, 아이디어 수집, 의사결정 등의 과정에 참여하게 할 수 있다. 이해관계자들이 프로젝트에 부정적인 자세를 갖게 되는 것은 주로 이러한 소통과 참여 과정에서 배제되거나 무시되었기 때문이다. 이러한 일을 피하려면 이해관계자들을 주기적으로 식별하고 시기적절한 소통과 참여를 유지해야 한다.

Tip: 발주기관의 사업추진단과 PMO사업자의 역할 구분

- 발주기관의 사업추진단은 발주기관의 원활한 사업 추진을 위해 담당자들로 구성된 조직으로 발주기관 관점에서의 의사결정 및 사업관리를 위한 조직이다.
- PMO사업자는 발주기관의 부족한 사업관리 역량을 보완하고 지원하기 위해 사업관리 업무를 위탁받아 업무를 수행하는 자이다.
- 따라서 내부에 구성된 사업추진단은 업무적 관점에서 의사결정을 위한 경우가 많으며, 사업추진단이 정보화사업 관리 역량을 보유하지 않은 경우에도 PMO를 따로 발주할 수 있다.

5 PMO와 정보시스템 감리

5.1 PMO와 정보시스템 감리 비교

PMO는 프로젝트 전체 기간에 PMO대상사업에 대한 상시·지속적인 사업관리 업무를 대행하고, 분석·설계 및 시험 관련 등에 관한 기술 검토 및 조정을 한다. 이에 비해 정보시스템 감리는 독립적(제3자) 관점에서 PMO대상사업 수행사의 사업관리 역량의 적정성, 분석/설계 결함 여부, 구현 적정성 등 분석/설계 산출물 및 구현 결과에 대한 종합적 점검을 한다.

정보시스템 감리는 전자정부법 제57조에 근거하여 시행되고 있는 제도로서 행정안전부에서 고시한 '정보시스템 감리기준'에 따르면 다음과 같이 정의된다.

발주자와 사업자 등의 이해관계로부터 독립된 자가 정보시스템의 효율성을 높이고 안전성을 확보하기 위하여 제3자의 관점에서 정보시스템의 구축 및 운영 등에 관한 사항을 종합적으로 점검하고 문제점을 개선하도록 하는 것정보시스템 감리는 구축사업의 발주자나 수행사의 관점이 아닌 독립적인 관점에서 구축사업과 구축대상 시스템을 체계적으로 검토하고 문제점을 찾아 개선할 수 있도록 지원한다. 이때 감리팀은 구축사업의 주요 단계(요구사항 정의, 설계, 종료)에 각각 1~2주일 정도 투입되어 각자 배정된 분야(사업관리, 품질보증, 응용시스템, 데이터베이스, 시스템 구조 및 보안 등)의 객관적인 검토를 수행한다.

<표 11> 정보시스템 감리와 PMO 비교

구분	정보시스템 감리	PMO
법적 근거	전자정부법 제57조(행정기관 등의 정보시스템 감리)	제64조의2(전자정부 사업관리의 위탁)
강제성	의무 사항	권고 사항
독립성	요구됨(제3자 입장에서 검토)	요구되지 않음(발주기관 입장에서 지원)
투입 시점	일반적으로 3단계(요구 정의, 설계, 종료)	일반적으로 2~3단계(계획, 집행, 사후관리)
지원 분야	- 관리 분야: 사업관리, 품질보증 등 - 기술 분야: 시스템 아키텍처, 보안, 응용, 데이터베이스 등	- 관리지원: 통합, 범위, 일정, 품질, 의사소통, 리스크 등 - 기술지원: 응용, 데이터베이스, 인프라, 보안 등
표준화 정도	서비스 표준화 정도 높음(검토 범위와 절차가 표준적)	서비스 표준화 정도 낮음(지원 범위와 절차가 다양)
최종 결과물	감리보고서가 최종 산출물(적합 및 비적합 의견)	협의에 따른 다양한 점검·조정(관리 및 기술 이슈 해결)

정보시스템 감리는 PMO와 큰 틀에서는 같은 목적으로 수행되나, 위의 표와 같이 몇 가지 차이가 있다. 첫째, 정보시스템 감리는 의무 사항으로서 구축사업을 발주하려면 필수적으로 별도 예산을 배정하여 감리사업도 발주해야 한다. 하지만 PMO는 선택사항으로서 반드시 받아야 하는 것은 아니다. 물론 발주자가 감리와 PMO 서비스 모두를 발주하는 것도 가능하다.

둘째, 정보시스템 감리 법인은 독립성이 요구되기 때문에 발주자나 사업자와 이해관계가 있어서는 안 된다. 같은 논리로 PMO사업자는 PMO 서비스와 감리 서비스를 동시에 제공할 수 없다. 이에 비해 PMO사업자에게는 독립성에 대한 요구가 없다.

셋째, 정보시스템 감리는 서비스 범위와 절차가 상당히 표준화되어 있으며 궁극적으로 최종 감리보고서에 담긴 감리 의견(적합 또는 부적합)이 중요하다. 이에 비해 PMO는 서비스의 범위와 절차가 사업마다 다양하며 특정 보고서나 문서보다는 사업수행 과정에서 관리적 또는 기술적 이슈가 적시에 식별, 대응 및 해결하는 것이 중요하다.

- 사업비가 5억 원 미만인 전자정부사업으로, 대국민서비스를 위한 행정업무 또는 민원 업무처리용으로 사용하는 경우나 여러 중앙행정기관 등이 공동으로 구축·사용하는 경우는 PMO 수행 시 정보시스템 감리를 생략할 수 있다.
- 사업기간이 5개월 미만인 정보시스템 구축사업인 경우는 PMO 수행 시 정보시스템 감리를 생략할 수 있다.
※ 법 제57조(행정기관 등의 정보시스템 감리)제1항, 영 제71조(정보시스템 감리의 대상)제2항 참조

5.2 PMO와 정보시스템 감리 및 PM 비교

PMO대상사업(정보화사업, 구축사업, 감리대상사업)을 중심으로 발주기관, PMO대상사업 수행사, 감리법인, PMO사업자의 역할은 다음 그림과 같이 구분할 수 있다.

<그림 8> PMO 이해관계자 간 상호관계

이때 PMO대상사업(편의상 이하 '대상사업')의 가장 핵심적인 이해관계자는 발주기관(편의상 이하 '갑')이다. 만약 갑이 충분한 인력과 기술력을 가지고 있다면, 외부의 도움을 받지 않고도 직접 정보시스템을 구축했을 것이다. 그럴 경우 갑의 정보시스템 구축팀은 다음 표에서 설명하는 것처럼 시스템 개발 활동과 프로젝트 관리 활동을 수행하게 된다.

<표 12> 정보시스템 자체 개발 시 수행 활동

활동 구분	포함 활동
시스템 개발	시스템 요구사항 수집, 설계, 개발, 시험, 구축, 이행, 안정화 등
프로젝트 관리	P-D-C-A(Plan-Do-Check-Act: 기획, 수행, 평가 및 조정 등)

하지만 일반적으로 갑은 자체 인력과 기술력이 없어 대상사업 수행사(편의상 이하 '을')에

게 정보시스템 구축을 의뢰하게 된다. 이렇게 새로운 이해관계자가 추가되면서 시스템 개발 활동은 다음과 같이 4가지 영역으로 구분된다.

<표 13> 정보시스템 외주 개발 시 수행 활동

구분	수행 주체별 핵심 활동	
	갑	을
시스템 개발	① 요구사항 제시, 사용자 시험 등	② 시스템 분석 ~ 안정화 등
프로젝트 관리	③ P-D-C-A	④ P-D-C-A

갑은 시스템 구축을 위한 활동 중 상당 부분(②)을 을에게 의뢰했지만, 여전히 수행해야 할 부분(①)이 남아 있다. 시스템 요구사항을 제시하고 사용자테스트를 하는 등은 변함없이 갑의 역할이다. 프로젝트 관리도 동일하게 을은 을대로(④), 갑은 갑대로(③) 나름의 관리 목적에 따라 수행할 관리 활동이 존재한다.

한편, 을이 등장하면서 한 가지 중요한 문제가 등장하는데 그것은 대리인 비용(agent cost)이다. 다시 말해 대리인의 태만, 도덕적 해이, 관리 소홀 등으로 인해 갑에게 손해가 발생하거나 최선의 이익이 돌아가지 않는 상황이 발생할 수 있다. 이러한 가능성은 을이 가진 기술적 우위로 더 높아진다. 그래서 이러한 문제를 완화하기 위해 을의 시스템 개발(②) 및 프로젝트 관리(④)에 대해 검토하고 보완사항을 찾아내는 정보시스템 감리가 도입되었다. 다만, 감리법인이 갑이나 을을 편파적으로 대변하는 일이 없도록, 독립성을 요구하는 것이다.

정보시스템 감리는 일반적으로 3단계에 걸쳐 진행되기는 하지만, 필연적으로 결과 중심적이며 사후 적발의 한계에 집중하는 한계가 있으며 수행 기간도 한정적이다. 이에 비해 PMO는 사업 전체 기간에 걸쳐 갑을 대신해 프로젝트 관리(③)를 지원한다. 이를 통해 갑의 사업관리 및 기술 점검의 역량을 보완하고 중요한 이슈가 시기적절하게 처리되도록 한다.

Tip: PMO대상사업 수행자의 품질관리조직과 PMO사업자의 역할 구분

- PMO대상사업 수행자의 품질관리조직은 사업수행자 관점에서 품질관리를 수행한다.
- 반면, PMO사업자는 발주기관의 입장에서 PMO대상사업 수행자가 제출한 사업계획 및 이행 결과를 검토·조정하고, 쟁점 및 위험을 식별·분석·보고하며, 이에 대한 대안을 제시하여 발주기관의 의사결정을 지원하는 역할을 한다.

5.3 활동 유형별 감리 및 PMO 비교

「정보시스템 감리 발주·관리 가이드」(2022)에 따르면 감리의 유형은 단계별 감리, 정기 감리, 상주감리, 추가감리로 나눈다. 각각의 특징은 다음과 같다.

감리대상사업의 특성 또는 발주자의 필요에 따라 단계별(3단계/2단계) 감리 이외에 상주 감리 또는 추가감리를 활용할 수 있다. 상주감리와 추가감리는 위험도가 크거나 대규모 사업에 대해 실시하며, 상주감리는 대상사업 기간 또는 일정기간 감리원이 현장에 상주하여 사업관리 측면에 중점을 두고 감리 활동을 수행한다. 추가감리는 수시 또는 매월 일정한 시점에 특정 기술 쟁점 해결에 중점을 두고 감리원이 현장을 방문하여 감리 활동을 수행한다.

상주감리는 감리대상사업에 대해 상시로 기술지원이 필요하거나 의사결정이 필요한 경우, 또는 사업자와의 의사소통을 원활하게 할 필요가 있는 경우 등에 선택하는 것이 좋다. 이에 비해 추가감리는 단계별 감리에서 수행하기 어려운 특별한 쟁점(신기술 적용 등 기술상의 쟁점)에 대해 점검하거나 추가로 필요한 감리(유지보수 사업에서의 정기 적용사항 점검 등)가 있을 때 선택하는 것이 좋다.

정보시스템 구축사업의 경우 기본적으로 3단계 감리 즉, 요구정의단계 감리, 설계단계 감리, 종료단계 감리 등 3회의 감리를 한다. 다만, 감리대상사업비가 20억 원 미만이거나 사업기간이 6개월 미만인 경우에는 요구정의단계의 감리를 생략할 수 있다.

<표 14> 정보시스템 감리 유형 비교

구분	3단계 감리	정기감리	상주감리	추가감리
수행 시점	요구정의: 분석단계 완료 설계단계: 설계단계 완료 종료단계: 통합 시험 이후	사업유형별 감리점검 프레임워크에 따른 감리 시점	전체사업 기간, 또는 일정 기간	수시 또는 주기적(매월)
감리 수행 방법	예비조사 및 감리계획수립, 착수회의, 현장 감리, 종료회의, 시정조치 확인		현장 상주	현장 방문
결과물	감리계획서, 감리수행결과보고서, 시정조치확인보고서		정기/비정기 보고서	보고서
비고	- 사업비가 20억 원 미만이거나 사업기간이 6개월 미만인 경우에는 요구정의단계 감리를 생략할 수 있음 - 이 경우 요구사항정의서의 과업내용 반영 여부는 발주자가 점검	- 모든 유형의 정보화사업에 대하여 해당 사업의 단계, 또는 특정시점에 종합적으로 실시하는 감리로 3단계/2단계 감리는 정기감리에 포함됨	- 상주/추가 감리는 단계별 감리, 정기감리와 병행 - 즉, 단계별 감리, 또는 정기감리가 기본이고 이것에 상주/추가 감리를 추가하여 실시하는 개념	

6 PMO 도입 및 구성 방안

6.1 PMO 도입 여부 판단

「전자정부법」제64조의2(전자정부사업관리의 위탁) 제1항에 따르면, 발주기관은 전자정부사업이 대국민서비스 및 행정의 효율성에 미치는 영향이 크거나, 사업의 난이도가 높거나, 그 밖에 필요한 경우에 PMO를 도입할 수 있도록 규정하고 있다. 동법의 시행령 제78조의2에서는 PMO를 도입할 수 있는 전자정부사업의 범위를 구체적으로 정하고 있는데 각각의 요건과 적합 사례에 대하여 「전자정부사업관리 위탁(PMO) 도입·운영 가이드 2.1」에서는 다음과 같이 설명하고 있다.

<표 15> PMO 도입 대상사업

구분	세부 내용
대국민서비스	- 전자민원창구 시스템, 재난안전관리 시스템 등 국민생활의 편의와 안전을 위하여 필요한 정보시스템을 구축하거나 고도화하는 사업
	- 적합사례: 4세대 지능형 나이스 구축 사업 PMO 용역(한국교육학술정보원)
공통행정서비스	- 행정기관 내 전자문서유통 시스템 등 여러 행정기관 등이 공통으로 사용하여 행정의 효율성에 큰 영향을 미치는 정보시스템을 구축하거나 고도화하는 사업
	- 적합사례: 범부처 연구비통합관리시스템 3차 구축사업 관리 위탁(PMO)(한국연구재단)
통합·연계 사업	- 행정정보의 공동이용시스템 등 둘 이상의 정보시스템이 통합·연계되어 고도의 사업관리 역량이 요구되는 사업
	- 적합사례 : 차세대 시장시스템 구축을 위한 PMO 용역(한국거래소)
행정기관 등의 장이 인정하는 사업	- 해당 행정기관 등이 전자정부사업관리에 대한 경험 및 전문성 등이 부족하거나 필요 인력 등이 충분하지 아니하여 위탁관리가 필요한 사업 - 그 밖에 전자정부사업의 중요도 및 난이도 등이 대국민·공통행정서비스 및 통합·연계 사업에 준하는 것으로서 전문적인 관리·감독이 필요하다고 인정되는 사업
	- 적합사례: 차세대 채권관리시스템 구축 PMO(한국자산관리공사), 인공지능 학습용 데이터 구축사업 관리를 위한 PMO 용역(한국지능정보사회진흥원)

이때 전자정부사업관리 위탁에 관한 규정 제4조에 따르면, 위탁대상사업의 관리·감독 업무를 위탁하는 경우는 사업의 기획단계, 집행단계 및 사후관리단계를 모두 위탁하는 것을 원칙으로 하고 있다. 다만, 정보화전략계획수립(ISP) 등의 사업을 통해 PMO대상사업에 대한 상세한 요구사항을 도출한 경우 기획단계를, 그리고 하자보수, 변화관리 등 사후관리가 별도 필요가 없는 경우 사후관리단계를 제외할 수 있다.

PMO 서비스 범위에 기획단계를 포함하는 경우, PMO대상사업의 사업계획서 작성 전에 PMO사업자를 선정할 수 있다. 그렇게 하면 PMO사업자로부터 사업계획 수립 및 대가 산정 등의 지원을 받을 수 있어서 사업계획을 더 정밀하게 수립할 수 있게 된다. 이로 인해 집행단계에서 과업변경을 최소화할 수 있는 장점이 있다.

PMO 도입을 결정했다면, 다음에는 각 단계의 기간을 산정한다. 기획단계 기간은 PMO 대상사업의 사업계획서·제안요청서 마련 등을 위한 업무수행에 차질이 없도록 충분한 기간을 배정한다. 집행단계 기간은 PMO대상사업 기간에 맞게 산정하되, 기획단계를 수행하지 않는 경우 PMO대상사업 계약 체결일보다 앞서 시작되도록 하는 것이 좋다. 사후관리 단계 기간은 PMO대상사업 계약 종료 후 시스템의 안정적 운영·활용을 지원할 수 있도록 하되 지나치게 길지 않도록 유의한다.

6.2 PMO 수행 주체 결정

PMO 포함 단계와 기간을 결정했다면, PMO 수행기관을 민간법인(협상에 의한 계약체결 방법을 따름)으로 할지, 정보화관련 전문 공공기관으로 할 것인지를 검토한다. 이에 관하여 「전자정부법 시행령」 제78조의3은 PMO사업자의 자격요건을 다음과 같이 정하고 있다.

- 법 제2조제3호에 따른 공공기관(학교는 제외)
- 법 제58조에 따라 등록된 감리법인
- 「소프트웨어 진흥법」 제2조제4호에 따른 소프트웨어사업자로서 같은 조 제5호에 따른 소프트웨어기술 자를 3명 이상 보유한 법인
※ 감리법인이 PMO를 수행하는 경우, PMO대상사업에 대한 정보시스템 감리를 겸하여 제공할 수 없다.

이때 한국지능정보사회진흥원(NIA)과 같은 공공기관을 PMO로 활용하는 대표적인 상황은 다음과 같다.

공공기관을 PMO로 활용하는 경우(예시)
· 해당 공공기관에 전자정부사업관리를 위탁할 수 있는 근거가 명확히 있는 경우
· 업무 특성상 국가안보·보안·치안·전력 등에 관한 업무인 경우
· 공공기관에서 도입하는 것이 더 효율적이라고 행정기관 등의 장이 판단하는 경우

6.3 PMO 예산 소요 비용 및 인력

PMO사업 소요예산은 전자정부사업관리 위탁에 관한 규정(이하 '위탁규정')에 따라 산정하며 일반적인 절차는 다음과 같다.

\<표 16\> PMO사업 대가산정 절차

	단계	절차
1	PMO대상사업비 보정금액 산정	- 위탁용역 대가는 위탁용역 보정대가에 직접경비와 부가가치세를 합하여 산정 - 위탁용역 보정대가는 위탁용역 기본대가에 위탁업무 가중치 및 위탁용역 난이도 보정계수를 곱하여 산정한다. - 직접경비는 해당 위탁용역과 직접 관련이 있는 여비, 시험·진단 도구 사용료 및 그 밖에 해당 위탁용역에 필요한 직접경비 중에서 발주기관의 장이 인정한 비용으로 이 경우 부가가치세는 제외하고 산정 - 이때 부가가치세는 위탁용역 보정대가와 직접경비를 합산한 금액에 적용
2	PMO사업 기본대가 산정	PMO사업 기본대가[억 원] = 0.1321×(PMO대상사업비÷보정금액 1억 원)0.8275
3	PMO업무 가중치 산정	위탁규정 별표3* PMO대상사업비 보정금액에 해당하는 수행단계별 가중치를 구한 후 합산
4	PMO사업 난이도 보정계수 산정	위탁규정 별표4*에 따른 기술보편성 보정계수 및 유관 조직 복잡도 보정계수를 곱하여 산정
5	PMO사업 보정대가 산정	PMO사업 보정대가 = (PMO사업 기본대가)×(PMO업무 가중치)×(PMO사업 난이도 보정계수)
6	PMO사업 대가산정	PMO사업 보정대가 + 직접경비 + 부가가치세

PMO사업 대가는 PMO대상사업비를 기준으로 산출된 것이므로, PMO사업 대가와 투입공수(MM: Man/Month)를 직접적으로 연결하기에는 한계가 있다. 그러나 실무적으로는 적정 공수에 대한 추정이 필요할 수 있다. 사업의 난이도, 특성 등을 고려하여 인력 등급을 기술사, 고급기술자 등으로 조정할 수 있다. 이때 특급기술자를 투입하는 경우 공수 추정 방식은 아래와 같다.

특급기술자 투입공수(MM)

= PMO사업 보정대가 ÷ (특급기술자 월평균 임금 + 제경비 + 기술료)

= PMO사업 보정대가 ÷ (특급기술자 월평균 임금)×(1+제경비율)×(1+기술료율)

　　※ 특급기술자 월평균 임금 : 한국소프트웨어산업협회 발표 SW기술자 평균임금

　　※ 제경비: 직접인건비의 110 ~ 120%

　　※ 기술료: (직접인건비 + 제경비)의 20 ~ 40%

예를 들어 'PMO사업 보정대가'가 2억 원이고, SW기술자 특급기술자의 월평균 임금 8,011,542원을 기준으로, 제경비 110% 적용, 기술료 30% 적용하면 아래와 같이 전체 투입 공수를 구할 수 있다.

특급기술자 투입공수(MM) = 200,000,000원 ÷ 8,011,542원×(1+1.1)×(1+0.3) = 9.1 MM

6.4 PMO 발주

발주기관은 차기년도 PMO사업 추진계획과 추진계획의 변경사항을 행정안전부 장관에게 통보하여야 한다. 발주기관은 차기년도에 PMO사업 추진계획이 있는 경우, 개별 발주부서의 PMO사업 추진계획(별지 제2호 서식)을 취합하여 매년 12월 31일까지 행정안전부장관에게 제출한다.

※ 영 제78조의2(관리·감독업무를 위탁할 수 있는 전자정부사업의 범위 등)제3항, 위탁규정 제17조(위탁용역 및 성과자료 등의 제출)제1항 참조

① PMO사업 추진계획을 제출하는 경우

- 차기년도 PMO사업 예산이 반영된 사업
- 차기년도 예산에 반영되지 않았으나, 해당 사업 총액 내에서 PMO사업을 추진하는 경우

발주기관의 장은 PMO사업 추진계획이 아래와 같이 변경된 경우에도 변경사항을 행정안전부 장관에게 통보한다.

※ 영 제78조의2(관리·감독업무를 위탁할 수 있는 전자정부 사업의 범위 등)제3항, 위탁규정 제17조(위탁용역 및 성과 자료 등의 제출)제2항 참조

② PMO사업 추진계획이 변경된 경우

- 당초 추진계획에 포함되지 않았으나, 차후에 PMO사업을 추진하기로 결정한 경우
- 당초 PMO 추진계획이 취소된 경우
- 당초 PMO 추진계획의 추진단계가 변경된 경우

PMO사업을 발주하려면 PMO사업계획서를 확정하고 이를 토대로 제안요청서를 작성

한다. PMO사업자들이 제출한 제안서를 평가하여 우선협상대상자를 선정한 후, 기술협상을 진행하고 계약을 체결한다.

한편 정보화사업을 위한 PMO사업의 조직은 크게 수행책임자, 관리지원인력, 기술지원인력으로 구성하도록 규정되어 있다. 세부적인 인력구성과 공수는 프로젝트 특성에 따라 다르지만, 전반적인 사항은 다음과 같다.

PMO사업자 조직구성

- 수행책임자, 관리지원인력, 기술지원인력으로 구성
- 수행조직은 발주기관의 장이 제안요청서에서 제시하는 요건을 갖춘 인력으로 구성
  ① 수행책임자: 전자정부 사업관리의 총괄·지휘, 발주기관의 의사결정자 및 PMO대상사업수행자 등 이해관계자 간 의사소통
  ② 관리지원인력: 일정관리, 위험관리, 품질관리 등 전반적인 사업관리 지원
  ③ 기술지원인력: 해당 업무에 대한 응용시스템, 데이터베이스, 시스템아키텍처, 보안 등 전문 분야의 분석·설계 및 시험 관련 기술지원

PMO 참여 인력의 역할겸직

- 발주기관은 수행책임자, 관리지원 및 기술지원 역할을 하는 참여 인력을 각각 별도로 구성하도록 할 수 있으나, PMO대상사업 규모 및 특성 등에 따라 3명 미만의 PMO 인력이 투입될 경우는 1명이 상기 3가지 역할 중 일부를 겸직하도록 할 수 있다.

※ **위탁규정 제13조(전자정부사업관리 수행조직 구성 등) 참조**

제3장 PMO 도입의 핵심 성공 요인

1 PMO는 기획 시점부터 시작된다

　정보화 프로젝트가 대형화되고 장기화되면서 투입인력과 구축 비용의 단위가 점점 커짐에 따라 프로젝트의 복잡성과 위험이 증가하고 있다. 이에 프로젝트는 태생적으로 위험과 이슈를 가지고 시작한다. 위험과 이슈관리의 미흡은 프로젝트의 일정 지연, 품질 이슈, 부실 등으로 이어지고 있다. 이러한 원인은 기획단계에서부터 단추가 잘못 끼워졌기 때문이다. 발주기관들이 기획단계부터 PMO 도입을 고려하지 않고 집행단계에서 PMO를 도입하다 보니, 요구사항의 불명확, 적정한 사업 기간 미확보, 프로젝트 관리체계 미흡, 역량 있는 수행사의 발굴 미흡 등 위험과 이슈를 떠안고 프로젝트를 시작한다. 당연히 프로젝트가 실패할 확률이 높아지는 것이다.

　이승규는 "PMO의 도입 기간에 따라 초창기에는 프로젝트의 성과에 큰 영향을 미치지 못하지만, PMO를 계속 사용하는 프로젝트에서는 프로세스의 친숙함 및 선택으로 인해 프로젝트 성능을 향상할 수 있다"고 말했다(이승규, 2017). 그리고 PMO 도입 시기가 빠를수록 구축 프로젝트의 성공률은 높아진다고 얘기하고 있다.

2 대상사업의 업무환경에 맞는 PMO 조직을 구성하라

모든 프로젝트에 역량 있는 전문가는 꼭 필요하다. 전자정부사업관리 위탁(PMO)사업 역시 전문가 역량이 프로젝트 성공에 영향을 준다. PMO를 성공적으로 운영하기 위해서 첫째, 발주기관의 담당자는 대상사업의 특성에 적합한 PMO사업자의 선정과 조직구성을 해야 한다. 무엇보다 PMO는 관리적·기술적 역량을 갖춘 수행인력을 구성하는 것이 필요하다. 둘째, 사업의 규모에 따라 PMO 조직을 구성하고 발주기관, 수행사 등을 전담 관리할 수 있도록 역할을 구분한다. PMO 수행인력 간 총괄책임자에 의해 의사소통하는 것이 효과적이다. 셋째, PMO는 발주기관의 사업관리 역할을 모두 수행하는 것이 아니다. 핵심적인 관리가 무엇인지 발주기관과 협의하여 수행하는 것이 더 효과적이다. 그렇다고 핵심 이외의 역할을 하지 않는 것은 아니다. 선택과 집중을 통해 PMO사업의 효과를 극대화하는 것이 필요하다.

3 프로젝트 관리 프로세스를 촉진할 수 있는 우수사례 발굴

PMO의 중요성은 갈수록 높아지고 있다. PMO 조직의 이점은 우수사례 발견, 프로젝트의 검토, 고객 만족 보고, 비공식적 토론 등으로 이를 통해 프로젝트 관리 프로세스를 촉진

<그림 9> 우수사례의 발견

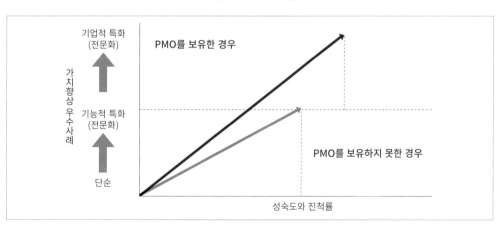

출처: 가치 중심의 프로젝트 관리(헤럴드 거즈너)

할 수 있는 우수사례를 발굴하는 것이다. <그림 9>에서 보듯이 PMO를 보유하지 못한 경우는 프로세스 성숙도의 진척률이 낮고, PMO를 보유한 조직은 상대적으로 높다.

특히 PMO가 없는 우수사례의 식별은 실무적 책임과 더불어 해당 우수사례가 문서로 만들어지지 않거나 조직을 통한 효과적인 공유가 되지 않을 확률이 높다. 실제 프로젝트 현장에서 우수사례들은 대부분 전체 조직의 이익을 위한 것으로, 프로젝트의 효율적 관리를 위해서 필요하다. 우수사례의 발굴 및 전파는 PMO 도입의 핵심성공 요인이기 때문이다.

4 결이 다른 PMO를 선택하라

발주기관이 외부 전문 PMO를 선택할 때 기준은 무엇인가? 발주자 마음에 흡족한 외부 전문 PMO일까? 아니면 발주기관의 생각과 다른 외부 전문 PMO일까? 대부분 발주기관은 전자를 선호한다. 하지만 모두가 같은 방향을 보고 있다고 프로젝트가 잘 진행되는 것은 아니다. 외부 전문 PMO 역할이 발주기관의 사업관리 역할을 대행하기에 순린처럼 보이기를 원하나, 역린이 있어야 한다. 결이 다른 시각을 가진 외부 전문 PMO 선택의 고려가 필요하다. 그래야 발주기관이 보지 못하는 부분을 볼 수 있다. 보지 못한 부분은 향후 프로젝트 진행에 리스크로 다가오기 때문이다. 다시 말해 발주기관의 생각만을 따르는 외부 전문 PMO는 결코 발주기관에 도움이 안 된다. 결이 다른 외부 전문 PMO는 발주기관이 간과할 수 있는 부분을 보게 되며, 한 번 더 생각할 기회를 제공한다.

발주기관은 외부 전문 PMO의 긍정적인 보고서를 기대한다. 그러나 대부분 부정적인 검토보고서가 작성된다. 이유는 프로젝트를 제때 오픈하기 위해 외부 전문 PMO는 지금 무엇이 부족한가를 찾기 때문이다. 잘한 것만을 찾고 발주기관의 입맛에 맞는 보고서 작성을 원한다면 PMO를 도입하지 않는 것이 좋다. 듣기 불편하고 읽기 힘들어도 결이 다른 PMO는 발주기관에 결국 도움이 된다.

5 PMO를 넘어서 EPMO를 도입하라

PMO는 프로젝트 수행을 일관성 있게 관리하고 성공적인 완료를 위하여 지원, 감독,

통제 등의 제반 활동을 수행하는 조직이다. 초기에 PMO의 도입은 사업관리 효율을 향상하는 방법의 하나로 인식되었다. 특히 과거 프로젝트 성공이나 실패에 대한 지식을 효과적으로 전달하거나, 프로젝트 팀에게 프로젝트 수행과 관련된 지원 서비스를 제공한다는 점에서 효율적인 방식으로 인식되고 있다. 공공기관의 PMO 도입을 보면 대부분 단일 프로젝트에 단일 PMO를 도입하고 있다. 국내 대기업 집단의 경우는 전사 차원의 PMO(Enterprise PMO)를 도입하여 운영하고 있다.

<그림 10>과 같이 PMO는 'PMO → EPMO → UPMO(Union PMO)' 형태로 발전될 것으로 본다. PMO는 단일 프로젝트에 단일 발주기관이 기획·집행·사후관리 단계 업무를 지원하는 것이다. 그러나 EPMO는 단일기관에서 다수 프로젝트를 통합적, 전사적으로 관리하는 것이다. 한편 UPMO는 다수의 기관이 다수의 프로젝트를 연합적으로 관리하는 개념이다. 이제 PMO를 넘어 EPMO로 방향을 전환할 때다.

<그림 10> PMO, EPMO, UPMO

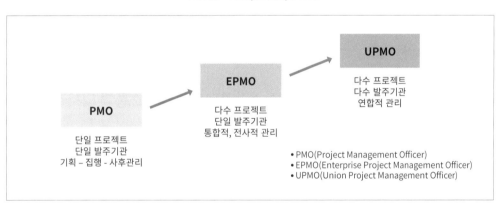

출처: ㈜씨에이에스 경영전략 발표 자료(은서기, 2022)

현재 대부분의 발주기관에서 도입하고 있는 PMO 형태는 전사적, 통합적 차원에서 시너지를 내기가 어려울 뿐만 아니라 효율이 떨어질 수 있다.

<그림 11>은 EPMO 프레임워크 사례다. 구성은 표준가이드, 사업관리(기획·집행·사후관리), 기술관리(응용아키텍처, 데이터아키텍처, 기술아키텍처, 보안아키텍처), 도구, IT 거버넌스 등 비즈 컨설팅 영역 등 5개의 도메인으로 되어있다. 구조는 기준·측정지표·절차·산출물 템플릿·사례 데이터로 되어있다.

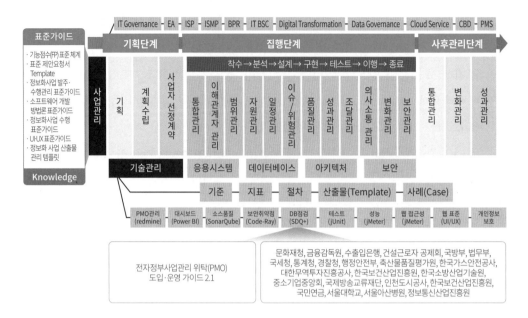

<그림 11> EPMO 프레임워크

출처: ㈜씨에이에스 경영전략 발표 자료(은서기, 2022)

6 PMO사업의 명확한 발주와 발주기관의 역할은 의사소통과 의사결정이다

발주기관은 외부 전문 PMO의 역할을 분명히 해야 한다. 간단히 말해 발주기관의 사업관리를 외부 전문 PMO를 통해 전문적으로 관리하는 것이다. 외부 전문 PMO는 컨설팅 조직이 아니기에 컨설팅 관련 제안요청서를 작성해서는 안 된다.

사례를 들어보자. PMO 관련 제안사업에서 대상사업 업무의 분석·설계를 수행하는 제안요청이 있다. 발주기관의 뜻에 맞춰 컨소시엄으로 제안하면 된다. 그러나 하드웨어 관련으로 요구사항을 제안요청서에 기술하였다면, 이 제안요청서의 정체는 모호해진다. 본사업의 하드웨어와 관련하여 통합발주와 전문 TA(Technical Architecture) 인력이 상주하며 수행할 아키텍트 역할을 PMO가 수행하는 것이 타당한지 생각해 볼 문제이다.

발주기관과 외부 전문 PMO 간 역할 정의가 필요하다. 발주기관의 가장 큰 역할은 소통문제에 적극적으로 나서야 한다. 외부 전문 PMO의 보고와 대상사업 수행사의 보고는 결이 다르다. 외부 전문 PMO는 수행사의 현재 문제점을 강조하지만, 대상사업 수행사는 문제가 없다고 한다. 관점이 달라도 너무 다르기에 논쟁은 뻔한 사실이다. 이때 발주기관이 외면하지 말고 적극적으로 전면에 나서야 한다. '발주기관과 외부 전문 PMO', '발주기관과 수행사' 간 소통에 문제를 알고 중재가 이루어지면 프로젝트 진행에 PMO와 수행사 사이에 소통의 채널이 만들어진다. 발주기관의 의사결정 지연은 프로젝트 진행에 걸림돌이 된다. 발주기관의 신속한 의사결정이 중요하다. 의사결정 지연으로 오는 후폭풍이 더 큰 무게로 다가올 것이다. 함께 결정하자. 프로젝트는 혼자 하는 것이 아니다!

7 PMO의 핵심 기능과 관리 수준의 적정성을 확보하라

PMO가 수행하는 기능에 대해서는 여러 가지 이해와 모델이 있지만, 성공하는 PMO는 수행 영역의 너비와 깊이를 프로젝트 및 발주기관의 특성에 맞추어 최적화한다. 다시 말해 PMO가 당위적으로 수행하는 모든 영역이 아니라 프로젝트 상황과 특성에 맞게 필요 영역에 집중함으로 너비(PMO 수행 영역)를 최적화하는 것이다. 그리고 PMO 성숙도를 언제나 최고 수준으로 유지하는 대신 발주기관의 눈높이에 맞추어 활동의 깊이(PMO 성숙도 수준)를 결정한다.

예를 들어 발주기관이 수행사를 크게 신뢰하는 상황이고 수행사의 프로젝트 관리 능력도 충분하다면 PMO는 일정관리와 의사소통 관리에 집중하고 PMO 성숙도 수준도 낮출 수 있다. 반대로 PMO대상사업의 규모도 크고, 적용 기술도 복잡하다면 PMO는 전체적인 범위, 일정, 의사소통 관리에 더해 품질, 위험 및 이슈, 통합관리도 강화하는 것이 바람직하다. 또한 PMO 성숙도 수준도 높게 유지하여 수행사의 관리 역량을 보완하는 것이 적절할 것이다.

이러한 최적화된 접근은 발주기관과 수행사에 PMO가 중요한 활동에 집중하며 현실적 한계를 전체적으로 고려하여 유연한 관리를 한다는 인상을 준다. 실제로 PMO도 이러한 접근은 제한된 PMO 자원을 효율적으로 활용하는 데 도움을 준다. 다만, 이는 어디까지나 경험적으로 확인된 사실일 뿐 모든 상황에 통용되는 절대적 진리는 아님에 유의해야 한다. 다시 말해 이러한 방향성을 지향하되 발주기관 및 수행사와의 공감 형성이 선행되어야 한다.

8 PMO의 역량을 강화하라

PMO 조직은 한 사람이 모든 역량을 갖출 수가 없다. 따라서 필요한 역량을 보유하고 있는 인력으로 조직화가 필요하다. PMO 조직의 대표적인 필요 역량은 프로젝트 관리 및 기술에 대한 전문성, 직업적 윤리성, 대상사업에 대한 이해, 사업수행 경험 등이다.

- **프로젝트 관리 및 기술에 대한 전문성:** PMO가 수행사의 인력만큼 개발 및 구현 역량을 갖추어야 할 필요는 없다. 다만 프로젝트 관리에 대한 전문적인 지식 및 대상사업과 관련된 기술에 대한 충분한 이해가 있어야만 성공적으로 사업관리와 기술지원을 수행할 수 있다.
- **직업적 윤리성:** PMO는 독립성과 객관성을 철저히 유지할 필요가 있다. PMO 구성원의 직업윤리 의식이 높지 않다면 발주사나 수행사 중 일방의 입장만을 대변하게 되어 건설적인 상호관계가 무너지게 된다.
- **대상사업에 대한 이해:** PMO는 발주기관이 속한 업종, 구축대상 시스템이 지원하는 업무, 관련 법률과 규정, 관련 조직 및 주요 관심사 등을 정확히 이해하고 있어야 한다. 이에 대한 종합적인 이해가 없으면 PMO 활동은 강약과 완급 조절 없는 이론적인 접근에 치우치게 된다.
- **수행 경험:** PMO 수행 경험에 더해 시스템 구축 경험까지 있다면 PMO의 발언에는 이해의 깊이, 확신과 통찰력, 노련미와 배려가 묻어나게 된다. 무엇보다 극도의 스트레스 상황에서도 좋은 의사소통과 방향 감각을 유지하고 평정심과 판단력 그리고 유머를 발휘할 수 있다.

9 프로젝트의 가시성을 유지하라

프로젝트 실패는 흔히 불확실성(uncertainty), 모호성(ambiguity), 불일치(disagreement)에 기인한다. 불확실한 내외부 환경변화, 모호한 요구사항과 범위, 이해관계자 간 이해 및 견해 차이를 적절히 관리하지 않으면 프로젝트팀의 집중력은 흐트러지고 자원과 시간이 낭비되며 이해관계자의 불평과 불만족이 분위기를 지배하게 된다. 이에 따라 이해관계자

간 불신과 긴장이 점차 고조되다 어느 순간 수습하기 힘든 진퇴양난의 늪에 빠지는 경우가 많다.

이런 심각한 상황을 예방하고 프로젝트를 순항하게 하려면 PMO는 프로젝트 초기부터 프로젝트의 가시성(visibility)을 일정 수준 이상으로 유지해야 한다. 프로젝트의 가시성을 높게 유지하는 방법은 지속적 분석과 측정, 주기적 소통과 공감대 형성, 진실한 합의와 협상, 과감한 의사결정과 선택을 통해 불확실성, 모호성, 불일치를 낮추는 것이다. PMO는 발주기관과 수행사를 중재하는 객관적 입장이므로 이러한 역할을 하기에 유리하다.

예를 들어 수행사는 각각의 모듈이 순조롭게 개발되고 있다고 보고하고 있지만, 발주기관은 그것이 사실인지 확인할 길이 없어 불안해한다고 가정해 보자. 만약 이러한 상태가 방치되다가 테스트 단계에서 갑자기 많은 버그가 발견되면 프로젝트 분위기는 금세 험악해진다. 따라서 PMO는 개발과정에서 몇몇 시점을 정해 수행사, 발주기관, PMO가 동시에 참관하는 합동검토를 제안할 수 있다. 이러한 적절한 개입은 프로젝트의 가시성을 높이고 잠재적 이슈를 적시에 식별·대응할 수 있게 해준다.

제2부
PMO 도입

제4장

PMO 기획단계

1 기획

1.1 공공 정보화사업의 이해

1.1.1 국가정보화

공공 정보화(공공 소프트웨어)사업을 이해하기 위해서는 국가정보화가 무엇인지 알아야 한다. 국가정보화 기본법에 따르면 '국가정보화'는 국가기관, 지방자치단체, 공공기관이 정보화를 추진하거나 사회 각 분야의 활동이 효율적으로 수행될 수 있도록 정보화를 통하여 지원하는 것이라고 정의한다. 여기서 정보화는 정보를 생산·유통 또는 활용하여 사회여러 분야의 활동을 하게 하고, 그러한 활동의 효율화를 도모하는 것이다.

정부가 국가정보화를 추진하는 목적은 <그림 12>와 같이 지속 가능한 지식정보사회 실현에 이바지하고 국민의 삶의 질을 높이는 것이다. 또한 국가정보화의 추진을 통하여 인간의 존엄을 바탕으로 사회적, 윤리적 가치가 조화를 이루는 자유롭고 개방적인 지식정보사회를 실현하고 이를 발전시키는 것을 기본이념으로 하고 있다.

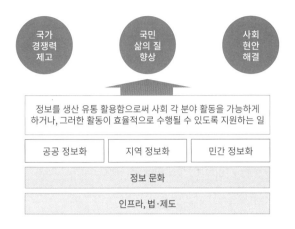

<그림 12> 국가정보화의 목적

국가
경쟁력
제고

국민
삶의 질
향상

사회
현안
해결

정보를 생산 유통 활용함으로써 사회 각 분야 활동을 가능하게
하거나, 그러한 활동이 효율적으로 수행될 수 있도록 지원하는 일

공공 정보화	지역 정보화	민간 정보화
정보 문화		
인프라, 법·제도		

출처: 국가정보화 기획단 발표 자료(2009.6)

1.1.2 국가정보화 개념 구조

국가정보화의 개념적 구조는 <그림 13>과 같이 국가정보화 추진, 국가정보화의 역기능 방지, 그리고 국가 정보통신 기반의 고도화로 세 가지 큰 틀에서 추진되고 있다. 먼저 국가정보화의 추진은 분야별 정보화 추진과 지식정보 자원관리 및 활용으로 구성된다. 공공 정보화는 행정업무의 효율성 향상과 국민 편익 증진 등을 위하여 행정, 보건, 사회복지, 교육, 문화, 환경, 과학기술, 재난 안전 등 소관 업무에 대한 정보화를 추진하는 것이다. 지역 정보화는 국가기관과 지방자치단체 주민의 삶의 질 향상과 지역 간 균형발전, 정보격차 해소 등을 위하여, 하나 또는 여러 개의 지역·도시에 대하여 행정·생활·산업 등의 분야를 대상으로 하는 정보화를 추진하는 것이다. 한편 민간분야 정보화 지원은 산업·금융 등 민간분야의 생산성 향상과 부가가치 창출 등을 위하여 기업의 정보화 및 정보통신기반의 구축·이용 등을 지원하는 것이다. 지식정보 자원의 관리 및 활용은 국가기관과 지방자치단체의 지식정보자원을 효율적으로 관리하는 것이다. 또한 지식정보자원의 수집, 보존 및 전송, 지식정보자원의 공동 활용, 지식정보자원의 개발·활용 및 효율적인 관리를 위하여 필요한 지식정보자원의 표준화에 관한 사항을 관리한다.

둘째, 국가정보화의 역기능 방지는 정보 이용의 건전성·보편성 보장 및 인터넷중독의 예방·해소뿐만 아니라 정보 이용의 안전성 및 신뢰성을 보장하는 일을 추진한다.

마지막으로 초고속국가망의 관리, 광대역통합연구개발망의 구축·관리 등 국가 정보통신 기반의 고도화를 추진한다.

<그림 13> 국가정보화 개념 구조

출처: 정보자원관리 개념 이해(행정자치부, 2007.12)

1.1.3 공공 정보화사업의 추진 절차

공공 정보화 사업절차는 <그림 14>와 같이 기획, 계획수립 등 6개의 메가 프로세스와 18개의 하위 프로세스로 진행된다. 기획단계에서는 정보화사업을 발굴하고 추진하기 위해 정보화사업 계획(ISP/BPR), 필요한 정보화 예산, 정보화 성과평가 계획을 수립한다.

계획수립 단계에서는 정보화사업을 발주하기 위해 사업계획서(안)을 작성, 기술 보안성 검토, 상위기관(국가정보원, 산업통상자원부 등) 보안성 검토, 행정안전부 사전협의를 통해 도출된 내용을 반영하여 사업계획서 및 제안요청서를 확정한다. 사업자 선정·계약 단계에서는 정보화사업 발주 요청에 따라 제안안내서, 입찰공고, 제안요청 설명회를 개최하고 입찰한다. 또한 사업자의 제안서 평가 후 낙찰자가 결정되면 기술 협상 등의 계약 절차를 진행한다.

사업수행단계에서는 선정된 사업자로부터 착수계를 접수하여 검토를 시작으로 인력, 진척률, 품질관리, 하도급 관리 등 프로젝트의 전반적인 진행을 관리한다. 검사·운영 단계에서는 사업수행에서 만들어진 결과물에 대한 완료 검사, 인수 및 하자보수, 사업종료, 운영 및 유지관리 업무를 처리한다.

성과·평가 단계에서는 재정 자율 평가, 정보화사업 성과평가 업무를 수행한다. 기획은 정보화전략계획수립(ISP: Information Strategy Plan)을 통해서 그리고 계획수립은 정보시스템 마스터플랜(ISMP: Information System Master Planning)을 통해서 진행한다. PMO는 기획단계(계획수립, 사업자 선정·계약 단계 수행), 집행단계(사업수행단계 수행), 사후관리단계(검사·운영, 성과·평가단계 수행)를 수행한다. 그리고 EPMO(Enterprise PMO)는 기획단계까지 업무를 수행한다. 감리는 단계(분석·설계·구현)별 3단계 감리를 통해서 품질 적합성 여부를 점검한다.

<그림 14> 정보화사업의 추진 절차

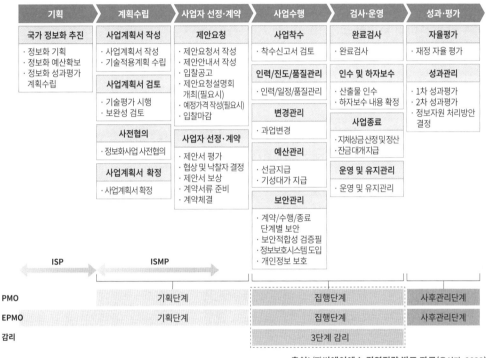

출처: ㈜씨에이에스 경영전략 발표 자료(은서기, 2022)

1.1.4 공공 정보화사업의 특징

한 해에도 각 기관에서 수많은 정보화사업이 추진되고 있다. 그러나 정보화사업의 성공을 측정할 수 있는 기준이 명확하지 않아 실제 정보화사업이 성공했는지 확인하기가 쉽지 않은 게 현실이다. 이런 원인으로는 첫째, 공공 정보화사업의 성공 확률이 높지 않으며, 둘째, 정보기술의 활용이 기관의 목표 달성으로 이어지지 않기 때문이다. 또한 정보자원에 대한 통합관리 노력이 부족하고 정보기술에 대한 책임자의 관심과 참여도가 낮다 보니 정보화사업을 추진하는 조직은 힘만 들고 발주부서의 사용자는 불만만 쌓인다. 또한 정보화 수행사는 요구사항의 잦은 변경, 일정, 원가, 인력 조달 문제로 많은 어려움을 겪고 있다.

그러면 공공 정보화사업의 문제 원인은 어디에 있는가? <그림 15>에서 보는 것과 같이 첫째, 제도적 환경요인이다. 각 기관의 정보화 예산이 연 단위로 단기 예산에 집중되어 있고, 예산 규모도 상대적으로 작아 예비타당성 조사 대상에서 제외되는 경우가 빈번하다. 그렇다 보니 장기적 관점에서 업무를 추진하는 것이 아니라 예산에 맞추어 업무를 나누어 추진하여 중복투자 위험이 증대하고 있다. 또한 분권화된 정보화 추진체계로 정보화 부문의 위상이 미흡하다. 즉 책임과 성과에 대한 처리가 모호해 정보화 전문인력도 제대로 양성되지 않을 뿐더러 부족한 실정이다.

<그림 15> 공공 정보화사업의 문제점

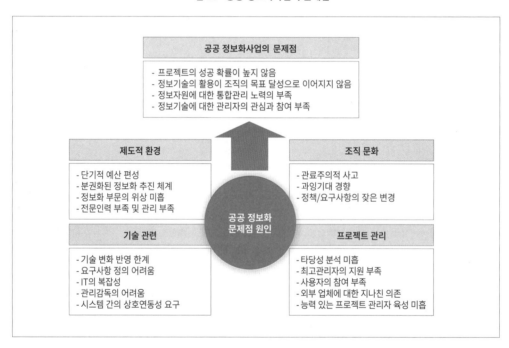

둘째, 조직 문화적 요인이다. 공공기관의 관료주의 문화는 어느 정도 사라졌다. 그러나 아직도 상명하복의 문화로 정책이나 업무담당자와 업무책임자의 잦은 변경으로 인한 불분명한 요구사항, 추가 변경 요구의 지속적 발생으로 일정 계획 준수를 어렵게 한다.

셋째, 빠른 정보기술 환경의 변화 요인이다. 디지털 전환(Digital Transformation), 인공지능, 빅데이터 등 정보기술의 빠른 변화로 발주기관 담당자가 해당 기술을 적시에 습득하는 데 한계가 있다. 또한 이런 기술의 복잡성으로 요구사항을 정의하기도, 예산을 산정하기도 어렵다. 기술을 업무에 효율적으로 접목하는 것도 이슈이다.

마지막으로 프로젝트 관리 역량 요인이다. 정보화사업 기획단계에서 타당성 분석 미흡으로 요구사항이 불명확 상태에서 발주되는 경우가 많다. 수행단계에서는 원만하지 못한 의사소통으로 업무 범위 합의가 힘들고, 이슈에 대해서 신속한 대응 방안 제시와 의사결정도 이루어지지 않아 부실로 이어진다. 또한 최고 관리자, 사용자의 참여 부족 그리고 외부 사업자에게 지나치게 의존하는 것도 문제다. 그렇다 보니 자체적으로 능력 있는 프로젝트 관리(PMO) 역량도 부족하다.

이런 문제를 해결하기 위해서는 사업 기획단계에서 정확한 요구사항 도출이 가능하게 하는 역량을 키워야 한다. 수행단계에서는 원활한 커뮤니케이션과 신속한 이슈 대응방안을 제시할 수 있어야 한다. 또한 실행 후 지속적인 측정을 통해 개선 활동을 정례화하는 것도 고려해야 한다. 정보화사업 과정에서 만들어진 산출물과 경험을 지식화와 법제도 개선의 기초 정보로 활용하여 반영해야 하며, 각 기관 자체적으로 정보화사업 관리 역량을 강화하는 것도 필요하다.

1.2 정보화 기획

1.2.1 정보화 계획 수립

1.2.1.1 중기 사업계획서 제출

1) 절차

중기 사업계획서는 당해 회계연도부터 5회 연도 이상의 신규사업 및 주요 계획 사업에 대한 중기 사업계획을 수립하는 것이다. 각 기관의 장은 매년 1월 31일까지 과학기술정보통신부 장관에게 제출하며 절차는 <그림 16>과 같다.

<그림 16> 중기 사업계획서 제출 절차

2) 정보화 기획 접근방법

중기 사업계획은 어떻게 수립해야 하는가? 중기 사업계획 수립을 위해서 정보화 기획의 접근법으로는 목적에 따라 EA(전사적 아키텍처), ISP(정보화전략계획), BPR(업무재설계), ISMP(정보시스템 마스터플랜) 수행을 위한 예산을 확보하고 추진하여 근거를 마련한다.

첫째, EA(Enterprise Architecture)는 조직의 임무 달성을 위해 필요한 요소 간의 상호운용성과 재사용성을 보장하기 위한 조직의 업무, 사용되는 정보, 이를 지원하는 정보기술 등의 구성을 분석하고 이들 간의 관계를 구조적으로 정리한 체계이다. EA의 적용 목적은 원활한 통합연계, 업무와 IT의 유기적 결합, IT 투자 관리 등이 있다.

둘째, ISP(Information Strategy Planning)는 정보화사업의 경쟁력확보를 위해 전사(전기관)적인 관점에서 필요한 정보기술을 정의하고 구축하기 위한 계획의 수립 과정이다. ISP 수립 배경은 정보시스템 신규 구축·운영사업 부실화 방지, 구축사업 대가산정 부적정, 데이터 표준화 미준수, 정보시스템 활용률 저조, 기존시스템 재활용 미흡, 중복 구축사업 추진, 사업 계획단계에서 사전 차단 미흡, 예산 낭비 요인 발생 등을 효과적으로 대응하기 위해서다.

셋째, BPR(Business Process Reengineering)은 기관의 활동과 업무 절차를 분석하고 이를 최적화하는 것으로, 반복적이고 불필요한 절차를 제거하기 위해 업무상의 여러 단계를 통합하고 단순화하여 재설계하는 경영기법이다. 추진 배경은 고객 관점에서 업무 절차를 재설계하여 고객 만족과 내부 생산성 향상을 동시에 극대화하는 것이다.

마지막으로 ISMP(Information System Master Planning)는 중기 사업계획 중 특정 정보화사업에 대한 상세 분석과 결과를 마련하기 위한 작업이다. 업무 및 정보기술에 대한 현황과 요구사항을 분석하고, 기능점수 도출이 가능한 수준까지 상세하게 기능적·기술적 요건을 기술한다. 다시 말해 구축전략과 이행계획을 수립하는 활동을 통해 제안요청서(RFP: Request for Proposal)를 결과물로 만들어 낸다. 주요 핵심은 요구사항의 명확화와 상세화를 통해 사전에 위험과 이슈를 제거하는 것이다.

3) 중기 사업계획 수립 시 고려사항

발주기관에서 중기 사업계획 수립 시 고려사항으로는 첫째, 각 발주기관에서 추진하는 정보시스템 구축은 원칙적으로 「예산안 편성 및 기금운영계획안 작성지침」에 따라 BPR 및 ISP 수립 완료 후 예산을 요구한다. 둘째, 발주기관의 장은 「ISP 수립 공통가이드」를 참조하여 다음 조건이 만족하는 정보화전략계획을 수립한다.

- ISP 산출물은 목표시스템 구축, 운영·유지보수 및 기능개선 고도화
- 연차별, 항목별 상세 투자 요소, 경제적 타당성 분석 및 대안(2개 이상 검토)
- 타 기관에서 운영 중인 정보시스템과 상호연계·활용을 통한 사업성과 제고 방안 포함

마지막으로 발주기관의 장은 내실 있는 ISP 수립을 위해 사업발주 및 추진과정에서 ISP 가이드 준수 여부 등에 대해 <그림 17>과 같이 ISP 추진 및 검토 절차에 따라 전문기관(한국지능정보사회진흥원)의 검토를 받아 의견을 참작하여 정보화전략계획을 수립할 수 있다.

< 그림 17> ISP 추진 및 검토 절차

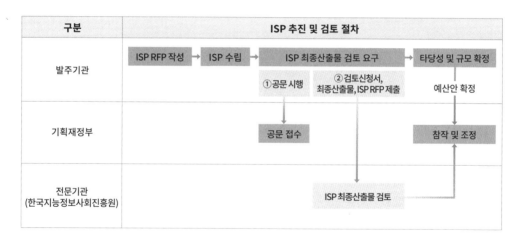

※ BPR/ISP 수립 제외 가능 요건
- 소규모 단순 행정 시스템 구축 등 별도의 BPR/ISP 수립의 실익이 낮다고 기획재정부장관이 인정한 사업

※ BPR/ISP 수립 완료 이전 추진 가능한 사업
- 재난·재해 관련 사업 등 기획재정부 장관이 정책적 중요성 및 시급성이 매우 높다고 인정한 사업

1.2.1.2 정보화사업 시행계획 수립

1) 절차

발주기관의 장은 기본계획에 의거 <그림 18>과 같이 정보화 시행계획 수립 절차에 따라 매년 정보화 시행계획을 작성하여 주관기관에 제출한다.

<그림 18> 정보화 시행계획 수립 절차

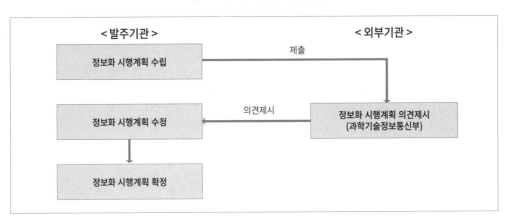

정보화 시행계획 수립 절차는 첫째, 발주기관의 장은 기본계획에 따라 매년 정보화 시행계획의 전년도 추진실적과 다음 해의 시행계획을 작성하여 과학기술정보통신부 장관에게 제출한다. 제출 기한은 중앙행정기관의 경우 매년 4월 30일이며, 지방자치단체는 매년 7월 31일이다.

둘째, 과학기술정보통신부 장관은 각 발주기관에서 제출한 정보화 시행계획에 대한 검토 의견을 기획재정부 장관과 발주기관의 장에게 제시한다. 중앙행정기관의 시행계획은 6월 30일, 지방자치단체의 시행계획은 매년 9월 30일까지 제출해야 한다. 정보화 시행계획 수립 협의 시 국가정보화 기본계획과 연계되도록 과학기술정보통신부와 협의한다. 또한 정보보호에 관한 사항을 포함하는 경우 해당 행정기관과 미리 협의한다.

마지막으로 발주기관의 장은 과학기술정보통신부 검토 의견을 반영하여 매년 12월 31일까지 정보화 시행계획을 확정한다.

2) 시행계획 수립 시 고려사항

발주기관은 매년 과학기술정보통신부에서 발행하는 「국가정보화사업 시행계획 지침」

에 따라 시행계획을 수립한다. 주요 고려사항으로는 첫째, 발주기관은 시행계획 작성 시 내역, 사업 단위까지 작성하되 기획재정부에 제출하는 중기 사업계획 또는 차년도 예산요구서의 세부 사업 단위 명칭과 일치되게 작성한다.

- 사업명은 별도 입력하지 말고, d-brain 시스템의 사업명을 복사해 붙여넣기를 함
- 프로그램 분류 체계 : 분야 – 부문 – 프로그램 – 단위 사업 – 세부 사업 – 내역 사업

둘째, 범정부 I-Korea 4.0 전략인 「4차 산업혁명 대응계획」(17.11) 및 세부 실행계획으로 4차산업혁명위원회에서 의결한 정책의 세부 사업들은 반드시 포함되도록 작성한다. 또한 계획에 포함된 세부 사업이 제출되지 않는 경우 기획재정부와 예산협의(정보화 예산협의회)에서 누락 되며, 향후 부처 예산(안) 반영 시 불이익을 받을 수 있다.

셋째, 4차 산업혁명 관련 사업은 다부처 공동 기획을 원칙으로 하고 신속 추진이 필요한 경우는 시범사업 형태로 투자하여 시장 적기 대응을 지원한다. 인공지능, 빅데이터, 블록체인 등 4차 산업혁명과 관련된 신기술을 경제·사회적 파급 효과가 큰 핵심 분야에 연계한 부처 간 협업사업 반영에 권고하고 있다. 구체적인 과제 기획을 통해 달성 시기, 성과 등을 명확히 제시하고 사업의 목표·효과가 달성될 수 있도록 작성한다.

넷째, 국가정보화 관련 주요 정책·지침 및 가이드를 준수하여 작성한다. 사업예산은 「SW 사업 대가산정 가이드」(정보보호 서비스, 데이터베이스 구축비 대상산정 포함)를 활용한다. 상용 SW 유지관리 현실화 요율 적용, 공개 SW 도입 및 활성화 등의 SW 활성화 정책을 고려하여 시행계획을 수립한다. 한편 개인정보를 수집·활용하는 정보시스템은 개인정보 영향평가 등 「개인정보 보호법」에 명시된 안전조치 의무 사항을 고려하여 계획을 수립한다.

다섯째, 신규 정보시스템 구축은 아래 사항을 반드시 검토 및 확인해야 한다.
- 원칙적으로 업무재설계(BPR) 및 정보화전략계획(ISP) 수립 후 그 결과에 따라 추진
  (※ 세부 절차 및 내용은 기획재정부 「정보화전략계획 수립 공통가이드」 참조(18.3))
- 정확한 수요예측과 투자 효과성 확보를 위해 합리적인 수요조사(이용자 수 등)와 함께 신규시스템 구축으로 활용이 감소할 것으로 예상되는 기존 시스템 정비방안을 함께 제시
여섯째, 신규 정보시스템 구축은 아래 사항을 반드시 검토 및 확인해야 한다.
- 클라우드 컴퓨팅법(약칭)이 제정(15.3)됨에 따라 각 기관은 정보화 추진 시(신규, 기존시스템 일부 대체, 전면 개편) 클라우드 도입을 우선 고려 (※미제공 시 사유 제출)
- 대국민서비스를 위한 웹사이트 신·증설이 포함된 경우, 기관 내 웹사이트와 유사·중복

성 검토 및 조정
- 신규 구축 필요성, 관련 근거 및 현황을 포함한 세부 설명자료 필수 제출

일곱째, 정보화사업의 유사·중복성(SW 영향평가 포함)을 사전에 제거한 후 시행계획서를 작성하여 제출한다. 발주기관의 정보화 총괄부서에서는 해당 기관(소속기관, 산하기관 등 포함)의 국가정보화 시행계획을 연계·통합 필요성 및 중복성을 총괄 검토 후 제출한다.
- 정보화사업 자체 중복·연계성 검토 결과 작성 및 제출

마지막으로 기존시스템 고도화 및 유지보수 시(해당 정보시스템이 구축 후 3년 이상 된 경우)「정보시스템 운영 성과관리 지침」에 따른 성과측정 결과를 반영한다. 세부 설명자료 작성·제출 시 고도화 필요성, 주요 추진 경과, 관련 현황을 포함한다.

3) 과학기술정보통신부 의견제시 중점 검토사항
발주기관은 과학기술정보통신부의 의견제시를 주요 검토항목과 고려하여 정보화 시행계획을 수립한다. 중점 검토항목은 첫째, 과학기술정보통신부는 아래와 같은 4차 산업혁명과 연계한 우선 투자사업 식별 및 지원 방안을 검토한다.
- 「4차 산업혁명 대응계획」 및 분야별 계획과의 연계성, 사업간 연계·통합 필요성 및 중복성, 사업 타당성 등을 종합적으로 검토하여 우선 투자사업 식별
- 특히 지능정보 기술(인공지능, 사물인터넷, 클라우드컴퓨팅, 빅데이터, 블록체인 등)과 연계한 경제·사회적 파급 효과가 큰 분야의 사업을 대상으로 지원
- 과학기술정보통신부와 기획재정부 간 정보화 예산협의회를 통해 관련 내용 반영

둘째, 아래와 같은 내용으로 신규사업 타당성을 검토한다.
- 신규사업에 대한 필요성, 시급성, 효과성, 현실 가능성 등을 종합하여 사업 타당성 검토
- 관련 법·제도 개선 선행 필요, 이해관계자 사전협의 필요, ISP 선행 필요, 투자 대비 효과 확인 필요 등으로 분류하여 의견제시

마지막으로 아래와 같이 사업간 연계·통합 필요성 및 중복성을 검토한다.
- 사업간 연계·통합 필요성과 중복성 검토 기능 강화
  ※ 기구축·운영 중인 정보시스템과 추진 예정인 사업간 연계·통합 필요성과 중복성 검토

※ 연계·통합 필요성 및 중복성은 내역 사업을 대상으로 검토
- 공공 정보화 사업이 민간 시장에 미치는 영향 정도를 검토(SW 영향평가)하여 개선 권고

4) 시행계획 작성 내용

시행계획서는 발주기관의 정책 목표, 추진실적 및 현황, 당해연도의 정보화사업 계획 등을 파악할 수 있도록 <표 17>과 같이 구체적으로 작성한다.

<표 17> 시행계획서 작성 내용

목차	작성 내용	비고
기관 정보화 추진 방향 및 성과	추진 목표 및 추진전략 추진실적 및 성과 차년도 정보화 추진 방향 및 기대효과 등 기술	기관 총괄부서
정보화사업 추진현황 및 계획	총괄 사업 현황 및 계획 주요 국가정책 반영 현황 및 계획 지능 기술별(클라우드 컴퓨팅(Cloud Computing), 데이터(Data), 사물인터넷(IoT), 인공지능(AI), 기타 디지털 혁신기술 적용사업(모바일, 블록체인, 5G, XR 등)) 사업 추진계획 기술	
붙임1. 시행계획 변경사항	전년도 당해년 시행계획 변경사항	
붙임2. 정보화 사업 중복·연계성 자체 검토 결과	해당 기관의 정보화사업에 대한 기관 내 또는 기관 간 중복 조정 및 통합연계 가능성 검토	
붙임3. 클라우드 우선 도입 자체 검토 결과	클라우드 컴퓨팅법에 따른 클라우드 우선 도입 자체 결과검토	
붙임4. 차년도 정보화사업 예산총괄표	해당 기관의 차년도 정보화사업 예산총괄표(예산요구서 서식을 활용)	
붙임5. 세부 사업별 현황 및 계획	세부 사업(내역 사업) 별로 차년도 예산요구서 및 주요 사업내용 등을 제출	개별 사업담당자

5) 시행계획 작성 내용

- 시행계획 요약
- 정보화사업 총괄표
- 중복·연계성 자체 검토 결과
- 세부 사업별 시행계획

6) 정보화사업 추진 시 PMO 점검 사항

- 정보시스템 구축은 원칙적으로 BPR 및 ISP 수립 완료 후에 예산을 요구 - ISP 수립 공통가이드 준수 여부
- 국정과제/국가정보화 기본계획의 이행, 기관의 업무·정책 등 현황·실적 점검과 성과

창출 가능한 계획수립 여부

- 정보화사업 간 연계·통합 필요성 검토 및 유사·중복성 제거 여부
- 다른 행정기관과의 상호연계 또는 공동이용과 관련한 사업 추진 시 중복투자 방지 사전협의 요청 여부
- 시행계획서 작성 시 내역 사업 단위까지 작성, 기획재정부에 제출하는 중기 사업계획서 또는는 차년도 예산요구서의 세부 사업 단위 명칭과 일치되게 작성되었는지 여부
- 범정부 I-KOREA 4.0 전략인 「4차 산업혁명 대응계획」(17.11) 및 세부 실행계획으로 4차산업혁명위원회에서 의결한 정책의 세부 사업 등 포함 여부
- 4차 산업혁명 관련 사업은 다부처 공동 기획 원칙을 고려했는지 여부
- 국가정보화 관련 주요 정책·지침 및 가이드를 준수하여 작성 여부
- 클라우드 컴퓨팅법이 제정(15.3)(신규, 기존 시스템의 일부 대체, 전면 개편) 클라우드 도입을 우선 고려 여부
- 정보화사업 간 유사·중복성(SW 영향평가 포함)을 사전에 제거한 후 시행계획서 제출 여부
- 기존 시스템 고도화 및 유지보수 시(해당 정보시스템 구축 후 3년이 경과한 경우)「정보시스템 운영 성과관리 지침에 따른 성과측정」(17) 결과 반영 여부
- 사업간 연계·통합 필요성 및 중복성 검토·영향평가 가이드 준수 여부
- 국가정보화 사업 시행계획서 작성 가이드 준수 여부

1.2.2 대규모 투자사업 정보화 계획

1) 절차

과학기술정보통신부는 정부와 지방자치단체가 직접 또는 위탁해 총사업비 500억 원 이상의 도로, 철도, 항만, 공항, 병원, 연구·산업·의료·물류단지 등을 건설 또는 개발하는 사업을 할 때 별도의 정보화 계획을 수립해 기본계획에 반영하도록 의무화하고 있다.

대규모 투자사업 내 정보화사업을 체계적으로 관리하고, 사업 결과물에 대한 관리·운용의 효용성을 높이기 위해서다. 절차는 <그림 19>와 같이 대규모 투자사업 정보화 계획수립 절차에 따라 정보화 계획 반영 대상을 확인하고, 그에 합당한 정보화사업 계획을 수립하여 과학기술정보통신부 장관에게 제출한다. 정보화 계획수립 시 기존시스템과의 중복 여부, 연계/공동이용 여부를 검토한다.

<그림 19> 대규모 투자사업 정보화 계획수립 절차

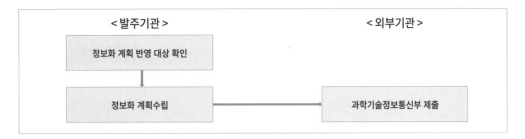

2) 정보화 계획수립 의무화 대상사업 판단 기준

정보화 계획수립 의무화 대상사업 판단 기준은 사회간접자본시설사업 및 지역개발사업 등 정보화사업을 수반하는 사업으로서 대통령령으로 정하는 대규모 투자사업이 대상이다. 그리고 정보화 계획수립 시 포함되어야 할 주요 내용은 <그림 20>과 같다.

<그림 20> 정보화 계획수립 시 포함되어야 할 내용

1. 대상사업 개요 　가. 사업배경 및 필요성 　나. 사업내용	3. 정보화 현황 4. 정보화 세부목표	5. 정보화 추진계획 　가. 소요자원 및 예산계획 　나. 정보화 로드맵 　다. 기대효과 　라. 정보화과제 중복성, 　　　연계이용 및 공동활용 검토 　마. 전체 개념도	6. 과제별 추진계획 　가. 과제 개요 　나. 과제 내용 　다. 목표시스템 구성도 　라. 과제별 기대효과
2. 정보화 추진 목적 및 범위 　가. 정보화 목적 　나. 정보화 범위 　다. 정보화 선진사례			7. 법제도 정비 8. 추진체계

1.2.3 정보화사업 예비타당성 조사

1) 절차

총사업비가 500억 원 이상이고 국가의 재정지원 규모가 300억 원 이상인 신규사업은 예비타당성 조사를 받아야 한다. 절차는 <그림 21>과 같이 정보화사업 예비타당성 조사 절차에 따라 발주기관은 예비타당성 대상 여부를 판단한다. 예비타당성 대상인 경우는 기획재정부와 과학기술정보통신부에 신청한다. 과학기술정보통신부는 사전검토를 하고, 기획재정부는 예비타당성 조사 수행 여부를 결정하고 예비타당성 조사 후 발주기관에 결과를 통보한다.

<그림 21> 정보화사업 예비타당성 조사 절차

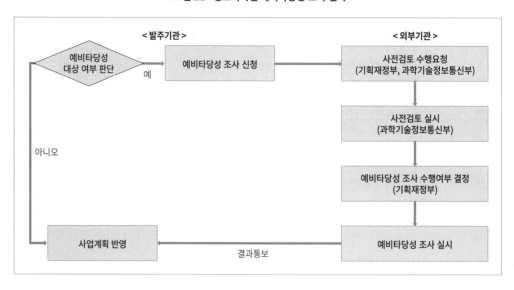

2) 정보화사업의 예비타당성 조사 수행흐름도

예비타당성 제도는 1998년 공공부문 개혁으로 검토되었으며, 1999년 4월 예산회계법 시행령 제9조의2가 신설되면서 도입되었다. 총사업비가 500억 원 이상이고 국가의 재정 지원 규모가 300억 원 이상 신규사업에 대한 예비타당성을 조사하고, 그 결과를 요약하여 국회 소관 상임위원회와 예산결산특별위원회에 제출(국가재정법 제38조)해야 한다. 정보화 사업이란 사용자 인터페이스, 애플리케이션, 정보 공유, 데이터, 플랫폼, 보안, 관리 등 하나 또는 그 이상의 기술을 이용하여 대상업무의 효율성을 개선하는 사업이다. 정보화사업은 다른 재정 사업과 달리 업무처리방식 개선을 통한 효율성 증대의 편익과 소요 비용을 분석하여 타당성을 검토한다.

<그림 22>와 같이 정보화사업의 예비타당성 조사 수행흐름도에 따라 첫째, 기초자료 분석은 정보화사업 대상업무의 현황과 유관 조직, 정보시스템 현황을 파악한다. 그리고 사업에 사용될 관련 기술도 검토한다. 또한 정보화와 관련하여 바탕이 되는 법인 국가정보화 기본법과 상위 계획과의 일관성을 검토하고 사업 타당성 조사 쟁점 사항과 한계점을 정리한다.

둘째, 경제성 분석을 위해서 우선 비용편익을 구한다. 비용편익 비율이란 총편익과 총비용의 할인된 금액의 비율로 장래에 발생할 비용과 편익을 현재가치로 환산하여 편익의 현재가치를 비용의 현재가치로 나눈 값이다. 일반적으로 '비용편익 비율≥1.0'이면 경제성이 있다고 판단한다. 다음으로 순현재가치를 추정하여야 한다. 순현재가치란 사업에 수반되

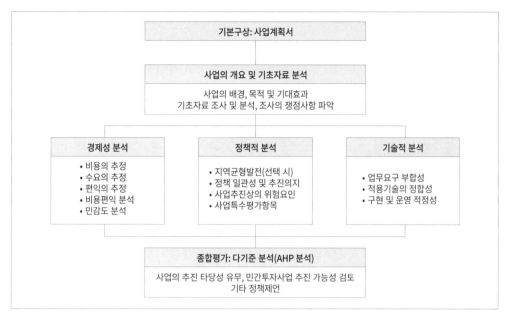

<그림 22> 정보화사업의 예비타당성 조사 수행흐름도

출처: 정보화부문 사업의 예비타당성 조사 표준지침 연구-제2판(KDI, 2013)

는 모든 비용과 편익을 기준연도의 현재가치로 할인하여 총편익에서 총비용을 제한 값으로, '순현재가치≥0'이면 경제성이 있다고 판단한다.

셋째, 정책적 분석은 관련 계획 및 정책 방향과의 일관성이 있는지 검토한다. 국가정보화 기본법과 국가정보화 시행계획을 바탕으로 정책 일관성을 검토한다. 또한 사업 추진기관이 사업 추진 의지가 있는지 검토한다. 추진 의지가 발주부서의 의견인지 아니면 최고 경영진을 포함한 전반적 의지인지를 구분한다. 그리고 유관 부서와 고객의 요구 정도 검토, 개인정보 활용에 대해 검토한다. 사업을 성공적으로 추진하기 위해서는 사업계획이 충분하고 구체적이어야 한다. 사업 추진상에 발생할 수 있는 여러 가지 위험 요인 또한 검토한다. 특히, 중복성에 대해서는 자세한 검토가 필요한데 중복성 검토를 위해서는 범정부 EA 포털을 통해 확인한다.

넷째, 기술성 분석은 사업계획에 제시된 기술이 기술환경, 업무환경, 사업실행환경에 적합한지를 검토한다. 기술성 분석 관련 연구는 기술적 성숙도 및 위험성 분석, 기술의 시장성숙도, 소프트웨어 기술성 평가, 정보시스템 구축·운영 지침, IT 프로젝트 리스크관리, IT 프로젝트 타당성 평가, 기존 정보화 부문 표준지침의 기술성 분석평가가 있다. 기술성 분석 항목은 업무요구 부합성, 적용 기술 적합성, 그리고 구현·운영 계획의 적정성으로 나뉜다. 기술성 분석의 절차는 '업무 요구사항 분석 → 목표시스템 범위 및 주요 기술 요소 식별 → 평가항목별 검토 → AHP 기술성 분석 반영'으로 진행된다.

마지막으로 종합평가는 AHP 분석 기법을 활용한다. AHP 분석은 기준에 대한 선호도가 다른 대안들을 체계적으로 평가할 수 있도록 지원하는 의사결정 기법이다. 먼저 여러 분석 대안 가운데 최적 대안을 선정 후 어떤 대안이 더 적절한지 평가 및 검토한다. 그리고 기술성 분석, 경제성 분석, 정책적 분석항목을 종합하여 사업 시행 여부를 판단한다. 종합점수는 개별 평가자의 평가 요소 가중치, 대안들의 평점, 종합평점을 평가집단 공동의 가중치, 평점, 종합평점으로 종합한다. AHP 분석을 통하여 최종적으로 얻는 산출물은 '사업 시행 대안'과 '사업 미시행 대안' 각각에 대한 평가 기준별 가중치와 대안별 종합평점으로 나타난다. 그리고 이 사업이 재정 사업으로 추진할 것인지 민간투자 사업으로 추진할 것인지에 대해 법적, 정책적 타당성을 검토한다. 최종 조사 결과를 종합하여 사업의 타당성 여부를 판단한다. 기술성 분석, 경제성 분석, 정책적 분석의 주요 내용과 AHP 분석 결과를 요약하여 보여주고 요약표를 제시한다.

1.3 정보화 예산확보

1.3.1 정보화 예산확보 절차

정보화 예산확보 절차는 <그림 23>과 같다. 발주기관은 기획재정부에서 매년 3월 31일까지 통보한 예산편성지침에 따라 사업의 필요성 및 산출 근거 등을 기술한 예산요구서를 작성하여 매년 5월 31일까지 제출한다. 기획재정부는 각 기관에서 제출한 예산요구서를 검토 후 집행예산 편성지침을 통보하게 되고 발주기관은 집행예산을 편성하게 된다. 집행

<그림 23> 정보화 예산확보 절차

예산편성(예산안 수립)은 배정된 예산에 대한 해당 사업 및 부대사업 등을 위한 집행예산을 편성하는 것이다.

1.3.2 예산안 수립

발주기관은 매년 5월 31일까지 정보화사업의 중복성 방지 등 예산을 효율적으로 투자하기 위해 정보화사업에 대한 타당성을 검토하고 예산요구서를 작성하여 기획재정부와 협의한다. 예산안 수립은 <그림 24>와 같이 예산요구서(예산안 수립) 작성 절차에 따라 현황분석, 사업 타당성 검토를 거쳐 예산계획을 수립한다.

<그림 24> 예산요구서(예산안 수립) 작성 절차

1.3.2.1 현황분석

현황분석 단계에서는 정보화전략계획(ISP), 당년도 정보화 시행계획을 검토하고 현재 추진 중인 이행과제 추진현황을 분석한다. 이를 토대로 정보화사업의 변화요인을 분석한다. 이행과제별 추진현황 분석에서 발주기관 예산안 수립 담당자는 <그림 25> 사례처럼 ISP 계획 대비 추진현황을 과업 범위, 일정, 소요예산, 주요 이슈 관점에서 검토한다.

<그림 25> 이행과제별 추진현황 분석사례

구분	ISP 계획		추진현황
과업범위	**사업개요** - 국내기업 글로벌 비즈니스 지원 - 상담 문의, 사업신청, 해외시장 뉴스, 빅데이터를 제공하는 통합서비스 **목표** | 고객 여정에 맞춘 옴니채널 서비스전달 체계 구축 **과제 범위** • 홈페이지 콘텐츠 전면 재구축 • 정보제공 통합검색 서비스 제공 • 투자상담 및 고객 안내 서비스 개편 • 글로벌 역량 진단 컨설팅 기능 구현 • 지원사업 검색 및 신청 기능 구현		**통합 대표 홈페이지 개편('23.2.1 ~ '23.12.15)** - 홈페이지를 고객 관점의 서비스 분류체계로 재편 **홈페이지+대민서비스+민원서비스 통합발주 추진** - 고객정보를 활용한 맞춤형 민원 서비스 구현 - 대외서비스 연계를 통한 개인화 서비스 구현 - 통합검색 서비스 제공 - 챗봇을 통한 24시간 고객 상담 서비스 제공 - 마이페이지 기능 제공
일정	이행과제 주관팀 2022년 / 2023년 OOO 시스템 구축 OOO과 OOO 시스템 구축 OOO 시스템 구축 OOO 시스템 구축 / OOO 시스템 ISP / OOO 시스템 ISP / 통합발주(1월~4월)		
소요예산	1,000백만 원		3,000백만 원(3개 시스템 통합구축 예산)
주요이슈	- OOO 시스템 + OOO 시스템 + OOO 시스템 간 업무연관성을 고려하여 통합발주 추진 - OOO 시스템 내 관리 기능 고도화		

<그림 26> 이행과제 상세 내용 작성 사례

과제명	OOO 시스템 구축	사업구분	정보화 기획	주관부서	정보화담당관실
요구예산	10,000(백만 원)				
목적	대국민에게 '예측형' 서비스를 제공하여 국내 산업의 역량강화				

추진
필요성
	국내 기업 고객에게 '시장예측형' 서비스 제공 필요
	- 고객의 수요에 대응하는 '서비스형' 서비스에서 벗어
	  나 수요를 사전에 파악하여 선제적으로 서비스하는
	  '서비스형' 서비스 필요
	외부기관과 데이터 협력을 통해 데이터의 양·질의 확대 필요
	- 외부 협력단체 상호간에 데이터의 공유·활용·분석할
	  수 있는 관리체계 필요
			데이터 표준화를 통한 데이터 입력체계 구축
			- 각 산업별로 필요한 데이터를 공통으로 수집
			  하고 통합하여 예측에 필요한 데이터 확보
			OOO 예측 시스템 구축
			- 정형데이터뿐 아니라 로그데이터 및 비정형
			  데이터를 포함하여 분석하여 글로벌 산업의
			  급변하는 전략을 예측		

추진일정	23년 1월 ~ 12월(12개월)				
기대효과	[정성적 기대효과] - OO 예측을 제공하는 플랫폼으로 발전 - OOO의 사전 대응을 통해 국내 산업의 역량 강화 [정량적 기대효과] - 대민지원 서비스 이용 - 대국민서비스와 직접적인 연계를 통해 전 국민이 수출할 수 있는 토대를 마련				

1.3.2.2 사업 타당성 검토

사업 타당성 검토 단계에서는 현황분석 단계에서 도출된 정보화사업 변화요인과 과학기술정보통신부의 국가정보화사업 시행계획 지침을 고려하여 ISP, 시스템 구축사업 등 차년도 이행과제를 확정한다. 이행과제 확정 기준은 업무의 시급성, 업무의 파급 효과, 국가정책과의 연관성, 기관의 정책 목표 등을 고려하여 우선순위를 결정한다. 그리고 <그림 26> 사례와 같이 이행과제별 과제명, 요구예산, 목적, 추진 필요성, 추진 일정, 기대효과 등 상세 내용을 작성한다.

1.3.2.3 예산계획 수립

1) 예산계획 수립 개요

정보화 예산은 신규 또는 계속 사업 형태의 정보화 투자사업의 경우 소요예산을 1년간 '편성 및 확정 → 차년도 집행 → 차차년도 평가' 등의 <표 18>과 같이 정보화 분야 예산편성 주요 일정으로 추진된다.

<표 18> 정보화 분야 예산편성 주요 일정

년도	일정	내용
Y-1	12월 말	국가재정운영계획수립 지침 통보(기획재정부 → 각 기관)
Y	1월 31일까지	중기 사업계획 제출(각 기관 → 기획재정부)
	3월 31일	차년도 기관별 지출 한도 및 예산안 편성 지침 시달(기획재정부 → 각 기관)
	4~5월 5월 31일까지	예산요구서 작성(각 기관), 예산요구서 제출(각 기관 → 기획재정부)
	5월 ~ 6월, 6월 ~ 7월	예산집행 상태 점검(기획재정부), 예산요구서 설명(각 부처 → 기획재정부)
	7월 ~ 9월	분야별 요구수준 분석 및 심의 방향 마련(기획재정부), 예산안 작성(예산심의회 운영: 기획재정부)
	9월 말	국무회의 심의 및 예산안 확정(대통령 승인)
	10월 2일까지	국회 제출(120일 전까지)
	12월 2일까지	국회 심의 확정(30일 전까지)
Y+1	1월 ~ 12월	사업수행(예산집행)
Y+2	1월 ~ 6월	재정 사업 성과평가 및 결산

예산계획 수립은 <표 19>를 참조하여 SW 대가산정의 대상이 되는 사업유형과 대가산정 시점에 따라 적절한 모형을 선택하여 적용한다.

수명주가	대상사업 유형	대가산정 모델	적용가능 시점		
			예산확보	사업발주	사후정산
기획단계	정보전략계획(ISP) 수립	컨설팅 업무량 방식	○	○	X
		투입공수 방식	○	○	○
	ISP/BPR 수립	정보전략계획 및 업무재설계 수립비	○	○	○
	정보보안 컨설팅	정보보안 컨설팅 수립비	○	○	○
구현단계	소프트웨어 개발	기능점수 방식(상세법)	○	○	○
		기능점수 방식(간이법)	○	○	X
운영단계	소프트웨어 유지관리	기능점수 방식(요율제)	○	○	○
	소프트웨어 운영	투입공수 방식	○	○	○
	소프트웨어 유지관리 및 운영	고정비/변동비 방식	○	○	○
		SLA기반 유지관리 및 운영비 정산법			
	상용소프트웨어 유지관리	상용소프트웨어 유지관리QL	○	○	X
	보안성 지속 서비스	보안성 지속 서비스 운영비	○	○	X
	보안관제 서비스	보안관제 서비스 운영비	○	○	○
		기능점수 방식	○	○	○

출처: SW 사업 대가산정 가이드(한국소프트웨어산업협회)

하나 주의할 점은 SLA 기반 유지관리 및 운영비 정산 방법은 예산확보 단계 및 사업발주 단계에 사업비를 산정하기 위해 직접 적용되지는 않으나, SLA를 적용하는 경우 사전에 사후정산의 가능성을 고려한다.

2) 요구예산 확정

예산계획 수립 단계에서는 차년도 대상 시스템 구축비, 정보화 비용 등 이행과제별로 예산계획을 수립하고 요구예산을 확정한다.

<그림 27> 차년도 소요예산 총괄표 사례

사업구분	이행과제	차년도 예산계획 (단위:백만 원)	차년도 요구예산 (단위:백만 원)	비고
정보화 기획	OOO 서비스 시스템		100	차년도에 신규로 추진할 정보화 기획 사업(ISP 등)
	OOO 관리 시스템		200	
	OOO 서비스 체계		300	
SW 구축 사업	OOO 시스템 구축	3,000	5,000	전년도 정보화전략계획(ISP) 로드맵에 따라 추진하는 사업
	OOO 시스템 구축	1,000	2,000	
	OOO 시스템 구축	-	2,000	

사업구분	이행과제	차년도 예산계획 (단위:백만 원)	차년도 요구예산 (단위:백만 원)	비고
SW 유지관리 및 운영	SW 시스템 운영 및 유지관리	20,000	응용SW유지관리 15,000 HW.SW 유지관리 9,000 정보시스템 운영 30,000	정보시스템 유지관리 및 운영(ITO)
	PMO 운영		10,000	
	클라우드 전환	200	시스템 전환비용 156	국가정보자원관리원 클라우드 센터 이전에 따른 소요예산

3) 예산 산출 근거 템플릿

<표 20> 정보전략계획(BPR, ISP) 수립비 산정 – 컨설팅 업무량에 의한 방식

"OOO 사업" ISP/BPR 수립비 산정 - 컨설팅업무량에 의한 방식

양식에 기입된 내용은 예시입니다. (소프트웨어사업 대가산정 가이드, 2023. KOSA)
○ ISP/BPR 수립비 산정 (단위 : 원)

업무		업무별 가중치 (가이드 p.78 참조)	해당여부 (O, X)	총업무 가중치	업무 요소 (가이드 p.79 참조)	난이도	해당여부 (O, X)	난이도 계산
소요제기	경영환경 분석	3.5	X		업무규모 (단순)	0.7	O	
	정보기술 환경분석	3.7	O		업무규모 (보통)	1.0	X	
	제도/규정 분석	2.0	O		업무규모 (복잡)	1.3	X	
현황분석	경영전략 분석	2.8	X		업무의특성 (단순)	0.6	X	
	업무분석	6.1	O		업무의특성 (보통)	1.0	O	
	정보시스템 분석	6.1	O		업무의특성 (복잡)	1.4	X	
	벤치마킹	2.5	X		기존시스템 (단순)	0.7	O	
	차이분석	2.0	O		기존시스템 (보통)	1.0	X	
목표모델 수립	업무프로세스 설계	6.3	O	55.6	기존시스템 (복잡)	1.3	X	0.42
	정보화 전략 수립	3.3	O		ISP 유형 (보통)	1.0	O	
	정보시스템 구조 설계	5.0	O		ISP 유형 (복잡)	1.4	X	
	정보관리 체계수립	3.8	O		정보자원규모 (단순)	0.6	O	
	제도/규정 개선안 수립	2.5	X		정보자원규모 (보통)	1.0	X	
이행계획 수립	업무프로세스 개선계획 수립	3.5	O		정보자원규모 (복잡)	1.4	X	
	정보시스템 구축계획 수립	3.8	O		BPR수행 (보통)	1.0	O	
세부계획 작성	소요예산 산출	3.5	O		BPR수행 (복잡)	1.3	X	
	기대효과 산정	2.5	O					
	제안요청서 작성	4.0	O					

컨설팅업무량 계산(가중치 x 난이도)	23.352
ISP/BPR 단가(해당연도)	9,356,100
직접경비	0
정보전략계획 수립비(부가세 별도)	218,483,647
정보전략계획 수립비(부가세 포함)	240,332,012

○ 직접경비 (단위 : 원)

구분	산출내역	금액
출장		
인쇄		
합 계		

<표 21> 정보전략계획(BPR, ISP) 수립비 산정 – 투입공수에 의한 방식

"OOO 사업" 정보전략계획 및 업무재설계(ISP/BPR)수립비 산정 - 투입공수에 의한 방식

○ ISP/BPR 업무활동 (SW사업기획단계 - 3. 정보전략계획 및 업무재설계(ISP/BPR) 수립비 참조)
○ ISP/BPR 업무활동별 투입공수

대상 업무		IT직무별 투입공수(M/M)				
단계	활동	직무	투입인원(명)	투입기간(개월)	투입률(%)	소계(M/M)
환경분석	경영환경 분석	직무1	2.0	4.0	50%	4.0
	정보기술 환경분석					
	제도/규정 분석					
현황분석	경영전략 분석	직무2	4.0	4.0	50%	8.0
	업무분석					
	정보시스템 분석					
	벤치마킹					
	차이분석					
목표모델 수립	업무프로세스 설계	직무3	6.0	4.0	50%	12.0
	정보화 전략 수립					
	정보시스템 구조 설계					
	정보관리 체계수립					
	제도/규정 개선안 수립					
이행계획 수립	업무프로세스 개선계획 수립	직무4	2.0	2.0	50%	2.0
	정보시스템 구축계획 수립					
세부계획 작성	소요예산 산출	직무5	2.0	2.0	50%	2.0
	기대효과 산정					
	제안요청서 작성					
총 투입공수		Σ (투입인원 x 투입기간 x 투입율)				28.0

○ 컨설턴트 직접인건비

구분	IT직무별 평균임금	투입공수(MM)	금액(원)
직무1		4.0	0
직무2		8.0	0
직무3		12.0	0
직무4		2.0	0
직무5		2.0	0
소 계			0

○ 제경비 및 기술료

제경비(직접인건비의 110 ~ 120%)	110%	0
기술료([직접인건비 + 제경비]의 20 ~ 40%)	20%	0

○ 직접경비

구분	산출내역	금액(원)
소 계		0

○ 합계

구분	산출내역	금액(원)
직접인건비	컨설턴트 직접인건비 소계	0
제경비	직접인건비의 110%	0
기술료	(직접인건비 + 제경비)의 20%	0
직접경비	직접경비의 소계	0
합 계 (부가세별도)		0
합 계 (부가세포함)		0

"OOO 사업" 전사적 아키텍처(EA/ITA)수립비 산정 - 투입공수에 의한 방식

○ EA/ITA 업무활동 (SW사업기획단계 - 4. 전사적 아키텍처(EA/ITA) 수립비 참조)
○ EA/ITA 업무활동별 투입공수

대상 업무		IT직무별 투입공수(M/M)				
단계	활동	직무	투입인원(명)	투입기간(개월)	투입률(%)	소계(M/M)
EA/ITA 방향 및 지침 수립		직무1	2.0	4.0	50%	4.0
참조모형 수립	업무 참조모형	직무2	4.0	4.0	50%	8.0
	서비스컴포넌트 참조모형					
	데이터 참조모형					
	기술 참조모형					
	성과 참조모형					
AS-IS 아키텍처 수립	업무영역	직무3	4.0	2.0	60%	4.8
	응용영역					
	데이터영역					
	기술영역					
	보안영역					
TO-BE 아키텍처 수립	업무영역	직무4	4.0	2.0	70%	5.6
	응용영역					
	데이터영역					
	기술영역					
	보안영역					
이행계획 수립		직무5	2.0	1.0	80%	1.6
EA/ITA관리체계 수립		직무6	1.0	1.0	80%	0.8
추가활동	벤치마킹 및 차이분석	직무7	4.0	1.0	40%	1.6
	기능점수 도출					
총 투입공수		∑ (투입인원 x 투입기간 x 투입율)				26.4

○ 컨설턴트 직접인건비

구분	IT직무별 평균임금	투입공수(MM)	금액(원)
직무1		4.0	0
직무2		8.0	0
직무3		4.8	0
직무4		5.6	0
직무5		1.6	0
직무6		0.8	0
직무7		1.6	0
소 계			0

○ 제경비 및 기술료

제경비(직접인건비의 110 ~ 120%)	110%	0
기술료([직접인건비 + 제경비]의 20 ~ 40%)	20%	0

○ 직접경비

구분	산출내역	금액(원)
소 계		0

○ 합계

구분	산출내역	금액(원)
직접인건비	컨설턴트 직접인건비 소계	0
제경비	직접인건비의 110%	0
기술료	(직접인건비 + 제경비)의 20%	0
직접경비	직접경비의 소계	0
합 계 (부가세별도)		0
합 계 (부가세포함)		0

<표 23> 정보시스템 마스터플랜(ISMP) 수립비 산정 – 투입공수에 의한 방식

"OOO 사업" 정보시스템마스터플랜(ISMP)수립비 산정 - 투입공수에 의한 방식

○ ISMP 업무활동 (SW사업기획단계 - 5. 정보시스템 마스터플랜(ISMP) 수립 참조)
○ ISMP 업무활동별 투입공수

대상 업무		IT직무별 투입공수(M/M)				
단계	활동	직무	투입인원(명)	투입기간(개월)	투입률(%)	소계(M/M)
프로젝트 착수 및 참여자 결정	경영진 지원조직 형성	직무1	4.0	5.0	50%	10.0
	프로젝트 수행조직 편성					
	프로젝트 계획 수립					
정보시스템 방향성 수립	정보화 전략(ISMP) 검토	직무2	4.0	6.0	10%	2.4
	벤치마킹 분석(Optional)					
	정보시스템 추진 범위 및 방향 정의					
	정보시스템 추진 범위 및 방향 검토					
업무 및 정보기술 요건 분석	업무 및 정보기술 현황 분석	직무3	4.0	6.0	50%	12.0
	업무 요건 분석					
	정보기술 요건 분석					
	업무 및 정보기술 요건 검토					
정보시스템 구조 및 요건 정의	정보시스템 아키텍처 정의	직무4	4.0	6.0	30%	7.2
	정보시스템 요건의 이행 연관성 식별					
	정보시스템 요건 기술서 작성					
	정보시스템 요건 기술서 검토					
정보시스템 구축사업 이행방안 수립	정보시스템 구축사업 계획 수립	직무5	4.0	2.0	50%	4.0
	분리발주 가능성 평가					
	정보시스템 예산 수립					
	제안요청서(RFP) 작성					
	정보시스템 구축업체 선정 평가 지원					
합 계		∑ (투입인원 x 투입기간 x 투입율)				35.6

○ 컨설턴트 직접인건비

구분	IT직무별 평균임금	투입공수(MM)	금액(원)
직무1		10.0	0
직무2		2.4	0
직무3		12.0	0
직무4		7.2	0
직무5		4.0	0
소 계			0

○ 제경비 및 기술료

제경비(직접인건비의 110 ~ 120%)	110%	0
기술료([직접인건비 + 제경비]의 20 ~ 40%)	20%	0

○ 직접경비

구분	산출내역	금액(원)
소 계		0

○ 합계

구분	산출내역	금액(원)
직접인건비	컨설턴트 직접인건비 소계	0
제경비	직접인건비의 110%	0
기술료	(직접인건비 + 제경비)의 20%	0
직접경비	직접경비의 소계	0
합 계 (부가세별도)		0
합 계 (부가세포함)		0

<표 24> 정보보안 컨설팅 수립비 산정 – 투입공수에 의한 방식

"OOO 사업" 정보보안 컨설팅수립비 산정 - 투입공수에 의한 방식

○ 정보보안컨설팅 업무활동 (SW사업기획단계 - 6. 정보보안 컨설팅비 참조)
○ 정보보안컨설팅 업무활동별 투입공수

대상 업무		IT직무별 투입공수(M/M)				
단계	활동	직무	투입인원(명)	투입기간(개월)	투입률(%)	소계(M/M)
환경분석	보안현황 분석	직무1	4.0	5.0	50%	10.0
	요구 분석					
	조직구성					
	범위조정					
	수행계획 수립					
현황진단	관리체계 진단	직무2	4.0	5.0	10%	2.0
	기술적 진단					
	물리적 진단					
위험분석	보호수준 평가	직무3	4.0	5.0	50%	10.0
	자산분석					
	위험식별					
	취약점 분석					
	위험평가					
	보호대책 도출					
대책수립	보호전략 수립	직무4	4.0	5.0	30%	6.0
	보호체계 수립					
	세부 대책 도출					
	추진계획 수립					
	마스터플랜 수립					
구현관리	관리체계 수립	직무5	4.0	5.0	50%	10.0
	이행점검					
	솔루션 구현					
	교육					
	정기점검					
이행점검		∑ (투입인원 x 투입기간 x 투입율)				38.0

○ 컨설턴트 직접인건비

구분	IT직무별 평균임금	투입공수(MM)	금액(원)
직무1		10.0	0
직무2		2.0	0
직무3		10.0	0
직무4		6.0	0
직무5		10.0	0
소 계			0

○ 제경비 및 기술료

제경비(직접인건비의 110 ~ 120%)		110%	0
기술료([직접인건비 + 제경비]의 20 ~ 40%)		20%	0

○ 직접경비

구분	산출내역	금액(원)
소 계		0

○ 합계

구분	산출내역	금액(원)
직접인건비	컨설턴트 직접인건비 소계	0
제경비	직접인건비의 110%	0
기술료	(직접인건비 + 제경비)의 20%	0
직접경비	직접경비의 소계	0
합 계 (부가세별도)		0
합 계 (부가세포함)		0

<표 25> 정보시스템 운영(ITO) 비용 산정 – 투입공수에 의한 방식

구분	역활	인원	역활구분(직무별)	월비용	연비용	비고
사업관리	PM	1	IT PM	8,461,918	101,543,016	
	응용서비스 운영PL	1	IT기획자	7,494,386	89,932,632	
	전산자원, 보안 관리PL	1	정보보호관리자	8,031,171	96,374,052	
	서비스데스크PL	1	데이터분석가	6,722,227	80,666,724	
	DBA	0.5	데이터베이스 운용자	5,060,328	60,723,936	
고객서비스	고객서비스	3	IT시스템운용자	6,181,344	222,528,384	
대내업무지원	협업포털	1	IT시스템운용자	6,181,344	74,176,128	
	인사관리	1				
	회계관리	1	IT시스템운용자	6,181,344	74,176,128	
	자산관리	1	IT시스템운용자	6,181,344		
해외관리	해외관리	1	IT시스템운용자	6,181,344	74,176,128	
전산자원	서버	1	IT시스템운용자	6,181,344	74,176,128	
	네트워크	0.5	NW엔지니어	6,988,259	83,859,108	
정보보호	정보보안	1	침해사고대응전문가	6,270,826	75,249,912	
		1	IT시스템운용자	6,181,344	74,176,128	
	개인정보	0.5	침해사고대응전문가	6,270,826	75,249,912	
서비스테스크	1선 IT지원(OA)	2	IT지원 기술자	3,974,152	95,379,648	
	1선 IT지원(인터넷PC)	1	IT시스템운용자	6,181,344	74,176,128	
	1선 IT지원(기타)	2	IT지원 기술자	3,974,152	95,379,648	
직접인건비	소 계	21.5			1,521,943,740	
제경비	직접인건비의 110%				1,674,138,114	
기술료	(직접인건비＋제경비)의 20%				639,216,371	
합 계	직접인건비＋제경비＋기술료				3,835,298,225	
최종합계	백만단위 이하 절삭				3,835,000,000	

<표 26> 정보보안 및 개인정보 보호 체계 강화 비용 산정 – 투입공수에 의한 방식

예산 항목	구 분	산정 근거	금액
개인정보보호체계 강화	신규	정보보안 컨설팅 / 개인정보보호 컨설팅	100
산업부 사이버안전센터	기존	연 이용료 ('23년 분담금 : 97백만원)	100
정보보안체계 강화 및 망분리 사업	기존	통신비 - 지방 지원단 망 분리 전용회선 - 국정원 연동 전용회선 (연 100만원)	1,000
	신규	단위 보안 관제 (4명 x 12개월)	500
합 계			1,300백만 원

<표 27> PMO 수행 비용 산정 – 투입공수에 의한 방식

업무 구분		IT직무	인력	기간	단가(원)	금액
정보화사업관리	IT PMO	IT프로젝트사업관리	5	36	7,184,902	1,293,282,360
① 인건비						517,312,944
② 제경비		① × 110%				1,422,610,596
③ 기술료		(①+②) × 20%				387,984,708
합 계		①+②+③				2,327,908,248
최종합계	백만단위 이하 절삭					1,303,000,000

<표 28> 클라우드 이전 소요비용 산정 – 투입공수에 의한 방식

구분	산정금액(백만 원)
시스템 전환비용	200
회선비용	350
합 계	550

(1) 시스템 전환비용

정보시스템명	AP 전환 비용		DB 전환 비용		상용SW 전환 비용	합계 비용
	투입공수(MD)	비용	투입공수(MD)	비용		
해외관리	21	6,426,714	12	2,919,420	41,500,000	50,846,134
국내관리	19	5,814,646	12	2,919,420	58,500,000	67,234,066
감사관리	7	2,142,238	12	2,919,420	36,400,000	41,461,658
합 계	47	14,383,598	36	8,758,260	136,400,000	159,541,858
부가세						15,954,186
최종합계	백만단위 이하 절삭					172,000,000

(2) 회선비용

구분	연간 회선유지단가(천원)	회선 수	금액	산정근거
국내	서울<->행정망	2	302,712,000	2회선 * 12613천원/월(Ktsat KT컨소시엄) * 12개월 (국가정보통신서비스 이용지침서 참조)
부가세			30271200	
최종합계	백만단위 이하 절삭		332,000,000	

1.4 정보화사업 성과계획 수립

1.4.1 성과평가 대상사업 유형

발주기관은 예산요구서를 작성할 때 차년도 예산의 성과계획서를 기획재정부 장관에게 제출한다. 성과평가 대상사업 유형에는 기획, 시스템 구축, 운영/유지보수, 물품구매 등이 있다. 재정 자율 평가는 기획, 시스템 구축, 운영/유지보수 사업에 적용하며, 운영/유지보수 사업은 1차/2차 성과측정을 한다.

<표 29> 성과평가 대상사업 유형

활동 (Activity)	작업 (Task)	세부작업 (Sub Task)	사업유형			
			기획	시스템 구축	운영/유지보수	물품 구매
1. 자율평가	1.1 재정 자율 평가	재정 자율 평가				
2. 성과관리	2.1 1차 성과측정	1차 성과측정				
	2.2 2차 성과측정	2차 성과측정				
	2.3 정보자원 처리방안 결정	정보자원 처리방안 결정				

특히 성과평가는 재정 사업에 대한 자율 평가로 이루어진다. 재정사업 자율 평가는 발주기관이 정보화사업을 자율적으로 평가하고, 기획재정부가 확인 점거한 평가 결과를 재정운영에 활용하는 제도이다. 평가 대상은 성과목표 중 1/3을 선정하여 성과목표에 포함된 전체사업 단위를 포함한다.

1차 성과측정은「정보시스템 운영 성과관리 지침」에 따라 정보시스템 운영의 비용 측면과 업무 측면으로 구성된다. 관점별 측정을 통해 정보시스템에 대한 유지, 재개발, 기능 고도화, 폐기 검토의 유지관리 유형을 식별한다. 그리고 폐기 대상 정보시스템에 대한 유형별 재분류를 통하여 통폐합, 전면 재개발, 폐기 등의 상세 유형을 식별한다. 2차 성과측정은 1차 성과측정을 통하여 폐기 검토로 분류된 정보시스템에 대한 유형별 재분류와 자원 효율성 측정을 수행한다. 또한 개선, 재개발 및 통폐합 등의 투자가 필요한 정보시스템에 대한 상세 분석을 수행한다.

성과측정을 통해 정보자원 처리방안을 결정한다. 정보시스템 운영 성과측정 결과 유지관리 유형이 폐기, 통폐합, 재개발로 분류된 정보시스템의 정보자원에 대하여 재활용과 폐기 절차 및 기준을 제시한다.

1.4.2 정보화 성과계획 수립

정보화 성과계획 수립 절차는 <그림 28>과 같이 성과목표 및 지표 개발, 성과측정 방안 작성, 기준선 정의 및 목표값 설정 순으로 수립한다.

성과목표 및 지표 개발	→	성과측정 방안 작성	→	기준선 정의 및 목표값 설정

첫째, 성과목표 및 지표 개발 단계에서는 조직의 성과목표를 정의하고, 이를 효과적으로 측정할 수 있도록 성과지표를 개발한다. 지표는 산출(output) 척도와 성과(outcome) 척도를 조합하여 효과적인 평가가 가능하다. 둘째, 성과측정 방안 작성에서는 지표의 신뢰성과 유효성 검증, 측정 가능 여부와 측정 방법을 정의한다. 그리고 측정 비용이 과도하지 않은지 검토한다. 셋째, 기준선 정의 및 목표값 설정은 성과목표와의 차이를 식별하고, 향후 진척 정도를 측정하기 위하여 현재 수준에서 기준선을 설정한다. 또한 연차별 성과목표와 목표값을 설정한다.

2 계획수립

2.1 정보화계획수립

2.1.1 사업계획서(안) 작성

2.1.1.1 사업계획서(안) 작성

1) 개요

사업계획서는 정보화사업 추진을 위해 요구사항 상세화, 관련 제도 및 기술 검토, 소요 자원 및 예산 등을 문서화하는 단계다. 발주기관이 사업을 본격적으로 추진하기에 앞서 필요한 개념 및 요구사항 실현을 위해 제도, 기술 검토, 소요 자원 및 예산 등을 문서화함으로써 사업내용을 구체화하는 것이다.

2) 작성 방법

<표 30> 사업계획서 작성을 위한 상세 목차 및 작성 방법은 정보시스템 구축사업을 위한 상세 목차로 참고용으로 제시한 것이다. 발주기관이 추진하는 사업유형(구축사업, 운영/유지보수 사업, BPR/ISP, ISMP 등)에 따라 변경할 수 있다.

상세목차		작성방법
1. 사업개요	가. 배경 및 필요성	- 추진대상 사업의 중요성, 최신 트렌드, 대내외적 환경 변화 등을 기술
	나. 사업범위	- 단계별, 분야별 사업범위를 명확히 제시
	다. 기대효과	- 정량적, 정성적 효과를 구분하여 기술
2. 대상업무 현황	가. 업무현황	- 발주기관의 일반 업무현황, 사업범위 관련 업무현황을 구분하여 작성
	나. 정보시스템 현황	- 현행 시스템구성도 및 사업범위 시스템구성도를 구분하여 도식화
	다. 문제점 및 개선과제	- 업무측면, 정보화측면 등 구분·작성 - 과업별 문제점 및 개선과제를 기술
3. 사업 추진계획	가. 추진목표 및 전략	- 사업의 방향성이 드러날 수 있도록 명확한 목표설정 필요
	나. 추진체계 및 추진일정	- 사업수행에 필요한 기관(발주기관, 사업자, 관련기관 등)을 주관기관 중심으로 도식화 하여 작성 - 각 주체별 역할 및 기능을 기술
4. 사업내용	가. 목표시스템 개념도	- 세부시스템 단위를 포함하는 목표시스템 개념도를 도식화 하여 작성
	나. 개발대상 업무	- 단위 업무별 개요, 주요기능, 구축요건 등을 상세하게 작성
	다. 시스템 구성요건	- HW, SW 등 도입이 필요한 경우 각 항목별 역할 및 주요 기능, 수량 등 기술
	라. 초기데이터 구축요건	- 목표시스템 서비스에 필요한 초기자료 구축 대상, 내역 및 방안 등을 제시
5. 소요자원 및 예산	가. 소요자원 및 예산	- SW사업대가 기준 적용 및 기능점수 산출방식 활용
6. 성과계획 수립	가. 운영성과 측정계획 수립	- 정량적, 정성적 성과목표를 설정
7. 기타 지원요건	가. 교육지원	- 산출물 인수 시 사용자, 관리자, 운영자 등에게 사업결과물에 대해 교육
	나. 기술지원	- 기술매뉴얼, 사업결과물과 관련한 최신 기술정보 등 사업과 관련된 기술지원이 필요한 사항 기술
	다. 유지관리	- 용역계약일반조건 제58조를 준용하여 하자(유지)보수 범위, 기간 및 절차 기술

3) 작성 세부 절차

발주기관에 따라 다를 수 있겠지만 <그림 29>와 같이 사업계획서(안) 작성 절차에 따라 사업계획서(안)를 작성한다.

<그림 29> 사업계획서(안) 작성 절차

■ 정보화 필요성 검토

발주기관의 업무와 정보화 현황을 기반으로 환경·수요·문제점 분석 등 현황을 고려하여 정보화사업 추진의 필요성을 검토한다.

- 타 행정기관 사업과의 중복성 여부 검토
- 타 행정기관이 보유한 행정정보자원과의 상호연계 및 공동이용 방안 검토
- 수행내용이 현행 법·제도에 저촉되는지 여부
- 정보화사업의 운영·확대를 위해 정비 및 보완해야 할 법·제도 필요성 여부

■ 사업계획서 양식 확인

정보화사업 유형별(시스템 구축, 운영/유지관리, BPR/ISP 등)로 작성될 항목이 다르므로 사업계획서 양식을 확인하여 작성 항목을 사전에 인지한다.

■ 주요 고려사항 확인

감리대상사업, 상용 SW 직접구매, 적정 사업기간 산정, 사업 금액 하한 적용기준 등 주요 준수사항 확인 및 적용 여부를 확인한다.

■ 요구사항 논의 및 확정

발주부서 담당자의 최종 요구사항과 개선방안, 해당 개발 일정, 실행계획 등에 대해 최종적으로 확정한다.

■ 적정기간 산정 및 사업비 산정

정보화사업 유형과 요구사항에 따른 적정기간과 사업비 산정, 적정기간 산정은 기능점수를 산정하여 학계, 산업계 등 필요에 따라 외부 전문가를 포함하여 전문가 7인 이내로 구성(발주기관별로 상황에 따라 다르게 적용)된 산정단의 검토 결과를 제안요청서에 포함한다.

■ 운영 성과측정 계획수립

발주부서 담당자는 사업계획 수립 시, 정량적·정성적 성과목표를 설정 및 작성하여 향후 사업 완료 시 검사기준으로 활용한다. 사업착수 시 사업자와 성과목표에 대한 공유가 필요하다.

■ 확정 결과 반영 및 제안요청서 작성

협의를 통해 최종 확정된 결과를 사업계획서에 반영하고 「소프트웨어사업 대가의 기준」을 활용하여 사업비를 산출하되 용역비뿐만 아니라 기타 용역비 및 전문가 활용비 등 부대 사업비를 고려하여야 한다. 이를 통해 산출된 결과를 토대로 제안요청서를 작성한다.

4) PMO 점검항목

발주부서가 사업계획서(안) 작성 시 PMO는 다음 사항들에 대해서 검토하고 의견을 제시한다.

■ 정보시스템 감리의 대상 여부 판단
- 정보시스템의 특성이 다음 각 항목의 어느 하나에 해당하는 경우, 사업비(총사업비 중에서 하드웨어·소프트웨어의 단순한 비용을 제외한 금액) 1억 원 미만의 소규모 사업으로서 정보시스템 감리의 비용 대비 효과가 낮다고 중앙행정기관 등의 장이 인정하는 경우는 제외한다.
  가. 대국민서비스를 위한 행정업무 또는 민원업무 처리용으로 사용하는 경우
  나. 여러 중앙행정기관 등이 공동으로 구축하거나 사용하는 경우
- 정보시스템 구축사업으로서 사업비가 5억 원 이상인 경우
- 그 밖에 정보기술 아키텍처 또는 정보화전략계획의 수립, 정보시스템 개발 또는 운영 등의 사업으로 정보시스템 감리의 시행이 필요하다고 해당 중앙행정기관 등의 장이 인정하는 경우, 「전자정부법 시행령」 제71조(정보시스템 감리의 대상)

■ 대기업 참여 제한 판단
- 대기업 참여 제한: 매출액 8천억 원 이상 대기업은 사업 금액 80억 원 이상, 매출액 8천억 원 미만 대기업은 사업 금액 40억 원 이상, 중견기업에서 5년이 경과하지 않은 대기업의 경우 20억 원 이상 참여 제한
- 「행정기관 및 공공기관 정보시스템 구축·운영 지침」 제10조(대기업인 소프트웨어사업자가 참여할 수 있는 사업 금액의 하한)은 「중소소프트웨어사업자의 사업참여 지원에 관한 지침」을 준수

- PMO 도입 여부 검토
  - 정보화사업을 추진하고자 하는 발주기관은 해당 사업의 관리·감독 업무를 외부 전문조직(공공기관, 민간법인)에 위탁할 것인지를 검토한다. 「전자정부법」 제64조2(전자정부사업관리의위탁), 「전자정부법 시행령」 제78조2(관리·감독업무를 위탁할 수 있는 전자정부사업의 범위 등)
  - 발주기관은 정보화사업을 효율적으로 수행하기 위하여 다음 어느 하나에 해당하는 사업에 대하여 관리·감독하는 업무의 전부 또는 일부를 전문지식과 기술 능력을 갖춘 자에게 위탁할 수 있다.
    - 가. 대국민서비스 및 행정의 효율성에 미치는 영향이 큰 사업
    - 나. 고난도의 특별한 관리가 필요한 정보화사업
    - 다. 그밖에 사업의 원활한 수행을 위하여 발주기관이 정보화사업 관리의 위탁이 필요하다고 인정하는 경우

- 상용 소프트웨어 직접구매 대상 확인(소프트웨어 진흥법 제54조)
  - 상용 SW 도입이 포함된 사업에서 상용 SW 도입만을 별도 분리하여 발주, 평가, 계약, 사업관리 등을 실시할 수 있으며, 대상 등 상세 내용은 상용 소프트웨어 직접구매 대상 소프트웨어(「상용 SW 직접구매(구, 분리발주) 가이드(개정판)」, 2021.1, 과학기술정보통신부, 정보통신산업진흥원)
  - 발주기관은 직접구매와 관련된 통합(본)사업과 직접 구매(상용 SW 도입)사업에 대한 계약체결 또는 계약 변경 후 30일 이내에 소프트웨어 산업정보종합시스템(www.swit.or.kr)에 등록해야 한다.
  - 직접구매 대상 소프트웨어 제품을 구매할 경우는 「소프트웨어 진흥법」 제 55조(상용 소프트웨어 품질성능 평가시험) 및 동법 시행령 제50조(품질성능 평가시험의 대상 등), 제 51조(품질성능 평가시험의 대행 등), 동 시행규칙에 의거 SW 품질성능 평가시험(BMT: BenchMark Test)이 의무화됨에 따라 관련 예산을 사업계획에 반영하여야 하고 시험 비용은 발주기관이 SW기업과 협의하되, SW기업의 분담금이 '시험 비용'을 초과하지 않아야 한다.
  - 소프트웨어사업은 분리발주가 원칙이며, 소프트웨어 제품이 기존 정보시스템이나 새롭게 구축하는 정보시스템과 통합이 불가능하거나 현저한 비용상승이 초래되는

등의 경우에는 그 사유를 사업계획서에 명시하고 직접 구매하지 않을 수 있다.

- ■ 운영 성과측정 계획수립
  - 발주기관은 정보화사업 계획수립 시 사업을 통해 달성하고자 하는 성과목표와 목표치를 설정하고 목표 달성 여부를 객관적으로 측정할 수 있는 성과지표를 제시한다.
  - **정량적 지표:** 이행과제 달성 여부, 산출물 제출, 감리 시정조치 내역 등
  - **정성적 지표:** 본 사업을 통해 달성하고자 하는 품질, 서비스 목표 등
    * 작성된 성과지표는 '정보화사업 완료 검사'의 기준 및 근거자료로 활용
    * 운영 성과측정은 사업계획서에 포함

2.1.1.2 기술적용 계획 수립

1) 개요

발주기관은 '정보시스템 구축사업'이나 '정보시스템 운영 및 유지관리사업'을 추진할 경우, 정보시스템의 일정 수준 품질확보를 위해 「행정기관 및 공공기관 정보시스템 구축·운영 지침」에 따른 기술적용 계획수립을 아래와 같이 준수하여 작성한다.

- 발주기관에서 작성한 기술적용계획표를 검토하고, 제안자 관점의 기술적용계획표를 작성하여 기술적용계획의 준수 및 결과표 작성 방안을 제시해야 함
- 기술적용계획표 검토 시 부득이한 경우를 제외하고는 특정 기술에 종속되지 않는 개방형 기술로 구현되도록 검토해야 함
- 선정된 제안사는 기술적용에 관해 발주기관과 협의·확정 후, 기술적용계획표를 작성하여 사업수행계획서에 포함해야 함
- 사업수행계획서 확정된 기술적용계획표에 따라 표준기술을 적용하고, 사업 완료 시 (인수시험 전) 기술적용결과표를 작성하여 제출해야 함

2) 세부 절차

기술적용계획표 작성을 위한 절차는 첫째, 기술적용계획표 항목조정이다. 「행정기관 및 공공기관 정보시스템 구축·운영 지침」에서 제시한 기술적용계획표 항목을 확인하고, 사업 특성에 따라 점검해야 할 항목을 조정한다.

둘째, 기술적용계획표를 작성한다. 기술적용계획표에서 구체화 된 사업내용을 기술적으로 실현할 때 시스템 간 상호연계가 가능하도록 동 지침의 기준에 따라 기술적용계획표를 작성한다. 마지막으로 정보통신망 구성도 작성이다. 신규 또는 개선하고자 하는 사업과 관련된 DB, 서버, 네트워크의 구성도를 작성한다.

3) PMO 점검 사항

PMO는 발주기관이 수행하는 모든 정보화 사업에 대해 다음 사항의 준수 여부를 검토한다.

- **발주기관:** 사업계획서 수립 및 제안요청서 작성 시 첨부하여 공개
- **수행사:** 제안서 및 사업수행계획서에 기술적용계획표를 첨부하고, 용역 완료 시 기술적용결과표 작성
- **감리법인:** 기술적용계획표, 기술적용결과표를 비교하여 준수 여부 확인 후 감리 결과보고서에 기술

2.1.1.3 정보화사업 요구사항 상세화

2.1.1.3.1 요구사항 상세화 개요

일반적으로 요구사항은 요구하는 권리나 권한을 의미하며 기대치에 대한 포괄적인 뜻을 담고 있다. 소프트웨어에서 말하는 요구사항(Requirement)은 특정 목적을 위해 사용자가 필요로 하는 조건이나 능력을 명시하는 것이다. 예를 들어 계획서, 제안요청서, 명세서 등 제출된 문서에 맞추어 대상 소프트웨어가 갖추어야 할 조건이나 능력을 기술하는 것이다.

소프트웨어의 요구사항은 비즈니스 요구사항을 토대로 관련 이해관계자, 사용자 요구사항, 기능 요구사항을 거쳐 품질 속성, 비즈니스 규칙, 제약사항, 외부 인터페이스, 보안사항의 변수를 고려한다. 요구사항 상세화 절차는 추진사업의 이해, 현황분석, 요구사항 도출, 요구사항 검토 및 확정 절차 순으로 진행된다.

여기서 비즈니스 요구사항은 왜(why)에 해당하는 정보를 나타나게 하는 것으로, 발주기관에서 프로젝트를 추진하는 배경과 시스템을 개발함으로써 얻어지는 효과를 기술한 것이다. 사용자 요구사항은 무엇(what)에 해당하는 정보를 나타낸 것이다. 즉, 시스템을 통하여 달성되는 '무엇'을 설명하며 발주기관 현업에서 수행하는 시스템을 기술한 것이다. 한편 기능 요구사항은 또 다른 '무엇'에 관한 정보를 나타내는 형태로, 개발자가 개발해야 하

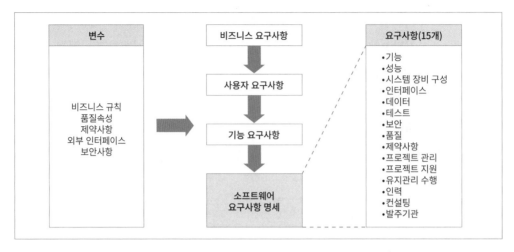

출처: 공공 SW 사업 제안요청서 작성을 위한 요구사항 상세화 실무 가이드(정보통신산업진흥원, 2021)

는 것에 대해 기술 행위 요구사항(Behavior Requirement)이라고 불린다. 기능 요구사항은 시스템이 반드시 수행해야 하거나 시스템을 이용하여 발주기관에서 반드시 할 수 있어야 하는 것들에 관해 기술한 것이다.

이런 3가지 요구사항을 토대로 소프트웨어 요구사항 명세를 만들게 되며, 공공 정보화 사업의 요구사항은 기능 요구사항, 성능 요구사항, 시스템 장비 구성 요구사항 등 총 15개 로 분류하고 있다.

2.1.1.3.2 요구사항 상세화 필요성

정보화사업을 추진하다 보면 수많은 위험과 이슈들이 발생하는 게 현실이다. 어쩌면 정보화사업은 이슈를 하나씩 풀어가는 과정이라 할 수 있다. 이런 프로젝트 성공을 방해하는 이슈들이 발생하는 근본 원인은 정보화사업 기획단계에서부터 요구사항 상세화를 제대로 하지 못해서이다.

한편 공공기관은 요구사항 명확화에 대한 제도적 근거 마련 등 지속적인 노력에도 불구하고 여전히 불명확한 요구사항으로 인한 문제점들이 많이 발생하고 있다. 이런 문제를 해결하기 위해서 기존의 제안요청 내용이 발주기관과 사업자 간 의사소통을 위한 기초자료로써 개념 전달 수준이었다면, 이제 상세하고 명확한 요구사항을 토대로 과업 규모와 사업 기간 추정이 가능하도록 기능점수(FP:Function Point: 간이법)로 전환 가능한 수준으로 제안요청 내용이 작성되어야 한다.

2.1.1.3.3 요구사항 상세화 방향

1) 요구사항 상세화 적용 대상사업

정보화사업의 요구사항 상세화 적용 대상사업 유형은 기획단계의 컨설팅(ISP) 사업, 구현단계의 개발(신규, 고도화)사업, 운영단계의 유지관리 사업, 공사사업 등으로 분류된다.

<그림 31> 공공 정보화사업 유형 분류

단계	사업유형
기획	컨설팅(ISP) 사업
구현	개발사업(신규, 고도화)
운영	운영/유지보수 사업
기타	공사사업

공공 정보화사업 유형

컨설팅 사업은 본격적인 소프트웨어 개발 또는 정보시스템 구축에 앞서 사업의 추진 필요성, 추진전략, 타당성 분석을 통해 정보화 추진을 위한 종합적 계획을 수립하는 사업이다. 공공 정보화 개발사업은 정보화를 통해 추진하고자 하는 업무, 기능, 서비스 등을 달성할 수 있도록 소프트웨어 또는 정보시스템을 개발하는 사업이다. 운영/유지보수 사업은 개발된 소프트웨어 또는 정보시스템의 유지, 관리의 위탁, 일부 기능 변경이나 사용법의 개선 및 최적의 상태에서 활용과 유지를 위해 제공되는 제품지원, 기술지원, 사용자 지원 서비스 등을 위한 사업이다. 공사(시스템 운영환경 구축) 사업은 소프트웨어 또는 정보시스템이 운영될 수 있는 하드웨어, 네트워크, 각종 시설/설비 등을 통해 정보시스템의 운영 기반이 되는 제반 환경의 구축 등을 위한 사업이다. 중요한 것은 이런 사업유형의 특성을 반영해서 요구사항 상세화 작업을 하는 것이 핵심이다.

2) 요구사항 상세화 변화 방향

공공 정보화사업 시 불명확한 요구사항은 잦은 사업 범위 변경에 따른 일정 지연으로 이어지게 된다. 이런 문제를 해결하기 위해 요구사항 상세화 변화 방향의 핵심은 제안요청서의 요구사항 명확화로 공공 소프트웨어 개발사업 선진화 기반을 마련하는 것이다.

첫째, 요구사항 상세화 수준은 SW 기능 요구사항을 level 2에서 level 4 수준으로 상세화하는 것이다. 단위 업무시스템은 주요 업무 기능을, 세부 업무 기능은 세부 업무활동 단위로 연계하여 상세화한다.

<그림 32> 요구사항 상세화 변화 방향

구분	전통방식	변화방향	
상세화 수준	• SW기능 요구사항을 2레벨로 작성 • 단위 업무 시스템 - 주요 기능	• SW기능 요구사항을 4레벨 수준으로 상세화 • 단위 업무 시스템 - 주요 업무 기능 • 세부 업무 기능 – 세부 업무활용	① 요구사항 도출 분석을 기반으로 세부구현 기능단위로 상세화 – 구체화 ② 초기단계 불명확한 요구사항으로 과업변경 증가방지 ③ 사업규모 및 발주금액 추정 정확도 저하 방지 및 비용 타당성 확보
과업범위	• 모호한 요구사항으로 과업범위 불명확	• 요구사항과 기능점수 연계	
주요 산출물	• 제안요청서 • 요구사항 목록 • 업무기능 목록	• 제안요청서 • 요구사항 목록 • 업무기능 목록 • 업무흐름도 • 단위업무시나리오 • 데이터정의서	

출처: 공공 SW 사업 제안요청서 작성을 위한 요구사항 상세화 실무 가이드(정보통신산업진흥원, 2021)

둘째, 과업 범위는 요구사항과 기능점수를 연계하여 요구사항을 명확하게 한다. 마지막으로 주요 산출물은 제안요청서, 요구사항 목록 수준에서 관리되던 것을 업무흐름도, 단위 업무시나리오, 데이터 정의서까지 고려하여 기능점수와 연계하여 요구사항을 명확히 한다.

이는 요구사항 도출 분석을 기반으로 세부구현기능 단위로 상세화·구체화하여 초기 단계부터 불명확한 요구사항으로 과업 변경 증가를 방지하는 것이다. 또한 사업규모 및 발주금액 추정 정확도 및 비용 타당성을 확보하는 것이다.

3) 소프트웨어 요구사항 유형 분류

소프트웨어 요구사항 분류는 「조달청 분류 기준」에 따라 <그림 33>과 같이 총 15개로 구성된다.

<그림 33> 소프트웨어 요구사항 유형 분류(조달청 분류 기준 준용)

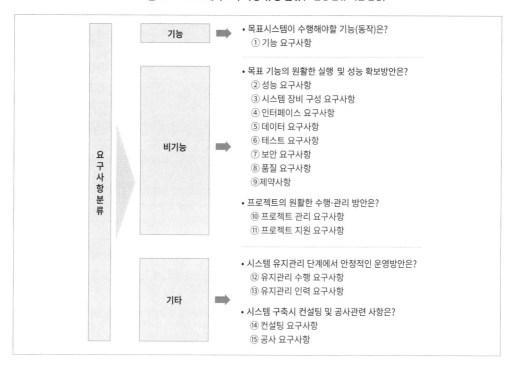

<그림 33> 소프트웨어 요구사항 유형 분류(조달청 분류 기준 준용)

한편 소프트웨어 기능 요구사항 유형 분류 및 내용은 <표 31>과 같다.

<표 31> 소프트웨어 요구사항 유형 분류 설명

요구사항 분류		내용
기능	① 기능 요구사항	• 목표시스템이 반드시 수행해야 하거나 목표시스템을 이용하여 사용자가 반드시 수행할 수 있어야 하는 기능(동작)에 대해서 기술 • 개별 기능 요구사항은 전체 시스템의 계층적 구조분석을 통해 세부 기능별 상세 요구사항을 작성해야 하며, 기능 수행을 위한 데이터 요구사항과 연계를 고려하여 기술
비기능	② 성능 요구사항	• 목표시스템의 처리속도 및 시간, 처리량, 동적·정적용량, 가용성 등 성능에 대한 요구사항을 기술
	③ 시스템 장비 구성 요구사항	• 목표사업수행을 위해 필요한 하드웨어, 소프트웨어, 네트워크 등의 도입장비 내역 등 시스템 장비구성에 대한 요구사항을 기술
	④ 인터페이스 요구사항	• 목표시스템과 외부를 연결하는 시스템 인터페이스와 사용자 인터페이스에 대한 요구사항을 기술(타소프트웨어, 하드웨어, 통신 인터페이스, 타 시스템과의 정보교환에 이용되는 프로토콜과의 연계도 포함) • 단, 인터페이스 요구사항의 경우 사용자 편의성, 사용자 경험 등의 사용자 중심의 요구사항을 기술

요구사항 분류		내용
비기능	⑤ 데이터 요구사항	• 목표시스템의 서비스에 필요한 초기자료 구축 및 데이터 변환을 위한 대상, 방법, 보안이 필요한 데이터 등 데이터를 구축하기 위해 필요한 요구사항을 기술
	⑥ 테스트 요구사항	• 구축된 시스템이 목표 대비 제대로 운영되는지 테스트하고 점검하기 위한 요구사항을 찾아내어 기술 • 목표시스템의 테스트 유형(단위, 통합, 시스템 및 성능테스트 등), 테스트 환경, 방법, 절차 등에 대한 요구사항을 기술
	⑦ 보안 요구사항	• 정보 자산의 기밀성과 무결성을 확보하기 위해 목표시스템의 데이터 및 기능, 운영접근을 통제하기 위한 요구사항을 기술
	⑧ 품질 요구사항	• 목표 사업의 원활한 수행 및 운영을 위해 관리가 필요한 품질항목, 품질평가 대상 및 목표에 대한 요구사항을 기술 • 신뢰성, 사용성, 유지보수성, 이식성, 보안성으로 구분하여 기술
	⑨ 제약사항	• 목표시스템 설계, 구축, 운영과 관련하여 사전에 파악된 기술-표준-업무-법제도 등 제약조건 등을 파악하여 기술
	⑩ 프로젝트 관리 요구사항	• 프로젝트의 원활한 수행을 위한 관리방법 및 추진 단계별 수행방안 대한 요구사항을 기술
	⑪ 프로젝트 지원 요구사항	• 프로젝트의 원활한 수행을 위해 필요한 지원사항 및 방안에 대한 요구사항을 기술 • 시스템/서비스 안정화 및 운영, 교육훈련 및 기술지원, 하자보수 또는 유지관리 요구사항 등을 기술
기타	⑫ 유지관리 수행 요구사항	• 유지관리대상별 유지관리 방법을 기술하는 것으로 장애처리, 변경관리, 성능관리, 백업/복구 운영상황 모니터링 등에 대한 요구사항을 기술
	⑬ 유지관리 인력 요구사항	• 유지관리 수행을 위해 필요한 운영인력 체계, 담당자별 역할 및 책임을 포함한 효율적인 유지방안을 기술 • 유지관리 범위와 서비스를 고려하여 적정한 인력 투입과 투입인력 자격 조건에 대한 요구사항을 기술 ※ 시스템 유지관리 사업 중 사업대가를 요율제 방식으로 산정한 경우, 투입인력 요구관리가 불가능하며, 투입공수(MM)로 산정한 사업에 한해 가능(SW사업 관리감독에 관한 일반기준 제7조 제9조)
	⑭ 컨설팅 요구사항	• 정보화사업의 업무 효율성과 생산성을 높이는 정보시스템 구축 및 운영을 위한 제반사항을 지원하는 요구사항
	⑮ 공사 요구사항	• 정보화사업 중 전산실 공사, 상황실 공사, 내부 인테리어 등을 요구하는 경우에 기술

출처: 공공 SW 사업 제안요청서 작성을 위한 요구사항 상세화 실무 가이드(정보통신산업진흥원, 2021)

2.1.1.3.4 요구사항 상세화 작성법

1) 기능 요구사항(System Function Requirement)

■ 기능 요구사항 개요

기능 요구시항은 향후 목표 정보시스템 구축으로 영향을 받게 되는 서비스와 업무 프로세스를 파악하여 현재 업무처리의 문제점을 개선하고, 어떤 시스템 기능(동작)들이 구축되어야 하는지에 대해 정의하는 것이다. 기능 요구사항에는 반드시 구현되어야 할 기능(동작), 업무, 사용자 편의성을 고려한 추가 기능 외 기능 커스터마이징(Customizing) 요구사항이 모두 포함된다.

정보화 대상업무 및 시스템 요구기능을 가시화하고, 개발 범위를 정량화하기 위해 요구기능을 기능목록 단위로 세분화하여 기능점수까지 산정해야 한다.

■ 작성 원칙 및 기준

기능 요구사항 도출은 업무시스템을 구축하기 전에 업무절차와 내용에 따른 관련된 이해관계부서와 담당자를 파악하여 사용자 측면의 개선이나 신규 구축이 필요한 기능을 파악하는 것이다. 기구축된 시스템일 경우 현재 운영 및 활용 상의 문제점을 파악한다. 그리고 신규 구축 시스템일 경우 향후 목표시스템 구축으로 영향을 받게 되는 서비스와 업무 프로세스를 파악한다. 또한 현재 업무처리의 문제점을 개선하여 편리하고 효율적으로 일을 처리하기 위해 어떤 시스템 기능들이 구축되어야 하는지의 관점에서 작성한다.

한편 기능 요구사항으로는 <표 32>와 같이 애플리케이션 명칭, 기능 명칭, 기능의 세부내용, 관련 요구사항 정보 등이 해당한다.

<표 32> 기능 요구사항 필수 작성 요건 및 기술 방법

구분	기술내용
애플리케이션 명칭	• 기능 요구사항을 토대로 소프트웨어 비용 산정 시 애플리케이션 조정 기능점수 값을 계산하기 위해 기능을 제공할 애플리케이션 이름을 명시
기능 명칭	• 각 기능에 분명한 이름을 붙여서 기능이 섞이지 않도록 독립적인 기능 단위로 작성(*기능목록 세분화 Level 4단위)
기능의 세부 내용	• 개발 대상 소프트웨어에 대한 요구사항을 상세하게 작성- 트랜잭션 기능 : 어떤 기능과 동작을 수행해야 하는지를 외부입력(등록,수정,삭제 등), 외부조회, 외부출력 관점에서 상세하게 기술- 데이터 기능 : 기능을 수행함에 있어 관련된 입출력 정보를 작성하며, 해당 시스템 내 생성 유지되는 데이터 파일, 외부 인터페이스, 참조하는 데이터 파일을 작성 • 입출력 순서 및 입력을 출력으로 변환하거나 실행 중에 정보를 계산하는 법, 정상적인 동작 처리 순서와 처리방법, 비정상적인 상황에서 행위에 대한 에러 처리와 복구에 대해 명시 • 기능 수행의 평가 방법 및 기준 입출력 데이터에 대한 유효성 검사 기준을 명시
관련 요구사항	• 기능이 지켜야 하는 비기능 요구사항, 연동되는 인터페이스 요구사항 • 기능에 영향을 끼치는 제약 사항에 대해 요구사항 번호를 명시

■ PMO 점검항목

기능 요구사항은 다른 비기능 요구사항과는 달리 정보화 사업별 구축하고자 하는 목표시스템의 목적과 기능이 다르다. 또한 발주기관별 같은 업무가 거의 없어 요구사항을 표준화하거나 공통 요구항목으로 정의하기가 어렵다.

특히 기능 요구사항은 발주 담당자가 업무분석 등을 통해 개별 사업에 맞는 기능 요구사항을 도출하는 절차, 방법, 상세화 수준을 정확히 이해하는 것이 중요하다. 적정한 기능 요구사항을 도출하기 위해서는 전체 시스템의 구조와 기능을 이해하고, 시스템이 속해있는 전체 시스템구성도를 기준으로 level 4까지 요구사항을 세분화한다.

또한 PMO는 기능 요구사항이 분할된 각 기능 간 중복이나 누락이 발생하지 않았는지 점검한다. 분할되는 수준은 시스템의 규모나 복잡도에 따라 일부 달라질 수 있으나 기본적으로 <표 33>처럼 level 4까지 세분화하는 것이 원칙이다.

<표 33> 기능 요구사항 Level별 정의

구분	기술내용
Level 1	• 단위 업무시스템
Level 2	• 단위 업무시스템의 주요 업무기능
Level 3	• 주요 업무기능의 세부 기능(제안요청서 내에서 요구사항 명칭, 작성단위)
Level 4	• 세부 기능의 활동(단위 프로세스)-(제안요청서 내에서 요구사항 세부 기술 내용)

중요한 것은 개발업무를 처음 수행하는 비전문가가 이해할 수 있는 수준으로 가시화·계량화하여 사용자와 개발자(수주자)가 개발 범위에 대한 차이(Gap)를 최소화하도록 하는 것이다. 또한 기능 요구사항에서 정의된 사용자 요건은 기능점수와 사업기간을 계산할 수 있는 수준으로 작성되어야 한다. 사용자 요건을 통한 개발 규모를 산정하기 위해서는 제안요청서 상에 기재되는 요구사항을 기반으로 기능점수가 산출되어야 하며 수행 절차는 3단계로 구분된다.

<그림 34> 요구사항 기반 기능점수 산출 수행 절차

1 단계	2 단계	3 단계
사용자 요건 도출(사용자 요건)	요구사항 상세화 정의(기능 요구사항, 비기능 요구사항)	기능점수 산출(트랜잭션 기능, 데이터 기능)

<1단계: 사용자 요건 도출>

목표시스템 개발을 위해 실제 사용하게 될 사용자나 사용부서, 이해관계자 등과 협의를 통해 대상 업무 범위와 시스템에서 수행해야 할 주요 기능을 도출한다. 또한 사업기획(ISP,

ISMP 등) 단계에서 작성한 업무 문서자료(시스템 기본계획서, 과업지시서, 예산계획서 등), 담당자 인터뷰를 통해 시스템 구현에 필요한 사용자 요건을 도출한다.

<그림 35 > 기능 요구사항 사용자 요건 도출 사례

사용자	요구사항	세부기능	기능그룹
영업부서	영업관리를 위해 주요고객, 등록된 상표, 공급자 정보가 통합관리 되어야 함	• 고객정보 관리 • 제품정보 관리 • 공급자 정보 관리	통합 정보관리
지원부서/ 영업부서	고객이 주문한 상품을 주문한 내역을 증빙할 수 있는 정보가 관리되어야 함	• 주문 증빙관리 • 결재 증빙관리 • 배송 증빙관리	증빙서 관리
지원부서	고객이 상품 주문 후 송금한 내역과 금액이 관리되어야 함	• 카드 결제 내역 • 현금 송금 내역	송금내역 관리

<2단계: 요구사항 상세화 정의>

1단계에서 파악한 전체 업무흐름도를 토대로 요구사항 작성을 위한 기능목록을 작성한다. 기능목록 작성 시 분할 수준은 개발 시스템의 규모나 복잡도에 따라 달라질 수 있다. 따라서 소프트웨어 대가산정 대상 시스템 범위를 확인하고, 내부/외부 또는 사용자/용역사와의 경계를 고려하여 정의한다. 요구사항에 대한 기능목록 단위는 level 4까지 분류하고, 전체 도출된 기능목록에서 기능 간 중복과 누락 여부를 파악한다. 그리고 최종적으로 기능 요구사항을 확인하고 이를 토대로 기능목록을 작성한다.

<표 34> 기능 요구사항 체계도 작성 사례

Level1	Level2	Level3	Level4
영업관리 시스템	통합정보 관리	고객정보 관리	고객정보 등록
			고객정보 수정
			고객정보 삭제
			고객정보 조회
		제품정보 관리	제품정보 등록
			제품정보 수정
			제품정보 삭제
			제품정보 조회
	증빙서 관리		

< 그림 36 > 제안요청서 기능 요구사항 작성 사례

요구사항 총괄표

요구사항 분류		요구사항수
기능	① 기능 요구사항	5
비기능	② 성능 요구사항	2
	③ 시스템 장비 구성 요구사항	3
	④ 인터페이스 요구사항	4
	⑤ 데이터 요구사항	2
	⑥ 테스트 요구사항	3
	⑦ 보안 요구사항	5
	⑧ 품질 요구사항	4
	⑨ 제약사항	3
	⑩ 프로젝트 관리 요구사항	5
	⑪ 프로젝트 지원 요구사항	6
기타	⑫ 유지관리 수행 요구사항	4
	⑬ 유지관리 인력 요구사항	3
	⑭ 컨설팅 요구사항	4
	⑮ 공사 요구사항	2

요구사항 내역

구분	요구사항ID	요구사항 명칭
기능	SFR-001	고객정보 관리
	SFR-002	제품정보 관리
	SFR-003	공급자 정보관리
	SFR-004	유통정보 관리
	SFR-005	생산자 정보관리

요구사항정의서

요구사항 분류		기능 요구사항
요구사항 고유번호		SFR-001
요구사항 명칭		고객정보 관리
요구사항 상세설명	정의	고객정보의 생성, 삭제 등 변경관리
	세부내용	- 고객에 대한 신규 등록, 정보 수정, 삭제 조회 등을 관리하는 기능 - 고객 정보 일괄 등록 기능(관리자용) - 고객관리 리포트 2종
산출정보		고객 리포트 2종
관련요구사항		SFR-004 유통정보 관리
요구사항 출처		실무 담당자

요구사항 상세화 후, 요구사항에 대한 기능목록 단위는 level 4까지 상세화하고, 전체 도출된 기능목록에서 기능 간 중복과 누락 여부를 파악하여 최종 확인 후 기능 요구사항을 작성하여 제안요청서에 반영한다.

각 요구사항 기능별로 「소프트웨어사업 관리·감독에 관한 일반기준」에 따라 아래와 같은 양식에 맞춰 '요구사항 내용 작성표'를 작성한다. 요구사항 내용 작성표 세부 내용에는 level 4에 작성된 등록, 수정, 삭제 등 기능의 입·출력을 받고 제공하는 기능 활동 내용을 상세하게 기술한다.

<3단계: 기능점수 산출>

제안요청서에는 기능 요구사항 내용 작성표를 필수적으로 반영하되, 필요시 기능목록 및 기능점수 산정내용 등을 첨부하여 해당 사업의 기간, 규모를 사업자가 추정할 수 있도록 정보를 제공할 수 있다.

<표 35> 시스템 기능 요구사항 기능점수 산출 사례

기능명			데이터 및 트랜잭션	FP산출
번호	기능명(L2)	세부기능명(L3)	단위프로세스	FP유형	가중치
1	통합정보관리	고객정보관리	고객정보	ILF	7.5
2	통합정보관리	고객정보관리	고객정보 등록	EI	4.0
3	통합정보관리	고객정보관리	고객정보 수정	EI	4.0
4	통합정보관리	고객정보관리	고객정보 삭제	EI	4.0
5	통합정보관리	고객정보관리	고객정보 조회	EQ	3.9
6	통합정보관리	고객정보관리	고객정보 일괄등록	EI	4.0
7	통합정보관리	고객정보관리	고객리스트	EO	5.2
8	통합정보관리	고객정보관리	고객명부	EO	5.2
기능점수 합계					37.8

- 작성 시 유의 사항
  - 기능 요구사항 작성 시 주의해야 할 점은 해당 요구사항 내용을 토대로 사업 규모를 예측할 수 있도록, 기능점수 단위로 산출될 수 있도록 구체화 되어야 함
  - 기능 요구사항 작성 시 대상 애플리케이션 및 세부 기능의 명칭, 기능의 세부 내용의 기본적인 요구사항 외 기능 입·출력정보와 유형, 관련 파일 유형 등 기능 세부 활동 단위까지 기술해야 함
  - 기능 요구사항 세부 내용은 기능점수(평균복잡도 적용 방법, 간이법)로 연계될 수 있도록 주요 업무 기능의 세부 업무 기능까지 기술
  - 사용자 권한에 따라 기능의 중복개발이 필요할 경우 동일 기능의 재사용 수준을 고려하여 기능점수에 반영(동일 기능을 사용자별 그대로 적용 시 기능점수 중복 산정 불가, 단 권한별 추가개발 시 재사용 방식 적용)
  - 기능 요구사항은 도출된 기능 요구사항의 순서대로 기술하고, 연관된 기능이 있을 경우는 관련 요구사항의 고유번호를 명시

요구사항 분류		기능 요구사항 (System Function Requirement)
요구사항 고유번호		SFR-012
요구사항 명칭		고객 현황관리
요구사항 상세설명	정의	연도별, 사업별, 지역별 등 고객현황 통계

	세부내용	• 연도별 고객수 총괄
		  - 연도별 고객수 조회/분석/엑셀 다운로드 기능 제공
		• 사업별 고객수 총괄
		  - 사업별 고객수 조회/분석/엑셀 다운로드 기능 제공
		• 지역별 기업분포
		  - 지역별 기업분포를 조회/분석/엑셀 다운로드 기능 제공
		• 서비스 이용고객 현황 조회
		  - 기업규모별(대/중/소), 부서별, 연도별, 지역별, 품목별, 참여횟수별, 서비스 유형별 서비스 이용고객 현황 조회
		  * 고객 현황관리의 세부 항목 및 검색 세부 조건, 분석 뷰는 분석/설계 시 고려하여 발주기관과 협의

산출정보		기준정보정의서, 기능정의서, 화면정의서
관련요구사항		
요구사항 출처		

2) 성능 요구사항(Performance Requirement)

■ 성능 요구사항 개요

발주기관에서 요구한 기능 요구사항이 모두 정보시스템 구축에 반영되고, 산출물 품질이 높아도 시스템 성능이 충족되지 않으면 성공한 정보화사업이라고 할 수 없다. 시스템 접점에 있는 사용자들의 불만이 나올 수밖에 없다.

성능 요구사항이란 사용자들에게 최적화된 정보시스템 서비스를 제공하고, 안정적인 운영과 유지를 위해 요구되는 요소이다. 또한 정보시스템이 기능을 수행할 때 얼마나 빨리, 얼마나 효율 높게 처리할 수 있는지를 정의하는 것이다. 성능 요구사항은 어떤 조건에서 기능을 수행할 때 필요한 시간이나 처리량 또는 자원의 최대 사용치 등에 대해 기술한다.

성능 요구사항 내용으로는 목표값, 목표값 측정 환경 및 조건, 예외 사항을 기술한다. 선언적이거나 정성적 표현보다는 정량적인 수치로 요구사항을 작성하는 것이 중요하다. 성능 요구사항은 기능 요구사항과 품질 요구사항의 수행을 제약할 수 있다. 또한 기능 요구사항과 품질 요구사항은 성능에 영향을 미칠 수 있다. 따라서 성능 요구사항과 기능 요구사항, 품질 요구사항이 상호 충돌되는 관계를 해결하기 위한 충분한 고려가 필요하다.

■ 작성 원칙 및 기준

성능 요구사항이 중요한 이유는 최종사용자가 느끼는 시스템의 체감 품질에 많은 영향을 미치기 때문이다. 시스템 처리 속도, 화면별 응답시간, 페이지 오류 및 정지시간 등은 서비스 수준 관리에서 치명적인 불만족 요소이다. 따라서 반드시 제안요청서 상에 명시하여 시스템 구축에 도입되는 장비의 성능시험 시 이와 연계하여 성능 목표값을 충족시킬 수 있도록 해야 한다. 성능 요구사항은 <표 37>과 같이 성능 요구사항 필수요건 및 기술 방법에 따라 속도 및 시간(Speed & Time), 처리량(Throughput), 동적 용량(Dynamic capacity), 정적 용량(Static capacity) 그리고 가용성(Availibility) 등을 작성한다.

<표 37> 성능 요구사항 필수요건 및 기술 방법

구분	기술내용
속도 및 시간 (Speed & Time)	• 응답시간에 대한 조건이 필요한 특정 기능 또는 기능집합 • 시간 측정 경계(시간경계 시작과 종료) • 허용가능한 응답시간 • 응답시간이 적용되지 않는 예외사례 • 응답시간에 영향을 미치는 모든 컴포넌트 • 높은 부하 경고 조건
처리량 (Throughput)	• 효율성을 측정할 대상 트랜잭션 • 목표 효율량과 시간단위 • 목표 달성 시간대 • 효율이 적용될 시스템 부문 • 효율에 영향을 미치는 모든 컴포넌트
동적 용량 (Dynamic capacity)	• 모든 사용자 또는 1개 이상의 사용자 계층(고객) 등 엔티티 유형 • 시스템이 한번에 처리할 수 있는 엔티티 수 • 엔티티를 집계하려면 엔티티가 어떤 상태여야 하는가 • 최고 효율의 시간 • 언제까지 시스템이 목표 용량 수준을 달성해야 하는지 달성 시간대를 명시
정적 용량 (Static capacity)	• 어떤 종류의 엔티티를 위해 공간을 보장하며,시스템이 최소한 얼마를 저장하며, 잘 동작하는가 • 언제까지 시스템이 용량 수준을 맞출 준비가 되어야 하는지 달성 시간대를 명시
가용성 (Availability)	• 서비스를 제공하도록 시스템의 가용성 범위 • 가용성의 정의 • 허용된 다운타임

■ PMO 점검항목

PMO는 발주부서가 작성한 제안요청서 성능 요구사항 검토 시 다음 <표 38>과 같이 성능 요구사항 유형 및 작성 항목을 참조하여 반영/누락 여부를 점검한다.

Level1	Level2	Level3	Level4
PER: 성능 요구사항	GEN: 성능일반	GEN: 성능일반	01 성능일반
	SPD: 처리속도 및 시간	RES: 응답시간	01 온라인성 업무 응답시간
			02 온라인 배치성 업무 응답시간
			03 배치성 업무 응답시간
			04 웹 페이지 디스플레이 시간
			05 오류 응답시간
	THR: 처리량	COU: 동시접속자 수	01 동시 사용자 접속 수
		THR: 동시 처리능력	01 동시 처리 능력
	RES: 자원 사용량	CPU: CPU 사용률	01 동시 사용자 접속 수
		MEM: 메모리 사용률	01 메모리 사용률

■ 작성 시 유의 사항

• 검증이 가능하도록 목표값을 정량적으로 기술

• 개발 시스템의 작업 형태(온라인 트랜잭션, 일괄처리 등)에 따라 성능요구 값이 다를 수 있는 것을 고려

• 자원 효율성은 시스템 개발 후 확장성을 고려하여 요구

• 기능 및 품질 요구사항의 수행은 제약하거나, 품질 요구사항으로 인해 성능에 영향을 미칠 수 있으므로 상호관계를 고려하여 정의

   – 성능은 비용 및 시스템 장비 구성과 밀접한 관계가 있으므로 비용 대비 효율성을 고려하여 목표값 기술

3) 시스템 장비 구성 요구사항(Equipment Composition Requirement)

■ 시스템 장비 구성 요구사항 개요

시스템 장비 구성 요구사항은 목표사업 수행을 위해 필요한 하드웨어, 소프트웨어, 네트워크 등의 도입 장비에 대한 요구사항으로 해당 장비의 품목, 규격, 수량, 용도 등 도입내용에 대해 요구사항을 기술하는 것이다. 또한 도입되는 시스템 장비 규격 외 장비 설치환경, 장비 성능, 보안, OS 유형 등 목표시스템 구성을 위한 내용을 포함한다.

요구사항 분류		성능 요구사항 (Performance Requirement)
요구사항 고유번호		PER-002
요구사항 명칭		처리속도 확보
요구사항 상세설명	정의	목표시스템 구현 후 처리속도와 관련된 요건
	세부내용	• 사용자 직접사용 프로그램의 경우, 사용자가 요청한 시각으로부터 3초 내에 디스플레이 되는 것을 원칙으로 함 <예외 사항> - Data 연계/연동 및 등록일 경우 - 대량의 데이터에 대한 질의, 다운로드가 있을 경우 - 한 개 이상의 큰 이미지(이미지 500KB 이상)를 가지고 있는 경우 - 시스템을 사용하는 사용자 숫자가 동시 사용자 용량의 90%를 초과하는 경우 • 사용자 요청(입력) 작업은 평균 3초 이내에 처리되어야 함. 평균 시간 초과 응답 시 성능향상과 추가적인 성능향상 방안을 강구하여야 함. 단, 첨부파일 업로드 시간은 제외함 • 단순 데이터 입력이 아닌, 대량의 데이터 입력을 기초로 하여 별도의 계산 로직으로 수행한 배치성 작업에 대해서는 업무 담당자와 협의한 목표 시간 내에 처리가 완료되어야 함 - 단일 Batch Job의 경우 10분 이내 처리함을 원칙으로 함 - 순차적인 Batch Job의 경우 1시간 이내 처리하는 것을 원칙으로 함 - Batch Job의 경우 업무 특성에 따라 고려하며, 최대 업무 종료 후 3시간, 시작 전 1시간 이내 처리 가능해야 함 • 사용자가 입력한 정보에서 발생할 수 있는 모든 오류에 대한 메시지를 정보 입력 후 3초 이내에 제시하여야 함 - 오류 메시지는 사용자가 인지하여 즉시 조치할 수 있도록 작성되어야 함 • 동시접속 처리가 민감한 서비스에 대하여 서비스 동시처리 성능향상을 위한 애플리케이션 성능 최적화를 수행하여야 함 - 초기 시스템은 초당 최소한 100건의 사용자 기본정보 입력기능을 처리할 수 있어야 함 - 시스템은 최대 부하 상태에서 초당 50건의 사용자 기본정보 입력기능을 처리할 수 있어야 함
산출정보		성능시험결과서
관련요구사항		
요구사항 출처		

■ 작성 원칙 및 기준

첫째, 도입되는 장비에 대한 스펙, 설치시간, 중복된 시스템, 장애 처리 등에 대한 요구사항이나 제약사항 등 장비 설치 요구사항도 같이 포함하여 기술한다. 둘째, 도입되는 장비는 통합발주, SW 분리발주, 위임발주, 이체 장비로 구분하여 기술한다. 셋째, 국가정보자원관리원에서 자체적으로 구매하는 장비에 대해서도 세부적으로 기술해야 한다. 마지막으로 SW 분리발주 대상 SW인 경우는 이를 명시해야 하며, SW 분리발주 대상임에도 분리발주 하지 않을 경우는 반드시 그 사유를 명시한다.

시스템 장비 구성 요구사항은 <표 39>와 같이 장비 구성 요구사항 작성 요건 및 기술 방법에 따라 장비 품목, 장비 수량, 장비 기능, 장비 성능 및 특징, 장비 설치 요건 그리고 기타 사항 등을 작성한다.

<표 40> 장비 구성 요구사항 작성 요건 및 기술 방법

구분	기술내용
장비품목	• HW, SW, NW 등 장비 종류 　예) 서버 : DB서버, WEB서버, WAS서버 등 서버종류 　　　시스템 아키텍처 : 1-계층, 2-계층, 3-계층 등
장비수량	• HW, SW 규모와 수량 • SW는 사용자 권한별로 제공되는 기능이 상이함으로 권한에 따라 라이선스 수량 책정
장비기능	• 시스템 용도 및 형태 • SW경우 제공해야 하는 기능 • 도출된 기능 요구사항을 지원하는 SW경우 기능요약과 함께 기능 요구사항ID 기입
장비 성능 및 특징	• HW: CPU, 메모리, 디스크 규모(정보시스템 하드웨어 규모산정 가이드라인 및 e-Sizing 웹 사이트 활용) • NW: Chassis 수, 동시세션 수, Backplane, Throughput 등 • SW: 제공받아야 할 기능에 대한 요건
장비 설치요건	• 시간제약 사항: 장비 도입 시기 및 설치 허용 시간 등 일정에 영향을 주는 제약사항 • 자원제약 사항: 장비 설치 시, 데이터베이스 관리자, 사용자 등 장비 설치를 도와주고 내부인력에 대한 제약 　사항 명시 • 중복된 시스템에 대한 제약사항 : 　- 도입된 장비와 동일한 기능을 수행하는 장비가 있다면 이를 유지할 것인지, 폐기할 것인지 　- 중복 시스템 처리 및 역할, 책임에 대해 명시 • 장애처리: 도입된 장비 설치로 인해 장애발생시 처리시간, 책임 등 요구사항 및 제약사항 명시
기타	• 시스템, OS 유형 , 보안 등 목표시스템 요구사항을 만족시키기 위해서 제시해야 하는 사항 기술 • SW경우: 운영환경, GS인증제품, BMT요건, 보안정책

■ PMO 점검 항목(소프트웨어 법·제도 준수사항)

시스템 장비 요구사항 작성 시 소프트웨어 분리발주, SW 품질성능 평가시험(BMT), 특정 규격 명시 금지항목 등 소프트웨어 관련 법령에 따른 관리/감독 항목을 준수하여 작성한다. PMO는 소프트웨어 법·제도 변경을 상시로 확인하고, 요구사항이 최신 내용으로 작성되었는지 점검 활동을 한다.

□ 분리발주
　• **적용 대상**: 총사업 규모 5억 원 이상(VAT 포함)이고, 5천만 원 이상의 각 인증획득 또는 조달청 종합쇼핑몰에 등록된 상용 SW 도입 포함
　• **준수사항**: 대상사업의 경우 분리발주 여부를 명시하고 일괄발주 하는 경우 '분리발주 대상 SW 품목별 제외사유서' 첨부
　※「소프트웨어 진흥법」 제20조제2항, 「국가계약법 시행규칙」 제84조, 「지방계약법 시행규칙」 제87조, 분리발주 대상 SW(과기부 고시), 「조달청 내자구매업무 처

리규정」6조의2(조달청 훈령)

- **SW 품질성능 평가시험(BMT)**
  - **적용 대상:** 경쟁 입찰을 통한 분리발주 대상 SW 구매사업
  - **준수사항:** 대상사업의 경우 직접 또는 지정 시험기관에 의뢰 및 실시 여부 명시
    ※「소프트웨어 진흥법」제13조의2, 동법 시행령 제10조의2-3, 동법 시행규칙 제6조의3,「소프트웨어 품질성능 평가시험 운영에 관한 지침」(과기부 고시)
    ※ 한국정보통신기술협회(TTA), '소프트웨어 품질성능 평가시험 기관 지정'(과기부 고시)

- 특정 규격 명시 금지
  - **적용 대상:** SW 사업
  - **준수사항:** 입찰공고 시 특정 상표, 규격, 모델을 지정하지 않아야 하며, 특정 상표, 모델이 아니라는 이유로 일방적인 납품 거부 불가
    ※ 정부입찰·계약 집행기준(기재부 계약예규) 제5조 제4항 제5호, 지방자치단체 입찰 및 계약 집행기준(행안부 예규) 제1장

- **작성 시 유의 사항**
  - 목표시스템의 구성 요건, 기능 요건, 수량 요건 여부를 구분하여 기술
  - 목표시스템/하드웨어/소프트웨어/네트워크 구성도 명시(단, 발주기관의 보안 수준을 고려하여 공개 여부 결정)
  - 기존 장비와 호환성을 고려하여 특정 제품을 도입해야 하는 장비가 있는지 파악 후 필요성 명시
  - 하드웨어의 규모 산정을 위해 필요한 기초 데이터(사용자 수, 동시접속자 수, 데이터량) 명시
  - 장비 구성에 대한 요구사항 도출 시, 도입 장비를 설치하는 것과 관련된 설치 요구사항도 포함하여 정의해야 함
  - 제안사가 하드웨어 또는 상용 소프트웨어를 직접 제조하는 자가 아닐 경우, 제안사와 제조사 간 기술 또는 판매 관계임을 입증하는 증명자료를 제안서에 포함

요구사항 분류	시스템 장비 구성 요구사항 (Equipment Composition Requirement)	
요구사항 고유번호	ECR-002	
요구사항 명칭	시스템 HW	
요구사항 상 세설명	정의	시스템 HW 구성

	세부내용	• HW는 발주기관의 클라우드 인프라를 활용하여 시스템 구축함
		• 제안사는 원활한 서비스를 위한 시스템 구성안을 제출하고 발주기관과 긴밀히 협조하여 시행하여
		  야 함
		• 본 사업 시스템 구축을 위한 서버의 자원 (Core/Mem/HDD) 구성
		  - WEB 서버 2대: 2vCore이상, 6GB Mem 이상
		  - WAS 서버 2대: 4vCore이상, 8GB Mem 이상
		  - DBMS 서버 2대: 4vCore이상, 16GB Mem 이상

산출정보	시스템아키텍처	
관련요구사항		
요구사항 출처		

4) 인터페이스 요구사항(Interface Requirement)

■ 인터페이스 요구사항 개요

인터페이스 요구사항은 목표시스템과 외부를 연결하는 조건 및 방식에 대한 요구사항을 기술한 것이다. 또한 타 하드웨어, 소프트웨어 및 통신 인터페이스와 시스템 간의 정보교환에 이용되는 프로토콜과 연계를 기술한 것이다. 특히 인터페이스 요구사항에서는 사용자 편의성, 경험 등의 사용자 중심의 요구사항이 작성되도록 하는 것이 중요하다.

인터페이스 요구사항은 크게 시스템 인터페이스와 사용자 인터페이스로 나누어 작성해야 한다. 사용자 인터페이스의 요구사항은 사용자 인터페이스 프레임워크 및 화면 설계 요건을 기술하는 것으로 사용자 편의성을 고려하기 위한 요구사항을 기술해야 한다. 시스템 인터페이스 요구사항은 목표시스템과 연동될 외부 시스템 간 소프트웨어, 하드웨어, 네트워크 인터페이스 내용을 기술한다.

□ 사용자 인터페이스: UI/UX, 화면 디자인, I/F 프레임워크

□ 시스템 인터페이스: 타 시스템 연계, 송수신 데이터, 전송 주기

■ 작성 원칙 및 기준

인터페이스 요구사항을 기술할 때는 <표 42>와 같이 사용자 인터페이스 주요 작성 항

목이 포함되어 있는지를 검토한다. 사용자 인터페이스는 시스템 간, 화면 간, 화면 내 동선 최소화, 업무 흐름과 일치하는 화면 구성, 정보 우선순위의 시각적 명확화, 팝업 및 스크롤 최소화 등의 내용을 중심으로 구체적으로 기술한다.

<표 42> 사용자 인터페이스 주요 작성 항목

구분	기술내용
이름	• 요구사항을 쉽고 간단하게 파악할 수 있도록 의미 있는 이름으로 기술
관련App/기능	• 요구사항을 적용해야 하는 애플리케이션(App) 이름과 대상 기능명을 기술
내용	• 사용자 편의성, 정보 접근성, 작업 효율성, 정보 유용성 등을 위해 화면 레이아웃 및 디자인에 대한 요구사항을 기술

시스템 인터페이스는 <표 43>과 같이 시스템 인터페이스 주요 작성 항목에 따라 연계 내용, 시스템, 통합연계 방법 등을 고려하여 기술한다.

<표 43> 시스템 인터페이스 주요 작성 항목

구분	기술내용
연계 내역	• 통합/연계되는 타 기관의 정보시스템, 기관명(기관수), 방법 및 내역 제시
시스템	• 목표시스템과 통합 연계되는 타 기관의 시스템명을 기재(동일기관내 다른 서비스를 제공하는 시스템의 경우도 기재)
기관명(기관수)	• 통합/연계되는 시스템의 대상 기관명을 기재, 대상 기관을 중앙행정 기관 또는 시도·시·군·구 지자체 등 다수 기관을 기관유형으로 표기할 경우 ( )안에 기관수를 기재
통합/연계방법	• 목표시스템과 통합/연계 되는 방법을 기재(① 웹서비스, ② EAI, ③ 기타 별도기재)
통합/연계 내역	• 목표시스템과 통합/연계되는 서비스 및 정보 내용 기재, 서비스명(정보 내용) 형식으로 기재

또한 웹 호환성, 접근성 등 전자정부 서비스호환성 준수지침을 고려하여 요구사항을 기술한다.

<전자정부서비스 호환성 준수지침>
• 인터페이스 요구사항 작성 시 전자정부서비스 호환성 준수지침 관련 아래 내용 기술 필요
　① 「전자정부서비스 호환성 준수지침」(행정안전부 고시 제2017-26호, 2017.12.29)에 따른 웹 호환성 확보에 대한 준수계획을 기술
　② 장애인차별금지법에 따른 웹 접근성 준수를 위해 「한국형 웹콘텐츠 접근성 지침

2.1」(KICS.OT-10.0003/R3, 2012년 12월 31일) 준수계획을 기술

③ 사용자 인터페이스는 다양한 사용자 환경(브라우저)에서도 서비스를 사용할 수 있도록 표준을 준수해야 함을 기술

< 웹 접근성 준수를 위한 제안요청서 반영 문구 내용 >

• SW에 대한 웹 접근성 및 호환성 준수 기준

① UI는 「웹 접근성 향상을 위한 국가표준 기술 가이드라인」 및 「전자정부서비스 호환성 준수지침」 준수 필요

② 웹 접근성은 「장애인차별금지법」을 고려한 의무 사항 준수 필요

③ PC의 최신 OS 및 통상적인 인터넷 브라우저에서도 프로그램 보안 등에 문제없이 원활하게 작동하도록 개발

※ 단, 시스템의 보안성 강화를 위해 별도로 운영되는 각종 보안프로그램 등의 호환성 미비로 브라우저의 확대 적용이 불가할 경우는 별도의 협의를 통해 적용 범위 조정 가능

■ PMO 점검항목

PMO는 인터페이스 요구사항 상세화 시 <표 44>와 같이 인터페이스 요구사항 유형 및 작성 원칙에 따라 반영/누락 여부를 점검한다.

<표 44> 인터페이스 요구사항 유형 및 작성 원칙

Level1	Level2	Level3	Level4
INR: 인터페이스 요구사항	UIR: 사용자 인터페이스 요구사항	USR: 사용자 편의성	01 성능일반
			02 사용 단말을 고려한 화면 사이즈 제공
			03 오류 메시지
		WOR: 작업효율성	01 통합UI
	SIR: 시스템 인터페이스 요구사항	GEN: 시스템 인터페이스	01 시스템 인터페이스
		OUM: 시스템 연계 모듈 방안	01 동시사용자 접속 수
			02 기관계 표준 연계 모듈 사용
		PRT: 프로토콜 지원방안	01 동시 처리 능력
			02 프로토콜 지원
		COO: 연계 데이터 정합성 확보	01 연계 데이터 정합성 확보
			01 시스템 정보 연계방안

요구사항 분류		인터페이스 요구사항(System Interface Requirement)
요구사항 고유번호		SIR-001
요구사항 명칭		사용자 친화적 UI 구성
요구사항 상 세설명	정의	표준화된 사용자 중심의 UI 구성 요건
	세부내용	• 3개 이상 메인화면 및 상세화면 시안 제시하여 구현하여야 함 - 전체 시스템 간 통일성을 부여하여 UI를 구성하여야 함 - 발주기관의 고유 아이덴티티를 반영한 창의적 디자인 적용 - UI 표준 수립하여 시스템 접근성, 이용 편의성 확보를 제시하여야 함 - 화면 UI 기획 및 디자인에 관련된 제반 사항을 발주기관과 긴밀한 협조를 통하여 시행하여야 함 • 사용자 중심의 UI설계, 구현해야 함 - 정보의 입력/수정/삭제 후 해당 결과에 대한 확인 메시지 제공(필수 저장항목 표시 등) - 입력한 정보에 대한 유효성 검증 - 화면 오류가 발생 시 오류 메시지 기능을 제공하여야 함 • 사용자가 별도의 교육을 받지 않더라도 온라인 도움말을 이용하여 사용자 기능을 이용할 수 있어야 함 - 도움말 기능을 체계적으로 구성하여야 함 - 기능단위 화면에서의 도움말 제공(일부 화면) - 사이트맵 지원
산출정보		사용자 인터페이스설계서
관련요구사항		
요구사항 출처		

- 작성 시 유의 사항

  - 구체적으로 인터페이스 개체 및 구현될 형식, 시스템이 교류해야 하는 자료 요소 등을 포함하고 있어야 함

  - 인터페이스 이름, 연계 대상 시스템, 연계 범위 및 내용, 연계 방식, 송신 데이터, 인터페이스 주기 명시

  - 내외부 인터페이스 대상 시스템·기관과 시스템 연동방안을 사전 협의하여 작성하여야 함

  - 타 기관과의 연계가 있는 경우 인터페이스 대상 장비 사업자(공급자, 구축업체, 유지보수 업체)와 사전협의를 통해 시스템 연동 범위 및 상호 책임 범위를 명확히 규명한 후 작성(기타 고려사항에 대해 사업자 간 책임 및 역할에 대한 사전 정의가 필요함)

  - 타 기관과의 실질적인 연계 방안(기술적 방안, 추가 비용부담 주체, 연계에 필요한 법 등 관련 규정 제정, 연계 기관 의견, 연계 대상기관과의 연계 범위 확정 등)에 대한 정보도 포함하여 요구사항에 제시하여야 함

5) 데이터 요구사항(Data Requirement)

■ 데이터 요구사항 개요

정보시스템이 성공적인 서비스를 하기 위해서는 기능의 안정성과 더불어 사용될 데이터가 적절하게 구축되고 연계될 수 있어야 한다. 데이터 요구사항은 정보로서 가치가 있는 원시 자료를 사용자에게 유용한 형태로 가공·제작하는 초기 데이터 구축, 데이터 전환에 대한 요건 및 고려사항을 기술하는 것이다.

초기 데이터 구축을 위한 요구사항에는 필요한 데이터가 무엇인지, 해당 데이터를 어떻게 수집하고 입력할 것인지에 대한 요구사항을 기술한다. 요구사항 작성 항목으로는 데이터 범위와 형식, 자료 내용, 검증요건 및 DB 설계 방안 등이 대표적이다. 기존 데이터의 이관이 필요한 경우에는 데이터 이행 및 안정화 방안에 대한 요구사항도 도출하여 작성한다.

프로젝트 수행단계에서 데이터 설계, 구축 외에도 구축된 데이터를 관리/운영하기 위한 요구사항도 작성한다. 또한 데이터를 저장하고 보존하는 방안, 데이터백업 및 복구방안, 보존 기간 및 자료저장 형태, 품질 및 정합성 유지방안 등이 포함되어야 한다.

■ 작성 원칙 및 기준

데이터 요구사항은 「행정정보데이터베이스 표준화지침」(행안부 고시 제2008-47호)을 고려하여 작성해야 한다. 「행정정보데이터베이스 표준화지침」은 행정기관이 추진하는 정보화사업에서 구축·운영하는 행정 DB에 대한 표준화된 구축·운영·폐기 및 품질관리 절차를 제시하고 있다. DB 설계, 데이터 구축, 이관 후 데이터 품질관리는 표준지침을 참고하여 작성해야 한다. 또한 발주기관이 추진한 정보화사업 결과로 만들어진 DB의 품질점검과 개발한 DB 산출물의 행정 데이터관리시스템 등록을 의무화하고 있다.

데이터 요구사항은 <표 46>과 같이 데이터 요구사항 필수 작성 요건 및 기술 방법에 따라 식별 데이터, 초기자료 구축, 데이터 이관, 데이터 관리 등을 작성한다.

<표 46> 데이터 요구사항 필수 작성 요건 및 기술 방법

구분	기술내용
식별 데이터 요구사항	• 시스템에서 사용할 논리적 데이터의 종류, 정보를 기술하고 해당 데이터의 형식과 내용을 명시 ① 데이터 내용 ② 데이터 형식(텍스트, 이미지) ③ 데이터 범위 등
초기자료 구축 요구사항	• 초기자료 구축 시 필요 작업요소를 기술하고, 작업요소별 보정 요소에 대한 요건 명시 ① 데이터 수집방안 및 데이터 위치 ② 내외부 DB설계 방안 ③ 데이터 표준화 방안 ④ DB인터페이스 방안 등

구분	기술내용
데이터 이관 요구사항	• 데이터 전환시간, 전환 데이터 우선순위 등을 명시하고, 특히, 수작업이 수반되는 변환부분은 반드시 수작업 대상 및 자료 보존 상태, 분량 등에 대해 명시 ① 이관 대상 시스템명 ② 이관 대상 자료 크기/규모 ③ 이관 및 안정화 방안 ④ 이행 완전성 검증방안 등
데이터 관리 요구사항	• 시스템에서 사용되는 데이터를 저장하고 보존하는 방안으로, 데이터의 제약사항에 대해서 명시 ① 데이터 암호화 방안 ② 데이터 백업 및 복구방안 ③ 데이터 정합성 검증방안 ④ 데이터 품질 등

■ PMO 점검항목

목표시스템 서비스에 필요한 초기 자료 구축을 위한 역할 구분, 구축 내용 및 구축방안을 제시해야 하며, 기능 요구사항과 높은 관련성을 갖고 있다. 따라서 두 요구사항 사이에는 추적관리를 할 수 있어야 한다. 또한 대상자료 중 지적재산권 문제가 수반되는 부분이 있는 경우, 구축 가능 여부 및 예산을 제시한다. 데이터 구축 시 보안이 필요한 데이터 필드 및 권한 관리에 대해서도 제약이 있으면 기타 고려사항에 반드시 명시한다. DB 구축 및 데이터 이관 규모에 따라 별도 사업비용을 「SW사업 대가산정 가이드」에 따라 산정한다.

PMO는 데이터 요구사항 기술 시 <표 47>과 같이 데이터 요구사항 유형 및 작성 항목에 따라 반영/누락 여부를 점검한다.

< 표 47> 데이터 요구사항 유형 및 작성 항목

Level1	Level2	Level3	Level4
DAR: 데이터 요구사항	GAI: 데이터 수집 및 입력요구사항	ANZ: 데이터 분석	01 데이터 분석 요구사항
		GAT: 데이터 수집	01 데이터 수집 요구사항
		INP: 데이터 입력	01 데이터 입력 요구사항
	IND: 초기 데이터 구축 요구사항	GEN: 초기 데이터 구축	01 초기 데이터 구축 요구사항
	MIG: 데이터 이관 요구사항	MIG : 데이터 이관 요구사항	01 이행대상 시스템의 정의
			02 이행팀 구성 및 정의
			03 데이터 이행 환경 구축
			04 데이터 이행전략 수립
			05 데이터 이행 테스트 데이터 구축
			06 최적의 데이터 이행 방안
			07 데이터 이행검증방안
			08 데이터 이행 및 안정화 지원
			09 이행 검증
	DEG: DB설계 요구사항	DEG: DB설계	01 DB설계 요구사항

Level1	Level2	Level3	Level4
DAR: 데이터 요구사항	BKR: 백업 및 복구 요구사항	BKU: 백업	01 백업 요구사항
		RES: 복구	02 복구 요구사항
	PER: DB성능 요구사항	SQL: SQL튜닝	01 SQL튜닝 요구사항
	QUA: 데이터 품질 요구사항	DBQ: 데이터품질	01 데이터 무결성

- 작성 시 유의 사항
  - DB 사용할 경우는 내부DB와 외부 인터페이스DB 정보 정의
  - 데이터를 저장하는 방법, 저장량에 대해서는 정의 불필요
  - 데이터 보존은 데이터의 중요도, 변경 가능성과 발생 정도 등을 예상하고 기술
  - 논리적 데이터 구조는 다이어그램 표현이 가능하도록 구현
  - 행정정보데이터베이스 표준화와 관련하여 「행정정보데이터베이스 표준화지침」의 별지 서약에 따라 작성되었는지에 대한 검토 필요

<표 48> 데이터 요구사항 – 데이터 이관 작성 사례

요구사항 분류		데이터 요구사항 (DAR, DATA Requirement)
요구사항 고유번호		DAR-005
요구사항 명칭		데이터 이관
요구사항 상세설명	정의	데이터 이관

	세부내용	• 안정적 전환계획 수립
		  - 데이터 이행 절차 및 세부 계획수립, 전환 모의실험, 결과분석을 통한 체계적 전환 수행
		• 업무 담당자 공동참여
		  - 전환 작업 시 현업 업무 담당 인원의 참여를 통한 데이터 공동 검증작업 수행, 신규 시스템의 기능과 구조이해를 통한 업무 활용성 사전 검토
		• 정합성 검증
		  - 전환 모의실험 수행 시 시나리오 기반 하에 마스터 데이터를 기준으로 데이터 및 관련 파일데이터 클린징, 이행 및 검증 진행을 통해 문제점 발생 시 즉각적인 분석과 정합성 검증, 오류의 최소화 수행
		• 데이터 통합 및 이행 시 누락 데이터 방지 계획을 기술적으로 제시
		• 이관 대상과 방법은 상호 협의하여 추진방안을 확정해서 진행함
		  - 자료이관 시 담당자별 책임과 역할을 정의하고, 이관 자료 혹은 공유자료에 대한 검증항목, 검증 방안 및 검증 주체를 명확히 제시

산출정보		데이터 이관 항목과 이관 현황 절차 및 체크리스트
관련요구사항		
요구사항 출처		

6) 테스트 요구사항(Data Requirement)

■ 테스트 요구사항 개요

테스트 요구사항은 구축된 시스템이 목표 대비 제대로 운영될 수 있는지를 점검하기 위한 요구사항을 정의한 것이다. 목표시스템의 기능 및 운영 요건을 충족하도록 구현되었는가를 점검하는 것이 핵심이다.

테스트단계에서 수행하려는 테스트의 유형(단위테스트, 통합테스트, 시스템테스트, 성능테스트), 방법 및 절차, 환경 등을 기술한다. 테스트 요구사항은 시스템 기능 요건에 대한 테스트뿐 아니라 도입 장비에 대한 성능테스트(BMT)까지 포함하여 작성한다. 테스트 요구사항을 작성하기 위해서는 수행하고자 하는 테스트의 유형을 먼저 정의한다. 또한 각 테스트 유형별로 점검하고자 하는 항목과 요구되는 방법론 등으로 구체화하여 기술한다. 시스템을 가동하기 전에 기능의 완성도와 운영의 안정성 등 점검을 위해 필요한 테스트를 누락 없이 작성한다.

■ 작성 원칙 및 기준

테스트단계는 도입 장비의 성능과 구축된 시스템의 운용 환경이 목표 대비 적합성 여부를 검증하는 중요한 단계다. 성능 구현의 정확성을 사전에 확인하고 기능의 오류를 줄이기 위해서는 구체적이고 명확한 테스트 요구사항을 정의해야 한다. 이 단계에서는 기능구현의 완성도를 파악, 발주기관 환경 내에서 안정적으로 운영될 수 있는지를 점검한다.

테스트 요구사항은 <표 49>와 같이 테스트 요구사항 필수 작성 요건 및 기술 방법에 따라 테스트 유형, 테스트 대상, 그리고 테스트 방법 및 절차 등을 작성한다.

<표 49> 테스트 요구사항 필수 작성 요건 및 기술 방법

구분	기술내용
테스트 유형	• 목표시스템을 점검하기 위한 테스트 유형으로, 실시하고자 하는 모든 테스트 유형에 대해 기술 (BMT, Pilot, 단위, 통합, 시스템, 인수테스트)
테스트 대상	• 실시하고자 하는 테스트 유형별로 수행을 통해 점검하고자 하는 대상에 대해 기술 (예: 단위테스트를 통해 결함 유형 및 결함 심각도 검증, 통합테스트를 통해 업무 흐름의 적절성 검증)
테스트 방법 및 절차	• 테스트 수행을 위한 일정, 수행조직, 비용부담 주체, 수행방법 등을 기술 • 테스트에 소요되는 샘플 데이터의 생성 및 관리방안을 포함하여 기술

<표 50> 테스트 유형

구분	기술내용
BMT 테스트	• 정의: 동종제품에 대한 비교 시험을 통해 제품 품질제고 • 구성요소: 소요비용 부담 주체 및 참석인원 제한 수, 제출서류, 준수사항 등을 기술
Pilot 테스트	• 정의: 실제 업무에 적용해보고 문제점이나 개선안을 본 프로젝트에 피드백 제공 • 구성요소: 계획, 기술문제, 관리-위험요소, 비용 등
단위테스트	• 정의: 프로그램의 기본 단위별 내부 오류 발견 • 구성요소: 단위시험의 범위, 수행절차, 조직, 일정, 시험환경 및 평가기준(결함유형, 심각도 등) 등
통합테스트	• 정의: 단위 테스트 수행 후에 모듈들을 통합하여 하나의 프로그램으로 생성시 발생가능한 오류 점검 • 구성요소: 시험절차, 일정, 평가기준(기능, 성능 등의 요구사항 및 설계사양 충족여부, 기능의 정상적 수용여부 등)
시스템테스트	• 정의: 구축 시스템의 성능-부하-장애복구 여부, 백업방식 등 • 구성요소: 시험의 범위, 절차, 시간, 세부사항 등
인수테스트	• 정의: 그 외 사용자 승인이 필요한 사항 • 구성요소: 사용자 승인을 위한 검사 및 테스트 수행방법, 절차, 참여조직 및 역할, 점검사항, 최종 검수기준, 점검 후 조치방안 등

■ PMO 점검항목

테스트를 위한 환경 및 방법론에 대한 이해를 바탕으로 테스트 요구사항을 작성한다. 특히, 중소사업자의 경우 테스트 수행에 대한 환경 및 방법론, 도구 등을 보유하지 못한 경우가 있다. 따라서 테스트 요구사항을 명확하게 정의하여 사업자가 테스트와 관련한 요구사항을 사전에 인지하고, 필요시 테스트 전문회사와 협력할 수 있도록 준비한다. 그에 따른 적정 예산도 확보할 수 있도록 한다.

PMO는 테스트 요구사항 정의 시 다음 <표 51>과 같이 테스트 요구사항 유형 및 작성 항목에 따라 반영/누락 여부를 점검한다.

<표 51> 테스트 요구사항 유형 및 작성 항목

Level1	Level2	Level3	Level4
TER: 테스트 요구사항	BMT: BMT 테스트	BMT: BMT 테스트	01 BMT 테스트
	PIL: Pilot 테스트	PIL: Pilot 테스트	01 Pilot 테스트
	UNT: 단위테스트	UNT: 단위테스트	01 단위테스트
	INT: 통합테스트	INT: 통합테스트	01 통합테스트
	SYT: 시스템 테스트	SYT: 시스템 테스트	01 시스템 테스트
	UAT: 인수 테스트	STR: 부하 테스트	01 부하 테스트
		TRB: 장애 복구 테스트	01 장애 복구 테스트
		BCK: 백업 복구 테스트	01 백업 복구 테스트
		ACC: 인수 테스트	01 인수 테스트

■ 작성 시 유의 사항

• 필요로 하는 테스트 유형이 모두 포함되어 있는지 검토하여 누락 없이 작성(성능 벤치마킹, 시범운영, 단위테스트, 통합테스트, 성능테스트, 부하테스트, 장애복구테스트, 백업복구테스트, 인수테스트 등을 모두 고려)

• 점검 대상 항목의 기대 수준 목표치는 정량적 측정이 가능하도록 제시

• 개발 서버를 테스트할 때는 테스트 샘플 정보(모의테스트 등)를 만들어 테스트하는 방안을 고려

<표 52> 테스트 요구사항 – 인수테스트 작성 사례

요구사항 분류		테스트 요구사항 (TER, Test Requirement)
요구사항 고유번호		TER-005
요구사항 명칭		인수테스트
요구사항 상 세설명	정의	인수테스트 계획수립 및 실시요건
	세부내용	• 테스트 내용, 테스트 수행방법, 절차, 참여 조직 및 역할, 점검사항, 최종 검수 기준, 점검 후 조치 방안 등을 세부적으로 기술하여 계획을 수립하여야 함 - 요구사항별 적합/부적합 판정을 할 수 있도록 요구사항별 테스트를 수행할 수 있어야 하며, 이에 따른 테스트 데이터를 준비해야 함 - 발주자와 협의하여 승인 검사/테스트를 계획하고, 발주자가 승인 검사/테스트를 이행하는 데 필요한 모든 조력을 제공하여야 함 - 개발 완료 후 최종 산출물 및 테스트 결과물을 첨부하여 발주자에게 승인 검사 및 테스트를 요청하여야 하며, 승인 검사 및 테스트 과정에서 발견된 하자 사항은 만족한 결과를 얻을 때까지 보완·테스트를 반복적으로 실시해야 함 - 최종 승인 처리는 별도의 문서에 의하여 발주자의 승인을 받은 일자에 완료된 것으로 함 • 구현·테스트 완료 후 전환 및 안정화를 위한 단계별 수행 절차와 역할 등을 포함한 전환 및 안정화 계획을 상세하게 작성하여 제출하고 승인을 받아야 함 - 현업 사용자의 업무중단 없이 시스템을 전환할 수 있는 방안 제시 - 전환과정 중 중대한 문제점이 발생할 경우 원상복구 절차 등 방안 제시
산출정보		테스트 계획서 및 결과서
관련요구사항		
요구사항 출처		

7) 보안 요구사항(Security Requirement)

■ 보안 요구사항 개요

보안 요구사항은 시스템 및 데이터에 대한 침해사고를 예방하기 위해 목표시스템의 사용 또는 생성하는 데이터 보호에 영향을 미치는 보안, 기밀성, 무결성 관점에서 필요한 요구사항이나 제약사항을 정의하는 것이다. 또한 정보화사업 결과 산출물(시스템)에 반영되는 보안 사항에 한정하여 정의한다. 사업수행과 관련하여 요구되는 보안은 프로젝트 관리

요구사항 유형으로 정의된다.

보안 요구사항은 시스템의 데이터, 기능, 운영 접근을 통제하기 위한 요구사항을 주로 기술한다. 여기에는 인증관리, 권한 부여, 데이터 접근 권한 및 수준 제한, 데이터 암호화 등이 포함된다. 또한 시스템이 사용하는 정보자산의 속성 및 활용방안에 대해 관련 법규, 보안지침 준수를 위한 요구사항이 포함되어야 한다. 또한 개인정보 보호법, 공공기관 정보보호 지침 준수를 위해 대책 마련 등의 요구사항도 기술한다.

■ 작성 원칙 및 기준

보안 요구사항에는 <표 53>과 같이 보안 요구사항의 두 가지 목적처럼 크게 정보자산의 기밀성과 무결성이다. 기밀성은 인가받지 못한 사용자의 접근으로부터 시스템 데이터나 서비스를 보호하는 것이다. 사용자 인증과 접근 권한 등과 관련이 있다. 또한 무결성은 정보와 서비스가 변형이나 훼손되지 않고 의도한대로 전달되도록 하는 것이다. 데이터 복구 또는 변경 내용 등과 관련이 있다.

보안 요구사항이라고 하면 외부로부터의 정보보안만을 의미한다고 생각할 수 있으나, 이는 정보의 기밀성만을 포함하는 좁은 개념의 보안 요구사항이다. 보안 요구사항 도출 시에는 데이터를 온전하게 보호하는 무결성의 개념까지 포함하여 요구사항을 도출하고 상세화해야 한다.

<표 53> 보안 요구사항의 두 가지 목적

구분	기술내용	
기밀성	•인가 받지 못한 사용자는 시스템 및 데이터에 접근 불가하도록 시스템 접근의 방식 또는 권한을 보호하는 것	•사용자 인증, 접근권한 제어 등
무결성	•시스템에서 사용하는 기능 및 정보기관 손상, 왜곡 또는 누락없이 온전히 보전될 수 있도록 보호하는 것	•데이터백업 및 복구방안 수립, 정보변경내역 기록 등

보안 요구사항의 목적인 기밀성과 무결성을 위해서 다양한 관점에서의 요구사항 정의가 필요하다. 보안 요구사항은 발주기관의 보안정책에 따라 정의하는 것을 원칙으로 한다. <그림 37> 보안 요구사항 도출 관점과 같이 시스템 보안, 법·규제 준수 여부 확인, 시스템 보안점검 및 관리 등 3가지 측면에서 도출한다.

<그림 37> 보안 요구사항 도출 관점

시스템 보안 관점	시스템 내부의 기밀성, 무결성 확보 관점				
	인증 및 권한 보안	UI 보안	데이터 보안	네트워크 보안	인터페이스 보안
법·규제 준수 여부 확인 관점	국가 및 공공기관의 보안 지침 준수 관점				
	보안성 검토 지침			소프트웨어 보안 가이드	
	개인정보 보호 대책			정보보호 제품 도입 요건	
시스템 보안점검 및 관리점검	사업발주 기관에서의 보안 관리 관점				
	담당자 보안관리			보안교육	
	보안관리 방법론			보안성 점검 계획	

첫째, 시스템 보안은 소프트웨어 개발사업 수행과 관련된 문서, 통신, 시스템, 개인정보 등에 접근을 차단하는 것으로 UI, 데이터, 네트워크, 인터페이스 보안 요구사항을 통해 기밀 유지방안을 도출하는 것이다. 둘째, 시스템과 별개로 시스템이 상용하는 데이터 자체의 속성, 활용방안이 국가와 공공기관의 보안지침을 준수해야 한다. 이를 위해 관련 표준 및 지침을 확인하고, 해당 지침 준수방안의 마련을 요구사항에 명시해야 한다. 마지막으로 시스템 개발 이후 보안을 유지하기 위한 점검, 관리 방법론, 담당자 교육방안 등에 대한 요구사항도 도출해야 한다.

보안 요구사항은 <표 54>와 같이 보안 요구사항의 작성 대상 및 주요항목에 따라 인증 및 권한 보안 요구사항, UI 보안 요구사항, 데이터 보안 요구사항, 네트워크 보안 요구사항, 인터페이스 보안 요구사항 등으로 작성한다.

<표 54> 보안 요구사항 필수요건 및 기술 방법

구분	기술내용
인증 및 권한 보안 요구사항	• 목표시스템 사용자 인증 및 계정 정보보호, 패스워드 암호화, 그리고 목표시스템의 기능 및 정보에 대한 접근권한에 대한 요건
UI 보안 요구사항	• 목표시스템의 화면 권한이나 인증절차 없이 나타내는 개인정보, 소스코드에 개인정보가 노출되지 않도록 보안 요건
데이터 보안 요구사항	• 목표시스템 및 테스트DB에 보안이 필요한 필드 암·복호화, 데이터 접속권한 등 데이터를 보호하기 위한 요건
네트워크 보안 요구사항	• 네트워크 접근통제, 네트워크 장비의 취약성 및 구성설정에 대한 보안 요구사항 등 통신을 취해 사용하는 장비 및 접근과 관련한 요건
인터페이스 보안 요구사항	• 외부 정보시스템과 데이터 송수신할 때 필요한 데이터 암호화 및 로깅(loging) 등 보안에 대한 요건

■ PMO 점검항목

　PMO는 보안 요구사항이 작성 대상별 카테고리별로 세분화되기 때문에 제안요청서 작성 시 보안 요구사항의 반영/누락 여부를 판단하기 위해 <표 55>와 같이 보안 요구사항 유형 및 작성 항목에 따라 점검한다. 또한 시스템 요구사항 외에 보안지침 준수 여부 및 시스템 보안관리 관점에서도 요구사항에 반영한다.

<표 55> 보안 요구사항 유형 및 작성 항목

Level1	Level2	Level3	Level4
SER: 보안 요구사항	AUT: 인증 및 권한	AUT: 인증 및 권한	01 사용자 인증
			02 공인인증서 인증
			03 SSO인증
			04 실명확인
			05 사용자 계정
			06 사용자 권한
	UIF: 사용자 인터페이스 보안 요구사항	UIF: 사용자 인터페이스 보안 요구사항	01 로깅 보안 조치
			02 페이지 보안
			03 보안 기술 적용
			04 데이터 이행환경 구축
	DAT: 데이터 보안 요구사항	DAT: 데이터 보안 요구사항	01 사용자 인증 정보보호
			02 개인정보 보호
			03 DB접근권한 통제 및 이력관리
	NW: 네트워크 보안 요구사항	NW: 네트워크 보안 요구사항	01 구간 암호화
			02 전송자료 암호화
			03 통신간 보안성
			04 서버(호스트) 보안
	INT: 인터페이스 보안 요구사항	INT: 인터페이스 보안 요구사항	01 연동 보안 일반
			02 VPN 외부 연동 보안
			03 VM 외부 연동 보안

■ 작성 시 유의 사항

• 프로젝트 결과 산출물(시스템)에 반영되는 보안 사항에 한정하여 정의

• 관리적 보안 요구사항과 물리적 보안 요구사항은 프로젝트 관리 요구사항의 유형으로 분류해야 함

• <표 56> 법·규제 준수 여부 점검을 위한 지침목록을 참고하여 정부 법·규제 등을 고려하여 요구사항에 반영

<표 56> 법·규제 준수 여부 점검을 위한 지침목록

개인정보 보호 관련	① 개인정보 보호법
	② 개인정보 영향평가 결과(개인정보 보호법 제33조)
	③ 개인정보의 안정성 확보조치 기준(행정안전부 고시)
	④ 표준 개인정보 보호지침(행정안전부 고시)

정보시스템 보안성 관련	⑤ 행정기관 정보시스템 접근권한 관리규정(국무총리훈령)
	⑥ 정보보호 관리체계 인증 등에 관한 고시(과학기술정보통신부고시)
	⑦ 사용 정보보호시스템 보안성 검토지침(국가정보원)

| 제품 도입 및 구축 기준 | ⑧ 국가-공공기관 정보보호제품 도입기준 및 절차(국가정보원) |
| | ⑨ 행정기관 및 공공기관 정보시스템 구축·운영 지침(행정안전부) |

- 최근 정보보호 등 보안과 관련된 정부의 법·규제가 강화됨에 따라 사업수행 시 반드시 준수해야 할 국가 및 공공기관 정보시스템 보안 관련 주요 지침을 사전에 검토하고 해당 규제를 준수할 수 있도록 요구사항에 반영하여야 함

<표 57> 국가 및 공공기관 정보시스템 보안 관련 주요 지침

구분	지침내용	고려사항
생성된 문서의 보안대책과 개인정보 보호 대책 제시	• 개인정보 보호법 제33조 및 동법 시행령 제35조에 따른 개인정보 영향평가 대상여부 검토(민감도, 고유식별항목 등) • 개인정보 영향평가 기관이 '개인정보 영향평가 수행 안내서', '개인정보 위험도 분석 기준 및 해설서'를 근간으로 평가한 개인정보 영향평가 결과에 대해서는 주사업자가 개발 시 반영필요	각급기관 도입을 위한 '상용 정보보호시스템 보안성 검토지침(국가정보원)'준수 여부 제시
국가-공공기관 정보보호제품 도입기준 및 절차 준수	• CC인증 대상 '중요' 정보보호제품은 CC인증필 제품도입이 원칙 • 국내용 CC인증제품-국가용 암호화제품-보안적합성 검증필 제품 등이 아닌 정보보호제품 도입 시 제안서 접수시점까지 국내용 CC인증 획득 또는 보안적합성 검증필한 제품 도입(검증 생략 시 증빙문서 첨부)	정보보호제품 도입 시 도입요건에 따른 기준명시
정보시스템 SW 개발보안 준수 요구	• 행정기관 및 공공기관 정보시스템 구축·운영 지침(행정안전부) 제50조(소프트웨어 개발보안 원칙)와 제53조(보안약점 진단절차)에 따라 소프트웨어 개발 보안을 적용하고 소프트웨어 보안약점 기준을 사업자에게 준수 요구	소프트웨어 개발보안 적용시점: 2013.1.1 부터 사업규모 40억 원 이상

요구사항 분류		보안 요구사항(SER, Security Requirement)
요구사항 고유번호		SER-008
요구사항 명칭		시큐어 코딩 준수 및 웹 취약점 제거
요구사항 상세설명	정의	개발 및 수정되는 소스에 대한 시큐어 코딩 준수 및 웹 취약점 제거
	세부내용	• 행정안전부의 「소프트웨어 개발보안(시큐어코딩) 관련 가이드」 및 한국인터넷진흥원의 「소프트웨어 보안약점 진단 가이드」를 준용 • 주요 보안약점 - 프로그램 입력 값에 대한 부적절한 검증(SQL삽입 등) - 인증, 접근제어, 권한 관리 등을 적절하지 않게 구현 시 발생(중요정보 평문저장, 하드코드 된 패스워드 등) - 불충분한 에러처리(오류 메시지를 통한 정보노출 등) - 코드 오류(null 포인터 역참조, 부적절한 자원 해제 등) - 불충분한 캡슐화(제거되지 않고 남은 디버거 코드, 시스템 데이터 정보노출 등) - 부적절하거나 보안에 취약한 API 사용으로 발생할 수 있는 보안약점 • 응용SW 대상 행정안전부 「소프트웨어 보안약점 진단 가이드」에 의거 보안 취약점을 분석하고 약점이 있을 경우 조치 • 아래의 웹 취약점 점검 및 보완 조치 - 사용자 인증 취약점 - SQL Injection 취약점 - 악성스크립트 취약점 - 불필요한 파일 및 정보노출 취약점 - 관리자 페이지 노출 취약점 - XSS 취약점 - 유해파일 업로드 취약점 - 파일목록 및 파일내용 노출 취약점 - 파일 다운로드 공격 - URL 임의변경
산출정보		웹 취약점 점검보고서
관련요구사항		
요구사항 출처		

8) 품질 요구사항(Quality Requirement)

■ 품질 요구사항 개요

품질 요구사항은 목표 프로젝트의 원활한 수행과 운영을 위해 관리가 필요한 품질 항목, 품질평가 대상 그리고 목표에 대한 요구사항이다. 특히, 목표시스템이 사용자를 만족하게 해야 하는 시스템 요건이다. 또한 품질 요구사항은 시스템 전체에 영향을 주는 중요한 요소로 목표시스템이 가져야 하는 품질 특성, 품질평가 대상 및 목표값에 대한 요구사항을 기술한다.

■ 작성 원칙 및 기준

품질 특성은 목표시스템이 만족시켜야 할 능력과 관련된 시스템의 특성으로, 구축 이전에 만족하게 해야 하는 품질 항목 및 목표값을 명시한다. 품질 항목은 발주기관의 품질기준에 따라 다르며, 국제표준을 기준으로 <표 59>의 품질 요구사항 필수 작성 요건과 같이 신뢰성, 사용성, 유지관리성, 이식성 등으로 구분하여 요구사항을 기술한다.

<표 59> 품질 요구사항 필수 작성 요건

구분	기술내용
신뢰성	• 시스템이 지정된 조건에서 얼마만큼 고장없이 서비스를 수행할 수 있는가와 고장이 발생했을 경우 결함을 복구하는데 걸리는 목표시간 등을 기술
사용성	• 사용자가 특정한 조건하에서 해당 시스템을 쉽게 운용하거나 배울 수 있도록 운영, 학습 및 이해하는 것과 관련된 요구사항을 기술
유지관리성	• 시스템에 대한 변경 요구가 발생할 때 변경처리 절차 또는 시스템에 문제가 발생한 경우 유지보수 방안을 기술
이식성	• 개발시스템을 다른 플랫폼이나 운영체계에 설치 또는 운용할 수 있도록 속성을 기술하며 기존 시스템이나 정보와 상호운용성 기술

■ PMO 점검항목

PMO는 품질 요구사항 작성 대상별 카테고리별로 구분되어 있으므로 제안요청서 작성 시 보안 요구사항의 반영/누락 여부를 판단하기 위해 <표 60>과 같이 보안 요구사항 유형 및 작성 항목에 따라 점검한다. 품질 요구사항 작성 시에는 4가지 품질 특성 항목별 세부 level로 상세화한다. 예를 들어 신뢰성의 경우에는 다시 가용성과 복구성으로 나뉘게 되며, 요구사항 작성 시에는 가용성과 복구성에 대하여 측정방안 및 목표값을 수립하여 요구사항을 작성한다.

<표 60> 품질 요구사항 유형 및 작성 항목

Level1	Level2	Level3	Level4
QUR: 품질 요구사항	REL: 신뢰성	AVL: 가용성	01 가용성 보장
		REC: 복구성	01 장애 대응을 위한 백업절차 마련
	USE: 사용성	LEA: 학습성	01 프로그램 학습성
		UND: 이해성	01 쉽고 편한 기능 및 사용자 인터페이스 제공

Level1	Level2	Level3	Level4
QUR: 품질 요구사항	MAT: 유지관리성	CHN: 변경처리	01 변경 요구 및 변경처리 절차
		MAT: 유지보수	01 유지보수 방안
	INT: 이식성	NW: 상호운용성	01 상호운용성(데이터 교환성)

■ 작성 시 유의 사항

품질 요구사항 내용으로는 목표값, 목표값 측정 환경 및 조건, 예외 사항을 기술한다. 중요한 것은 검증 가능성이 있는 목표로 설정하는 것이다. 또한 품질 항목 대상별 품질 항목과 해당 항목의 요구사항 및 목표값으로 나누어 기술한다.

품질 요구사항은 기능이나 다른 품질 요구사항과 높은 연관성을 갖기 때문에 요구사항 간 추적관리가 되어야 한다. 가용성 수준이 높으면 중단 없는 서비스로 구축 시스템의 품질이 올라가나 구축 비용도 올라가고, 수준이 낮으면 구축 비용이 저렴하지만 품질은 떨어지는 상관관계가 있다. 이에 서비스의 중요도에 따라 요구사항 수준을 정의하는 것을 고려해야 한다.

품질 요구사항은 분석·설계 등 단계별 품질 요구사항의 점검 및 검토 방안을 구체적으로 제시해야 하며, 품질 요구사항 작성 단계는 <그림 38>과 같이 3단계로 이뤄진다.

<그림 38> 품질 요구사항 작성 단계

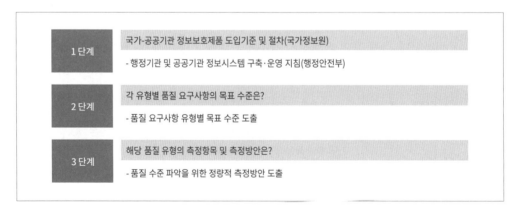

또한 품질 요구사항은 최대한 정량적으로 측정이 가능한 것으로 작성하며, 목표값 또한 수치로 제시할 수 있는 형태로 명시한다.

요구사항 분류		품질 요구사항 (QUR, Quality Requirement)
요구사항 고유번호		QUR-001
요구사항 명칭		품질보증방안
요구사항 상세설명	정의	품질보증방안
	세부내용	• 사업수행 단계별 품질보증 활동에서 요구되는 산출물을 제출하여야 함 • 사업자는 품질보증을 보장하기 위한 품질보증 방안을 제시하여야 함 　- 사업자가 대외적으로 인정받을 만한 품질보증 관련 인증을 받은 경우 이를 입증할 수 있는 근거 서류를 제시하여야 함 　- 유지보수를 위하여 상세 계획을 수립하여 제시하여야 함 　- 품질 전담조직의 운영 방안에 대해 추진 일정별 구성원의 역할 등을 상세히 수립하여 제시 하여야 함 　- 일정 지연, 품질저하에 따르는 예산초과 등 리스크 발생을 사전에 예방하고 발생 시 사후 대처방안을 제시하여야 함 • 단계별 품질목표 달성, 품질표준 준수 등에 관한 보고서 제출하여야 함
산출정보		품질관리 계획서, 품질활동 보고서
관련요구사항		
요구사항 출처		

9) 제약사항 요구사항(Constraint Requirement)

■ 제약사항 요구사항 개요

제약사항은 제시된 요구사항 외 해당 프로젝트의 특성 및 범위, 해당 기관별 운영환경을 고려 추가적인 필요 사항, 관련 법·제도 준수 등 제약적인 사항을 기술하는 것이다. 제약사항은 시스템 개발 제약사항, 데이터 제약사항, 설계 및 구현 제약사항, 업무 제약사항, 표준 제약사항 등이 있다. 유형별로 제약조건을 사전에 파악하고 기술한다. 프로젝트 유형별로 내용에 따라 법·제도 적용요건 등이 다르므로 사전에 프로젝트 수행 시 제약사항을 명확히 도출한다. 수행사가 이런 제약사항을 사전에 인지해서 제안 및 프로젝트에 참여할 수 있도록 한다.

■ 작성 원칙 및 기준

제약사항 작성은 <표 62>와 같이 제약사항 반영 요건에 따라 시스템, 데이터, 설계 및 구현, 업무, 표준 등 5가지 유형으로 구성되어 있다. 요건별 세부 제약사항을 상세화하여 작성한다. 특히 정보시스템 구축 운영과 관련하여 국가표준 프레임워크 및 표준 준수사항에 대해서는 해당 가이드를 참조하여 사업수행 시 반영될 수 있도록 한다.

<표 62> 제약사항 반영 요건

구분	기술내용
시스템 개발 제약사항	• 시스템 개발 시 어떤 언어와 방법론을 사용하는가? - 목표시스템 개발에 관여되는 프로그래밍 언어, 방법론 등과 관련한 제약사항
설계 및 구현 제약사항	• 설계 및 구현 시 고려해야 할 사항은 무엇인가? - 아키텍처 및 구성요소 관련하여 설계 및 구현 단계에서 요구하는 제약사항
데이터 제약사항	• 시스템 사용 관련 제약사항은 무엇인가? - 목표시스템에서 사용하는 데이터의 접근 및 사용시 고려해야 할 제약사항
업무 제약사항	• 업무 시 고려해야 할 사항은 무엇인가? - 감리 등 반드시 수행해야할 업무사항 또는 준수해야 할 표준지침관련 제약사항
표준 제약사항	• 표준으로 적용해야 하는 제약사항은 무엇인가? - 데이터, 기술적용 등 적용시 표준을 고려하여 준수해야 할 제약사항

■ PMO 점검항목

PMO는 <표 63>과 같은 제약사항 유형 및 제안요청서 작성 시 제약사항의 반영/누락 여부를 점검한다.

<표 63> 제약사항 유형 및 작성 항목

Level1	Level2	Level3	Level4
COR: 제약사항	SDC: 시스템 개발 제약사항	FRM: 프레임워크	01 프레임워크 적용
		LAN: 개발언어	01 개발언어 사용
	DAT: 데이터 제약사항	DAT: 데이터 제약사항	01 데이터 사용 및 접근 제약사항
	DEG: 설계 및 구현 제약사항	DEG: 설계 및 구현 제약사항	01 기존 시스템 호환
	BIZ: 업무 제약사항	BIZ: 업무 제약사항	01 감리대응
			02 정보보호 제품 준수사항
			03 PMO 대응
			04 규정 변경에 따른 시스템 구현의 유연성
	STD: 표준 제약사항	STD: 표준 제약사항	01 데이터 표준화 지침 적용
			02 기술적용 계획표 및 결과표 작성
			03 개인정보보호법 준수
			04 웹 표준 및 호환성 준수
			05 웹 접근성 준수
			06 SW개발보안(시큐어코딩)관련 가이드 준수

■ 작성 시 유의 사항

• 기능 및 품질 등 요구사항 구현 시 관련 제약사항과 대응방안을 구체적으로 기술

- 법규 및 제도적 제약사항의 경우 프로젝트별로 해당 요건과 제약사항이 다르므로 사전에 확인하고 명시하여 사업자에게 준수하도록 요구하는 것이 필요

<표 64> 제약사항 요구사항 – 웹 표준 및 호환성 준수사항 작성 사례

요구사항 분류		제약사항 (COR, Constraint Requirement)
요구사항 고유번호		COR-006
요구사항 명칭		웹 표준 및 호환성 준수사항
요구사항 상세설명	정의	웹 표준 및 호환성 준수
	세부내용	• 웹 호환성 확보를 위하여 「전자정부 웹사이트 품질관리 지침」(행정안전부 고시 제2021-19호)의 준수하여야 함 - 최소 상이한 3종 이상(Edge, Firefox, Opera, Chrome 등)의 웹브라우저를 지원해야 함
산출정보		웹 접근성 진단 체크리스트 결과서, 웹 표준 및 웹 호환성 진단 체크리스트 결과서
관련요구사항		
요구사항 출처		

10) 프로젝트 관리 요구사항(Project Management Requirement)

■ 프로젝트 관리 요구사항 개요

프로젝트 관리 요구사항은 제안요청서 상에 제시한 요구사항을 성공적으로 반영하고 구현하기 위해 요구되는 프로젝트 관리 및 사업수행 방안에 대한 요구사항을 기술하는 것이다. 해당 요구사항에는 사업수행 조직, 사업관리 방법론, 공정관리, 프로젝트 수행 관련 요구사항 등을 포함한다.

프로젝트 관리 요구사항은 사업 전체를 관리 및 통제하기 위한 요구사항으로, 해당 요구사항이 잘 정의되어 사업의 안정적이고 효율적인 추진이 이루어질 수 있도록 하는 데 목적이 있다. 프로젝트 관리 방법론은 해당 공공사업의 표준방법론이 있는 경우 방법론의 단계와 활동을 제시한다. 또한 범위와 일정을 고려하여 방법론에 맞게 추진전략을 제시할 수 있도록 한다. 한편 발주기관이 별도 방법론이 없는 경우 제안사의 프로젝트 관리 방안을 제시한다.

■ 작성 원칙 및 기준

<표 65>와 같이 프로젝트 관리 요구사항 필수 작성 요건 및 기술 방법에 따라 프로젝트 사업수행 조직, 사업관리 방안 및 관리 방법론, 일정 계획 및 개발 장비 등을 작성한다. 필수 요건별로 사업수행에 필요한 요건을 도출한 뒤 세부 요구사항을 명확히 제시한다.

\<표 65\> 프로젝트 관리 요구사항 필수 작성 요건 및 기술 방법

구분	기술내용
사업수행 조직	• 제안사의 투입인력은 구축 사업의 안정적이고 효율적인 시스템 구축을 위해 적절한 인력 수준 (근무 및 기술경력 확인서, 자격증 등)을 제시 * 단, SW개발과 관련된 사업의 경우, 제안요청서 내 투입인력 관련 사항 명시 불가능
사업관리 방안 및 관리방법론	• 사업위험, 사업진도, 사업수행시 보안을 관리하는 방법, 사업수행 성과물이나 산출물의 형상관리 문서를 관리하는 방법 등을 구체적으로 제시
일정계획	• 사업 수행에 필요한 활동을 도출하여 정확한 활동기간, 자원, 인력, 조직 등을 제시
개발장비	• 사업자의 참여 의지 및 조직적 대응 정도, 사업 참여의 준비성과 관련하여 개발환경의 구성여부와 해결방안을 명확히 제시

■ PMO 점검항목

PMO는 프로젝트 관리 요구사항 기술 시 \<표 66\>과 같이 프로젝트 관리 요구사항 유형 및 작성 항목에 따라 반영/누락 여부를 점검한다.

\< 표 66\> 프로젝트 관리 요구사항 유형 및 작성 항목

Level1	Level2	Level3	Level4
PMR: 프로젝트 관리	ORG: 사업수행 조직구성	HUM: 인력구성 방안	01 투입인력 자격요건
			02 용역수행 책임자
			03 기술자 근무경력 확인서 제출
			04 인력교체
			05 안정화 운영 지원 인력
			06 지원 및 자문조직의 구성
		CON: 동수급 관련	01 공동수급형태의 제안
		COO: 하도급협력	01 하도급 관리 방안
	MET: 개발방법론	SDM: 개발방법론	01 제안 개발방법론
			02 개발 방법론에 따른 산출물
			03 프로토타입 개발
			04 개발방법론 적용시 유의사항
		PMM: 관리방법론	01 사업관리방법
	PMR: 사업관리	SCH: 일정관리	01 일정계획
			02 인정화 일징계획
		SCO: 요구사항 관리	01 요구사항 관리
		RIS: 위험관리	01 위험관리 방안
		COM: 의사소통 관리	01 정기보고
			02 수시보고

Level1	Level2	Level3	Level4
PMR: 프로젝트 관리	PMR: 사업관리	COM: 의사소통 관리	03 관련기관과의 업무협력
		DOC:산출물 관리	01 산출물관리 방안
		SCH: 일정관리	01 일정계획
			02 안정화 일정계획
		SCO: 요구사항 관리	01 요구사항 관리
		RIS: 위험관리	01 위험관리 방안
		COM: 의사소통 관리	01 정기보고
			02 수시보고
			03 관련기관과의 업무협력
		DOC:산출물 관리	01 산출물관리 방안
		QAL: 품질관리	01 품질보증활동
			02 DB품질수준 목표 적정성
			03 DB 단계별 품질검증 절차의 구체성 및 적정성
			04 콘텐츠 품질 확보를 위한 전문가 검토의견 수렴
		ORM: 사업자와 유기적 관계유지	01 검수 및 검사
	SEC: 보안관리	HSE: 인력보안관리	01 참여인력 보안서약 및 책임
			02 신원조사
		MSE: 관리적 보안관리	02 정보보안 계획 수립 및 실행
		PSE: 물리적보안관리	01 외부 PC 반입
			02 침해사고 예방대책
			03 사업관련 자료 보안방안
			04 시건 장치

■ 작성 시 유의 사항

최근 소프트웨어 관련 법·제도가 강화됨에 따라 프로젝트 관리 시 투입인력 관리를 전면 금지하고 있으며, 개발 원격지 활성화로 인한 작업장소 상호협의 요구 등으로 인해 프로젝트 관리 요구사항의 기술을 명확히 한다.

<소프트웨어 법제도 준수사항>

① 사업관리 시 투입인력 관리 금지강화

- 소프트웨어 개발비, 재개발비 등에 대한 사업 대가를 기능점수로 산정한 경우, 제안요청서에서 투입인력의 수 및 인적 사항, 투입 기간 등을 요구할 수 없음
- 적용 예외: 투입공수 방식의 사업(컨설팅, DB 구축, 디지털 콘텐츠 개발 서비스, SW 운영

사업 등), 상용 SW 구매-유지관리, 시스템 운영환경 구축사업 등

　　*「소프트웨어사업 관리감독에 관한 일반기준」(과학기술정보통신부 고시, 20.8.19시행)

　　제7조(제안요청서 준비), 제9조(공급자관리) 참조

② 원격지 개발 활성화

　• 작업장소 등의 상호협의 결정 및 작업장소에 관한 보안 요구사항을 명시(공급자가

　　요구사항을 준수, 작업장소를 제시하는 경우 검토)

　*「행정기관 및 공공기관 정보시스템 구축·운영 지침」(행정안전부 고시) 제41조 용역

　　계약일반조건(기획재정부 계약예규) 제52 참조

③ 사업관리

　• 분리발주 시 분리발주 사업자와의 구체적인 협력 방안 제시

　• 전자정부지원사업의 경우, 「전자정부지원사업 사업관리방안」 준수

<표 67> 프로젝트 관리 요구사항 – 프로젝트 관리 작성 사례

요구사항 분류		프로젝트 관리 요구사항(PMR, Project Management Requirement)
요구사항 고유번호		PMR-001
요구사항 명칭		프로젝트 관리
요구사항 상세설명	정의	성공적인 사업을 위한 방법론 제시
	세부내용	• 본 사업의 체계적 관리를 위한 관리방법론을 제시하여야 함 　- 제시된 방법론은 일정, 위험관리, 품질관리, 변경관리, 산출물 등에 대한 관리방안을 포함해야 함 　- 방법론의 절차, 도구, 산출물 등의 구체적인 방안이 제시되어야 함 • 개발방법론은 공사가 제시하는 SW 개발관리 표준가이드를 적용해야 함 　- 기존 아키텍처 구조와 유사한 구조로 개발을 수행하여 유지관리에 무리가 없도록 하여야 함 　- 개발이 체계적으로 추진되도록 각 개발 단계별 활용할 도구(분석 및 설계 도구, 개발도구 등)와 기법의 적정성을 제시하여야 함 • 진행 상황을 보고하여 관리할 수 있는 방안을 제시하여야 함 　- 사업 진행에 대한 업무 내용, 진척사항, 기타 특기사항을 주간, 월간 단위로 작성하여 제출하여야 함 　- 단계별로 프로젝트 관련 산출물을 제출하여야 함 　- 주간 및 월간 보고 회의는 발주기관과 협의하여 실시함 　- 원활한 사업추진을 위해 필요시 비정기적인 보고 요청에 대응해야 하고 주요 사항에 대해서는 즉시 보고해야 함
산출정보		
관련요구사항		
요구사항 출처		

11) 프로젝트 지원 요구사항(Project Support Requirement)

■ 프로젝트 지원 요구사항 개요

　프로젝트 지원 요구사항은 프로젝트의 원활한 수행을 위해 필요로 하는 지원사항, 지원
방안에 대한 요구사항을 기술한 것이다. 시스템의 운용조건과 목표시스템의 정상 운영을

152

위한 조직적·제도적 운영관리 대책 등이다.

목표하는 시스템의 정상 운영을 위하여 시스템/서비스 안정화, 시스템 운영, 교육 훈련, 기술지원, 하자보수, 유지관리 요구사항, 기타 작업장소 등을 구체적으로 제시한다. 또한 목표시스템의 관리·운영 기관 조직과 해당 조직의 역할과 책임, 기타 제도적인 운영관리 대책을 기술한다. 특히, 작업장소 제공 여부, 강사 조달 주체, 비용 부담 여부 등은 제안가격에 영향을 미치는 요소인 만큼, 제안요청서에 그 주체를 명확히 하여 향후 분쟁이 없도록 한다.

■ 작성 원칙 및 기준

<표 68>과 같이 프로젝트 지원 요구사항 필수 작성 요건 및 기술 방법에 따라 프로젝트 지원 요구사항은 교육지원, 기술지원, 유지보수 등을 작성한다. 필수요건별로 사업수행에 필요한 요건을 도출한 뒤 세부 요구사항을 명확히 제시한다.

<표 68> 프로젝트 지원 요구사항 필수 작성 요건 및 기술 방법

구분	기술내용
교육지원 요건	• 개발 시스템에 대한 사용자, 관리자 등 시스템의 이용 대상자별 교육내용, 교육기간, 인원, 횟수, 교육방법 등을 제시
기술지원 요건	• 기술 매뉴얼, 헬프데스크 등 기술지원이 필요한 사항을 도출하여 제안사가 기술지원에 대한 구체적인 계획 및 방안을 제기
유지보수 요건	• 목표시스템의 하드웨어 및 소프트웨어의 유지보수 활동을 위한 업무처리 등 관련사항을 제시 ① 상용 소프트웨어 구매인 경우, 소프트웨어 임치(컴퓨터 프로그램 보호법 제20조의2) 신청 등 향후 안정적인 유지보수에 필요한 제반사항 명시 ② 하자 발생 시 시스템통합사업자와 소프트웨어 공급자에게 동시에 문제 해결을 요청할 수 있음을 명시하고, 하자담보 책임기간 및 기간 내에 수행해야 하는 하자보수 업무, 장애발생시 장애 조치 및 하자보수 요원 대응시간 등 구축된 시스템의 하자보수 활동을 위한 지원범위, 지원방법, 지원인원 등 명시
기타요건	• 기타 프로젝트 지원 요구사항 기술- 웹 접근성 점검, 개인정보 보호 점검 등

■ PMO 점검항목

시스템 안정화 및 운영에 대한 요구사항 작성 시에는 하자담보 책임 기간, 기간 내에 수행해야 하는 유지관리 업무, 장애 발생 시 장애 조치 및 하자보수 요원 대응시간 등 시스템 운영환경의 하드웨어, 소프트웨어, 네트워크의 하자·유지관리 활동을 위한 지원 범위, 지원 방법, 지원 인원 등의 조건을 고려하여 명시한다. 또한 교육지원에 관련하여 목표시스템의 시스템 이용 대상자(사용자, 관리자, 운용자 등), 교육내용, 교육 시행계획(기간, 인원, 횟수, 교육장 소재지 등), 강사 조달 주체, 비용 부담 여부, 온라인 대체가능 여부 등을 구체적으로 명확하게 제시한다. 그리고 목표시스템과 관련하여 기술지원 대상 범위, 기술지원 내용 및 수준, 기술 매뉴얼, 헬프데스크 등 기술지원이 필요한 사항에 관한 내용을 기술하여 제안사가 기술지원에 대한 구체적인 계획을 제시한다.

PMO는 프로젝트 지원 요구사항 기술 시 <표 69>와 같이 프로젝트 지원 요구사항 유형 및 작성 항목에 따라 반영/누락 여부를 점검한다.

<표 69> 프로젝트 지원 요구사항 유형 및 작성 항목

Level1	Level2	Level3	Level4
PMR: 프로젝트 지원 요구사항	STA: 시스템안정화	STA: 시스템안정화	01 안정화 활동
	DEF: 하자보수	DEF: 하자보수	01 하자보수 일반
	OPR: 시스템 운영	OPR: 시스템 운영	01 운영일반
	EDT: 교육 및 기술이전	EDU: 교육요구사항	01 교육 일반사항
			02 도입 제품에 대한 교육
			03 교육자료 제작
		TTR: 기술이전요구사항	01 기술이전방안
	SSR: 서비스 지원 요구사항	PIA: 개인정보영향평가	01 개인정보영향평가 수행
		VLS: 취약점 점검	01 취약점 점검
		SEC: 시큐어코딩 점검	01 시큐어코딩 점검
		HAK: 모의해킹	01 모의해킹 수행
		ACC: 웹 접근성 인증	01 웹 접근성 인증
		EAD: EAMS 현행화	01 EAMS 현행화
		SUP: 홍보 및 행사지원	01 세미나 및 워크숍
		MIG: 이전설치 지원	01 이전 설치
			02 이전 미처리 범칙금

■ 작성 시 유의 사항
• 교육지원 사항, 기술지원 사항 외에 프로젝트 추진에 직접적으로 관여되는 일정 및 조직에 대한 요구사항 등은 프로젝트 지원 요구사항이 아닌 프로젝트 관리 요구사항에 포함됨을 유의할 것
• 제안가격에 영향을 주는 요소인 작업장소 제공 여부, 강사 조달 주체, 비용 부담 여부 등을 기술할 시에는 제안요청서에 그 주체를 명확히 고려하여 필수적으로 명시

요구사항 분류		프로젝트 지원 요구사항(PSR, Project Support Requirement)
요구사항 고유번호		PSR-004
요구사항 명칭		기술이전 지원
요구사항 상세설명	정의	구축사업 결과에 대한 기술이전 및 기술지원
	세부내용	• 프로젝트 수행과정과 관련된 필요한 기술이전 대상에 대한 목록과 기술이전 방법을 제시하여야 함 - 시스템 개발 및 운영에 필요한 내용으로 시스템의 운영, 감시 및 보안, 비상복구 방법 등 시스템 구성방법 및 장애 대처 방법, 기타 운영에 관한 사항 등 시스템 운영직원의 자체유지보수 능력 배양을 위한 기술이전 계획을 제시하여야 함 • 프로젝트 단계별 기술이전 목표 및 담당자별 역할 기술 • 각 항목별 기술이전 목적, 내용, 대상을 지정하여 범위를 정함 - 시스템, HW, 제안사, 코트라 담당자, 코트라 IT 담당자 - 유지보수 능력 및 장애 대처 능력 확보 기반의 기술이전 범위 확정 - 프로젝트 단계별 실시 될 기술이전 항목에 대한 나열 • 효율적인 기술이전을 위한 기술이전 절차 제시 • 시스템 운영 및 유지보수 등을 시스템 운용자가 수행할 수 있도록 기술 전수를 실시하여야 함 • 제안사는 금번 도입되는 시스템 등 관련 분야의 정보기술에 대한 지속적인 정보제공 및 기술자문에 응해야 함
산출정보		기술이전계획서
관련요구사항		
요구사항 출처		

12) 유지관리 수행 요구사항(Maintenance Project Requirement)

■ 유지관리 수행 요구사항 개요

유지관리 수행 요구사항은 서비스 지원 범위 중에서 외부 업체에 위탁하는 서비스 대상 업무에 대한 정보를 구체적으로 제시하고, 대상업무별 유지관리 방법 등을 기술한 것이다. 또한 시스템 유지관리 사업에 한정되는 요구사항으로써, 외부 업체에 위탁하는 대상업무 정보를 구체적으로 제시하고, 업무별 유지관리 수행 활동에 대한 요구사항을 상세하고 명확하게 정의하는 것이 중요하다.

■ 작성 원칙 및 기준

유지관리 수행 요구사항 작성을 위해서는 유지관리 대상의 범위를 도출하고, 대상별 유지관리 필요 내용에 따라 유지관리 수행 요구사항을 제시한다. 유지관리 대상은 정보시스템, 하드웨어, 소프트웨어, 네트워크, 사무자동화(OA) 및 사무지원 기기 등이다. 한편 유지관리 수행 요구사항으로는 <그림 39>와 같이 장애관리, 변경 관리, 성능관리, 백업/복구, 운영 상황 모니터링 등을 작성한다. 특히 유지관리 수행 요구사항은 사업종료 후 검사 시에 이행 여부를 확인하지 않는 경우가 종종 있으나, 이 또한 사업 내의 과업 범위이므로 명확하게 요구사항을 정의하여 이행 여부를 확인하도록 한다.

<그림 39> 유지관리 수행 대상 및 요구사항 유형

■ PMO 점검항목

정보시스템 및 HW 장비에 대한 유지관리 수행 요구사항은 업무수행에 대한 영향도, 중요도가 높다. 실질적으로 서비스 수준을 가장 쉽게 체감할 수 있는 영역으로 최적화를 위한 활동을 중심으로 요구사항을 제시한다. SW의 경우 다수는 최종사용자들에게 배포하여 활용하는 특성이 있다. 따라서 라이선스 관리, 설치지원 등 유지관리에 대한 요구사항을 명확히 하고 구체적으로 제시한다. OA 및 사무지원 기기의 경우는 발주기관의 업무규정에 따라 정보화 자산에 대한 포함 여부가 다를 수 있다. 따라서 이를 먼저 확인하고 요구사항을 제시한다.

또한 유지관리 사업은 보통 1년에서 3년 단위로 계약이 이루어지며, 개발 프로젝트와 달리 연중 상시적, 일시적으로 발생하는 업무로 진행되기 때문에 어떻게 요구사항을 관리하고 측정, 보고할 것인지에 대해 명확하게 정의한다. PMO는 유지관리 수행 요구사항 기술 시 <표 71>과 같이 유지관리 수행 요구사항 유형 및 작성 항목에 따라 반영/누락 어부를 점검한다.

< 표 71> 유지관리 수행 요구사항 유형 및 작성 항목

Level1	Level2	Level3	Level4
MPR: 유지관리 수행 요구사항	PAM: 기획 및 행정관리	STA: 운영 및 유지보수 대상	01 유지보수 대상 장비
			02 장비별 유지보수 범위
		GNM: 지침 및 방안 제시	01 지침 제시
			02 방안 제시
	HLD: 서비스 데스크	HDH: 서비스데스크 운영인원	01 서비스 데스크 운영인원
		HDT: 서비스데스크 운영시간	01 서비스데스크 운영시간
		HDP: 서비스데스크 운영장소	01 서비스데스크 운영장소
		HDO: 서비스데스크 운영방안	01 서비스 데스크 운영방안
	CND: 변경 및 장애관리	DSM: 장애관리	01 장애복구 시간
			02 장애관리 방안
		SRP: SR처리	01 SR 처리 대상
			02 SR 처리 방안
		TRI: 이전설치	01 이전설치 대상
			02 이전설치 기간
			03 이전설치 방안
	USM:사용자 지원관리	OPS: 운영지원	01 운영지원 대상
			02 운영지원 방안
		UST: 사용자 교육	01 사용자 교육장소
			02 사용자 교육방안
	PNC: 성능 및 구성관리	PRM: 성능관리	01 성능관리
		CPM: 구성관리	01 구성관리
	FSM: 시설물 및 보안관리	PRI: 예방점검	01 정기점검
			02 수시점검
		SCM: 보안관리	01 보안관리
			02 정보보호 업무 지원
			03 재해복구 관리

■ 작성 시 유의 사항

· 유지관리 수행 요구사항은 명확한 유지관리 및 대상 범위 정의 필요

· 사업종료 후 검사 시 이행 여부를 확인하지 않는 경우가 있으나 이 또한 사업의 과업 범위이므로 명확하게 요구사항을 정의하고 이행 여부를 확인

· 특히 기술지원 내용에 대해서는 관련 산출물을 명확하게 제시

<표 72> 유지관리 수행 요구사항 – 시스템 운영 작성 사례

요구사항 분류		유지관리 수행 요구사항(MPR, Maintenance Project Requirement)
요구사항 고유번호		MPR-01
요구사항 명칭		시스템 운영
요구사항 상세설명	정의	시스템을 유지관리하기 위한 사항
	세부내용	• 유지관리 대상별 유지관리 범위로 기재한 사항은 본 사업비에 모두 포함된 사항이며 본 사업 추진 시 사업비 외의 추가비용은 별도로 명시하여 제안 - 유지관리 사업의 범위와 서비스 수준은 공사와 협의 - 계약초기에 전체 투입일정 및 인력에 대해 공사와 협의 • 유지관리 대상 중 미사용 등의 사유로 유지관리 대상에서 제외되는 경우 그에 상응하는 대체업무를 상호협의 하여 지정할 수 있음. 절차는 발주기관 내부 규정에 의거하여 처리함 • 시스템 관련 모든 시스템(인프라 제외 – 인프라는 발주기관 별도의 ITO에서 유지관리)의 유지관리 - 시스템 성능개선 - 서비스 무중단을 위한 운영 - 성능분석, 부하테스트 등을 통한 성능 최적화 - 환경설정, 장애관리, DB 전체 등 유지관리 - 오류사항 개선을 위한 상시 모니터링 및 장애예방, 처리 활동 - 자원의 효율적 활용을 위한 서버 및 DB 정비 - 기능개선을 위한 형상관리 - 장비교체 사유발생시 이관작업
산출정보		유지관리 수행계획서, 장애처리내역서, 시스템 변경내역서, 결과보고서, 장애대응매뉴얼
관련요구사항		
요구사항 출처		

13) 유지관리 인력 요구사항(Maintenance Human Requirement)

■ 유지관리 인력 요구사항 개요

유지관리 인력 요구사항은 유지관리 수행 요구사항 충족을 위해 필요한 유지관리 운영 인력 체계와 관리 방안에 대한 요구사항이다. 유지관리 업무는 투입되는 인력에 의해 서비스 품질과 수준 차이가 발생할 수 있다. 따라서 각 서비스 영역별로 적합한 자격 요구사항에 대한 기준을 제시하고, 그 조건에 맞는 인력이 투입될 수 있도록 한다. 유지관리 인력 요구사항은 투입공수 방식으로 산정한 시스템 유지관리 사업에 한정되는 요구로써, 사전에 고객 서비스 요청(CSR:Customer Service Request)의 세부 내용 예측이 어려우므로 유지관리 범위와 서비스를 고려하여 적정한 요구사항을 도출하는 게 중요하다.

■ 작성 원칙 및 기준

유지관리 사업은 통상적으로 사전에 기업의 사회적 책임(CSR: Corporate Social Responsibility)에 처리 건수 등을 예측하기 어려우므로, 유지관리 범위와 서비스를 고려하여

적정한 인력과 투입인력 자격조건에 대한 요구사항을 도출한다. 한편 유지관리 인력 요구사항으로는 <표 73>과 같이 투입공수, 투입인력 자격 기준, 유지관리 운영인력 등을 기술한다.

<표 73> 유지관리 인력 요구사항 필수 작성 요건 및 기술 방법

구분	기술내용
투입공수	• 현황분석을 통해 각 서비스별로 계약되어 있는 인력과 실제 업무에 투입되고 있는 인력 조사를 통해 적정 인력규모 도출 • 유지관리 서비스 영역별로 요구사항에 상세하게 기술
투입인력 자격기준	• 유지관리 업무는 투입되는 인력에 의해 서비스 품질과 수준의 차이가 발생할 수 있으므로 각 서비스 영역별로 적합한 자격 요구사항에 대해 기술 • 투입인력 검증을 위한 사업은 투입공수(MM) 방식으로 산정한 시스템 유지관리 사업에 한정* 「SW사업 계약 및 관리감독에 관한 지침」 제11조의3항 참조
유지관리 운영인력 관리	• 투입되는 인력 운영 및 관리체계에 대한 요구사항 도출 • 투입인력별 담당업무의 역할과 책임을 제시하고 인력교체, 근무조건, 투입인력 근무를 위한 집기 및 비품에 대한 지원사항 등에 요구사항 기술

■ PMO 점검항목

투입되는 인력의 운영 및 관리체계에 대한 요구사항을 도출, 투입 인력별 담당 업무와 역할과 책임을 제시하고, 인력교체, 근무조건, 투입인력 근무를 위한 집기 및 비품에 대한 지원사항 등의 요구사항을 기술한다.

<표 74> 유지관리 인력 요구사항 유형 및 작성 항목

Level1	Level2	Level3	Level4
MHR: 유지관리 인력 요구사항	ONM: 조직 및 인력	TMM: 투입공수	01 월별 총 투입인력
			02 업무별 투입인력(월별)
			03 투입공수 별도 사항
		MQS: 투입인력 자격기준	01 투입인력 자격기준 일반사항
			02 투입인력 자격 세부사항
			03 투입인력 관련 제출서류
		MCH: 투입인력 변경	01 투입인력 변경 조건
			02 인수인계 사항
			03 투입인력 변경 요구사항
	WMM: 인력관리	WKS: 근무기준	01 상주인력 근무시간
			02 상주인력 근무장소
		VCS: 휴가기준	01 휴가 기준
		EMC: 비상연락망	01 비상연락망

PMO는 유지관리 인력 요구사항 기술 시 <표 75>와 같이 유지관리 인력 요구사항 유형 및 작성 항목에 따라 반영/누락 여부를 점검한다.

■ 작성 시 유의 사항
- 사전에 예측이 어려운 시스템 유지관리 사업의 특성상, 유지관리 범위와 서비스를 고려하여 적정한 인원과 투입인력 자격요건에 대한 요구사항을 상세하게 제시
- 투입공수로 산정한 유지관리 인력의 수는 서비스별로 계약되어있는 인력과 실제 업무에 투입되고 있는 인력을 조사하여 제시함
- 현재 투입인력이 적정하지 않다고 판단되는 경우 향후 제공해야 할 서비스에 대한 정보를 구체화하여 제시하고 제안 업체가 적정인력을 산정하도록 하는 방안도 제시
- 투입되는 인력의 검증을 위한 이력 사항, 자격증, 경력증명서 등에 대한 요구사항을 제시하되, 사업수행에 불필요한 학력 요구사항은 삭제

<표 75> 유지관리 인력 요구사항 – 사업수행조직 및 인력관리 작성 사례

요구사항 분류		유지관리 인력 요구사항(MHR, Maintenance Human Requirement)	
요구사항 고유번호		MHR-01	
요구사항 명칭		사업수행조직 및 인력관리	
요구사항 상세설명	정의	분야별 적정인력 투입	
	세부내용	• 원활하고 안정적인 유지관리를 위하여 사업관리자(PM) 및 유지관리 참여인력은 투입일 기준 수행업체 주관 사업자 소속이어야 함 • 사업자는 계약체결 후 PM 또는 부분별 사업수행관리자(PL)을 임명하여 책임 수행하도록 하며, PM 및 PL은 본 사업의 수행기간 동안 특별한 사유가 없는 한 인력교체를 삼가며, 불가피한 사유로 교체될 때는 서비스 안정화 및 품질저하 방지대책을 제시해야함 • 분야별 투입인력은 아래표의 업무를 수행하는데 적합해야 함 - 투입인력은 주요업무에 대해 수행경험이 있어야 함	

구분	주요 업무	
PM	• 사업관리 및 감리대응	
서버운영	• 데이터 수집 및 처리운영 • 연계 데이터 유지관리 • 데이터 처리 서버 유지관리	
웹 유지관리	• 외부 포털 운영 • 포털서비스 WAS유지관리	• 콘텐츠 갱신 및 기능개선 • 성능점검 및 기능개선
분석 서비스 운영	• 분석모델 운영 및 튜닝 • 분석 파이프라인 유지관리 • 모델 재훈련 및 검증	
데이터 품질관리	• 주요 데이터 관리 및 정제	

요구사항 분류		유지관리 인력 요구사항(MHR, Maintenance Human Requirement)
요구사항 상세설명	세부내용	• 본 유지관리의 전담인력(상주)는 1명이상으로 하고, 각 분야별 인원은 사업수행을 위하여 적합하게 구성하고 상호협의해야 함 • 시스템 운영 및 유지관리를 위해 본 용역 수행에 필요한 투입인력은 제반 지식과 경험이 있어야 함 • 상주인력이 부득이하게 교체되는 경우 동급 이상의 대체 인력을 투입하고, 최소 2주일 이상의 업무 인수인계 기간을 두어 인력 교체로 인한 서비스 품질저하 및 업무 혼란을 최소화하여야 함 • 발주기관 사업 감독관은 투입된 인력이 업무 수행에 적합한 능력을 갖추고 있지 않다고 판단될 경우 계약상대자에게 교체를 요구할 수 있음
산출정보		사업수행계획서, 인력투입계획서
관련요구사항		
요구사항 출처		

14) 컨설팅 요구사항(Consulting Requirement)

■ 컨설팅 요구사항 개요

컨설팅 요구사항은 업무 효율성과 생산성을 높이기 위한 정보시스템 구축, 업무 프로세스 개선방안 등의 도출을 위한 요구사항을 기술하는 것이다. 컨설팅 유형의 사업에는 정보시스템 도입을 위한 기획(ISP), 정보시스템 마스터플랜 용역(ISMP), 정보시스템 PMO 용역 등이 있다. 이러한 컨설팅 유형 사업의 경우 고유의 방법론에 따라 프로젝트가 수행되며, 결과는 컨설팅보고서로 제출되는 특성이 있다.

■ 작성 원칙 및 기준

컨설팅 사업별 고유 방법론에 따라 수행되는 업무를 정의하여 제시하고, 이를 중심으로 요구사항을 도출하여 명확히 기술하도록 한다. 한편 컨설팅 요구사항으로는 <표 76>과 같이 컨설팅 요구사항 필수 작성 요건 및 기술 방법에 따라 내외부 환경분석, 업무 현황분석, 비전 및 전략 도출, 목표 모델설계 및 과제 도출, 과제별 실행방안 등을 기술한다.

<표 76> 컨설팅 요구사항 필수 작성 요건 및 기술 방법

구분	기술내용
내외부 환경분석	• 환경 분석을 위해 발주기관의 현황에 대한 명확한 파악방안 기술 • 분석방법 및 전략, 도구에 대한 요구사항을 구체적으로 제시
업무 현황분석	• 업무 현황분석의 영역을 제시 • 영역별로 분석에 대한 관점과 내용을 설명 • 제안사가 수행해야할 과업을 구체적으로 정의

구분	기술내용
비전 및 전략도출	• 비전 및 전략 도출 과정에 대한 단계와 이에 따른 산출물 예시를 제시
목표모델 설계 및 과제 도출	• 발주기관의 목표 및 전략에 부합하는 정보화 전략계획 및 목표 수립, 전략과제가 도출되도록 기술 • 핵심적으로 수행되어야 할 전략 과제를 요약하여 작성
과제별 실행방안	• 전략 과제 실행 시점을 정의하기 위해 필요한 과제 정의에 대한 범위를 요구사항에서 제시 • 중점 추진 과제의 요구사항을 가능한 상세하게 정의

■ PMO 점검항목

컨설팅 요구사항은 업무 효율성과 생산성을 높이기 위한 정보시스템 구축, 업무 프로세스 개선방안 등을 도출하기 위한 요구사항을 기술하는 것이다. 따라서 PMO는 컨설팅 요구사항 기술 시 <표 77>과 같이 컨설팅 요구사항 유형 및 작성 항목에 따라 반영/누락 여부를 점검한다.

<표 77> 컨설팅 요구사항 유형 및 작성 항목

Level1	Level2	Level3	Level4
CNR: 컨설팅 요구사항	ISP: ISP/BPR	ENV: 환경분석	01 법령·제도 현황분석
			02 경영환경 분석
			03 업무환경 분석
			04 정보기술환경 분석
		STA: 현황분석	01 IT조직분석
			02 업무프로세스 분석
			03 IT인프라 분석
		WOR: 개선과제 도출	01 개선과제 도출
			02 벤치마킹
			03 갭(Gap) 분석
		TOP: 목표모델 설계	01 정보화 전략 수립
			02 정보관리체계 수립
		PLN: 개선계획 수립	01 정보시스템 개선계획
			02 통합 실행계획
		ACT: 실행계획 수립	01 사업계획 수립
			02 사업 제안요청서 작성

■ 작성 시 유의 사항

• 컨설팅 요구사항의 상세화 시에는 먼저 어떤 유형의 컨설팅 사업인지에 대하여 정의하며, 다양한 컨설팅 사업의 유형과 해당 사업의 목적에 따라 상세하게 기술

- 사업의 유형별 고유의 방법론에 따라 수행되는 업무를 중심으로 요구사항을 구체적으로 도출
- 벤치마킹을 요구한다면 구체적 사이트 또는 대상을 몇 개로 하는지 등을 명확하게 기술함

<표 78> 컨설팅 요구사항 – 사업 추진 실행계획 수립 작성 사례

요구사항 분류		컨설팅 요구사항(CSR, Consulting Service Requirement)
요구사항 고유번호		CSR-011
요구사항 명칭		사업 추진 실행계획 수립
요구사항 상세설명	정의	중장기 정보화사업 추진 실행계획 수립
	세부내용	• 중장기 정보화사업 추진을 위한 중장기 로드맵 작성 • 중장기 정보화 전략의 이행 및 운영을 위한 단계적이고 세부적인 실행계획 수립 - 단계별 이행과제 정의, 선후관계 제시 - 단계별 이행계획이 포함된 정보시스템 구축 및 통합 이행 로드맵 기술 • 이행과제 별 소요자원 산정 - 수행사업, 인프라, PMO, 감리 등 사업수행 방안 및 예산 산정 - 정보시스템 개발, 고도화 과제의 경우 기능점수(FP)를 기준으로 세부 예산을 산정 - 정보인프라 도입 과제의 경우 통상적 시장 가격을 기준으로 하되, 가격 산출 근거(견적서)를 반드시 제시 해야 함 - 연차사업의 경우 각 연차별 소요예산을 별도로 산정 함 • 이행과제 추진에 따른 정성적, 정량적 효과 분석
산출정보		중장기 이행계획서
관련요구사항		
요구사항 출처		

15) 공사 요구사항(Engineering Requirement)

■ 공사 요구사항 개요

공사 요구사항은 공사 수행을 위한 시공 방안에 대하여 구체적으로 기술하는 것이다. 요구사항을 작성할 시에는 엔지니어링 공사 등에 대한 적용 법규를 검토하고 차이를 고려한다. 소프트웨어사업과 함께 전산실·상황실 등의 시설 구축이 필요한 경우 전기, 소방, 공조 등의 공사를 수행하게 된다. 공사의 종류로는 정보시스템(SW) 구축사업과 함께 추진하는 전산실 공사, 전기공사, 통신공사, 장비의 추가 등으로 인한 재배치 등의 사업이 있다.

■ 작성 원칙 및 기준

공사 요구사항 작성 시에는 공사의 종류와 단계, 검사 방법 등의 차이와 투입공수 수행

인력의 조건(면허 보유자 등) 등에 대하여 정의하여 제시한다. 전산실 공사, 전기·통신 등의 공사와 함께 장비의 추가 도입에 따른 재배치 등 또한 고려하여 상세하게 요구사항을 기술해야 한다. 한편 공사 요구사항은 <표 79>와 같이 공사 요구사항 필수 작성 요건 및 기술 방법에 따라 공사 대상, 공사 대상 수, 공사 고려사항 등을 기술한다.

<표 79> 공사 요구사항 필수 작성 요건 및 기술 방법

구분	기술내용
공사 대상	• 전산실, 통신회선실, IT서비스데스크, 전산운용실 등 공사 대상을 구체적으로 명시
공사 대상 수량	• 공사 대상의 수량에 대해서 제시
공사 고려사항	• 공사 시공방안 및 필요사항을 상세하게 기술 - (시설) 공간특성 및 운영 계획, 구조, 디자인 고려사항 등 - (장비) 운영계획, 설치장소, 상세 성능요건, 규격 등 - (수행) 공사 수행 시간, 방식, 제한 사항, 투입인력 조건 등 - (기타) 관련 법규 등

■ PMO 점검항목

발주기관은 공사 대상을 설정하고, 대상에 대한 공사가 전기공사인지, 인테리어 공사인지, 공조설비 공사인지, 소방 공사인지 등 공사 종류를 구분한다. 공사의 종류와 단계, 검사 방법 등의 차이 및 수행인력을 정의하여 상세하게 기술한다. PMO는 컨설팅 요구사항 기술 시 <표 80>과 같이 공사 요구사항 유형 및 작성 항목에 따라 반영/누락 여부를 점검한다.

<표 80> 공사 요구사항 유형 및 작성 항목

Level1	Level2	Level3	Level4
ENR: 공사 요구사항	ELE: 전기공사	DPC: 분전반 공사	01 분전반 공사
		LTC: 조명공사	01 조명공사
	INT: 인테리어 공사	AIC: 가설공사	01 가설공사
		DMC: 철거공사	01 철거공사
		FLC: 바닥공사	01 바닥공사
		WLC: 벽체공사	01 벽체공사
		WDC: 창호공사	01 창호공사
		CLC: 천정공사	01 천정공사
		DRC: 출입문 공사	01 출입문공사

Level1	Level2	Level3	Level4
ENR: 공사 요구사항	INT: 인테리어 공사	FRC: 가구공사	01 가구공사
ENR: 공사 요구사항	AIR: 공조 설비	THI: 항온항습기 설치	01 항온항습기 설치
		HCI: 냉난방 설치	01 냉난방 설치
		VNI: 환기시스템 설치	01 환기시스템 설치
	FIR: 소방공사	FXC: 소방설비	01 소방설비
		FXI: 소화기설치	01 소화기 설치

<표 81> 공사 요구사항 – 조명공사 작성 사례

요구사항 분류		공사 요구사항(ENR, Engineering Requirement)
요구사항 고유번호		ENR-001
요구사항 명칭		조명공사
요구사항 상세설명	정의	공사 수행을 위한 시공방안
	세부내용	• 공사 대상 - 관제 센터 • 대상 수량 - 1식 • 공사 고려사항 - 모든 등기구는 LED로 설치 - 모든 조명등은 각 실의 특성 및 인테리어 미관을 고려하여 설치 - 직접 및 간접 조명을 이용하여 통합 관제실, 회의실, 디자인에서 효율적인 공간을 연출할 수 있도록 설계 - 실내 조명은 미적, 조도, 그림자, 근무자를 종합적으로 분석하여 장시간 근무하는 장소를 고려하여 설계 - 통합관제실 영상품질 저하 방지하기 위한 간접 조명 설치 • 이행과제 추진에 따른 정성적, 정량적효과 분석
산출정보		시방서
관련요구사항		
요구사항 출처		

■ 작성 시 유의 사항

• 관련 법령에 따라 기준과 규격 및 면허 보유자에 의한 프로젝트 수행의 분리발주가 요구될 수 있으므로 이를 고려하여 요구사항을 정의

• SW 사업내용이 포함되지 않은 단순 전산실 구축 공사는 관련 근거 법령(정보통신공사업법, 전기공사업법, 소방시설공사업법 등) 기준에 따라 별도로 진행

• 정보시스템 자원을 통합적으로 관리하여 운영관리 체계를 고도화·전문화하고, 장애 발생 시 신속한 복구·대응이 가능할 수 있도록 최적의 환경구성을 위해 요구사항

을 명확히 하고 상세하게 작성

- 전산실 공사, 전기·통신 등의 공사와 함께 장비의 추가 도입에 따른 재배치 등 또한 고려하여 상세하게 요구사항을 기술해야 할 필요가 있음
- 「정보통신공사업법」 제25조(도급의 분리)
- 「전기공사업법」 제11조(전기공사 및 시공 책임형 전기공사관리의 분리발주)
- 특히 공정과 단계 검사 방법 등의 차이 및 수행인력 등을 함께 정의하여 요구사항에 기술

2.1.1.4 사업 규모·대가·기간 산정

2.1.1.4.1 기능점수 개요

1) 정의

기능점수(FP: Function Point)는 애플리케이션 사용자에게 제공할 기능을 정량화하여 규모를 측정하는 방법이다. 기능점수는 1979년 미국 IBM의 앨버트(Allen J. Albert)가 제안한 것으로 개발자 중심의 물리적 접근방식에서 벗어나, 사용자 관점의 논리적 설계에 기반한 소프트웨어 개발 규모를 측정하기 위한 표준기법이다.

적용 범위는 소프트웨어 규모 및 유지관리 규모 산정, ITO 계약금 산정, 프로세스 개선 성과분석 등에 활용된다. 또한 품질비용 산정, 결함밀도와 결함 제거 효율성을 위한 품질수준 측정 그리고 과업 변경 크기 산정을 위한 요구사항 변경 영향도 분석에도 활용한다.

주요 특징으로는 소프트웨어 규모 측정을 '왜'가 아닌 '무엇'의 문제로 인식하여 개발자의 숙련도나 활용 기술과 무관하게 개발 규모를 측정할 수 있다. 국제표준 ISO/IEC 14143(FSM: Functional Size Measurement)는 소프트웨어 규모 산정 방법으로 시스템의 생명주기(기획에서 폐기까지) 전 단계에서 적용한다.

2) 기능과 기능점수의 관계

기능점수를 활용한 SW 규모 측정 시 가장 중요한 핵심 용어인 기능·기능 수·기능점수에 대한 의미를 알아야 기능점수를 제대로 측정할 수 있다. <그림 40>은 기능·기능 수·기능점수의 상관관계를 설명하고 있다.

기능은 가장 작은 단위의 프로세스인 '단위 프로세스(Elementary Process)'를 말하고, 기능 수는 기능 요건을 충족하는 기능들의 누계를 의미한다. 기능점수는 기능 수에 기능별 복잡도 값을 반영한 국제표준 SW 규모 측정 단위이다.

기능 (Function)	• 사용자 관점의 논리적 설계에 기반한 SW 개발 규모 측정을 위한 업무의 단위를 의미함 • 일반적으로 '사용자 요구사항'과 유사한 의미로 사용되나, 사용자 요구사항은 사람마다 크기에 대한 정의가 천차만별로 SW규모 측정의 단위로는 부적합함 • 실세계의 모든 서비스는 'Process의 연결체'로 구성 • 따라서 가장 작은 단위의 프로세스인 '단위 프로세스(Elementary Process)'를 통상적으로 '기능'으로 정의

기능누계

기능 수 (Function Count)	• Function point 측정 범위에 포함된 '기능, 즉 단위프로세스' 요건을 충족하는 기능들의 누계를 말함 • 기능 수는 기능별 복잡도나 난이도 등 비기능적 특성을 고려하지 않음 • 단순한 기능 수 만으로는 합리적 SW규모를 측정할 수 없음

복잡도 반영

기능점수 (Function Point)	• 이론적인 개념은 '기능 수'에 기능별 복잡도 값을 반영한 국제표준(ISO/IEC 14143_FSM) SW규모 측정단위임 • 여기서 언급하는 복잡도는 비기능적 요구사항에 포함된 기능성, 신뢰성, 사용성, 효율성, 유지관리성, 이식성 등 품질 및 기술적 요구사항에 대한(보정계수)가 반영된 것이 아니라, 기능 요구사항에 근거한 규모 측정결과를 의미함

3) 기능점수와 LOC 차이점

<표 82>와 같이 기능점수와 LOC(Line of Code: 코드 라인수)는 관점, 적용 시점, 복잡도 평가, 국제표준, 고객과의 커뮤니케이션 등의 측면에서 상호 상반된 특징을 가지고 있다.

<표 82> 기능점수와 LOC 비교

비교 항목	기능점수	LOC(코드 라인수)
관점	What	How
	사용자 관점	기술자 관점
	논리적 관점	물리적 관점
적용시점	전체 수명주기	코딩 이후
복잡도평가	적용	미적용
국제표준	국제표준(ISO/IEC 14143_FSM)	-
고객과 커뮤니케이션	양호	미흡

4) 기능점수와 투입공수(MM) 차이점

<표 83>과 같이 기능점수와 투입공수의 경우, 측정 결과(비용)의 정확도와 산출 근거의 객관성 등에서 차이가 있다. 기능점수는 소프트웨어사업의 사이즈(Size) 측정 단위이고, 투입공수는 소프트웨어사업에 투입되는 공수(Effort) 측정 단위이다.

<표 83> 기능점수와 투입공수 비교

비교 항목	기능점수	LOC(코드 라인수)
산출시간	많음(논리기반 산출)	코딩 이후
산출비용	객관적 업무량 기준(근거 명확)	미적용
정확도(요건정의 후 기준)	+- 10%내외	+- 50% 이상

2.1.1.4.2 기능점수 측정유형 및 범위

1) 기능점수 적용 범위

기능점수 산정 가이드에는 다양한 대가산정 방법이 있다. 대가산정의 일반적 절차로는 <그림 41>과 같이 대가산정의 대상이 되는 사업유형 식별, 대가산정 시점 식별과 대가산정 모형 산정으로 나뉜다. 대가산정 시점 식별에서는 예산확보 단계인지, 사업발주 단계인지, 사후정산 단계인지 등을 살펴야 한다. 대가산정 시점 식별에서는 간이법, 상세법, 요율제, 투입공수 등 대가산정 모형을 선정한다.

<그림 41> 대가산정 절차 및 소프트웨어사업 유형의 관계

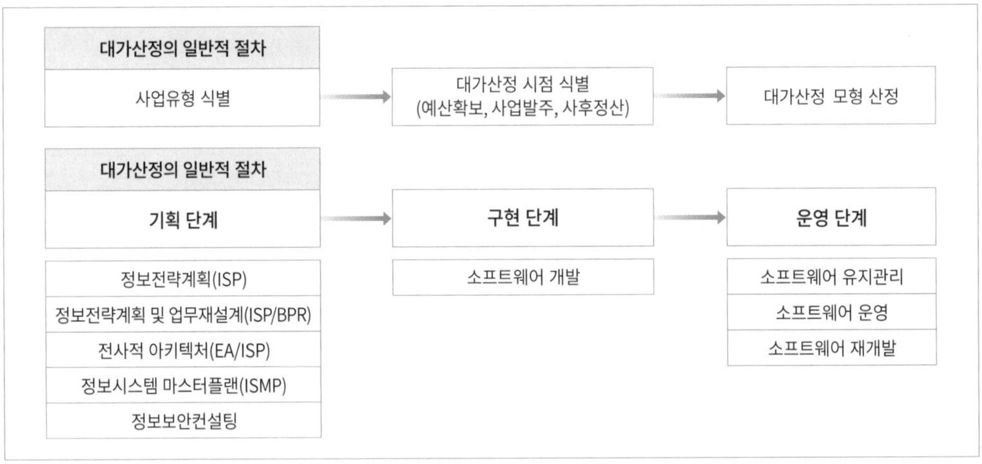

소프트웨어사업의 생명주기별 사업유형은 기획 단계에는 정보전략계획(ISP), 정보전략계획 및 업무재설계(ISP/BPR), 전사적 아키텍처(EA/ITA), 정보시스템 마스터플랜(ISMP), 정보보안 컨설팅 등이 있다. 구현단계는 소프트웨어 개발, 운영단계는 소프트웨어 유지관리, 소프트웨어 운영, 소프트웨어 재개발(고도화) 등이 있다.

2) 기능점수 산정방식

이런 소프트웨어 생명주기와 사업유형에 따라 적용하는 기능점수 산정방식으로는 <그림 42>와 같이 간이법, 상세법, 요율제, 투입공수 등이 있다.

<그림 42> SW 생명주기 및 사업유형에 따른 기능점수 산정방식

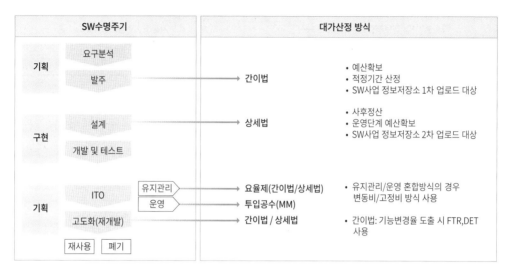

간이법은 기획의 발주단계에서 예산을 확보하고, 사업의 적정기간 산정을 위해 사용한다. SW사업 정보저장소 1차 업로드 대상이다. 간이법으로 산정된 기능점수는 SW 사업의 집행단계에서 산정되는 상세법(정통법)으로 산정된 기능점수와 차이가 날 수 있다. 상세법은 구현의 설계단계가 끝난 후 설계과정에서 산출된 단위 업무기능을 기준으로 사후정산과 운영단계 예산을 확보하기 위해서 산정한다. SW사업 정보저장소 2차 업로드 대상이다. 요율제는 유지관리 사업에서 그리고 투입공수 방식은 운영사업, ISP, ISMP 등 컨설팅 사업에서 주로 사용한다.

간이법과 상세법 방식은 <표 84>와 같이 적용 시점, 사용 목적 등에 차이점이 존재한다. 상세법은 기능 도출 후 기능의 유형별 복잡도를 고려하여 정확한 기능점수 산출이 가능하나, 관리항목이 많아지고 난이도가 높아짐에 따라 기능점수 산정 시 시간이 오래 소요되는 단점이 있다. 간이법은 기능의 복잡도를 판단하기 어려운 경우 기능유형별 평균복잡도를 적용하여 기능점수를 산정하는 방식으로 기능점수 정확도가 낮아 정확한 예산 및 사업기간 산정에 어려움이 있다.

<표 84> 간이법과 상세법 비교

구분	간이법	상세법(정통법)
설명	• 기능의 복잡도를 판단하기 어려운 경우 기능 유형별 평균복잡도를 적용하여 기능점수 산출 • 기획 및 발주 단계에서 사용(모든 SW 생명주기에서 적용 가능)	• 기능 도출 후 기능의 유형별 복잡도를 고려하여 정확한 기능점수를 산출
사용목적	• SW 사업 발주를 위한 예산확보 • 적정 사업기간 산정 • SW사업 정보저장소 1차 업로드 대상	• SW 사업에 대한 사후 정산 • 운영 단계 예산확보 • SW사업 정보저장소 2치 업로드 대상
고려사항	• 기능점수 측정 정확도가 낮아 정확한 예산 및 사업기간 산정이 어려움	• 관리항목이 많아지고 난이도가 높아짐 • 기능점수 산정 시간이 오래 소요됨

즉, 간이법과 상세법 방식은 기능유형별 복잡도 가중치를 적용하는 방식에서 차이가 난다. <그림 43>에서 보듯이 데이터 기능(ILF, EIF), 트랜잭션 기능(EI/EQ/EO/EQ) 등 식별은 같다. 그러나 상세법은 기능유형별 RET/FTR, DET를 고려하여 복잡도를 산출하나, 간이법은 평균복잡도만을 적용한다.

<그림 43> 간이법과 상세법 복잡도 반영 여부 비교

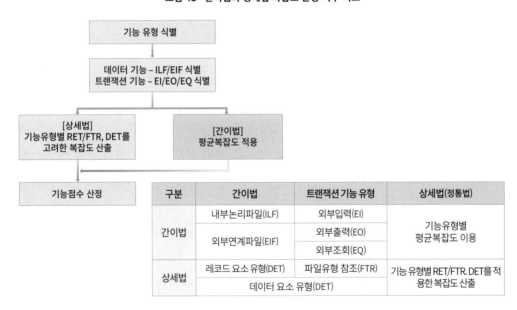

2.1.1.4.3 사용자 요구사항과 기능점수의 관계

기능점수는 사용자가 요구하고 인도받는 기능을 정량적으로 나타낸 국제표준 SW 규모 측정 단위로 <그림 44>와 같이 사용자 기능적 요구사항을 측정대상으로 한다. 사용자 기능적 요구사항은 프로세스 모델링과 데이터 모델링으로 나뉘며, 프로세스 모델링에서 나오는 프로그램(모듈)을 트랜잭션 기능이라 한다. 또한 데이터 모델링에서 나오는 테이블(파일)을 데이터 기능이라 한다. 한편 사용자 비기능적 요구사항은 SW 규모 측정대상이 아니며 생산성에 영향을 미치는 제약사항들, 복잡도, 신뢰성, 보안성, 상호운용성 등은 보정계수를 통해 값을 보정 한다.

<그림 44> 사용자 요구사항과 기능점수와의 관계

2.1.1.4.4 사용자 요구사항의 기능적 구성

<그림 45>와 같이 사용자 기능적 요구사항은 트랜잭션 기능과 데이터 기능으로 나눌 수 있고 각각 외부입력(EI: External Input), 외부출력(EO: External Output), 외부조회(EX: External Inquiry), 내부논리파일(ILF: Internal Logical File), 외부논리파일(ELF: External Logical File)로 구성된다. 트랜잭션 기능은 측정대상 애플리케이션에 들어오거나 나가는 사용자를 식별 가능한 데이터로 처리하는 기능이다. 데이터 기능은 측정대상 애플리케이션에서 생성되는 정보를 저장(ILF)하거나 측정대상 애플리케이션 외부에서 유지되지만 참조되는 정보(EIF)를 처리하는 기능이다.

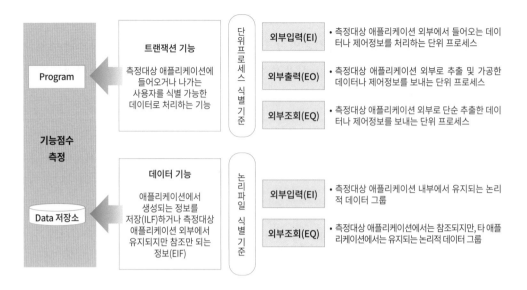

외부입력(EI)은 측정대상 애플리케이션 외부에서 들어오는 데이터나 제어정보를 처리하는 단위 프로세스이다. 등록, 수정, 삭제, 생성, 계산 등의 이벤트가 해당한다. 외부출력(EO)은 측정대상 애플리케이션 외부로 추출 및 가공한 데이터나 제어정보를 보내는 단위 프로세스다. 파일생성 등의 이벤트가 대표적이다. 외부조회(EQ)는 측정대상 애플리케이션 외부로 단순 추출한 데이터나 제어정보를 보내는 단위 프로세스이다. 출력 등의 이벤트가 해당한다. 내부논리파일(ILF)은 측정대상 애플리케이션 내부에서 유지되는 논리적 데이터 그룹(테이블/파일)이다. 외부연계파일(EIF)은 측정대상 애플리케이션에서는 참조만 되고, 타 애플리케이션에서 유지되는 논리적 데이터 그룹(테이블/파일)이다.

2.1.1.4.5 기능점수 용어 정의

1) 애플리케이션 경계와 단위 프로세스

기능점수 산정 시 애플리케이션 경계와 단위 프로세스를 정확히 인지하는 것이 중요하다. 경계가 모호하면 정확한 기능점수를 산정할 수 없다. <그림 46>처럼 애플리케이션 경계는 측정되는 소프트웨어와 사용자 사이의 경계로 업무 성격에서 명확한 차이가 나는 단위 업무다. 애플리케이션 경계를 기준으로 사용자에게 의미 있는 정보가 들어오기도 하고 나가기도 한다. 애플리케이션 경계 설정 예시는 인사업무, 외환업무, 고정자산업무 등이다. 단위 프로세스는 사용자에게 의미를 주는 최소 단위 활동을 말한다. 단위 프로세스는 반드시 자기 완결적(self-contained)이어야 하며, 측정대상 애플리케이션이 지원하는 비즈니스가 일관된 상태(무결성 확보)로 유지되어야 한다. 단위 프로세스(기능) 명칭 부여 기준은 업무 목적(what)과 행위(how)를 포함한다. 단위 프로세스의 예는 '직원 정보등록', '직원 정보수정', '직원 정보삭제', '직원 정보조회' 등이다.

<그림 46> 애플리케이션 경계와 단위 프로세스

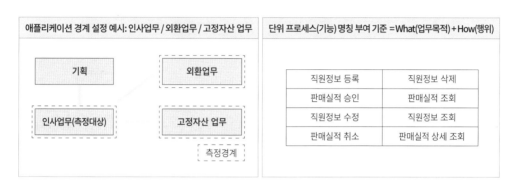

2) 사용자와 외부입력(EI)

사용자는 기능적 사용자 요구사항을 제시하는 사람 또는 언제 어디서나 소프트웨어와 의사소통을 하거나 상호작용을 하는 사람 또는 사물을 의미한다. 사용자는 사람, 타 시스템, 장비, 장치 등이 될 수 있다. EI는 기능적 애플리케이션 경계 밖에서 들어오는 데이터나 제어정보를 입력, 수정, 삭제하는 단위 프로세스이다. 주목적(Primary Intent)은 하나 이상의 ILF를 유지하거나 시스템의 동작을 변경시키는 것이다.

<그림 47> 사용자와 외부입력(EI)

3) 외부출력(EO)과 외부조회(EQ)

EO는 애플리케이션 경계 밖으로 데이터나 제어정보를 보내는 단위 프로세스다. 주목적은 데이터나 제어정보를 조회하여 사용자에게 제공한다. EO는 하나 이상의 계산식 포함, 파생 데이터 생성, ILF 갱신, 시스템 동작 변경 중에서 하나 이상의 조건을 반드시 충족해야 한다.

EQ는 애플리케이션 경계 밖으로 데이터나 정보를 보내는 단위 프로세스다. 주목적은 데이터나 제어정보를 조회하여 사용자에게 제공한다. EQ는 하나 이상의 계산식을 포함하지 않고, 파생 데이터를 생성하지 않으며, ILF를 갱신하지 않고, 시스템 동작 변경이 없어야 한다.

<그림 48> 외부출력(EO)과 외부조회(EQ)

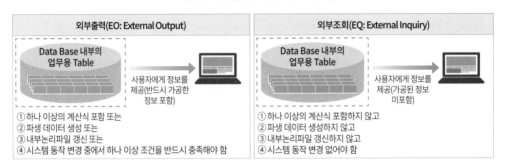

4) 내부논리파일(ILF)과 외부연계파일(EIF)

ILF는 사용자가 식별 가능한 논리적으로 연관된 데이터 그룹이나 제어정보로 애플리케이션 경계 내에서 유지관리되는 것이다. 반대로 ELF는 사용자가 식별 가능한 논리적으로 연관된 데이터 그룹이나 제어정보로 애플리케이션 경계 외부에서 유지관리되는 것이다. 내부논리파일과 외부논리파일의 차이점은 내부논리파일은 측정대상 애플리케이션 내부에서 유지되고, 외부연계파일은 측정대상 애플리케이션에서 참조만 되는 논리적 정보 그룹이다.

<그림 49> 내부논리파일(ILF)과 외부연계파일(EIF)

5) 참조파일유형(FTR)

참조파일유형(FTR: File Type Referenced)은 트랜잭션 기능에 의해 읽히거나 유지관리되는 ILF 또는 트랜잭션 기능에 의해 읽히기만 하는 EIF이다. 단위 프로세스에서 사용되는 논리 파일(ILF 또는 EIF)의 수를 의미한다. 이는 고도화 사업유형 측정 시 적용된다.

<그림 50> 참조파일유형(FTR)

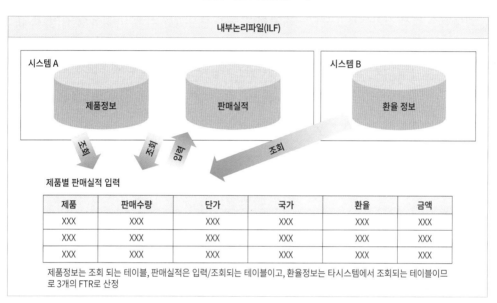

6) 데이터요소유형(DET)

데이터요소유형(DET: Data Element Type)은 사용자가 식별하고 반복되지 않는 유일한 필드 또는 속성이다. 데이터 기능은 사용자가 식별 가능한 논리적으로 연관된 데이터 그룹

<그림 51> 데이터요소유형(DET)

데이터 기능	트랜잭션 기능
사용자가 식별 가능한 논리적으로 연관된 데이터 그룹이나 제어 정보로 애플리케이션 경계내에서 유지관리되는 반복되지 않는 유일한 속성을 말한다(기술적 속성은 제외).	애플리케이션 경계를 넘나드는 사용자가 식별 가능하고 반복되지 않는 유일한 필드를 말한다.

사번	이름	주소	소속	직책	호봉	취미	생년월일	주민번호

업무속성 정보   기술적 속성 정보

< 직원정보 조회 >

사번	이름	부서	직위	직무
XXX	XXX	XXX	XXX	XXX
XXX	XXX	XXX	XXX	XXX

이나 제어정보로 애플리케이션 경계 내에서 유지·관리되는 반복되지 않는 유일한 속성이다. 트랜잭션 기능은 애플리케이션 경계를 넘나드는 사용자가 식별하고 반복되지 않는 유일한 필드를 말한다. 데이터요소유형은 고도화 사업유형 측정 시 적용한다.

2.1.1.4.6 기능점수 산정 절차

1) 기능점수 산정 절차 요약

기능점수 측정 절차는 <그림 52>와 같이 가능한 문서 모으기 및 측정유형 결정, 측정범위와 애플리케이션 경계 식별 및 기능적 사용자 요구식별, 데이터 기능계산, 트랜잭션 기능계산, 기능점수 규모 계산, 개발비 산정 그리고 보정계수 계산 등 7개 단계로 구성된다. 기능점수는 5단계인 기능 규모에서 측정된다. 또한 규모, 연계 복잡성 수준, 성능요구 준수, 운영환경 호환성, 보안성 수준의 5개의 보정계수를 적용한다.

<그림 52> 기능점수 산정 절차

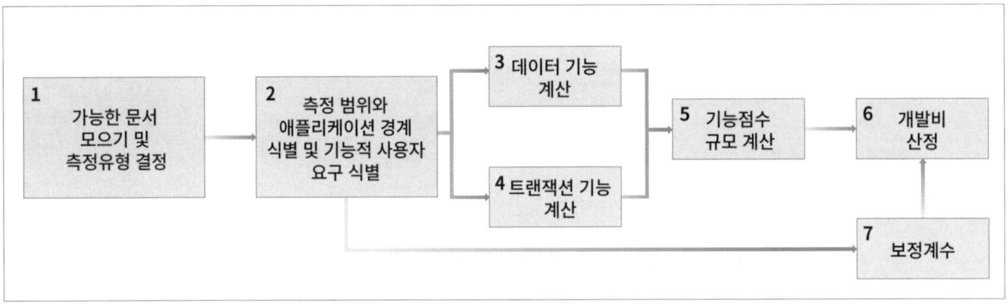

2) 1단계: 가능한 문서 모으기 및 측정유형 결정

가능한 문서 모으기 및 측정유형의 결정을 위해서는 첫째, 기능점수 산정 또는 검증에 활용할 수 있는 아래와 같은 모든 개발 관련 산출물을 수집한다.

- 제안요청서 내 요구사항 문서, 기능명세, 유스케이스
- 시스템 설계 문서
- ERD, 객체모델, 파일과 DB레이아웃(논리적이며 사용자 요구 필드가 식별되어야 함)
- 합의된 인터페이스 정의서
- 보고서 샘플, 온라인 화면, 사용자 인터페이스 등

- 측정대상 애플리케이션 전문가

- 사용자 매뉴얼

- 기타 개발산출물

둘째, 측정대상 시스템의 유형은 <표 85>와 같이 신규 개발, 고도화, 유지관리 및 운영 중에서 결정한다.

<표 85> 측정대상 시스템 유형

개발	• 신규개발 또는 Customized된 시스템 • 처음 설치된 애플리케이션을 통해 사용자에게 제공되는 기능 측정 • 초기의 애플리케이션 기능점수로 계산되는 기능과 데이터 컨버전을 위해 필요한 기능 포함 • 원점에서 시작하는 계산이 아니라 이전에 식별된 기능을 검증하여 기능을 추가하는 연속적인 기능점수 계산 • 프로젝트 개발 라이프 사이클 동안 계산
고도화	• 기존 시스템의 기능개선(추가, 갱신, 삭제 등) • 새로운 기능의 추가, 기존 기능의 삭제, 기존 기능의 변경을 포함하여 기존 애플리케이션의 수정을 통해 사용자에게 제공되는 기능
유지관리 및 운영	• 현재 운영중인 시스템의 규모 • 설치된 애플리케이션이 최종 사용자에게 제공하는 현재의 기능, 현재 활용되고 유지 관리되고 있는 애플리케이션의 기능점수 • 기준선(baseline) 또는 설치된 기능점수에 해당

셋째, 기능점수 유형에 따라 기능점수 측정은 <그림 53>과 같이 ① → ② → ③ → ④ → ⑤ -> ③순으로 측정한다.

<그림 53> 기능점수 측정유형 다이어그램

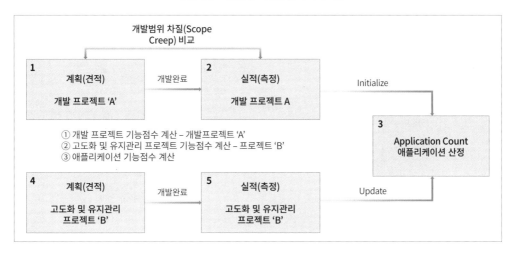

3) 2단계: 측정범위와 애플리케이션 경계 식별 및 기능적 사용자 요구식별

측정범위는 측정을 원하는 범위(사업 범위)를 뜻하고, 애플리케이션의 경계는 애플리케이션 사용자 사이의 경계를 구분하는 것을 의미(사용자 = 사람 또는 시스템)한다.

<그림 54> 측정범위 및 애플리케이션 경계의 정의

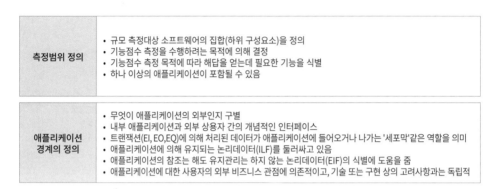

측정범위 정의	• 규모 측정대상 소프트웨어의 집합(하위 구성요소)을 정의 • 기능점수 측정을 수행하려는 목적에 의해 결정 • 기능점수 측정 목적에 따라 해답을 얻는데 필요한 기능을 식별 • 하나 이상의 애플리케이션이 포함될 수 있음
애플리케이션 경계의 정의	• 무엇이 애플리케이션의 외부인지 구별 • 내부 애플리케이션과 외부 상용자 간의 개념적인 인터페이스 • 트랜잭션(EI, EO,EQ)에 의해 처리된 데이터가 애플리케이션에 들어오거나 나가는 '세포막'같은 역할을 의미 • 애플리케이션에 의해 유지되는 논리데이터(ILF)를 둘러싸고 있음 • 애플리케이션의 참조는 해도 유지관리는 하지 않는 논리데이터(EIF)의 식별에 도움을 줌 • 애플리케이션에 대한 사용자의 외부 비즈니스 관점에 의존적이고, 기술 또는 구현 상의 고려사항과는 독립적

애플리케이션 경계 설정의 규칙은 <그림 55>처럼 첫째, 경계는 사용자 관점에서 기초하여 결정되는 것으로 그 초점은 사용자가 무엇을 이해하고 기술하는 것에 있다. 둘째, 관련 애플리케이션 간의 경계는 사용자가 보는 분리된 기능 영역에 기초하는 것이지 기술적 고려사항에 의한 것이 아니다. 셋째, 애플리케이션에 대해 이미 설정된 최초의 경계선은 측정범위에 의해 영향을 받지 않는다.

<그림 55> 애플리케이션 경계 설정의 규칙

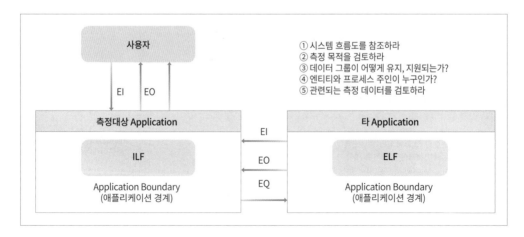

애플리케이션 경계는 보통 측정대상이 되는 애플리케이션 또는 프로젝트와 다른 애플리케이션과 사용자 영역 간의 경계를 나타낸다. 경계는 사용자의 업무 관점에 기초하여 결정하고 사용자가 이해/표현할 수 있는 근거로 기준 경계를 설정하되, 기술적인 관점은 고려되지 않는다. 프로젝트가 복수의 애플리케이션 영역에 걸친 경우는 애플리케이션 경계 단위로 기능점수를 측정하여 그 합계를 프로젝트 기능점수로 산정한다.

4) 3단계: 데이터 기능계산

데이터 기능 측정 단계에서는 첫째, ILF와 EIF를 식별하고 각각의 평균복잡도를 측정한다.

<그림 56> 내부논리파일(ILF)과 외부논리파일(EIF) 정의

내부논리파일 (ILF)	• 내부논리파일(ILF)은 사용자가 식별할 수 있는 논리적으로 연관된 데이터 그룹 또는 제어정보로 애플리케이션 경계 내부에서 유지 • 내부논리파일(ILF)의 주요 의도는 측정 대상 애플리케이션 하나 또는 그 이상의 단위 프로세스를 통하여 유지되는 데이터를 보관하는 데 있음 예) 인사시스템의 사원정보, 판매시스템의 판매실적 정보
외부연계파일 (EIF)	• 외부연계파일(EIF)은 사용자가 식별할 수 있는 논리적으로 연관된 데이터 그룹 또는 제어정보로, 다른 애플리케이션의 경계 내부에서 유지되고 측정대상 애플리케이션 참조 • 외부연계파일(EIF)의 주요 의도는 측정대상 애플리케이션 경계 내의 하나 또는 그 이상의 단위 프로세스를 통하여 참조된 데이터를 보관하는데 있음 예) 회계시스템에서 전표 작성자 또는 전표 승인자를 위해 참조되는 인사시스템의 사원정보

둘째, 데이터 기능으로 식별되기 위해서는 반드시 다음의 데이터 기능 식별 규칙을 충족하는 업무수행 과정에서 생성 또는 참조되는 논리적 데이터 그룹이어야 한다.

① 측정범위 내에서 논리적으로 관련되어 있고 사용자 식별 가능한 데이터나 제어정보를 식별함

② 어떤 애플리케이션에서도 유지 또는 참조되지 않는 엔티티는 제외함

③ 엔티티 속성이 있는 엔티티들은 관련된 엔티티와 묶음

※ 엔티티 독립성이 있는 엔티티들은 논리데이터 그룹으로 분리되어야 함

④ 코드 데이터로 언급된 엔티티들은 제외함

　- 대체용 데이터 엔티티(코드 + 코드명 속성)

　- 거의 변경이 없는, 하나 이상의 속성을 갖는 단일 레코드로 구성된 엔티티

　- 기본적으로 고정되거나 매우 드물게 변하는 데이터를 갖는 엔티티

- 채워질 속성값을 디폴트로 보유하고 있는 엔티티
- 검증을 위해 범위 값을 갖는 엔티티

⑤ 사용자가 요구한 속성을 가지지 않는 엔티티들은 제외(예: 기술적 목적의 엔티티)

⑥ 사용자가 요구하지 않는 추가적인 속성을 가진 엔티티와 단지 외래키만을 가지고 있는 관계 엔티티들은 제외함. 단, 외래키 외 추가적인 속성을 갖는 엔티티는 논리파일로 식별됨

셋째, <표 86>과 같이 데이터 기능으로 식별되는 항목과 제외되는 항목을 식별한다.

<표 86> 데이터 기능으로 식별되는 항목

데이터 기능에 포함되는 것	데이터 기능에 포함 안되는 것
재고, 직원교육, 급여 등과 같은 비즈니스 데이터	임시파일 또는 동일한 파일의 다양한 반복(복사)
애플리케이션에서 사용되는 보안 및 패스워드 데이터	작업파일(work file)
애플리케이션에서 사용되는 감사(audit) 데이터	정렬 파일(sort file)
애플리케이션에서 사용되는 감사(help) 데이터	화면 또는 보고서 출력을 위한 추출파일 또는 뷰 파일
애플리케이션에서 사용되는 감사(edit) 데이터	기술적 이류로 도입된 파일(코드 파일)
애플리케이션에서 사용되는 매개변수 데이터	별도로 유지되는 키가 아닌 속성을 갖는 경우 이외의 alternative index, join, relationship 또는 connection
애플리케이션에서 사용되는 에러 파일 데이터	백업과 복구에 사용되는 정상적인 백업 데이터
애플리케이션에서 사용되는 백업 및 이력 데이터 (반드시 고객 요구가 있어야 함)	별도로 유지되지 않는 미완료 트랜잭션을 포함하는 미결 파일(suspense file)

넷째, 데이터 기능 측정 시 논리데이터 기준, 테이블 구분 점검, 코드성 테이블, 인터페이스 테이블 등 <표 87>의 사항에 유의해야 한다.

<표 87> 데이터 측정 시 유의 사항

구분	유의사항
논리 데이터 기준	• 데이터 기능 식별 시 논리 테이블 기준으로 데이터 기능 산정함 • 물리 테이블 중 사용자에게 의미 없는 테이블은 기능으로 산정하지 않음
테이블 기준 점검	• 관리(ILF), 참조(EIF) 테이블이 명확하게 구분되어 있는지 점검함 • 내부 시스템에서 관리(입력/수정/삭제)가 되는 테이블은 관리 테이블(ILF)로 식별해야 함 • 시스템 내에서 참조(조회)만 되는 테이블은 참조 테이블(EIF)로 식별해야 함(참조 테이블이 미산정되는 경우가 많으므로 실제 참조 테이블 존재여부 확인해야 함) • 통일한 테이블을 관리 및 참조 테이블로 사용하는 경우 관리 테이블(ILF)로 식별함

구분	유의사항
코드성 테이블	• 기술 속성만 존재하는 테이블은 기능 산정에서 제외함(예: 코드테이블, 임시파일, 색인파일, 단순로그파일, 백업파일) • KEY만 존재하는 테이블, 비즈니스 속성이 없는 테이블은 기능 산정에서 제외함 • 코드성 테이블 중에 사용자의 요구가 명확히 존재하고, 단순 코드데이터가 아니라 여러 개의 코드 데이터를 통합 관리하는 목적으로 구현된 테이블은 데이터 기능으로 산정
인터페이스 테이블	• 송수신용 인터페이스 테이블은 데이터 기능으로 산정하지 않음(임시, 이력 목적인 경우) • 사용자가 직접 테이블을 업무처리에서 사용하는 데이터 기능으로 산정함

다섯째, 간이법에서 데이터 기능 측정을 위해 <그림 57>과 같이 기능별 평균복잡도 가중치를 적용한다.

<그림 57> 데이터 기능계산 절차

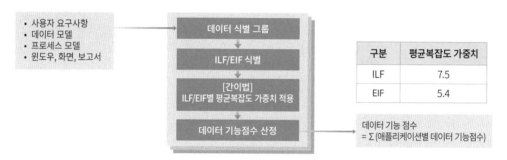

여섯째, 데이터 기능 측정 시 관련된 엔티티가 종속 관계를 형성하는 경우 <그림 58>과 같이 하나의 논리 파일로 묶어준다.

<그림 58> 데이터 기능 측정 예제 – 종속 관계

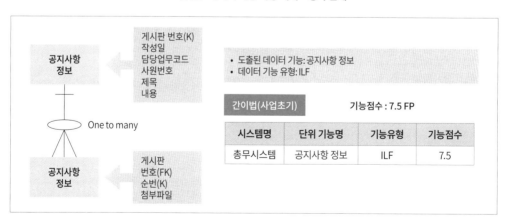

일곱째, 데이터 기능 측정 시 관련된 엔티티가 독립관계를 형성하는 경우 <그림 59>와 같이 각각 독립적인 논리 파일로 식별한다.

<그림 59> 데이터 기능 측정 예제 – 독립관계

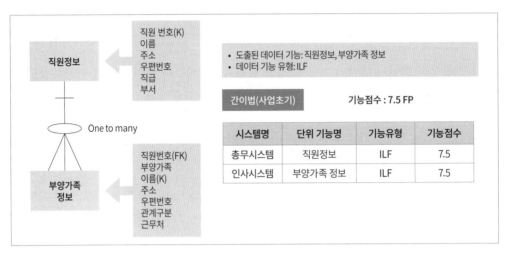

여덟 번째, 하나의 논리 파일을 2개 이상의 애플리케이션에서 사용하는 경우, <그림 60>과 같이 속성이 유지되는 현황을 파악한 뒤 유형을 식별한다.

<그림 60> 데이터 기능 측정 예제 - 공유 데이터

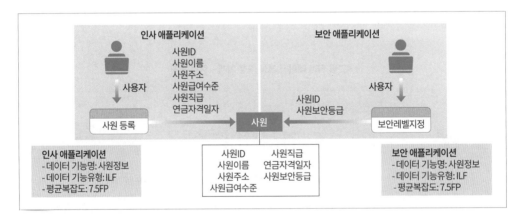

5) 4단계: 트랜잭션 기능계산
트랜잭션 기능 측정 단계에서는 첫째, EI, EO, EQ를 <그림 61>과 같이 식별하고 각각의 평균복잡도를 측정한다.

<그림 61> 외부입력(EI)·외부출력(EO)·외부 조회(EQ)

외부입력 (EI)	• 애플리케이션 경계의 밖에서 들어오는 데이터나 제어정보를 처리하는 단위 프로세스 • 주요 의도는 하나 이상의 ILF를 유지하거나 시스템의 동작을 변경 　(예: 직원정보 등록, 수정, 삭제)
외부출력 (EO)	• 데이터나 제어정보를 애플리케이션 경계 밖으로 보내는 단위 프로세스 • 주요 의도는 데이터나 제어정보의 검색은 물론 추가적인 처리 로직을 통해 사용자에게 정보를 제공 • 처리 로직은 적어도 하나의 수학 공식이나 계산 또는 파생 데이터를 포함하거나, 하나 이상의 ILF를 유지 　또는 시스템의 동작도 변경 　(예: XX 통계 정보 조회, XX 합계 조회, XX 실적 조회, XX건수 조회)
외부조회 (EQ)	• 데이터나 제어정보를 애플리케이션 경계 밖으로 보내는 단위 프로세스 • 주요 의도는 ILF나 EIF로부터 데이터나 제어정보를 검색하여 사용자에게 정보를 제공 • 처리 로직은 수학 공식이나 계산을 포함하지 않으며, 파생 데이터도 생성하지 않고, 처리될 동안 ILF를 　유지하지 않으며, 시스템의 동작도 변경하지 않음 　(예: XX정보 조회, XX상세 조회)

둘째, 트랜잭션의 기능을 측정하기 위해서는 <그림 62>와 같이 단위 프로세스를 식별해야 하고 이때 단위 프로세스의 중복은 불가하다.

<그림 62> 단위 프로세스 식별 규칙

단위 프로세스 식별 규칙	• 사용자에게 의미를 주는 최소 활동 단위를 말하며, 다음의 4가지 추가적인 조건을 충족해야 함 　① 사용자에게 의미가 있어야 함 　② 완전한 트랜잭션으로 구성해야 함 　③ 자기 완결적이어야 함 　④ 단위 프로세스 수행결과 업무 완전성(또는 무결성)을 확보해야 함 　(예: XXX등록, xxx수정, xxx삭제, xxx조회, xxx수신, xxx송신, xxx설정, xxx승인 등)			
단위 프로세스 중복여부 판단 기준	• 단위 프로세스 중복여부 판단 기준 　① 두 개의 단위프로세스가 서로 상이한 FTR을 갖는가? 　② 두 개의 단위프로세스가 서로 상이한 DET를 갖는가? 　③ 두 개의 단위프로세스가 서로 상이한 처리 로직을 갖는가?			
	중복 점검기준	**게시판 정보등록**	**게시판 정보수정**	**중복점검 결과**
	상이한 FTR인가?	동일	동일	게시판 정보등록 기능과 수정
	상이한 DET인가?	동일	동일	기능은 3가지 중복 점검 기준 중 처리 로직이 상이함으로 서로
	상이한 처리로직인가?	다름	다름	다른 기능으로 식별됨

셋째, 특히 간이법에서 트랜잭션 기능 측정을 위해 <그림 63>과 같이 평균복잡도에 의한 가중치를 적용한다.

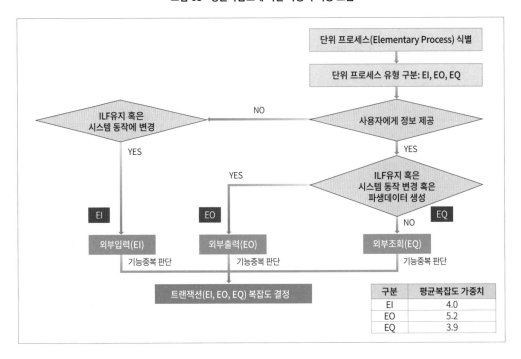

<그림 63> 평균복잡도에 의한 가중치 적용 흐름

구분	평균복잡도 가중치
EI	4.0
EO	5.2
EQ	3.9

넷째, 트랜잭션 기능 측정 시 <표 88>과 같이 최소단위 프로세스 산정, 중복 기능 확인, 중복 게시판 기능, 도움말 기능 등의 사항을 유의한다.

<표 88> 트랜잭션 측정 시 유의 사항

최소 단위 프로세스 산정	• 일반적으로 5개 기능으로 명시 할 것(등록, 수정, 삭제, 조회 , 출력) • 데이터 기능으로 식별되지 않은 테이블에 대한 트랜잭션 기능(등록, 수정, 삭제 등)은 기능으로 산정하지 않음 • I/F성, 관계형, Temp용, Conversion용 테이블이 사용자 요구에 의해 업무에 사용되는 기능은 경우에 따라 산정이 가능함
중복 기능명 확인	• 기능명으로 정렬(sorting) 해서 중복기능 존재 여부 확인 • 동일한 이름의 기능명 사용은 지양
중복 게시판 기능	• 사용자가 인식하는 동일한 기능의 중복된 게시판 기능은 하나의 기능으로 산정함 • 시스템 설정 변경 등으로 기능이 상이한 게시판이 생성될 경우 개별 기능으로 식별함
POP-UP화면	• 반복적으로 호출되어지는 팝업(POP-UP)화면은 기능으로 산정하지 않음 • POP-UP 화면과 동일한 원 기능이 구현되어 있을 경우 원 기능에서만 기능으로 산정함 • 원 기능이 없을 경우(POP-UP) 시스템 내에서 유일할 경우에만 개별 기능으로 산정함 • 시스템 도움말, 화면 도움말, 필드 도움말은 제공되는 기능에 대하여 외부조회 기능으로 각각 측정
도움말 기능	• 시스템 도움말, 화면 도움말, 필드 도움말은 제공되는 기능에 대하여 외부조회 기능으로 각각 측정
측정 제외 기능	• 복사 기능은 기술적 해법으로 구현된 것으로 단위 프로세스가 아님 • 첨부정보 등록기능은 단위 프로세스가 될 수 없음 • 포털에서 다수의 게시판 기능은 다수로 식별하지 않고 하나의 공통 기능으로 식별함 • PDF 출력 기능은 기술적 해법으로 단위 기능으로 식별하기 어려움

판단 필요	• Tab 형태로 구현이 된 경우 아래의 3가지 판단 기준에 따라 개별 기능 식별 여부를 판단해야 함 • 조회 화면, 프린터 출력, 엑셀다운 등은 아래의 3가지 판단 기준이 동일하면 하나로 식별, 하나라도 상이하면 별도 기능으로 식별함 • 일괄 등록, 개별 등록은 일반적으로 구분하되, 아래의 3가지 판단기준을 확인하여 하나로 식별하거나 별도 기능으로 식별함 [판단 기준] ⑴ 처리 로직이 다른 경우 ⑵ 데이터 요소집합이 다른 경우 ⑶ 참조하는 테이블이 다른 경우
Batch	• Batch 기능은 기본적으로 하나의 단위 프로세스로 식별함 • 단, 여러 배치 모듈이 연결된 경우 하나 이상의 단위 프로세스로 식별 가능함
타 시스템과의 연계	• 타 시스템과 인터페이스 기능을 개발하는 경우 서비스 요청에 대한 결과를 응답하는 경우 하나의 기능으로 식별함 • 송신을 위한 파일 편성과 송신 기능은 일반적으로 하나의 기능으로 외부출력(EO)으로 식별함(단, 사용자 업무요건에 따라 구분될 수 있음) • Web Application에서 단순 연계 기능(중계기능)으로 양쪽의 시스템 사이에서 연계만 하는 경우 외부출력(EO)로 판단함

예를 들어 UI를 보고 트랜잭션 기능을 판단할 때는 이벤트가 발생하는 버튼을 모두 인식하여 기능목록으로 작성한다. <그림 64> 트랜잭션 기능 측정 예제 화면은 우리나라 시도, 시·군·구 별로 기온과 강수량을 측정하여 관리하는 화면이다. 입력/수정/삭제/조회가 가능한 하나의 화면이 있고, 하나의 파일과 하나의 출력 기능으로 구성되어 있다. 키는 연월일, 시도, 시군구로 설정한다. 데이터 기능과 트랜잭션 기능을 식별하고 기능별로 기능명칭, 기능유형, 복잡도, 기능점수를 식별한 결과이다.

<그림 64> 트랜잭션 기능 측정 예제 화면(결과)

날씨 정보 테이블

테이블 Layout				
년월일	시도	시군구	강수량mm	온도°C

보고서 레이아웃

시도/시군구 별 강수량 및 온도 보고서				
년월일	시도	시군구	강수량mm	온도°C
23.01.01	서울	서초구	2	-15
23.01.02	서울	서초구	0	-10
	평균		1	-12.5
23.01.02	서울	강남구	2	-14

기능명	기능유형	기능점수
날씨 정보	ILF	7.5
날씨 등록	EI	4.0
날씨 수정	EI	4.0
날씨 삭제	EI	4.0
날씨 조회	EQ	3.9
날씨 출력	EO	5.2
총 기능점수		28.6

6) 5단계: 기능점수 규모 계산

기능점수 규모 계산은 <그림 65>와 같이 데이터 기능점수와 트랜잭션 기능점수를 합산한다. 통상적으로 간이법은 사업 초기(예산 수립, 계약, 분석/설계 공정 이전)에 적용하고 평균 복잡도를 이용한다.

<그림 65> 기능점수 규모 계산

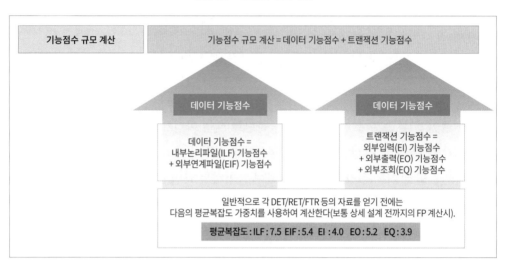

7) 6단계: 보정계수

사용자의 비기능 요구사항이 개발비용, 개발 기간, 투입공수 등에 영향을 미친다. 따라서 품질, 기술, 보안, 성능 등 다양한 요소 중에서 SW 대가산정 시 다음과 같은 5가지 보정계수를 사용한다.

① 규모 보정계수

소프트웨어 개발사업 규모가 커지면 생산성은 올라가고, 일정 규모 이상이 되면 생산성이 다시 감소 추세를 보인다. 따라서 사업 규모의 증가에 따른 생산성 변화에 대한 보정이 필요한데 이를 규모 보정계수라 한다.

> 규모 보정계수 = 0.4057 x (loge(기능점수) − 7.1978)2 + 0.8878
> (단, 500FP 미만 시 1.2800, 3,000FP 초과 시 1.1530을 적용)

② 연계 복잡성 수준 보정계수

대상 애플리케이션의 연계 기관 숫자가 증가할수록 프로젝트의 관리 복잡성은 높아진다. 연계 기관 숫자에 따른 보정을 연계 복잡성 보정계수라 한다.

난이도 수준	보정계수
1. 타 기관 연계 없음	0.88
2. 1~2개의 타 기관 연계	0.94
3. 3~5개의 타 기관 연계	1.00
4. 6~10개의 타 기관 연계	1.06
5. 10개 초과의 타 기관 연계	1.12

③ 성능 요구수준 보정계수

응답시간 및 처리율에 대한 사용자 요구수준이 복잡할 수 있다. 성능 요구수준이 복잡할수록 높은 값을 가진다. 성능 요구수준이 복잡도에 따른 보정을 성능 요구수준 보정계수라 한다.

난이도 수준	보정계수
1. 요구성능에 대한 특별한 요구사항이 없다.	0.91
2. 응답성능에 대한 요구사항이 있으나 특별한 조치가 필요하지는 않다.	0.95
3. 응답시간이나 처리율이 피크타임(Peak time)에 중요하며, 처리 시한이 명시되어 있다.	1.00
4. 응답시간이나 처리율이 모든 업무시간에 중요하며, 처리 시한이 명시되어 있다.	1.05
5. 응답성능 요구수준이 엄격하며, 설계, 개발, 구현 단계에서 성능 분석도구 사용이 필요하다.	1.12

④ 운영환경 호환성 보정계수

응용 SW의 설치 운영환경의 다른 정도로, 다른 운영환경이 요구되거나 다른 하드웨어와 소프트웨어를 지원하도록 개발되는 요구 정도가 복잡할수록 높은 값을 가진다. 운영환경 호환성 수준의 복잡도에 따른 보정을 운영환경 호환성 보정계수라 한다.

난이도 수준	보정계수
1. 운영환경 호환성에 대한 요구사항이 없다.	0.94
2. 운영환경 호환성에 대한 요구사항이 없으며, 동일 하드웨어 및 소프트웨어 환경에서 운영되도록 설계된다.	1.00
3. 운영환경 호환성에 대한 요구사항이 있으며, 유사 하드웨어 및 소프트웨어 환경에서 운영되도록 설계된다.	1.06
4. 운영환경 호환성에 대한 요구사항이 있으며, 이질적인 하드웨어 및 소프트웨어 환경에서 운영되도록 설계된다.	1.13
5. 항목 4에 더하여 일반적 산출물 이외에 장소에서 원활한 운영을 보장하기 위한 운영절차의 문서화와 사전 모의 훈련이 요구된다.	1.19

⑤ 보안성 요구수준 보정계수

시큐어 코딩, 웹 취약점 점검, 암호화 점검, 개인정보 보호 등 보안성에 대한 요구수준을 의미하는 것으로, 보안성에 대한 요구 정도의 복잡도에 따른 보정을 보안성 요구수준 보정계수라 한다.

난이도 수준	보정계수
1. 암호화, 웹 취약점 점검, 시큐어코딩, 개인정보 보호 등 1가지 보안 요구사항이 포함되어 있다.	0.97
2. 2가지 요구사항이 포함되어 있다.	1.00
3. 3가지 요구사항이 포함되어 있다.	1.03
4. 4가지 요구사항이 모두 포함되어 있다.	1.06
5. 5가지 이상의 보안 요구사항이 포함되어 있다.	1.08

8) 7단계: 개발비 산정

개발비 산정은 총 기능점수 규모 값(보정 전 개발 원가)에 보정계수를 곱하여 산정한다.

개발비 = 개발 원가 + 이윤(개발 원가 25% 이내) + 직접경비

개발 원가 = 개발 기능점수 x 기능점수 당 단가 x 보정계수

이윤 = 개발 원가 x 25% 이내

<표 89> 개발비 산정 예시

기능점수	기능점수 당 가격(원)	보정계수					금액(원)
		규모	연계 복잡성	성능	운영환경 호환성	보안성	
1,000	553,114	0.9219	0.94	0.95	1.00	1.00	455,354,806
개발원가							455,354,806
이윤							113,838,702
직접경비							20.000,000
SW개발비(부가세 미포함)							589,193,508

2.1.1.4.7 사업기간 산정

1) 산정 방법 개요

① 과업심의위원회 구성

「소프트웨어사업 계약 및 관리 감독에 관한 지침」에 따라 소프트웨어 개발사업의 경우라면, 과업심의위원회의 심의를 통해 적정 사업기간을 산정해야 한다. 단, 사업 금액이 1억

원 이하인 사업의 경우에는 과업심의위원회의 심의 없이 국가기관 등의 장이 적정 사업기간을 산정할 수 있다. 과업심의위원회의 역할은 ① 과업 내용의 확정 ② 과업 내용 변경의 확정 및 이에 따른 계약금·계약 기간 조정 등이다.

<그림 66> 산정 절차 및 방법 전체 흐름도

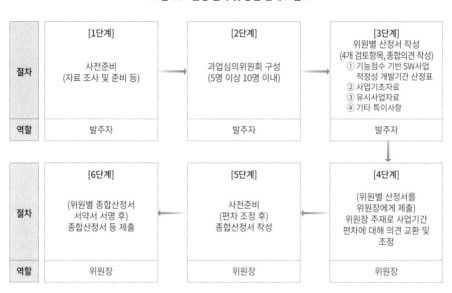

② 산정 절차 및 방법 전체 흐름도

사전 준비 → 과업심의위원회 구성 → 위원별 산정서 작성 → 위원장 주재로 사업기간 편차에 대해 의견 교환 및 조정 → 종합산정서 작성 → 종합산정서 제출 등 6단계로 이루어진다.

③ 산정 방법 및 절차

「소프트웨어사업 계약 및 관리 감독에 관한 지침」에서 규정된 적정 사업기간 산정 방법은 다음의 4가지 방법을 중심으로 설명한다.

<표 90> 소프트웨어 개발사업의 적정 사업기간 산정 방법

방법1	기능점수(FP) 기반 적정 개발기간 산정표를 활용한 사업기간 산정
방법2	사업 기초자료를 활용한 적정 기간 산정
방법3	유사 사업자료를 활용한 적정 기간 산정
방법4	기타 특이사항을 활용한 적정 기간 산정

다음은 「소프트웨어사업 계약 및 관리 감독에 관한 지침」에 명시된 소프트웨어 개발사업의 적정 사업기간 산정기준은 다음과 같다.

2) 대상사업
■ 소프트웨어사업 중 소프트웨어의 개발과 관련된 과업이 포함된 사업이다.
　- 다만, 컨설팅(정보전략계획수립(ISP), 업무재설계(BPR) 등), 운영·유지관리, 하드웨어 또는 상용 소프트웨어 도입(커스터마이징을 포함) 등 시스템 운영환경 구축사업은 제외

3) 기능점수(FP) 기반 적정 개발 기간 산정표 작성 방법
■ '기능점수(FP) 기반 적정 개발 기간 산정표'는 다음과 같은 방법에 따라 작성한다.
　① 소프트웨어사업 규모 산정은 「SW사업 대가산정 가이드」를 준용한다.
　② 1인 생산성 산정은 「소프트웨어공학 백서 및 관련 연구」 문헌 등에서 제시하는 기준을 활용하여 산정한다.
　③ 1인 총 투입 기간은 명시된 계산식(사업 규모/1인 생산성)에 따라 산정한다.
　④ 적정 개발인력 수는 연구자료, 유사 사업자료 및 전문가 경험치 등을 참고하여 산정한다.
　⑤ 전체 개발 기간은 명시된 계산식(1인 총 투입 기간/적정 개발인력 수)에 따라 산정한다.

<표 91> 기능점수(FP) 기반 적정 개발 기간 산정표

항목	계산식		결과
①소프트웨어 사업규모	SW사업 대가산정 가이드 준용		FP
②1인 생산성	사업규모(FP)	1인당 생산성(FP/MM)	
	1,000 미만	19	
	1,000이상 ~ 2,000미만	22	
	2,000이상 ~ 3,000미만	24	
	3,000미만	22	
③1인 총 투입기간	1인 투입기간 = 사업규모/1인 생산성		개월
④적정 개발 인력 수			명
⑤전체 개발 기간	1인 투입기간/적정 개발 인력 수		개월

만약 사업 규모(FP)가 1,500이라면 1인 생산성(FP/MM)은 22가 된다.

1인 총투입 기간: 1,500 / 22 = 68(소수점 이하 절사)

적정 개발 인력 수: 8명(연구자료, 유사 사업자료 및 전문가 경험치 등을 참고하여 산정)

전체 개발 기간: 68 / 8 = 8.5개월

4) 발주자가 '과업심의위원회'를 활용하지 않고 적정 사업기간을 산정할 경우

- 발주자는 '기능점수(FP) 기반 적정 개발기간 산정표'를 작성하고, 그 밖의 사업기초자료(사업계획서, 예산신청서, 제안요청서), 유사 사업자료(조달청, SW사업 정보저장소 등 조사자료) 및 기타 특이사항(그 외 사업기간에 영향을 주는 자료)을 사전에 조사한다.
- 발주자는 소프트웨어 개발사업의 적정 사업기간 산정 시 다음 각 사항을 고려하여야 한다.

  ① 「기능점수(FP) 기반 적정 개발 기간 산정표」를 검토하여 적정 사업기간을 추정한다.

  ② 사업기초자료로써 SW개발공정(분석·설계·구현·시험) 등의 내용이 포함된 사업계획서, 단년도계약 또는 장기계속계약 등의 내용이 포함된 예산신청서, 요구사항이 상세화된 제안요청서를 검토하여 사업기간을 추정한다.

  ③ 조달청(www.g2b.go.kr) 및 SW사업 정보저장소(www.spir.kr) 등에서 조사된 유사 사업자료를 검토하여 사업기간을 추정한다.

  ④ 그 밖에 사업기간에 영향을 줄 수 있는 특이사항 등을 검토하여 사업기간의 증감을 추정한다.

  ⑤ ①~④ 항목들을 종합 검토하여 최종 적정 사업기간을 산정한다.

5) '과업심의위원회'를 통해 적정 사업기간을 산정할 경우

- 발주자는 '기능점수(FP) 기반 적정 개발 기간 산정표'를 작성하고, 그 밖의 사업기초자료(사업계획서, 예산신청서, 제안요청서), 유사 사업자료(조달청, SW사업 정보저장소 등 조사자료) 및 기타 특이사항(그 외 사업기간에 영향을 주는 자료)을 사전에 조사하여 그 결과를 위원회에 제출한다.
- 위원회는 소프트웨어 개발사업의 적정 사업기간 산정 시 다음 각 사항을 고려하여야 한다.

  ① 발주자가 작성한 '기능점수(FP) 기반 적정 개발 기간 산정표'를 검토하여 적정 사업기간을 추정한다.

② 사업 기초자료로 SW개발공정(분석·설계·구현·시험) 등의 내용이 포함된 사업계획
　　서, 단년도계약 또는 장기계속계약 등의 내용이 포함된 예산신청서, 요구사항이
　　상세화된 제안요청서를 검토하여 사업기간을 추정한다.

③ 조달청(www.g2b.go.kr) 및 SW사업 정보저장소(www.spir.kr) 등에서 조사된 유사 사
　　업자료를 검토하여 사업기간을 추정한다.

④ 그 밖에 사업기간에 영향을 줄 수 있는 특이사항 등을 검토하여 사업기간의 증감
　　을 추정한다.

⑤ ①~④ 항목들을 종합 검토하여 적정 사업기간을 산정한다.

- 위원회의 위원은 별지 제3호서식 소프트웨어 개발사업의 적정 사업기간 위원별 산
  정서를 작성하고 위원별 산정 결과를 조정하여 별지 제4호서식 소프트웨어 개발사
  업의 적정 사업기간 종합산정서를 작성하여 발주자에게 제출한다.

- 발주자는 위원회의 소프트웨어 개발사업 적정 사업기간 산정을 근거로 최종 적정 사
  업기간을 결정한다.

<표 92> 소프트웨어 개발사업의 적정 사업기간 위원별 산정서 작성 사례

사업명	OOO 구축사업	
항목별 검토 의견		
검토항목	검토의견	추정 사업기간
① 기능점수(FP) 기반 SW사업 적정 개발 기간 산정표	발주기관이 제공한 FP 자료를 근거로 총 기능점수, 1인 생산성 투입 인력 수, 전체 사업기간을 검토한 결과 객관적으로 사업기간이 산정되었음	24 개월
② 사업기초자료 (사업계획서, 예산신청서, 제안요청서)	사업규모, 사업범위, 요구사항 등 검토한 후 본인이 OOO시스템 구축 사업에 참여한 경험을 기반으로 사업기간을 추정하였음	24.8개월
③ 유사사업 자료	OO기관에서 22년에 수행한 동일사업유형의 개발규모, 투입공수, 사업기간 등을 기반으로 본 사업과의 차이분석결과 작업 난이도가 상대적으로 낮은 특성을 고려하여 적정 사업기간을 조정하였음	19.5개월
④ 기타 특이사항	시뮬레이션 처리로직 설계가 매우 복잡함. 24개 대외 시스템과 연계12개 사용 소프트웨어 품목 도입 등의 특이사항을 추가하여 24개월을 적정 사업기간으로 산출하였음	1개월
⑤ 종합의견	3개 검토항목을 통해 24.0, 24.8, 19.5개월이 산출되었으며 추가적으로 상용소프트웨어 품목 도입 등의 특이사항을 추가하여 24개월을 적정 사업기간으로 산출하였음	적정 사업기간 24개월
소프트웨어 진흥법 제50조, 같은법 시행령 제46조 내지 제47조, 소프트웨어사업 계약 및 관리감독에 관한 지침 제24조 내지 제28조에 따른 소프트웨어사업 과업내용에 대한 검토 및 심의 결과를 드립니다. 　　　　　　　　　　　　　　　　　　　　　　　　　　　　　년 월 일 　　　　　　위 원_____(서명) 　　　　　　　　　　　　　　　　　　　　　　　발주기관의 장 귀하		

2.1.1.5 제안요청서 작성

2.1.1.5.1 제안요청서 작성 일반

1) 제안요청서(RFP, Request For Proposal) 정의

제안요청서는 사업계획서를 토대로 작성하며, 입찰대상자들에게 발주기관의 요구사항을 알리고 제안서의 제출을 요청하기 위한 문서이다. 제안요청서에는 정보화사업 발주대상에 대한 요구사항, 소요예산, 사업기간, 제안서 평가 기준, 계약 조건 등을 기술한다.

2) 작성 원칙

제안요청서에는 발주기관의 정확한 요구사항이 기재되어야 하며, 요구사항 정의를 명확히 하기 위해서는 다음 작성 원칙을 준수한다.

- 요구하는 사항에 대해 시스템 구축 후, 그 결과가 확실할 것
- 현재의 기술 수준으로 실현 가능할 것
- 검사 등으로 기술적인 검증이 가능할 것
- 의미가 불명확한 용어나 표현은 사용하지 않을 것
- 특정 제품이나 스펙을 명시하지 않을 것

3) 작성 세부 절차

발주기관에 따라 다를 수 있지만 <그림 67>과 같이 6단계 절차를 거쳐 사업계획서(안)을 작성한다.

<그림 67> 제안요청서 작성 절차

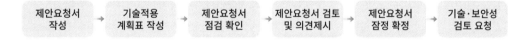

■ 제안요청서 작성

사업계획서를 토대로 작성하되, 입찰대상자들이 발주기관의 요구사항을 명확히 이해하여 제안서를 제출할 수 있도록 과업내용, 요구사항, 계약 조건, 평가 요소와 평가 방법, 제안서의 규격 등을 명시한다.

■ 기술적용계획표 작성

발주기관은 사업자가 시스템 간 상호연계가 가능하도록 「국가표준 및 행정기관 및 공공기관 정보시스템 구축·운영 지침」을 적용하여 사업을 추진하도록 구체화하여 명시한다.

■ 제안요청서 점검 확인

제안요청서 내용 중 누락 된 사항이나 애매하게 작성된 부분을 확인한다.

■ 제안요청서 검토 및 의견제시

발주기관의 정보화부서 또는 PMO는 품질확보 방안, 개발 내용의 구체성 등 체크리스트를 활용하여 발주기관 관점에서 확인할 사항을 검토하고 검토 결과를 발주부서 담당자에 송부한다.

■ 제안요청서 잠정 확정

발주부서는 체크리스트를 활용하여 제안요청서 내용 중 누락 사항이나 애매하게 작성된 부분을 확인하여 수정·보완 후 제안요청서를 잠정 확정한다.

■ 기술·보안성 검토 요청

확정된 사업계획서와 제안요청서를 첨부하여 발주기관의 정보화부서로 기술·보안성 검토를 요청한다.

4) 작성해야 할 주요항목

제안요청서 작성 시 추진하고자 하는 정보화사업의 유형을 확인하고 유형별로 작성해야 할 제안요청서의 주요항목을 <표 93>과 같이 제안요청서 목차에 따라 확인한다.

<표 93> 제안요청서 목차(예시) - 구축사업 사례

번호	제안요청서 목차		비고
I	사업개요	1. 사업개요	* 기획사업: 제안요청 개요, 세부 사업내용, 용역산출물, 보안 요건, 기타 지원요건
		2. 추진 배경 및 필요성	
		3. 사업 범위	** 운영 및 지원사업: 제안요청 개요, 세부 사업내용, 보안 요건
		4. 기대효과	

번호	제안요청서 목차		비고
II	현황 및 문제점	1. 업무 현황	
		2. 정보화 현황	
		3. 문제점 및 개선 방향	
III	사업 추진 방안	1. 추진 목표	* 기획사업: 제안요청 개요, 세부 사업내용, 용역산출물, 보안 요건, 기타 지원요건 ** 운영 및 지원사업: 제안요청 개요, 세부 사업내용, 보안 요건
		2. 추진전략	
		3. 추진체계	
		4. 추진 일정	
IV	제안요청내용	1. 시스템 장비 구성 요구사항	* 기획사업: 제안요청 개요, 세부 사업내용, 용역산출물, 보안 요건, 기타 지원요건 ** 운영 및 지원사업: 제안요청 개요, 세부 사업내용, 보안 요건
		2. 기능 요구사항	
		3. 성능 요구사항	
		4. 인터페이스 요구사항	
		5. 데이터 요구사항	
		6. 테스트 요구사항	
		7. 보안 요구사항	
		8. 품질 요구사항	
		9. 제약사항	
		10. 프로젝트 관리 요구사항	
		11. 프로젝트 지원 요구사항	
V	제안서 평가 및 선정 안내	1. 제안서 평가 방법	
		2. 입찰 및 제안서 관련 서식	
		3. 협상적격자 선정 및 협상	
VI	제안서 작성 안내	1. 제안서 작성 요령	
		2. 입찰 및 제안서 관련 서식	
VII	기타	1. 계약 조건	
		2. 기타 제안 관련 정보	
		3. 용어표준 정의	

5) 작성 시 고려사항

■ 제안요청서 작성에 필요한 모든 정보의 상세 제공

정보화사업 수행에 필요한 정보가 제안요청서에 명시되어 있지 않은 경우는 발주기관이 요구하는 수준의 제안서 작성이 어려워진다. 이를테면, 정보화전략계획(ISP) 후 결과물을 활용하여 구축사업을 추진하고자 할 경우, ISP를 통해 구축사업 사업계획서 수준의 산출물과 적정 수준의 구축사업비, 미래상(To-Be 이미지) 등 도출 방안을 제안요청서에 명시하는 것이 필요하다.

■ 기존의 정보화전략계획(ISP) 활용

발주기관은 효율적이고 체계적인 발주 준비 및 제안요청서 작성을 위해 기존의 ISP 수립 결과물을 활용해야 한다. 소프트웨어사업 대가 기준의 ISP 수립 업무 범위에 제안요청서 작성이 포함된다.

<표 94> 정보전략계획 수립의 업무별 가중치

업무		업무별 가중치	해당 여부
환경분석	경영환경 분석	3.5	
	정보기술 환경분석	3.7	○
	제도/규정 분석	2	○
현황분석	경영전략 분석	2.8	
	업무분석	6.1	○
	정보시스템 분석	6.1	○
	벤치마킹	2.5	○
	차이 분석	2	○
목표모델 수립	정보화전략 수립	3.3	○
	정보시스템 구조설계	5	○
	정보관리체계 수립	3.8	○
	제도/규정 개선안 수립	2.5	○
이행계획 수립	정보시스템 구축계획 수립	3.8	○
추가 활동	소요예산 산출	3.5	○
	기대효과 산정	2.5	○
	제안요청서 작성	4	○
총 정보전략계획 수립 업무 가중치(업무별 가중치의 합)		50.8	

업무가중치= 정보 기술환경 분석(3.7) + 제도/규정 분석(2.0) + 업무분석(6.1) + 정보시스템 분석(6.1) + 벤치마킹(2.5) + 차이 분석(2.0) + 정보화전략 수립(3.3) + 정보시스템 구조설계(5.0) + 정보관리체계 수립(3.8) + 제도/규정 개선안 수립(2.5) + 정보시스템 구축계획수립(3.8) + 소요예산 산출(3.5) + 기대효과 산정(2.5) + 제안요청서 작성(4.0) = 50.8

출처: 소프트웨어사업 대가산정 가이드

■ 불명확한 요구요건을 배제하여 향후 계약 등에서 분쟁 예방

제안요청서에 기재된 각각의 업무수행과 정보시스템 구축에 요구되는 사항이나 범위를 명확한 용어를 사용하여 명시하여 분쟁이 없도록 한다. 발주기관이 규모 및 성능 요건을 상세하게 분석/검토하지 않아 불명확한 문구나 현실적이지 않은 과도한 요구 조건이 기재되어 있는 경우, 향후 발주기관과의 분쟁을 우려하여 입찰을 꺼릴 가능성이 있을 수 있다.

■ 상용 소프트웨어 직접구매

사업계획서(안) 작성에서 상용 소프트웨어 직접구매 중 소프트웨어 분리발주 대상일 경우 발주기관은 사업자와 소프트웨어 공급자의 사업 제안요청서에 전체 정보시스템의 구성계획과 운영환경, 분리발주하는 소프트웨어의 범위, 요구사항 등을 각각 명확히 제시한다.

■ 제안요청서와 계약문서와의 관계

제안요청서는 계약문서에 포함되며, 향후 제안서 평가/선정 및 당해 소프트웨어사업 분쟁 발생 시 근거자료로 활용될 수 있으므로 신중하게 작성한다. 과업내용서는 제안요청서 및 제안서를 토대로 작성하는 계약문서로 검사의 기준이며, 산출내역서는 대가 지급의 기준으로 명시한다.

2.1.1.5.2 제안요청서 작성 시 고려사항

발주부서 또는 PMO는 제안요청서를 작성하거나 검토 시 소프트웨어사업 관련 법령 준수 여부를 점검한다.

1) 「소프트웨어 진흥법」 제50조(소프트웨어사업 과업심의위원회) 등 관련 법령에 따라 '과업심의위원회' 관련 사항의 명시 여부를 점검한다.

> <제안요청서 작성 예시>
> ○ (과업내용 확정 심의 여부) 본 사업은 「소프트웨어 진흥법」 제50조에 따른 과업내용 확정을 위하여 과업심의위원회를 ( )개최 또는 ( )미개최한 사업임 (※ 미개최 시 계약 전까지 개최 예정)
> ※ 위 괄호 내 해당 사항에 체크 '(✓)' 표시
> ○ (과업내용 변경) 본 사업은 「소프트웨어 진흥법」 제50조, 같은 법 시행령 제47조 제1항 제2호, 제3호에 따른 과업내용 변경 및 그에 따른 계약금액·계약 기간 조정이 필요한 경우, 계약상 대자는 국가기관 등의 장에게 소프트웨어사업 과업변경요청서를 제출하여 과업심의위원회 개최를 요청할 수 있으며, 국가기관 등의 장은 과업심의위원회 개최요청에 대해서 특별한 사정이 없으면 수용해야 함 * 「소프트웨어사업 계약 및 관리 감독에 관한 지침」 별지 13호서식 참조

2) 상용 SW 직접구매 및 SW 품질성능 평가시험(BMT)

총사업 규모가 3억 원 이상(VAT 포함)이고 5천만 원 이상의 각 인증(GS 등)을 획득한 상

용 SW 도입이 포함된 SW사업 또는 5천만 원 미만의 조달청 종합쇼핑몰에 등록된 상용 SW 도입이 포함된 SW사업의 경우는 상용 SW 직접구매 및 SW 품질성능 평가시험(BMT)의 명시 여부를 점검한다.

<제안요청서 작성 예시>

○ 본 사업은 「소프트웨어 진흥법」 제54조제2항, 「국가를 당사자로 하는 계약에 관한 법률 시행규칙」 제84조, 「소프트웨어사업 계약 및 관리·감독에 관한 지침」 제7조, 제8조에 따라 도입 예정인 상용 SW 직접구매 계획을 붙임과 같이 공지합니다. ※ 발주처는 직접구매 대상 상용 SW 구매 시 계약체결 또는 계약 변경 후 30일 이내 SW 사업의 계약현황 등을 종합관리체계(www.swit.or.kr)에 등록하여야 함 (「소프트웨어사업 계약 및 관리·감독에 관한 지침」 제9조)

<표 95> SW 품질성능 평가시험 대상 상용 SW 분야 34종

중분류	소분류	소프트웨어 목록
시스템 SW	통신 SW	논리적 망분리, 망간연계 SW
	유틸리티 SW	화상회의, OCR
	시스템 관리 SW	시스템 관리(SMS), 네트워크 관리(NMS), 성능 측정 및 관리(APM), DB성능 모니터링, 시스템 백업, 통합관리(EMS), 인공지능 플랫폼
	정보보호 SW	DB 보안/접근제어, DB 암호화, 시스템 접근제어, 개인정보 비식별화/지능형 비식별화 SW
	미들웨어 SW	WAS, WEB 서버, 가상화, 검색엔진, 전사적애플리케이션통합(EAI)
개발용 SW	데이터 관리용 SW	DBMS, DB리포팅, 데이터 품질관리/메타 관리, ETCL, CDC, BI, DB 재구성, 빅데이터 솔루션, OLAP, DW
응용 SW	기업관리 SW	전자문서 관리(EDMS)
	GIS SW	GIS
	기타 응용 SW	자연어 처리, 분배관리

<제안요청서 작성 사례>

• BMT 실시 사업

○ 본 사업은 「소프트웨어 진흥법」 제55조 및 「소프트웨어 품질성능 평가시험 운영에 관한 지침」에 따라 소프트웨어 품질성능 평가시험(BMT)을 실시할 예정이며, 소프트웨어 품질성능 평가시험 참여 의향서를 제출한 업체만 입찰 참여가 가능함

– 다만, 지정시험기관(한국정보통신기술협회)으로부터 같은 SW에 대해 기존에 시험 결과가 있는 경우 활용할 수 있음

○ 종합평가점수는 기술 평가 90%, 가격 평가 10%로 산출하며, 기술 평가는 제안평가 30%, 평가시험 70%로 구성

○ 평가시험은 한국정보통신기술협회 주관으로 하며, 평가시험에 대한 자세한 사항은 설명회 시 별도 안내 예정임

• BMT 미실시 사업

○ 「소프트웨어 품질성능 평가시험 운영에 관한 지침」 제8조 및 제11조에 근거하여 아래와 같이 지정시험기관의 장과 평가시험 사전협의를 통해 평가시험을 미실시 함

3) 중소 SW 사업자의 사업참여 지원

적용 대상은 국가기관 등의 장이 발주하는 소프트웨어사업이나, PMO는 다음의 적용 예외 사항을 점검한다.

<적용 예외>

• 소프트웨어사업자를 선정하지 못하여 다시 발주하는 사업(조달청 통한 발주사업에 한함)

• 국방·외교·치안·전력, 그 밖에 국가안보 등과 관련된 사업으로서 대기업인 소프트웨어사업자의 참여가 불가피하다고 과학기술정보통신부 장관이 인정하여 고시하는 사업

• 「사회기반시설에 대한 민간투자법」 제8조의2에 따라 민간투자 대상사업으로 지정되어 관보에 고시된 사업에 포함된 소프트웨어사업

• 제40조에 따른 민간 투자형 소프트웨어사업으로 과학기술정보통신부 장관이 인정하여 고시하는 사업

• 공공기관의 운영에 관한 법률 제4조에 따른 공공기관에 해당하는 대기업 중 과학기술정보통신부 장관이 고시하는 공공기관 및 해당 사업 범위

• 국가기관 등의 장은 소프트웨어사업을 발주할 때 불가피한 사유로 제2항 또는 제4항 본문을 적용하지 아니하는 경우로서 과학기술정보통신부 장관에게 그 사유를 사전에 통지하여 적절성을 인정하여 고시하는 사업

<제안요청서 작성 예시>
- 사업 금액에 상관없이 공통 명시
  - 「소프트웨어 진흥법」 제48조(중소 소프트웨어사업자의 사업참여 지원)에 따른 「중소 소프트웨어사업자의 사업참여 지원에 관한 지침」 준수
  - 「소프트웨어 진흥법」 제48조제4항에 따라 상호출자제한기업집단 소속 회사의 입찰 참여 제한

- 사업 금액이 20억 원 미만인 사업
  - 본 사업은 20억 원 미만 사업으로 「소프트웨어 진흥법」 제48조(중소 소프트웨어사업자의 사업참여 지원) 및 중소 소프트웨어사업자의 사업참여 지원에 관한 지침 제2조, 제3조에 따라 대기업 및 중견기업인 소프트웨어사업자의 입찰 참여 제한(소프트웨어사업자 일반현황 관리확인서상의 '공공 소프트웨어사업 입찰 참여 제한 금액: 없음'으로 확인)
  - 총사업금액 20억 원 미만인 사업으로 중소 소프트웨어사업자(소프트웨어사업자 일반현황 관리확인서상의 '공공 소프트웨어사업 입찰 참여 제한 금액: 없음'으로 확인)만 입찰 참가 가능

- 사업 금액이 20억 원 이상 40억 원 미만인 사업
  - 본 사업은 20억 이상 40억 원 미만 사업으로 「소프트웨어 진흥법」 제48조(중소 소프트웨어사업자의 사업참여 지원)에 따라 중소기업이 중견기업에 해당하는 대기업이 된 지 5년이 경과 되지 않은 기업(소프트웨어사업자 일반현황 관리확인서상의 '공공 소프트웨어사업 입찰 참여 제한 금액: 없음, 20억'으로 확인)만 참여 가능
  - 본 사업은 40억 원 미만 사업으로 「소프트웨어 진흥법」 제48조(중소 소프트웨어사업자의 사업참여 지원) 및 중소 소프트웨어사업자의 사업참여 지원에 관한 지침 제2조, 제3조에 따라 중소기업과 중견기업이 된 지 5년 이내인 기업(소프트웨어사업자 일반현황 관리확인서상의 '공공 소프트웨어사업 입찰 참여 제한 금액: 없음, 20억'으로 확인)을 제외한 대기업 참여 불가

- 사업 금액이 40억 원 이상 80억 원 미만인 사업
  - 본 사업은 40억 원 이상 80억 원 미만 사업으로 「소프트웨어 진흥법」 제48조(중소 소프트웨어사업자의 사업참여 지원) 및 중소 소프트웨어사업자의 사업참여 지원에 관한 지침 제2조, 제3조에 따라 매출액 8천억 원 이상 대기업 및 상호출자제한기업집단 소속 회사 참여 불가
  - 본 사업은 80억 원 미만 사업으로 「소프트웨어 진흥법」 제48조(중소 소프트웨어사업자의 사업참여 지원)에 따라 중소기업과 중소기업이 중견기업에 해당하는 대기업이 된 지 5년 이내 기업(소프트웨어사업자 일반현황 관리확인서상의 '공공 소프트웨어사업 입찰 참여 제한 금액: 없음, 20억, 40억'으로 확인), 매출액 8천억 원 미만 대기업만 참여 가능

- 사업 금액이 80억 원 이상인 사업
  - 본 사업은 80억 원 이상 사업으로 「소프트웨어 진흥법」 제48조(중소 소프트웨어사업자의 사업참여 지원)에 따라 대기업(소프트웨어사업자 일반현황 관리확인서상의 '공공 소프트웨어사업 입찰 참여 제한 금액: 없음, 20억, 40억, 80억'으로 확인)의 입찰 참여 가능

- 사업자를 선정하지 못하여 다시 발주하는 사업
  - 본 사업은 「소프트웨어 진흥법」 제48조제3항제1호에 따른 조달사업에 관한 법률에 따라 조달청을 통해 소프트웨어사업자를 선정하지 못하여 다시 발주하는 예외 사업으로 사업 금액 하한 및 예외 인정 사업 여부에 상관없이 상호출자제한기업집단 소속회사를 포함한 모든 소프트웨어사업자의 참여 가능

- 민간투자 대상사업으로 지정되어 관보에 고시된 사업에 포함된 소프트웨어사업
  - 본 사업은 「소프트웨어 진흥법」 제48조(중소 소프트웨어사업자의 사업참여 지원) 제3항제3호에 따른 민간투자 대상사업으로 지정되어 관보에 고시된 사업으로 상호출자제한기업집단 소속회사를 포함한 모든 소프트웨어사업자의 참여 가능

- 과학기술정보통신부 장관이 인정하여 고시하는 사업
  - 본 사업은 「소프트웨어 진흥법」 제48조(중소 소프트웨어사업자의 사업참여 지원) 제3항제2호 및 제4호, 제5항에 따른 예외 인정 및 고시하는 사업으로 상호출자제한기업집단 소속회사를 포함한 모든 소프트웨어사업자의 참여 가능

- 과학기술정보통신부 장관이 부분 인정하여 고시하는 사업 (100분의 20 이내 참여 허용)
  - 본 사업은 「소프트웨어 진흥법」 제48조(중소 소프트웨어사업자의 사업참여 지원) 제3항제2호, 제5항, 「중소 소프트웨어사업자의 사업참여 지원에 관한 지침」 제5조제2항에 따라, 부분 인정하여 고시하는 사업으로 총사업금액의 100분의 20 이내에서 상호출자제한기업집단 소속회사를 포함한 모든 소프트웨어사업자의 참여 가능

■ 하도급 제한

제안요청서상에서 하도급에 대한 어떠한 언급도 없는 사업은 암묵적으로 하도급을 허용한 사업으로 간주하기 때문에 PMO는 하도급 제안 여부가 명시되어 있는지 점검한다.

<제안요청서 작성 예시>
- 하도급 허용 사업
  - 하도급 관리 감독 및 시정 요구
    본 사업과 관련해서 발주기관은 「소프트웨어 진흥법」 제51조제7항에 따라 하도급 제한 규정 준수 여부를 관리·감독하여야 하고, 제1항부터 제5항까지의 규정을 위반한 계약상 대자에게 시정을 요구하여야 함

○ 하도급 사전 승인

　본 사업의 하도급 경우 「소프트웨어 진흥법」 제51조제5항 및 「소프트웨어사업 계약 및 관리 감독에 관한 지침」의 규정에 근거하여 반드시 하도급 계약 전에 발주기관으로부터 사전 승인을 받아야 함

○ 하도급 비율 제한

　본 사업의 과업의 일부를 하도급 하려는 경우 「소프트웨어 진흥법」 제51조제1항에 따라 물품(상용 소프트웨어 포함) 구매금액을 제외한 소프트웨어사업 금액의 100분의 50을 초과할 수 없으며, 같은 법 제3항에 따라 다시 하도급은 원칙적으로 불허함. 다만, 같은 법 제51조제2항 각호 및 제3항 각호에 해당하는 경우는 그러하지 아니함

○ 하도급 계획서 제출 요청

　본 사업 과업의 일부를 하도급 하려는 경우 계약체결 시 「소프트웨어사업 계약 및 관리 감독에 관한 지침」의 별지 제7호서식 '소프트웨어사업 하도급 계획서'를 제출하여야 함

○ 소프트웨어 기술성 평가 시 '하도급 계획 적정성' 평가를 하는 경우

　본 사업은 기술성 평가 시 '하도급 계획 적정성'을 평가항목에 포함하는 사업으로 「소프트웨어 기술성 평가 기준 지침」 별지 제4호서식 '소프트웨어사업 하도급 계획 적정성 확인서'를 제출해야 함

○ 하도급 계약의 적정성 판단 세부 기준 명시

　하도급 계약의 승인을 신청하는 경우, 「소프트웨어사업 계약 및 관리 감독에 관한 지침」의 별표 3 [하도급 계약의 적정성 판단 세부 기준]에 따라 적정성 여부를 판단하며, 평가 점수가 85점 이상인 경우에만 하도급 계약을 승인함. 다만, 85점 이상인 경우라 하더라도 하도급 계약의 세부 조건 등으로 인하여 사업의 원활한 수행이 불가능하다고 인정되는 경우 그 사유를 기재하여 하도급 승인 거절을 통보할 수 있음

○ 공동수급체 구성

　본 사업에서 전체 사업 금액 대비 10%를 초과하여 하도급 하려는 경우, 「소프트웨어 진흥법」 제51조제6항 및 같은 법 시행령 제48조제5항에 따라 하수급인과 공동수급체를 구성하여 참여해야 하며, 공동수급체를 구성하지 못하는 불가피한 사정이 있는 경우 그 사유를 제시하여야 함

• 하도급 불허 사업

○ 본 사업은 하도급을 불허함

■ SW 사업 작업장소(원격 개발)

　인력 상주를 요구하는 경우는 작업장소의 제공 여부와 관련 비용 계산 여부 등은 명시가 필요하다. SW 사업의 사업 성격·유형에 따라 작업장소 상주가 불필요 또는 별도의 작업장소가 불필요한 사업은 제외한다.

○ 원격 개발 장소 제시·검토 절차

공급자는 작업장소 상호협의 시 제안요청서 내 명시된 보안 요구사항을 준수한 작업장소를 제시할 수 있으며, 발주기관에서는 제시된 작업장소에 관하여 우선 검토한다. 다만, 발주기관에서는 공급자가 제시한 작업장소가 보안 요구사항을 준수하지 못한 경우 거부할 수 있으며, 공급자가 유효한 정보보호 체계 인증 또는 소프트웨어프로세스 품질인증을 보유하고 있는 경우 공급자의 제시안을 검토 시 우대할 수 있다.

○ 원격 개발 장소 보안 요구사항
① 공급자는 원격 개발에 따른 보안사고 등 위험요인을 식별하여 이에 대한 대응방안을 제안하여야 함

■ SW사업 산출물 활용 보장

계약 목적물의 지식재산권이 발생하는 소프트웨어사업인 경우는 산출물 활용 보장 여부를 명시해야 한다. PMO는 SW사업 산출물 활용 보장 여부가 제안요청서에 명시되어 있는지 점검한다.

→ 계약 목적물의 지식재산권은 주관기관과 사업자가 공동으로 소유하지만, 다만 개발의 기여도 및 계약 목적물의 특수성(국가안전보장, 외교 관계, 보안 및 정보보호 등)을 고려하여 주관기관, 사업자와 전문기관 간의 협의를 통해 저작권의 귀속 주체 등에 대해 공동소유와 달리 정할 수 있음

○ [예시1] SW 산출물 반출 절차 등
→ 공급자는 지식재산권의 활용을 위하여 SW 산출물의 반출을 요청할 수 있으며, 발주기관에서는「보안업무규정」제4조 및 제안요청서에 명시된 누출금지정보에 해당하지 않을 경우는 SW 산출물을 제공함. 단 공급자는 아래 내용을 준수하여야 함
- 공급자는 공급받은 SW 산출물에 대하여 제안요청서, 계약서 등에 누출금지정보로 명시한 정보를 삭제하고 활용하여야 하며, 이를 확인하는 공급자 대표 명의의 확약서를 발주기관에 제출하여야 함
- 공급자가 반출된 SW 산출물을 제3자에게 제공하려는 경우 반드시 발주기관으로부터 사전 승인을 받아야 함
- 발주기관은 공급자가 제공받은 SW 산출물을 무단으로 유출하거나 누출되는 경우 및 누출금지정보를 삭제하지 않고 활용하는 경우에는「국가계약법」제76조제1항제3호 및「지방계약법」제92조제1항제19호에 따라 입찰 참가 자격을 제한함

○ [예시2] SW산출물 반출 절차 등
공급자는 지식재산권의 활용을 위하여 SW 산출물의 반출을 요청할 수 있으며, 발주기관에서는「보안업무규정」제4조 및 제안요청서에 명시된 누출금지정보에 해당하지 않을 경우는 SW 산출물을 제공함. 다만 SW 산출물의 활용 절차와 공급자가 SW 산출물 활용 절차를 지키지 않는 경우 입찰 참가 자격 제한 등에 관하여는「소프트웨어 진흥법」제59조, 같은 법 시행령 제54조,「소프트웨어사업 계약 및 관리 감독에 관한 지침」제32조(산출물의 활용)에 따른다.

<제안요청서 작성 사례>
○ 당해 계약에 따른 계약 목적물에 대한 지식재산권과 활용
- (지식재산권) 발주기관과 계약상대자가 공동으로 소유하며 별도의 정함이 없는 한 지분은 균등한 것으로 한다. 다만 개발의 기여도 및 계약 목적물의 특수성(국가안전보장, 국방, 외교 관계 등)을 고려하여 계약당사자 간의 협의를 통해 지식재산권 귀속 주체 등에 대해 공동소유와 달리 정할 수 있다.
- (산출물 반출 요청) 계약상대자는 당해 계약에 따른 계약 목적물에 대한 지식재산권의 행사를 위하여 계약산출물의 반출을 요청할 수 있으며, 발주기관은 국가안보에 관한 사항으로서 대통령령으로 정하는 사유에 해당 여부를 검토하여 30일 이내에 그 결과를 통보
- (제재 요건) 활용 승인(제3자 제공 포함)을 받지 않고 반출하거나, 승인받은 소프트웨어 산출물을 무단으로 유출하거나 누출되는 경우, 누출금지정보를 삭제하지 않고 활용하는 경우

■ 개발 SW의 공동 활용 사전명시

당해 계약에 따른 지식재산권이 발생하는 SW사업인 경우는 개발 SW의 공동 활용에 대한 사항을 명시해야 한다. 또한 PMO는 SW사업인 경우 개발 SW의 공동 활용 내용이 명시되었는지 검토한다.

<제안요청서 작성 예시>
○ 본 사업을 통해 개발되는 소프트웨어는「(계약예규) 용역계약일반조건」제56조(계약목적물의 지식재산권 귀속 등)에 따라 타 기관과 공동 활용할 계획이 없음
○ 본 사업을 통해 개발되는 소프트웨어는「(계약예규) 용역계약일반조건」제56조(계약목적물의 지식재산권 귀속 등)에 따라 OOO을 위한 목적으로 OOO, OOO, OOO의 기관과 공동 활용할 계획이 있음

<제안요청서 작성 예시>
○ 본 사업을 통해 개발되는 소프트웨어는「(계약예규) 용역계약일반조건」제56조(계약목적물의 지식재산권 귀속 등)에 따른 타 기관과의 공동 활용 계획이 없음
○ 본 용역 사업은 공익 목적으로 비영리로 가시화 서비스를 제공하기 위한 사업으로 산출물(가시화 소프트웨어)은 산학연 기관 및 소속 이용자, 개인 연구자 등에게 공동 활용됨
○ 본 사업을 통해 개발되는 소프트웨어는「(계약예규) 용역계약일반조건」제56조(계약 목적물의 지식재산권 귀속 등)에 따라 농업연구업무 수행을 위한 목적으로 OOOOOO 및 그 소속기관과 공동 활용할 계획이 있음

■ 하자담보 책임기간 및 범위

SW사업의 경우 제안요청서에 하자담보 책임기간 및 범위를 구체적으로 명시한다. PMO는 하자담보 책임기간 및 범위가 구체적으로 명시되어 있는지 검토한다.

<제안요청서 작성 예시 >
○ 공통 명시
「(계약예규) 용역계약일반조건」제58조 제2항과 제3항에 따라, 정한 기한 내에 하자가 발생하여 발주기관이 하자보수를 계약상대자에게 요청한 경우는 하자를 조치하여야 함. 단 제58조제2항 각호의 경우는 유상 유지보수 또는 재개발로 봄. 또한 계약상대자는 제58조제3항에 각호의 어느 하나의 사유로 인하여 발생한 하자에는 하자보수의 책임이 없음
○ SW사업으로만 구성된 사업

하자담보 책임기간은 본 사업이 종료한 날(사업에 대한 시험 및 검사를 수행하여 최종산출물을 인도한 날을 말함)로부터 1년으로 함

○ SW와 다른 사업이 혼재된 사업

본 사업에 포함된 SW 사업의 하자담보 책임기간은 발주기관이 검사에 의하여 사업의 완성을 확인한 후 1년간으로 함

<제안요청서 작성 사례>

○ 「(계약예규) 용역계약일반조건」제58조 제2항과 제3항에 따라, 정한 기한 내에 하자가 발생하여 발주기관이 하자보수를 계약상대자에게 요청한 경우는 하자를 조치하여야 함. 단 제58조제2항 각호의 경우는 유상 유지보수 또는 재개발로 봄. 또한 계약상대자는 제58조제3항에 각호의 어느 하나의 사유로 인하여 발생한 하자에는 하자보수의 책임이 없음

○ 하자보수 기간은 사업종료 후 1년 이내로 하며, 하자보수 이외의 기능개선(상위버전 업그레이드 포함), 사업 방법의 개선 등 유지관리 및 재개발에 대해 계약목적물의 인수 직후 별도의 계약체결을 통해 유상으로 사업을 추진함

○ 사업(계약) 종료 후 하자담보 책임을 벗어난 요구사항 사례

- (최신 버전으로) 무상 업그레이드

- 시스템 안정화를 위한 개발자 상주, 시범운영 지원

- (구축된 정보시스템, 상용 SW) 정기 점검

- 정보시스템의 사용 방법(UI 등) 및 기능개선

- 하드웨어 및 소프트웨어에 대한 설정 변경 및 최적화

- 정보시스템의 설치장소, 규정, 정부 표준 변경으로 인한 소프트웨어의 변경
  (커스터마이징, 연계 등) 요청 지원

<표 96> 하자보수 유지관리 수행 상세 요구사항(예시)

요구사항 분류		유지관리 수행 요구사항
요구사항 고유번호		MPR-01
요구사항 명칭		하자보수
요구사항 상세설명	세부 내용	- 하자보수 기간은 검수 완료 후 1년으로 한다. - 장애 발생 시 2시간 이내 방문 4시간 이내 복구를 원칙으로 한다. - 모든 납품 제품은 제조사 공급확약서 및 기술지원 확약서를 계약 후 10일 이내 제출하여야 한다. - 사업 완료 이전에 자산 물품 등록을 위한 조달청 물품식별번호를 제출하여야 한다.
산출정보		기술지원확약서, 라이선스, 하자보증서, 조달청 물품식별번호 문서

■ 특정 규격 명시 금지

발주기관은 제안요청 시 업체명, 모델명, 특정 제품에서 사용되는 기술 용어 등을 명시하지 못하게 되어있다. PMO는 특정 규격 명시 점검항목을 점검한다.

<제안요청서 작성 사례>
○ 본 사업 관련하여 발주자는 「(계약예규)정부 입찰·계약 집행기준」 제5조제4항제5호에 따라, 물품의 제조·구매 입찰 시 부당하게 특정 상표 또는 특정 규격 또는 모델을 지정하여 입찰에 부치는 경우와 입찰 조건, 시방서 및 규격서 등에서 정한 규격·품질·성능과 동등 이상의 물품을 납품한 경우는 특정 상표 또는 모델이 아니라는 이유로 납품을 거부하여 참가자의 자격을 제한해서는 안됨
○ 특정 규격 명시 점검항목
　- 업체명, 모델명 명시 금지
　- 특정 제품에서 사용되는 기술 용어 명시 금지
　　예: RAC(특정 DBMS의 기술 사양에서만 사용되는 용어) 지원
　- 특정 제품만 가능한 기능, 성능 명시 금지
　　예: 개발언어: ASP (특정 OS 기반의 WEB 개발언어)

■ 협상에 의한 계약 방식 적용(또는 경쟁적 대화에 의한 계약방식 적용)

PMO는 계약 방식 적용이 적합한지 검토한다.

<제안요청서 작성 사례>
• 협상에 의한 계약 체결 예시
○ 「소프트웨어 진흥법」 제49조제1항, 같은 법 시행령 제44조제1항에 따라 협상에 의한 계약 체결 방식 적용
○ 「국가를 당사자로 하는 계약에 관한 법률 시행령」 제43조에 의거 협상에 의한 계약 체결 방식 적용
○ 계약 방법: 공개경쟁입찰(협상에 의한 계약)
○ 「지방자치단체를 당사자로 하는 계약에 관한 법률 시행령」 제43조에 의거 협상에 의한 계약 체결 방식 적용

• 경쟁적 대화에 의한 계약체결 예시
○ 「소프트웨어 진흥법」 제49조제1항, 같은 법 시행령 제44조제1항에 따라 경쟁적 대화에 의한 계약체결 방식 적용

○「국가를 당사자로 하는 계약에 관한 법률 시행령」 제43조3항에 의거 경쟁적 대화에 의한 계약체결 방식 적용

○ 계약 방법: 공개경쟁입찰(경쟁적 대화에 의한 계약체결)

○「지방자치단체를 당사자로 하는 계약에 관한 법률 시행령」에 제44조2항에 의거 경쟁적 대화에 의한 계약체결 방식 적용

■ 기술능력평가 비중(90%) 도입

PMO는 제안요청서에 기술능력평가 비중(90%) 도입 여부가 명시되어 있는지 점검한다.

< 제안요청서 작성 사례 >
• SW 기술성 평가 시 차등 점수제 적용
　○「소프트웨어 기술성 평가기준 지침」 제4조제5항에 따라 본 사업은 기술능력평가의 변별력을 확보하기 위하여 기술능력평가 점수 총 배점 한도를 기준으로 3점* 이내의 순위 간 점수 차를 지정하여 차등 점수제를 부여함
　　*참고: 3점 이내에서 발주기관이 점수 차이를 정하여 명시 가능
　○ 다만, 원점수 기준의 순위별 점수 차가 차등 점수보다 큰 경우에는 원점수 차를 적용하며, 차등 점수를 부여한 후 기술능력평가 점수와 가격평가점수를 합산하여 동점인 경우는 기술능력평가 점수에 따라 순위를 정함

• SW 기술성 평가 시 차등 점수제 미적용
　○ 본 사업은 「소프트웨어 기술성 평가기준 지침」 제4조제5항에 따른 차등 점수제를 미적용한 사업임
　○ 기술 평가는 「소프트웨어 기술성 평가기준 지침」을 기준으로 하되, 사업의 특성 및 내용 등을 고려하여 평가항목, 항목별 배점 한도를 조정
　　* 평가항목의 합인 각 평가 부문별 배점 한도는 30점을 초과하지 못함

＜표 97＞ 평가 기준

평가부문	평가항목	평가기준	평가요소
전략 및 방법론 (15점)	사업 이해도	사업의 특성 및 목표에 부합하는 사업전략을 제시하고 있는지를 평가한다. ※ 제4조제4항제4호에 따라 총배점 한도 이외에 가점을 부여할 수 있음	- 개발목표 및 내용의 이해도 - 문제파악의 정확성 - 업무분석체계의 명확성 - 목표시스템 구성의 적정성 - 제안요청서와의 부합성
	추진전략	개발업무 수행 시 일정 및 위험 요소를 고려하여 얼마나 타당한 추진전략을 수립하였는지 평가한다.	- 추진전략의 창의성 - 추진전략의 타당성
	적용 기술	사업에서 적용하고자 하는 기술이 향후 확장성을 고려하였는지, 현실적으로 실현 가능한지 여부를 평가한다.	- 제안기술의 실현가능성 - 적용 기술의 혁신성 - 적용 기술의 최신성
	표준 프레임워크 적용	표준 프레임워크 적용 여부와 적용 시 예상되는 문제점을 구체적으로 기술하고 실현 가능한 대응 방안을 제시하였는지 평가한다.	- 표준 프레임워크 내용의 이해도 - 표준 프레임워크 적용의 명확성 - 표준 프레임워크 적용 방안의 타당성
	개발 방법론	사업에 적정한 개발 방법론이 제시되었는지 평가하고, 실제 적용 사례 및 경험을 바탕으로 단계별 산출물이 제시되었는지 여부를 평가한다.	- 개발 절차의 타당성 - 개발산출물의 적정성 - 도구와 기법의 적정성과 경험 - 적용방법론의 경험
기술 및 기능 (25점)	시스템 요구사항	요구 규격을 충족하는 장비 제안 여부와 현 시스템과의 인터페이스 및 확장 가능성 여부를 평가한다. 또한 도입 장비의 설치 및 공급 계획, 유지관리에 대한 방안이 구체적으로 기술되어 있는가를 평가한다.	- 도입 대상 장비의 규격 충족도 - 도입 대상 장비의 호환성 - 도입 대상 장비의 확장 편의성 - 도입 대상 장비의 설치 용이성 - 도입 대상 장비의 관련 인증획득 여부 - 도입 대상 장비의 유지보수 지원
기술 및 기능 (25점)	기능 요구사항	기능 요구사항·기대사항·제약사항 등을 파악한 후 구현 방안이 구체적으로 기술되어 있는지를 평가한다. 또한 제안한 방안 및 기술이 적용 가능한지를 평가한다.	- 기능 요구사항 분석 및 방안의 타당성 - 기능 요구사항 분석의 적정성 - 관련 방안 및 기술의 적용 가능성
	보안 요구사항	요구사항 및 시스템 분석을 바탕으로 보안 요구사항의 적용 방안이 구체적으로 기술되었는지 평가한다. 또한 제안한 방안과 기술의 설계단계 반영 여부 및 구현단계까지의 적용 가능성을 평가한다.	- 보안 요구사항 분석 및 방안의 타당성 - 보안 요구사항 분석의 적정성 - 관련 방안 및 기술의 적용 가능성
	데이터 요구사항	데이터 요구사항 분석을 바탕으로 데이터 전환 계획 및 검증 방법, 데이터 오류 발생 시 처리 방안이 구체적으로 제시되어 있는지를 평가한다.	- 데이터 전환 계획 및 방법의 타당성 - 데이터 오류 발생 시 대응 방안의 구체성
	시스템 운영 요구사항	시스템 운영 요구사항에 맞는 운영 절차 및 방법을 제시하였는지 평가한다. 또한 운영 중 비상사태 발생 시 대응 방안이 구체적으로 제시되고 있는지를 평가한다.	- 시스템 운영 요구사항의 충족도 - 시스템 운영 요구사항 대응책의 타당성
	제약사항	목표시스템의 설계, 구축, 운영과 관련하여 제약 조건을 충족시키기 위한 구체적인 구현 방안 및 테스트 방안이 수립되었는지 평가한다.	- 제약사항 문제파악의 정확성 - 제약사항의 충족도 - 제약사항의 대응 방안의 적정성

평가부문	평가항목	평가기준	평가요소
성능 및 품질 (20점)	성능 요구사항	요구 성능 충족을 위한 구현 및 테스트 방안이 구체적으로 기술되어 있는지, 이를 위한 방법론 및 분석 도구가 기술되어 있는지 평가한다. 제안한 방안 및 기술을 통해 성능 요구사항을 충족시킬 수 있는지를 평가한다.	- 성능 요구사항 분석의 타당성 - 성능 요구사항의 충족도
	품질 요구사항	제공되는 개발 도구 및 구현 방안, 테스트 방안 등이 품질 요구사항에 부합되는지 평가하고, 분석·설계·구현·테스트 등 각 단계별 품질 요구사항 점검 및 검토 방안이 구체적으로 계획되어 있는가를 평가한다.	- 품질 요구사항 점검 계획의 적정성 - 품질 요구사항 점검의 타당성
	인터페이스 요구사항	시스템 인터페이스: 타 시스템과의 연계에 대한 장단점 분석을 통해 가장 적합한 시스템 인터페이스 구축 방안을 도출하였는지를 평가한다. 사용자 인터페이스: 사용자 편의성을 고려하여 사용자 인터페이스의 분석·설계·구현·테스트 방안과 검토 계획을 구체적으로 기술하였는가를 평가한다.	- 시스템 인터페이스 구현의 적합성 - 사용자 인터페이스의 편의성
프로젝트 관리 (20점)	관리 방법론	일정관리, 사업위험(이슈) 관리, 보안관리, 산출물의 형상·문서 관리 등 사업수행에 필요한 관리 방법론이 구체적으로 제시되어 있는지를 평가한다. 또한 문제 발생 시 보고 체계 및 위험관리 방안이 구체적으로 제시되어 있는지 평가한다.	- 위험관리 방안의 적정성 - 자원관리 방안의 적정성 - 진도관리 방안의 적정성 - 보안관리 방안의 적정성 - 형상관리 방안의 적정성 - 문서관리 방안의 적정성 - 분리발주 사업자 간 협력 방안의 적정성(해당 시)
	일정 계획	사업수행에 필요한 수행 기간과 세부 일정이 구체적으로 제시되었는지 평가한다. 또한 각 활동에 필요한 일정 계획이 적절히 수립되었는지를 평가한다.	- 세부활동 도출 및 기간의 타당성 - 세부활동 배열의 합리성 - 중간목표 정의의 타당성
	개발 장비	개발에 필요한 개발환경의 구성이 구체적으로 제시되었는지 평가하고, 라이선스 등의 문제가 없는지 여부를 평가한다.	- 개발 장비 보유현황 및 확보방안 - 개발 도구 보유현황 및 확보방안
프로젝트 지원 (10점)	품질 보증	제시된 품질보증 방안이 해당 사업의 수행에 적합한지, 사업자가 「소프트웨어 진흥법」 제21조의 소프트웨어프로세스 품질인증(SP인증) 등 대외적으로 인정받을 만한 품질보증 관련 유효한 인증을 제시하는 경우 확인하고 평가한다. 이 경우 유효한 SP인증을 보유하고 있는 경우에는 우대할 수 있다. ※ 제4조제4항제3호에 따라 총배점한도 이외에 가점을 부여할 수 있음	- 품질보증 계획의 적정성 - 사업자 품질보증 능력 - 소프트웨어 프로세스 품질인증 등 관련 인증 획득 여부
프로젝트 지원 (10점)	시험 운영	시스템 공급자가 개발된 시스템의 시험운영을 위해 필요한 각종 시험운영 방법 등을 구체적으로 제시하였는지 평가한다.	- 시험운영 방법의 적정성 - 시험운영 내용의 적정성 - 시험운영 일정의 적정성

평가부문	평가항목	평가기준	평가요소
프로젝트 지원 (10점)	교육 훈련	시스템 공급자가 시스템 운영 및 관리자를 위해 필요한 각종 교육훈련의 방법, 내용, 일정 등을 구체적으로 제시하였는지 평가한다.	- 교육 훈련 방법의 적정성 - 교육 훈련 내용의 적정성 - 교육 훈련 일정의 적정성
	유지 관리	시스템 공급자가 제시하는 유지관리 계획, 조직, 절차, 범위 및 기간과 이와 관련된 기타의 활동 및 그 제한사항에 대해 평가한다. ※ 제4조제4항제1호 및 제2호에 따라 총배점한도 이외에 가점을 부여할 수 있음	- 유지관리 계획의 적정성 - 유지관리 조직의 적정성 - 유지관리 절차의 적정성 - 유지관리 범위의 적정성 - 유지관리 기간의 적정성
	하자 보수 계획	시스템 공급자가 제시하는 하자보수 계획, 절차, 범위 및 기간과 이와 관련된 기타의 활동 및 제한사항에 대해 평가한다.	- 하자보수 계획의 적정성 - 하자보수 조직의 적정성 - 하자보수 절차의 적정성 - 하자보수 범위의 적정성 - 하자보수 기간의 적정성
	기밀 보안	사업 추진 동안 악영향을 미치는 일련의 불순 활동들로부터 기밀을 보호함과 동시에 원활한 사업의 수행을 보장하기 위한 체계 및 대책에 대하여 평가한다.	- 기밀보안 체계의 적정성 - 기밀보안 대책의 확신성
	비상 대책	시스템 공급자가 안정적인 시스템 운영을 위해 필요한 각종 백업/복구 및 장애 대응 대책을 구체적으로 제시하였는지 평가한다.	- 백업/복구 대책 - 장애 대응 대책
상생 협력 (5점)	상생 협력	공동수급체 구성을 통한 입찰참가 시, 사업 참가자 중 중소기업인 소프트웨어사업자의 참여 비율(지분율)에 따라 등급을 평가한다. 단, 중소기업인 소프트웨어사업자가 단독으로 입찰에 참가한 경우 최고 등급을 부여하고, 중소기업인 소프트웨어사업자의 참여 지분이 없는 경우는 '0'점을 부여한다. ※ 제4조제4항제5호에 따라 총배점한도 이외에 가점을 부여할 수 있음	- 공동수급체 구성의 적정성 - 중소기업인 소프트웨어사업자의 공동수급체 참여비율
하도급 계획 적정성 (5점)	하도급 계획 적정성	소프트웨어사업 하도급 계획서 상의 하도급에 참가하는 자의 전체 하도급 금액 비율(100분의 50미만), 재하도급 여부, 개별 하도급 금액 비율(100분의 10이하) 등을 고려하여 「소프트웨어 진흥법」에 따라 적정하게 계획하였는지를 평가한다. 다만, 하도급을 하지 않는 경우 최고등급을 부여할 수 있다. ※ 제4조제4항제6호에 따라 총배점한도 이외에 가점을 부여할 수 있음	- 소프트웨어 진흥법 제51조 하도급 제한 규정 준수여부 ·하도급 비율 제한(50%초과) ·재하도급 원칙적 금지 ·10%초과 하도급에 대한 공동수급체 구성을 요청한 경우 준수여부

* 평가부문별 점수 계산식 : 평가부문별 점수 $= \sum_{k=1}^{\Pi} 평가항목배점_k \times \left(\dfrac{평가항목의\ 취득등급값_k}{평가항목의\ 등급최고값_k} \right)$

※ k는 평가부문의 개별 평가항목임

* '상생협력' 평가항목의 중소기업인 소프트웨어사업자 참여 공동수급체 지분율별 평가등급

중소기업인 소프트웨어사업자 참여 지분율	평가등급
50% 이상	5등급
45% 이상 ~ 50% 미만	4등급
40% 이상 ~ 45% 미만	3등급
35% 이상 ~ 40% 미만	2등급
35% 미만	1등급

※「소프트웨어 진흥법」제48조제3항제4호에 따른 민간투자형 소프트웨어사업의 경우에는 '중소기업인 소프트웨어사업자 참여 지분율'을 '공공부문이 부담하는 사업비 중 중소기업인 소프트웨어사업자 참여 지분'으로 산정

* 제4조제4항제3호에 따른 소프트웨어 프로세스 품질인증(SP) 관련 가점 부여 시에는 아래 표와 같이 인증등급 간 차등 비율을 적용

인증등급	SP인증 3등급 /CMMI·SPICE 4~5	SP인증 2등급 /CMMI·SPICE 2~3	미부여
비율(%)	100	50	0

■ SW사업 제안서 보상

총사업예산 20억 원 이상 소프트웨어 개발사업의 경우 제안서 보상을 하게 되어있다. PMO는 제안요청서 상에 제안서 보상 내용이 기술이 안 된 경우는 제안서 보상 미실시 항목에 포함 여부를 점검한다.

<제안요청서 작성 사례>
• 제안서 보상 실시 명시
  ○「소프트웨어 진흥법」제52조(소프트웨어사업 제안서 보상) 제1항에 따라 국가기관 등의 장은 소프트웨어사업을 추진하는 경우 낙찰자로 결정되지 아니한 자 중, 제안서 평가에서 우수한 평가를 받은 자에 대하여는 예산의 범위에서 제안서 작성비의 일부를 보상할 수 있음
  ○ 기술평가 시 제안서 보상 대상 의결에 따라 보상 대상자를 최종결정하며, 보상비의 총규모는 1억 원을 초과할 수 없음

• 제안서 보상 미실시 명시
  ○ 본 사업은 소프트웨어사업 계약 및 관리 감독에 관한 지침 제16조, 제17조에 따라, 제안서 보상 대상사업에 해당하지 않으므로 제안서 보상하지 않음

○ 본 사업은 20억 원 미만의 SW 사업으로 제안서 보상 대상사업에서 제외

○ 본 사업은 HW 구축사업에 해당되므로 제안서 보상 대상사업이 아님

○ 본 사업은 유지보수 사업이므로 제안서 보상을 하지 않음

■ 요구사항 상세화

PMO는 SW 개발사업, 시스템 운용 환경 구축사업, 유지관리 사업, 정보화전략계획 수립사업(컨설팅 사업 포함), 데이터베이스 구축 및 디지털 콘텐츠 개발 서비스 사업 등 요구사항 상세화가 적정한지 검토한다.

<기능 요구사항에 대한 상세 작성 사례>

* SW산업정보종합시스템(www.swit.or.kr > 정보센터 > SW 제도 자료실)에서 '공공 SW 사업 제안 요청서 작성을 위한 요구사항 상세화 실무 가이드라인' 참조

<표 98> 소프트웨어사업 상세 요구사항 세부 내용 작성표

요구사항 분류		
요구사항 고유번호		(예: 기능요구사항 - 000)
요구사항 명칭		
요구사항 상세설명	세부 내용	
산출정보		

■ 소프트웨어사업 적정 사업기간 산정

SW 개발과 관련된 과업이 포함된 사업은 SW사업 적정 사업기간을 산정해야 한다. 따라서 PMO는 SW사업 적정 사업기간 산정방식이 제안요청서에 명시되어 있는지 점검한다.

<제안요청서 작성 사례>

* SW 개발과 관련된 과업이 포함된 사업

* SW 개발 유형 이외의 사업(컨설팅[정보전략계획수립(ISP), 업무재설계(BPR)], 운영/유지관리, 시스템 운영환경 구축, 디지털콘텐츠 제작, HW/SW 구매[커스터마이징 포함] 등 SW 개발이 포함되지 않는 사업)

<사례 2> 소프트웨어 개발사업의 적정 사업기간 종합 산정서

사업명		
항목별 검토 의견		
검토항목	검토의견	추정 사업기간
① 기능점수(FP) 기반 SW사업 적정 개발기간 산정표		개월
② 사업기초자료(사업계획서, 예산신청서, 제안요청서)		개월
③ 유사 사업 자료		개월
④ 기타 특이사항		개월
종합 의견		
⑤ 종합 의견		적정 사업기간
		개월

「소프트웨어사업 계약 및 관리 감독에 관한 지침」 제10조제3항에 따른 소프트웨어 개발사업의 적정 사업기간을 위와 같이 산정합니다.

　　　　　　　　　　　　　　　　　　　　　　　　　　　　　　년 　 월 　 일

위 원 _____ (서명)　　　　위 원 _____ (서명)
위 원 _____ (서명)　　　　위 원 _____ (서명)
위 원 _____ (서명)　　　　위 원 _____ (서명)
　　　　　　　　　　　　　　　　　발주기관의 장　　　귀하

■ 투입인력 요구 및 관리 금지

다음과 같이 사업 대가를 기능점수(FP) 방식 또는 서비스 수준 협약 방식으로 산정한 사업의 경우는 투입인력 요구 및 관리를 금지하고 있다. PMO는 투입인력 요구 및 관리 금지 제안요청서에 명시되어 있는지 점검한다.

<제안요청서 작성 사례>
* SW 개발비, 재개발비 등에 대한 사업 대가를 기능점수(FP) 방식 또는 서비스수준협약(SLA) 방식으로 산정한 사업
* 투입공수 방식의 사업(컨설팅[정보전략계획수립(ISP), 업무재설계(BPR) 등], DB 구축, 디지털 콘텐츠 개발 서비스 등), 상용 SW 구매·유지관리, 응용 SW 유지관리, 시스템 운영환경 구축사업 등은 제외

<표 99> 투입인력 요구·관리 요구사항 명시 사례

구분	내용	
1. 제안요청서 목차	• 프로젝트 수행 조직표 • 참가기술자의 자격 및 경력	• 프로젝트 조직 및 인원 현황, 참여인력 현황 • 참여인력 이력 사항
2. 요구사항 목록	프로젝트 관리 요구사항: 사업수행과 관련한 조직구성, 인력관리, 　　　　　　　　　　　일정관리 방안에 대한 요구사항	
3. 요구사항 내용	참여 인력 자격요건	• PM은 고급기술자 이상, 개발인력은 초급기술자 1명 이상 투입하여야 한다. • 프로젝트 관리자 자격요건: 공공 정보화 사업에서 PM 업무수행 경험, 전체 　사업을 총괄할 수 있는 지식과 경험을 보유한 관리자 선별 • 사업수행책임자(PM)는 사업을 총괄할 수 있는 전문가로 지정하여야 함
	유지관리 요구사항	상주인력은 근태관리를 위하여 일일 출퇴근을 기록하고 주관기관에 보고하 여야 함
	데이터 요구사항	• 성과분석 DB 구축을 위해 DW 전문인력 참여 • 초기 자료 구축은 DB 전문인력을 통해 수행되어야 함 • 데이터의 정합을 유지하면서 시스템의 성능을 저하시키지 않도록 DB 설계 　가 되어야 하며, DB 전문인력을 통해 검증이 이루어져야 함
	품질 요구사항	• 시험계획서에 시험인력, 시험데이터, 시험 절차/방법, 시험 시스템 튜닝 등을 　포함 • 산출물에 대한 품질관리를 위해 별도의 품질관리인력을 투입(상주)하여야 함
	프로젝트 관리 요구사항	• 사업수행계획서 제출 시 월별 상세 투입인력 현황을 제시하여야 함 • 사업 추진을 위한 조직 및 인원 현황, 조직별, 작업 단위별 업무분장 내역 제시 • 본 사업을 수행할 추진조직, 핵심 인력구성 및 프로필과 단계별 인력투입계획 　및 역할, 투입률 등을 제시하여야 하고, 특히 PM, PL의 경우는 투입인력의 기 　술 수준을 상세하게 제시하여야 하며, 인력은 주관기관의 동의 없이 사업자 　임의로 변경할 수 없음 • 계약체결 또는 투입인력 교체 시에는 5일 이내에 아래의 자격요건 증빙 서류를 　제출 ① 이력서 1부 ② 기술자격 또는 동등 이상의 학력증명서류 1부 ③ 보 　안서약서 1부 • 핵심인력은 사업 수행에 적절한 인력 수준이어야 하며, 경력을 증빙할 수 있 　는 서류와 자사 인력임을 증빙할 수 있는 자료 제안 시 첨부 제출해야 함 • 사업수행계획서: 사업 추진 일정 및 인력투입 계획 　착수보고: 사업 추진 일정 및 인력투입 계획(사업수행계획서) 　정기보고(주간, 월간): 기술인력 투입현황
	프로젝트 지원 요구사항	• 무상하자보수 지원 방안(지원 인원을 포함) 제시 • 하자보수 요원을 정하고 기술지원 계획수립 • 개발기간을 제외한 안정화 기간에 업무 장애/서비스 개선 사항이 발생하였을 　경우를 대비하여 시스템 구축에 참여한 최소전문기술 인력을 상주하여 안정화 　운영을 지원하여야 함 • 무상하자보수 기간동안 사업참여 인력을 분야별로 배정하고 교육 및 신속한 하 　자보수를 지원
4. 제안서 평가	• 참여인력 기술상태, 기술보유 현황, 사업수행경험, 사업수행능력 • 품질, 데이터, 인터페이스 등 각 분야별 전문인력 투입여부 • 정성적, 정량적 평가 시 평가를 위한 서류 제출	
5. 제안서 목차 및 작성지침	• 본 사업을 수행할 투입인력(PM, PL, 주요 기술자 등)에 대한 이력사항을 제시 • 조직 및 인원 현황, 사업수행 인력현황 • 수행조직 및 인원, 수행인력 구성 및 투입계획 • 본 사업을 수행할 조직 및 업무분장 내용을 상세히 제시	
6. 별첨 양식 및 제출서류	• 참여인력 현황 • 프로젝트 수행 조직표 • 참여인력 이력사항 • SW 기술자 경력 증명서	• 참가기술자의 자격 및 경력 요약 • 최종학력 졸업증명서 • 교육 이수 확인서

■ 소프트웨어사업 영향평가

다음 사업에 해당하면 SW사업 영향도 평가를 해야 하며, PMO는 SW사업 영향평가가 제안요청서에 명시되어 있는지 점검한다.

- SW 기획, 구축, 운영·유지보수, 그 밖의 정보화사업 등 공공 소프트웨어사업

※ SW사업 영향평가는 기술적 의미의 소프트웨어와 관련된 사업을 대상으로 하며, 단순 디지털 콘텐츠 제작사업*은 이에 해당하지 아니하므로 SW사업 영향평가의 대상에 해당하지 않음

* 예: 제도홍보 동영상, 정책안내 디지털 카드 뉴스 등

\<제안요청서 작성 예시\>

• 적용 대상사업

　○ 본 사업은 「소프트웨어 진흥법」 제43조, 같은 법 시행령 제35조 내지 제37조, 「소프트웨어사업 계약 및 관리 감독에 관한 지침」 제5조, 제6조에 따라 소프트웨어사업 영향평가를 미리 실시한 사업임

　- 「소프트웨어사업 계약 및 관리 감독에 관한 지침」 별지 제1호서식에 따른 '소프트웨어사업 영향평가 결과서' 첨부

소프트웨어사업 영향평가 결과서					
1. 기본정보	사업명				
	영향평가단계	□ 예산편성	□ 그 외 필요시	□ 사업발주	□ 재평가
	주요 내용				
	사업기간 (또는 개발기간)	20 년 월 ~ 20 년 월			
	구분	① 상용 소프트웨어의 구매·설치 및 유지관리 사업			□
		② 국가안보, 치안, 외교 등 민간이 서비스하기에 부적합한 사업			□
		③ 민간투자형 소프트웨어사업			□
		④ 단일기관 내부(소속기관 제외) 직원을 대상으로 제공하는 소프트웨어사업			□
		⑤ 데이터베이스 구축사업			□
		⑥ 소프트웨어 변경이 없는 운영사업			□
		⑦ 그 외 소프트웨어사업			□
2. 운영 계획	운영 기관	□ 단일기관		□ 다수 기관 (예상: 개 기관)	
	사용자 (복수선택가능)	구분			예상 사용자수
		□ 내부 직원			명
		□ 타 기관 직원			명
		□ 일반 국민 또는 기업			명

	주요 기능과 동일·유사한 소프트웨어를 민간에서 판매를 위해 제공하는지 여부	
3. 민간 소프트웨어 시장침해 가능성	☐ 있음 ☐ 없음	
	※ 「없음」에 해당하는 경우 3번 이하 항목 및 4번 항목 작성 불필요	
	주요 기능	동일·유사한 민간 소프트웨어
	○	
	○	
	○	

4. 사업의 필요성·공공성 검토 (복수선택가능)	☐ 법령에 규정된 사업
	  (관련 법령 :)
	☐ '공공데이터 활용 공공서비스 제공 및 정비 가이드라인' 준수
	☐ 사업을 통한 민간 소프트웨어 시장 활성화 기여
	* Open API 등을 통한 데이터 개방, 민간 소프트웨어 구매·활용 계획, 데이터 연계표준 및 표준업
	  무 절차 제시, 중장기 민간 이양 계획 등
	  (기여 방안 :)
	☐ 그 외의 사유로 민간이 소프트웨어를 제공하기에 부적합
	  (부적합 사유 :)	

5. 종합 의견	☐ 민간 소프트웨어 시장침해 가능성 없음 ☐ 민간 소프트웨어 시장침해 가능성을 최소화하여 사업 추진(추진 방안 :)	
	년 월 일 기관명 : (직인)	

- 적용 제외 사업
  ○ 본 사업은 「소프트웨어 진흥법 시행령」 제36조, 「소프트웨어사업 계약 및 관리 감독에 관한 지침」 제6조에 따라서 '민간투자형 소프트웨어사업'으로 소프트웨어사업 영향평가 제외 대상사업임

■ 소프트웨어사업 제출

다음 사업에 해당하면 SW사업 정보 제출을 해야 하며, PMO는 SW사업 정보 제출 여부가 제안요청서에 명시되어 있는지 점검한다.

- SW 개발 및 재개발 사업: 발주금액 기준 1억 원 이상 사업(분리발주 제외, HW, 상용 SW 구매비용 등을 포함한 통합발주 금액 기준)
- SW 유지보수 및 운영사업: 발주금액 기준 1억 원 이상 사업(다년 계약일 경우 연간 유지보수 비용 기준)

<제안요청서 작성 예시>
  ○ 본 사업은 「소프트웨어 진흥법」 제46조에 따라 SW사업정보(SW사업 수행 및 실적정보) 데이터를 작성 및 제출하여야 함

○ SW사업 정보 데이터 작성 및 제출에 관한 사항은 SW사업 정보저장소(www.spir.kr) 자료 실의 'SW사업 정보저장소 데이터 제출 안내' 문서를 참조토록 함
○ SW사업 정보 데이터는 사업수행계획서 작성 시 단계별 산출물 리스트에 명시하도록 함
○ SW사업 정보 중 기능점수 데이터의 작성을 위해 사업수행 인원 중 기능점수 산정 가능 전문가를 포함토록 함

2.1.2 사업계획서(안) 검토

사업계획서(안) 검토는 정보시스템의 상호운용, 공동 활용, 편의성, 효율성, 보안성 측면에서 사업계획을 검토하여 반영하고, 정보화 기획 관련 부서에 공문을 검토 요청하고, 필요시 소관부서(예: 대한무역투자진흥공사(KOTRA)의 경우 산업통상자원부) 및 국가정보원에 보안성 검토를 요청, 그 결과를 반영하는 단계다.

2.1.2.1 기술 시행 평가

1) 개요

발주부서는 기술 시행 평가(기술·보안성 검토) 단계에서 정보 접근의 기술적 편의성 및 적절한 시스템 선정을 통해 정보시스템을 효율적으로 운용할 수 있도록 정보시스템의 상호운용, 공동 활용, 편의성 및 효율성, 보안성 측면에서 사업계획서를 검토한다.

2) 검토 세부 절차

발주기관에 따라 다를 수 있지만 <그림 68>과 같이 4단계 절차를 거쳐 사업계획서(안)을 작성한다.

<그림 68> 기술 시행 평가(기술·보안성 검토) 절차

사업계획서(안) 확인 → 정보통신망 구성도 및 보안대책 확인 → 운영성과 측정방안 확인 → 기술 시행 평가(기술·보안성 검토) 결과 반영

■ 사업계획서(안) 확인

「전자정부법 시행령」 제71조에 규정되어 있는 감리대상사업 등 체크리스트의 해당 내용을 확인하고 기관별 정보화 사업절차에 따라 대상사업을 확인한다.

■ 정보통신망 구성도 및 보안대책 확인

발주기관에서 구축하고자 하는 시스템의 정보통신망 구성도와 자체 보안대책을 확인
한다. 필요의 경우 IP주소 체계를 추가한다.

■ 운영성과 측정방안 확인

사업 계획수립 시 정량적·정성적 성과목표를 설정 및 작성된 내용을 확인한다.

■ 기술 시행 평가(기술·보안성 검토) 결과반영

기술 시행 평가(기술·보안성 검토) 결과(<그림 69>)를 통보받은 발주부서 담당자는 작성된 사
업계획서(안), 기술적용계획표, 정보통신망 구성도, 보안대책, 제안요청서 등에 수정 반영한다.

<그림 69> 기술 시행 평가(기술·보안성 검토) 결과서 샘플 양식

제0차 기술·보안성 검토회의 결과서			
1. 일 자 : 2. 장 소 : 3. 안 건 : 통합 업무시스템 아키텍쳐 검증 컨설팅, 정보화기획팀		주관	정보화기획부
제출서류			
제안요청서(RFP)			○
사업계획서			○
정보통신망 구성도			-
기술적용계획표			-
검토 결과			
□ 원안 통과	□ 수정 통과		□ 보완 후 재검토
산업부 보안성 검토 실시 여부			대상 / 비대상
사전협의 의뢰 여부			대상 / 비대상
과업심의위원회 상정 여부			상정 / 미상정
정보화추진위원회 상정 여부			상정 / 미상정
상기 안건에 대하여 논의를 필하고 서명 날인함			
참석자	서명	참석자	서명
요청부서 실무자		정보기술 실무자	
정보보안 실무자		검토회의 간사	
데이터 실무자			

출처: KOTRA 정보화 사업 발주·수행 표준 가이드, 2021

3) 보안성 검토 대상사업 분류

보안성 검토 대상사업 기준은 예산 규모와 상관없이 모든 사업을 대상으로 한다. <표 100>과 같이 정보화사업은 사안의 경중에 따라 '국가정보원 검토대상'과 '소관부서(예: 산업통상자원부 등) 검토 대상'으로 구분되며 해당 대상에 명시되지 않은 정보화사업에 대한 보안성 검토는 발주기관의 정보화부서에서 자체 검토한다.

<표 100> 보안성 검토 대상사업 분류

구분	사업유형	세부사업 내용
국가정보원 검토	1. 비밀·국가안보·정부정책과 관련되는 사업	• 비밀 등 국가기밀의 유통·관리와 관련된 정보시스템 구축 • 외교·국방 등 국가안보상 중요한 정보통신망 구축 • 재난 대비 등 국가위기관리와 관련된 정보통신망 구축 • 에너지·교통·수자원 등 국가기반시설의 전자제어시스템 구축 • 외국 정부·기관간 정보통신망 구축 • 정상회의 등 국제행사를 위한 정보통신망 구축 • 정부정책을 지원하는 정보통신망 구축
	2. 대규모 예산투입과 다량의 DB자료를 처리하는 사업	• 대규모 정보시스템 구축(10억 이상) 정보화사업 • 다량의 개인정보(100만 명 이상)를 처리하는 정보시스템 구축 • 지리·환경정보 등 국가차원의 통합DB 구축
	3. 외부기관간 망 연동 등 보안상 취약 사업	• 다수 기관이 공동 활용하기 위한 정보시스템 구축 및 망 연동 • 내부 전산망 또는 폐쇄망을 인터넷이나 타 기관의 전산망 등 다른 정보통신망과 연동하는 경우 • 원격근무 지원시스템 구축
	4. 보안정책 과제 및 최신 IT기술 적용	• 업무망·인터넷 분리 정보화사업 • 업무망 ↔ 인터넷 간 자료교환 시스템 구축 • 보안관제센터(보안관제시스템) 구축 • 업무망과 연결되는 무선네트워크 시스템 구축 • 스마트폰 등 첨단 IT기술을 업무에 활용하는 시스템 구축
	5. 그 밖에 국가정보원장 및 중앙행정기관이 보안성 검토가 필요하다고 판단하는 정보화사업	
소관부서 검토	1. 기존 정형화된 정보화사업	• 홈페이지 구축·개선 등 웹시스템 구축 • 민원·기자실 등 외부인용 무선랜 구축 및 무선랜 공유기 설치 • 민원·기자실 내 외부인용 인터넷 PC 및 교육장내 PC 설치 • 인사관리·복지관리시스템 구축 등 인터넷 등 다른 정보통신망과 연결되지 않은 단순 내부직원 전용 정보시스템 구축 • 주요기반시설 취약점 분석·평가, 정보보안컨설팅 등 용역사업
	2. 단일기능의 정보시스템 구축	• 회의용 영상통화시스템 등 원격 화상회의시스템 구축 • 주·정차 단속 및 하천감시용 등 CCTV시스템 구축 • 백업시스템 구축 • 대민 콜센터시스템 구축 • 인터넷전화 시스템 구축
	3. 정보보호제품 도입 및 전산·통신장비 도입·교체	• 침입차단·탐지시스템, 가상사설망 장비(VPN), USB 관리시스템 등 정부보호제품 도입·교체 • 스위치·라우터 등 네트워크장비 및 서버 등 전산장비 도입·교체 • 전화·무전기 및 교환기 등 통신장비 도입·교체
	4. 그 밖에 국가정보원에서 기작성·배포한 보안지침으로 자체 보안대책 강구가 가능한 정보화사업	

4) 고려사항

○ 기술·보안성 검토는 정보화부서가 아닌 발주부서에서 기획한 사업의 경우, 이를 발주부서 담당자에게 실시 계획 및 결과를 통보한다.

○ 보안성 검토 요청 대상사업 기준은 예산 규모와 상관없이 모든 사업을 대상으로 한다.
  ※「행정기관 및 공공기관 정보시스템 구축·운영 지침」제7조, 제8조

○ 개인정보 영향평가 수행 필수 사항
  - 행정안전부「공공기관 개인정보 영향평가 수행안내서」를 참조하여 영향평가 수행 필요
  - 발주부서 담당자는 최종 검토 결과를 반드시 개인정보 보호 종합지원 포털(http://www.privacy.go.kr)에 등록
  ※「개인정보 보호법」제33조, 동 시행령 제35조

2.1.2.2 상위기관 기술 시행 평가

1) 개요

발주부서는 정보통신망과 행정정보 등의 안전성 및 신뢰성을 확보하기 위하여 정보보안부서에 공문으로 검토 요청하고, 필요한 경우 소관부서(예: 대한무역투자진흥공사(KOTRA))의 경우 산업통상자원부 및 국가정보원에 보안성 검토를 요청, 그 결과를 발주부서 담당자에게 통보한다.

2) 검토 세부 절차

발주기관에 따라 다를 수 있지만 <그림 70>과 같이 3단계 절차를 거쳐 사업계획서(안)을 작성한다.

<그림 70> 상위기관 기술 시행 평가(기술·보안성 검토) 절차

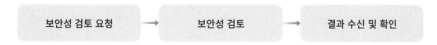

■ 보안성 검토 요청

보안성 검토대상 정보화사업은 첨부서류(자체 점검표 포함)를 준비하여 발주기관의 보안

부서에 공문으로 검토 요청한다(EA자체 검토 결과 포함하여 요청).

■ 보안성 검토

발주기관의 보안부서 담당자는 요청받은 보안성 검토 사업을 자체 검토하거나 필요한 경우 소관부서(예: 대한무역투자진흥공사(KOTRA))의 경우 산업통상자원부와 국정원에 검토 요청 후 결과는 회신받아 그 결과를 발주부서 담당자에게 통보한다.

■ 결과 수신 및 확인

발주부서 담당자는 통보받은 결과를 확인하고, 이를 사업계획서 및 제안요청서 등에 수정 반영한다.

3) 고려사항

○ 보안성 검토 요청 대상사업 기준은 예산 규모와 상관없이 모든 사업을 대상으로 한다.
   ※「행정기관 및 공공기관 정보시스템 구축·운영 지침」제7조, 제8조」

2.1.3 사전협의

1) 개요

정보화사업 사전협의는 다른 행정기관과의 상호연계 또는 공동이용과 관련한 사업 추진 시 중복투자 방지 등을 위해 사업 계획수립 후 행정안전부에 사전협의를 요청하고 협의한다. 행정안전부에 사전협의를 요청하면 행정안전부는 신청받은 날로부터 30일 이내 사전협의 결과를 통보하고, 요청기관은 결과 통보일로부터 15일 이내에 이의를 제기할 수 있다.

2) 세부 절차

사전협의는 <그림 71>과 같이 5단계 절차를 거쳐 진행한다.

<그림 71> 사전협의 절차

사전협의 요청 → 사전협의 신청 → 검토결과 통보 → 이의 제기 → 결과 수신 및 통보

■ 사전협의 요청

발주부서 담당자는 정보화사업이 사전협의 대상(10억 이상 또는 신규사업)인지 확인하고, 대상인 경우는 '중앙행정기관 전자정부사업 사전협의 신청서'를 작성하여 신청한다(「전자정부법 시행령」 제83조(사전협의 방법 및 절차 등)제1항, 「전자정부 성과관리 지침」 제13조(사전협의 신청), 「행정기관 및 공공기관 정보시스템 구축·운영 지침」 제14조(사전협의)).

<그림 72> 사전협의 신청서

중앙행정기관 전자정부사업 사전협의 신청서

사 업 명				
사업코드 (시행계획명)				( )
사 업 비	_____ 원(₩ _____ 백만 원)			
사업유형 (※복수기재 가능)	BPR/ISP	SW 개발	DB	전산장비구매
사전협의 대상 사유	☐ 사업 금액이 10억 원 이상인 전자정부사업 ☐ 신규 전자정부사업 ☐ 기타( )			

붙 임 : 1. 사업계획서 1부
        2. 성과목표 및 지표정의서 1부
        3. 제안요청서 1부
        4. 자체검토결과 1부

20 년 월 일

기관명

	직위	성명	전화번호	e-메일
소속과				

출처: KOTRA 정보화사업 발주·수행 표준 가이드(KOTRA, 2001)

사전협의 대상(신청) 기관은 <표 101>과 같이 중앙행정관과 지방자치단체에 해당하는 모든 기관으로 한다.

대상(신청) 기관		협의(검토) 기관
중앙행정기관	• 중앙행정기관 및 그 소속기관, 공공기관 *「공공기관의 운영에 관한 법률」 제4조에 따른 법인·단체 또는 기관 특별법에 따라 설립된 특수 법인	행정안전부 디지털정부 기반과
지방자치단체	• 광역자치단체 및 그 소속기관, 지방공기업 * 지방공기업법 제40조 및 제76조에 따른 지방공사 공간	
	• 기초자치단체 및 그 소속기관, 지방공기업	광역시도 정보화총괄부서

사전협의 대상은 10억 원 이상 또는 신규 구축사업이다. 단, 사업 금액이 아래에 해당하는 사업은 제외한다 (관련 법령:「전자정부법 시행령」 제82조(사전협의 대상사업),「전자정부 성과 관리 지침」 제4조(대상사업)).

① (중앙, 공공기관) 10억 원 미만

② (광역 공기업) 1억 원 미만

③ (기초, 공기업) 6천만 원 미만

다만 사업 금액과 상관없이 아래 사업은 지침 제4조 2항의 신규사업으로 보아 대상사업에 포함한다.

① 정보시스템 구축을 목적으로 하는 BPR/ISP, ISP, ISMP 사업

② ISP 결과에 따른 구축사업

③ 신규 홈페이지·모바일앱 구축이 포함된 사업

④ 신규 DB 구축사업

⑤ 사업유형과 상관없이 SW 개발비가 1억 원 이상인 사업

EA 기반 자체 검토 결과서 대상사업은 예산 규모 상관없이 모든 정보화사업으로 한다.

■ 사전협의 신청

정보화부서 담당자는 관련 서류 등을 확인 후 소관부서(예: 산업통상자원부)에 사전검토를 의뢰한다. 그리고 소관 부처의 사전검토 결과를 반영하고, 발주부서 담당자는 범정부 EA포털(GEAP) 사전협의 정보등록 후, 행정안전부에 사전협의를 요청한다.

■ 검토 결과 통보

사전협의 대상사업에 대하여 사업의 중복성 등을 종합적으로 검토 및 행정안전부의 사전협의 검토 결과를 발주기관에 통보한다. 결과 통보 기일은 행정안전부 장관이 신청받은 날로부터 30일 이내에 해당 기관에 통보한다(관련 법령: 「전자정부 성과관리 지침」 제16조(사전협의 결과의 통보)).

■ 이의 제기

이의가 있는 경우 결과 통보일로부터 15일 이내 행정안전부 장관에게 이의를 제기할 수 있다(관련 법령: 「전자정부법 시행령」 제83조(사전협의 방법 및 절차 등) 제3항, 「전자정부 성과관리 지침」 제17조(이의제기)).

■ 결과 수신 및 통보

발주기관 정보화부서는 행정안전부로부터 받은 사전협의 검토 결과를 받아서 발주부서 담당자에 통보한다. 행정안전부의 검토기준(관련 법령: 전자정부 성과관리 지침 제4조(대상사업))은 아래와 같다.

① 행정업무의 효율화와 대국민서비스의 개선 등 정보화를 통해 공공부문의 업무혁신을 촉진할 수 있는 사업

② 여러 부처 연계 및 정보의 공동 활용 등을 통해 정보화의 효과를 극대화하거나 공통 인프라 구축 등을 통해 정보자원관리의 효율화를 도모할 수 있는 사업

③ 중앙행정기관, 지방자치단체 등의 정보화 업무를 출연, 위임 또는 위탁받은 공공기관의 전자정부사업

④ 그 밖에 사업의 목적, 특성 등을 고려하여 성과관리가 필요하다고 행정안전부 장관이 지정하는 사업

2.1.4 사업계획서 확정

사업계획서 확정은 과업심의위원회 개최, 정보화추진위원회 실시, 일상 감사 그리고 사업계획서 및 제안요청서 확정, 사전원가 조사 순으로 진행한다. 추정(예정)가격 1억 원을 초과하는 계약의 체결 및 주요 변경에 관한 사항 등은 감사실에 일상 감사를 의뢰한다. 작성된 제안요청서(또는 사업계획서)의 타당성 검토를 위한 과업심의위원회와 정보화추진위

원회를 개최하여 심의 결과를 반영하고, 제안요청서(또는 사업계획서)를 확정한다.

<그림 73> 사업계획서 확정 절차

2.1.4.1 과업심의위원회 개최

작성한 정보화사업 제안요청서(또는 사업계획서) 등을 기반으로 상세 요구사항과 소요예산이 적정한지를 비교, 종합적으로 검토하기 위한 과업심의위원회를 개최하고, 심의 내용을 반영하여 제안요청서를 최종적으로 확정한다.

1) 세부 절차

과업심의위원회 개최는 <그림 74>와 같이 과업심의 요청, 과업내용 심의, 과업내용 확정 등 3단계 절차를 거쳐 진행한다.

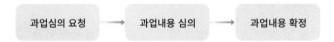

<그림 74> 과업심의위원회 개최 절차

■ 과업 심의 요청

발주기관은 정보화 사업발주 전 과업심의위원회에 사전협의 결과를 반영한 제안요청서에 대한 과업 심의를 요청한다. 총사업비 1억 이하 사업, 상용 SW 또는 표준 보급 정보시스템 구입 사업, 기존 심의 완료 후 변경 없이 추진하는 사업 등은 간소화 방식으로 심의한다. 과업내용(확정/변경) 심의요청서는 <그림 75>와 같다.

■ 과업내용 심의

과업심의위원회는 발주기관이 작성한 정보화사업의 사업계획서 또는 제안요청서 등을 기반으로 상세 요구사항과 소요예산이 적정한지를 비교하고 종합적으로 검토한다. 내용 심의는 과업내용의 적정성 여부 판단, 과업내용과 비용산정의 적정성, 사업기간의 적정성

과업내용(확정/변경) 심의요청서

사업명			발주부서		
사업기간					
사업 방법					
사업 금액					
심의요청 담당자	구분	담당	사무관		과장
	성명				
	전화번호				
개요					
첨부	1. 제안요청서 또는 사업계획서 1부(공통) 2. 예산산출내역서 1부(공통) 3. 과업변경요청서 1부(변경 시) 4. 사업수행계획서 1부(변경 시) 5. 기타 심의에 필요한 서류				

※ 사업 특성과 심의추진방식에 따라서 세부 양식 조정 가능

등을 아래와 같이 검토한다.

① 정보화사업의 과업내용(상세 요구사항)과 비용산정의 적정성에 관한 사항

② 적정 사업기간의 산정에 관한 사항

③ SW 영향평가의 재평가에 관한 사항

④ 상용 SW 직접구매 대상 제외에 관한 사항

한편 과업심의위원회는 소프트웨어사업과 관련한 사항에 대해 재적 위원 과반수의 출석과 출석위원 과반수의 찬성으로 심의·의결한다. 또한 과업심의위원회는 과업내용의 적정성 검토 결과를 과업내용(확정/변경) 위원별 심의결과서, 과업내용(확정/변경) 종합 심의결과서, 소프트웨어 개발사업의 적정 사업기간 위원별 산정서, 소프트웨어 개발사업의 적정 사업기간 종합산정서, 서약서, 소프트웨어사업 영향평가 결과서 등을 서식에 따라 작성하고, 그 결과를 발주기관에 통지한다.

과업내용(확정/변경) 위원별 심의결과서

사업명			발주부서	
추진 단계명	확정심의	[ ] 발주 전　　[ ] 계약 전	확정요청번호	
	변경심의	[ ] 분석　　[ ] 설계 [ ] 구현　　[ ] 시험	변경요청번호	
제목				
심의일자		년　　월　　일	심의장소	
심의결과		[ ] 승인　　　[ ] 불가　　　[ ] 조건부 승인		

[검토 의견]
※ 심의대상 소프트웨어사업 수에 따라 검토 의견 등 심의결과는 별지 작성 가능함

소프트웨어 진흥법 제50조, 같은법 시행령 제46조 내지 제47조, 소프트웨어사업 계약 및 관리감독에 관한 지침 제24조 내지 제28조에 따른 소프트웨어사업 과업내용에 대한 검토 및 심의 결과를 드립니다.

년　월　일

위 원＿＿＿＿＿＿＿＿＿＿＿＿＿＿＿＿＿＿＿ (서명)

발주기관의 장　　　　귀하

※ 사업 특성과 심의추진방식에 따라서 세부 양식 조정 가능

<그림 77> 과업내용(확정/변경) 종합심의결과서

과업내용(확정/변경) 종합심의결과서

사업명			발주부서	
추진 단계명	확정심의	[ ] 발주 전 [ ] 계약 전	확정요청번호	
	변경심의	[ ] 분석 [ ] 설계 [ ] 구현 [ ] 시험	변경요청번호	
제목				
심의일자		년 월 일	심의장소	
심의결과		[ ] 승인 [ ] 불가 [ ] 조건부 승인		

[검토 의견]
※ 심의대상 소프트웨어사업 수에 따라 검토 의견 등 심의결과는 별지 작성 가능함

소프트웨어 진흥법 제50조, 같은법 시행령 제46조 내지 제47조, 소프트웨어사업 계약 및 관리감독에 관한 지침 제24조 내지 제28조에 따른 소프트웨어사업 과업내용에 대한 검토 및 심의 결과를 드립니다.

년   월   일

위원		(서명)	위원	(서명)
위원		(서명)	위원	(서명)
위원		(서명)	위원	(서명)
위원		(서명)	위원	(서명)

발주기관의 장   귀하

※ 사업 특성과 심의추진방식에 따라서 세부 양식 조정 가능

소프트웨어 개발사업의 적정 사업기간 위원별 산정서

사업명		
항목별 검토 의견		
검토항목	**검토 의견**	**추정 사업기간**
① 기능점수(FP) 기반 SW사업 적정 개발 기간 산정표		개월
② 사업기초자료(사업 계획서, 예산신청서, 제안요청서)		개월
③ 유사사업 자료		개월
④ 기타 특이사항		개월
⑤ 종합의견		적정 사업기간
		개월

소프트웨어 진흥법 제50조, 같은법 시행령 제46조 내지 제47조, 소프트웨어사업 계약 및 관리감독에 관한 지침 제24조 내지 제28조에 따른 소프트웨어사업 과업내용에 대한 검토 및 심의 결과를 드립니다.

년 월 일

위 원_____(서명)

발주기관의 장　　　귀하

※ 사업 특성과 심의추진방식에 따라서 세부 양식 조정 가능

소프트웨어 개발사업의 적정 사업기간 종합산정서

사업명	

항목별 검토 의견		
검토항목	검토 의견	추정 사업기간
① 기능점수(FP) 기반 SW사업 적정 개발 기간 산정표		개월
② 사업기초자료(사업 계획서, 예산신청서, 제안요청서)		개월
③ 유사사업 자료		개월
④ 기타 특이사항		개월

종합의견		
⑤ 종합의견		적정 사업기간
		개월

소프트웨어 진흥법 제50조, 같은법 시행령 제46조 내지 제47조, 소프트웨어사업 계약 및 관리감독에 관한 지침 제24조 내지 제28조에 따른 소프트웨어사업 과업내용에 대한 검토 및 심의 결과를 드립니다.

년 월 일
위 원_____ (서명)

위원	(서명)	위원	(서명)
위원	(서명)	위원	(서명)
위원	(서명)	위원	(서명)
위원	(서명)	위원장	(서명)

발주기관의 장　　　귀하

※ 사업 특성과 심의추진방식에 따라서 세부 양식 조정 가능

서 약 서

본인은 ＿＿＿＿＿＿ 기관에서 발주 예정인 ＿＿＿＿＿＿ 사업의 적정 사업기간
산정과 관련하여 취득한 제반 내용을 ＿＿＿＿＿＿의 허락 없이
어떠한 경우에도 공개하거나 유포하지 않을 것을 서약합니다.

년 월 일

소 속 :

직 위 :

성 명 :   (서명)

위 원 :   (서명)

발주기관의 장   귀하

※ 사업 특성과 심의추진방식에 따라서 세부 양식 조정 가능

\<그림 81> 소프트웨어사업 영향평가 결과서

소프트웨어사업 영향평가 결과서			
1. 기본정보	사업명		
	영향평가단계	☐ 예산편성 ☐ 그 외 필요시	☐ 사업발주 ☐ 재평가
	주요 내용		
	사업기간 (또는 개발기간)	20 년 월 ~ 20 년 월	
	구분	① 상용 소프트웨어의 구매·설치 및 유지관리 사업	☐
		② 국가안보, 치안, 외교 등 민간이 서비스하기에 부적합한 사업	☐
		③ 민간투자형 소프트웨어사업	☐
		④ 단일기관 내부(소속기관 제외) 직원을 대상으로 제공하는 소프트웨어사업	☐
		⑤ 데이터베이스 구축사업	☐
		⑥ 소프트웨어 변경이 없는 운영사업	☐
		⑦ 그 외 소프트웨어사업	☐
		※ 구분 ①~⑥에 해당하는 경우 3번, 4번 항목 작성 불필요	

2. 운영 계획	운영 기관	☐ 단일기관	☐ 다수 기관 (예상: 개 기관)	
	사용자 (복수선택가능)	구분		예상 사용자수
		☐ 내부 직원		명
		☐ 타 기관 직원		명
		☐ 일반 국민 또는 기업		명

3. 민간 소프트웨어 시장침해 가능성	주요 기능과 동일·유사한 소프트웨어를 민간에서 판매를 위해 제공하는지 여부 ☐ 있음 ☐ 없음	
	※「없음」에 해당하는 경우 3번 이하 항목 및 4번 항목 작성 불필요	
	주요 기능	동일·유사한 민간 소프트웨어

4. 사업의 필요성·공공성 검토 (복수선택가능)	☐ 법령에 규정된 사업 　(관련 법령 :　　　　　　　　　　　　) ☐ '공공데이터 활용 공공서비스 제공 및 정비 가이드라인' 준수 ☐ 사업을 통한 민간 소프트웨어 시장 활성화 기여 * Open API 등을 통한 데이터 개방, 민간 소프트웨어 구매·활용 계획, 데이터 연계표준 및 표준업무 절차 제시, 중장기 민간 이양 계획 등 　(기여 방안 :　　　　　　　　　　　　) ☐ 그 외의 사유로 민간이 소프트웨어를 제공하기에 부적합 　(부적합 사유 :　　　　　　　　　　)

5. 종합 의견	☐ 민간 소프트웨어 시장침해 가능성 없음
	☐ 민간 소프트웨어 시장침해 가능성을 최소화하여 사업 추진 　(추진 방안 :　　　　　　　　　　)

년 월 일
기관명 :　　　　(직인)

■ 과업내용 확정

과업심의위원회는 심의 결과를 통보하고, 발주부서는 심의 결과를 반영하여 제안요청서를 확정한다. 발주기관은 과업심의위원회에게 통지받은 사항에 대해 발주 시 제안요청서 등에 반영한다. 또한 발주기관은 입찰공고 시 「소프트웨어 진흥법」 제50조제3항에 따라 구축사업자(수행사)가 과업심의위원회 개최를 요청할 수 있다는 사실 등의 과업 변경 절차에 관한 사항을 명시한다.

과업내용 확정시 적정성 판단 기준은 아래와 같다.

① 정보화사업의 과업내용 확정

② SW 개발사업의 적정 사업기간 산정

③ 상용 SW 직접구매 제외 대상 여부 검토

한편 아래 각호에 해당하는 발주기관이 상용 SW 직접구매 제외 품목을 포함하는 소프트웨어사업을 조달청을 통하지 않고 발주 또는 계약하는 경우, 과업심의위원회에 미리 검토 요청하여야 한다(단, 직접구매 대상 품목 중 제외 품목이 100분의 50 이상인 경우).

① 국회, 감사원, 법원, 헌법재판소, 선거관리위원회

②「정부조직법」 제2조제2항에 따른 중앙행정기관

③「지방자치법」 제2조제1항제1호에 따른 지방자치단체

과업내용의 확정은 해당 정보화 사업발주 전에 사업계획서 또는 제안요청서에 대하여 과업심의위원회 심의를 받아 확정 결과를 제안요청서 등에 반영해야 한다. 과업내용 확정 기준은 제안요청서(또는 과업지시서 등 입찰공고서)이다.

3) 과업심의위원회 구성 및 운영 방법

■ 정보화사업 과업심의위원회 구성

과업심의위원회는 위원장 1명을 포함한 5명 이상 10명 이내의 위원으로 구성한다. 국가기관 등의 장(이하 발주기관)은 다음 각호의 어느 하나에 해당하는 사람 중에서 성별을 고려하여 임명하거나 위촉한다.

① 고등교육법 제2조에 따른 소프트웨어 관련 전현직 조교수 이상

②소프트웨어 업무 관련 행정기관의 5급 이상 전현직 공무원, 이에 상당하는 공공기관 경력자

③ 6년 이상의 소프트웨어 분야 경력을 가진 소프트웨어기술자

④ 소프트웨어 및 소프트웨어사업 학식과 경험이 풍부하다고 발주기관이 인정하는 자

 * 위원 중 해당 발주기관에 소속되지 않은 위원이 전체 위원의 과반수가 되도록 해야 함

■ 정보화사업 과업심의위원회 운영 및 제척 요건

과업심의위원회의 위원장은 과업심의위원회 회의를 소집하고 의장이 된다. 회의는 재적 위원 과반수의 출석과 출석위원 과반수의 찬성으로 심의·의결한다.

■ 간소화 방식의 과업심의위원회 운영

간소화 방식은 과업심의위원회 위원 2인 이상(해당 국가기관 등에 소속되지 않은 위원이 2분의 1 이상)이 사전 심의한 결과를 과업심의위원회의 보고로 심의한다. 단, 다음 조건에 해당하는 사업은 간소화 방식으로 심의할 수 있다.

① 총사업금액이 1억 원 이하인 사업

② 상용 SW 또는 타 기관에서 표준화하여 보급 목적으로 개발한 정보시스템 구매사업

③ 기존에 과업심의위원회 심의를 거쳤던 사업을 변경 없이 추가로 실시하는 사업

■ 대상사업

과업심의 대상은 국가기관 등이 발주하는 모든 SW사업(상용 SW 포함)을 대상으로 한다. 단, 단순 HW(Appliance 포함) 도입·설치, 디지털콘텐츠 제작용역, 네트워크 등 인프라 수수료 등, SW도입·구축에 따른 SW과업 또는 SW과업에 영향을 미치는 내용이 없는 경우는 비대상이다. 또한 제안요청서 상에 "※ SW과업 심의 대상 내용이 부재"한 사업의 명시가 필요하다.

2.1.4.2 정보화추진위원회 실시

정보화추진 요령에 의해 기술 평가 시행 후 정보화추진위원회 상정 건으로 검토된 정보화사업은 정보화추진위원회를 개최하여 심의한다.

1) 세부 절차

정보화추진위원회 실시 <그림 82>와 같이 정보화추진위원회 소집, 회의록 작성, 정보

화추진위원회 심의, 심의 결과 통보 등 4단계 절차를 거쳐 진행한다.

<그림 82> 정보화추진위원회 실시 절차

정보화추진위원회 소집 → 회의록 작성 → 정보화추진위원회 심의 → 심의 결과 통보

■ 정보화추진위원회 소집

정보화추진위원회 간사는 정보화추진 요령에 의거 정보화추진위원회에게 정보화추진위원회 개최 일정과 정보화추진 안건에 대한 사업계획서를 발송하여 정보화추진위원회에 참석할 수 있도록 한다.

■ 회의록 작성

정보화추진위원회 간사는 정보화추진위원회 회의내용을 빠짐없이 작성하도록 한다.

■ 정보화추진위원회 심의

정보화추진위원은 정보화추진사업에 대해 내용을 검토하고 정보화추진위원회 심의서에 찬반 여부 확인 후 서명을 한다.

■ 심의 결과 통보

정보화추진위원회 심의 결과는 정보화를 추진하는 발주부서에 전자문서로 통보한다.

2.1.4.3 일상 감사

정보화 사업의 적정성을 판단하기 위해 추정(예정)가격 1억 원을 초과하는 계약의 체결 및 주요 변경에 관한 사항 등은 감사실에 일상 감사를 의뢰하여야 한다(다만, 지명 경쟁계약이나 수의계약의 경우 5,000만 원으로 함).

1) 세부 절차

일상 감사는 <그림 83>과 같이 일상 감사 의뢰, 일상 감사 수행, 감사 결과 통보, 조치 결과 반영 및 감사실 통보 등 4단계 절차를 거처 수행한다.

■ 일상 감사 의뢰

발주부서 담당자는 추진하고자 하는 정보화사업에 대해 감사실에 일상 감사를 공문으로 의뢰한다. 필요시 감사실과 사전협의 후 제안요청서, 세부 산출내역서 등을 제출한다.

■ 일상 감사 수행

감사실 담당자는 요청받은 정보화사업의 사업계획서를 바탕으로 일상 감사를 수행하며 그 결과를 <그림 84>와 같은 일상 감사 의견서로 작성한다.

<그림 84> 일상 감사 의견서

의견번호 : 수 신 :			
제 목			
관계부서		**접수일자**	
상기 사항의 내용을 검토한 결과 다음과 같이 의견을 통지합니다. 20 년 월 일 감사실장 (인)			
(내 용)			

■ 감사 결과 통보

감사실 담당자는 일상 감사 의견서를 발주부서 담당자에게 결과를 통보한다.

■ 조치 결과 반영 및 감사실 통보

발주부서 담당자는 일상 감사 결과의 사업계획서 반영 및 조치 결과를 감사실에 <그림 85>와 같이 일상 감사 의견서에 대한 조치 결과를 작성하여 통보한다. 감사실의 의견을 채택하지 않는 경우는 제28조에서 정한 절차에 따라 재검토 후 재의견서를 첨부할 수 있다.

<그림 85> 일상 감사 의견서에 대한 조치 결과

의견서번호 :
수 신 : 감 사(실장)
참 조 :

제 목					
관련 부서		발부일자	·	년 월 일	
조 치 결 과					
의견요지					
조치내용(불채택이유)					
개선효과					
기 타					

상기와 같이 일상 감사 의견에 대한 조치 결과를 제출합니다.

20 년 월 일
부 서 장 :　　　(인)
첨 부(관련자료) :　　매

2.1.4.4 사업계획서 및 제안요청서 확정

발주부서 담당자는 기술적용계획, 상호운용성 확보를 위한 기술·보안성 평가, 보안성 검토, 사전협의, 과업심의위원회, 정보화추진위원회 결과를 반영하여 위임전결 규정에 따라 최종결재권자의 내부 결재를 통해 사업계획서 및 제안요청서를 확정한다.

1) 세부 절차

사업계획서 및 제안요청서 확정은 <그림 86>과 같이 검토 결과 반영, 사업계획서 확정, 입찰공고 의뢰 등 3단계 절차를 거쳐 수행한다.

<그림 86> 사업계획서 및 제안요청서 확정

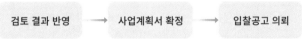

■ 검토 결과 반영

발주부서 담당자는 기술·보안성 평가, 보안성 검토, 정보화추진위원회, 일상 감사, EA자체 검토, 개인정보 영향평가, 사전협의 결과 등 모든 내용 등을 포함하여 결과에 대한 수정 내용을 검토하고 사업계획서 및 제안요청서를 수정하고 추진계획으로 결정한다.

■ 사업계획서 확정

기술 평가, 보안성 검토, 사전검토 협의 등의 결과를 반영한 사업계획서, 제안요청서를 최종결재권자의 내부 결재를 통해 확정한다.

■ 입찰공고 의뢰

입찰사업인 경우는 확정된 제안요청서를 첨부하여 총무팀으로 입찰공고를 공문으로 요청한다.

2.1.4.5 사전원가 조사

예정가격은 발주기관이 낙찰자 또는 계약자 결정 기준으로 삼기 위하여 입찰 또는 계약 체결 전에 작성·비치하는 가격을 의미한다. 예정가격은 계약담당자가 구매를 위한 경쟁입찰 또는 수의시담을 하기 전에 당해 계약 목적물의 특성 및 계약 여건 등을 고려하여 예산의 범위 내에서 구매가격으로서 적정하다고 판단하여 정한 가격이다. 예정가격은 입찰 또는 시담에 의한 낙찰자 선정의 기준이 되며 계약체결에 대한 최고 상한금액이 된다.

※ 수의시담: 수의계약을 맺기 위해 시담(담소를 시작)한다.

1) 세부 절차

사업계획서 및 제안요청서 확정은 <그림 87>과 같이 견적서, 원가 조사 담당부에 의뢰 등 2단계 절차를 거쳐 수행한다.

<그림 87> 사전원가 조사 절차

■ 견적서

입찰 계약 진행 시 사전원가 조사 필수원가계산 용역은 한국원가관리협회(www.kcaa.or.kr)에 등록된 용역기관에 견적을 의뢰한다. 견적서에 비목별 산출 근거를 명시한 기초계산서를 첨부하였는지 확인한다. 인건비 산출 시 최근 연도의 '학술연구용역 인건비 기준단가'를 준용하였는지 확인한다.

■ 원가 조사 담당부 의뢰

이중 견적서를 첨부하여 원가 조사 담당부로 원가 조사를 의뢰한다.

3 사업자 선정·계약

정보화 사업발주 요청에 따라 제안안내서, 입찰공고, 제안요청 설명회 개최 등 입찰 과정을 진행한다. 또한 사업자의 제안서 평가 후 낙찰자가 결정되면 기술협상 등의 계약 절차를 진행한다.

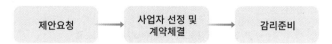

<그림 88> 사업자 선정·계약 절차

3.1 제안요청

입찰담당자는 입찰을 위한 제안안내서를 작성하여, 입찰을 공고한다. 필요시 제안설명 회를 개최하여 제안요청서에 대하여 설명하고, 입찰자의 제안서를 접수하여 입찰을 마감한다.

<그림 89> 제안요청 절차

3.1.1 제안안내서 작성

입찰담당자는 제안서 평가의 공정성과 편의를 위하여 제안서의 규격에서부터 목차, 작성 요령, 관련 서식 등에 대해 안내한다. 이는 사업자들로부터 통일된 규격의 제안서를 받기 위함이다. 발주부서 담당자와 PMO는 제안서 평가 기준에 관한 내용을 포함하여 기술하였는지 검토한다.

1) 세부 절차

제안안내서 작성은 <그림 90>과 같이 제안안내서 체크리스트 확인, 제안안내서 검토, 제안안내서 확정 등 3단계 절차를 거쳐 진행한다.

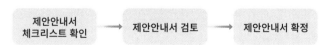

<그림 90> 제안안내서 작성 절차

- 제안안내서 체크리스트 확인

1차적으로 작성한 제안안내서를 바탕으로 체크리스트를 통해 내용상의 누락 된 사항이나 애매하게 작성된 부분을 확인한다. 체크리스트는 <표 102>와 같다.

<표 102> 입찰공고문 제안안내서 체크리스트

구분	점검사항	점검결과 O	점검결과 X	비고
1	입찰시작일과 입찰마감일을 명시하였는가?			
2	제안요청 설명회 개최 장소와 일시가 명시되었는가?			
3	입찰참가자의 자격에 관한 사항을 제시하였는가?			
4	입찰참가자 등록 및 입찰 관련 서류에 관한 사항이 제시되었는가?			
5	공동계약을 허용하는 경우에는 공동계약의 이행방식을 명시했는가?			
6	우편입찰을 허용하는 경우에는 그 취지와 입찰서를 송부할 주소를 명시했는가?			
7	우편입찰을 허용하는 경우 마감일에 대한 기준을 제시하였는가?			
8	대기업 입찰참가 제한 제도를 적용할 경우 이에 대해 명시하였는가?			
9	「국가를 당사자로 하는 계약에 관한 법률」 제39조제3항의 규정에 의한 입찰무효에 관한 사항이 명시되었는가?			
10	「국가를 당사자로 하는 계약에 관한 법률」 시행령 제37조, 제38조의 규정에 의한 입찰보증금 및 동 귀속에 관한 사항을 명시하였는가?			
11	추가정보를 입수할 수 있는 기관의 주소 등을 명시했는가?			
12	담당자의 성명과 연락처를 명시하였는가?			
13	입찰공고문의 별첨으로 제안안내서, 제안요청서 등을 기재하였는가?			

■ 제안안내서 검토

제안안내서 체크리스트를 활용하여 확인해야 할 사항을 정보화부서 담당자에게 요청한다. 그리고 정보화부서는 검토 결과를 발주부서 담당자에게 발송한다.

■ 제안안내서 확정

검토 의견 및 체크리스트를 활용하여 제안안내서 내용 중 누락 사항이나 애매하게 작성된 부분을 확인하여 수정·보완 후 제안안내서를 완성한다. 아래의 제안안내서 목차를 참고하여 제안안내서를 확정한다.

① 경쟁입찰의 참가 자격
② 입찰 및 낙찰방식
③ 제안요청 설명회 명시

④ 입찰 참가 제출서류 안내

⑤ 제안서 작성 요령

⑥ 입찰 및 제안서 관련 서식

2) PMO 점검항목

- PMO는 계약 조건 정의, 경쟁입찰의 참가 자격, 대기업 수주 하한제의 대상과 적용 기준, 입찰 및 낙찰방식, 공급자(제안사) 평가·선정기준 및 절차, 제안요청설명회 명시(추정가격 20억 이상 필수), 입찰 참가 제출서류 안내, 제안서 작성 요령, 입찰 및 제안서 관련 서식 등 작성 여부를 점검한다.
- 또한 PMO는 작업장소, 산출물의 지식재산권 귀속 주체, 하자담보 책임기간, 계약 당사자의 부당행위 금지 및 부당업체 제재, 공동계약 참여 시 준수조항, 소프트웨어 분리발주 등은 필수적으로 명시되었는지 점검한다.

3.1.2 입찰공고

입찰공고는 다수의 사업자로부터 제안서를 받아서 사업을 추진하기 위해 제안요청 내용을 공고하는 것을 의미한다. 입찰공고에는 발주자의 요구사항이 담긴 제안요청서와 제안안내서, 입찰공고문 등을 포함한다. 사전규격 공개(기본 5일) 이후 입찰공고(기본 40일)를 한다.

1) 세부 절차

입찰공고는 <그림 91>과 같이 입찰공고서 작성 및 입찰 의뢰, 사전규격 공개, 공개 결과 수신 및 통보, 제안요청서 반영, 입찰공고 게시 등 5단계 절차를 거쳐 진행한다.

<그림 91> 입찰공고 절차

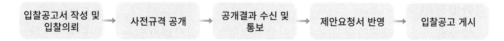

- 입찰공고서 작성 및 입찰 의뢰

「국가를 당사자로 하는 계약에 관한 법률」과 「협상에 의한 계약체결 기준」 상의 입찰공고의 내용을 참고하여 사업자가 입찰에 참여할 수 있도록 하는 입찰공고문을 작성하고, 제안요청서, 산출내역서, 긴급사유서(필요시), 용역계약특수조건(필요시) 등 관련 서류를 준비하여 입찰공고 담당 부서에 입찰을 의뢰한다.

■ 사전규격 공개

입찰 참여의 균등한 기회 제공 및 공정한 경쟁을 위하여 입찰공고 전에 제안요청서 사전 공개를 통해 사업자의 의견 등을 반영할 수 있도록 사전 공개한다.

■ 공개 결과 수신 및 통보

입찰 담당 부서는 사전 공개를 통해 접수된 의견이 있을 시에 결과를 받아서 발주부서 담당자에게 반영할 수 있도록 한다.

■ 제안요청서 반영

공개 기간 접수된 의견을 검토한 후 경미하지 않은 경우는 외부 전문기관에 의뢰하여 검토 의견을 반영한 후 공고를 의뢰한다.

■ 입찰공고 게시

「국가를 당사자로 하는 계약에 관한 법률 시행령」 제35조에 따라 입찰공고 시기를 확정한 후 공고를 시행한다. 입찰을 공고할 때는 반드시 지정된 정보처리 장치(G2B: www.g2b.go.kr)에 공지한다.

① 사전규격 공개 기간(긴급: 3일, 기본: 5일)
② 입찰공고 기간(기본: 40일, 긴급 및 재입찰: 10일)
   * 게시일과 마감일은 입찰공고 일수에 포함되지 않음

2) PMO 점검항목
- 협상에 의한 계약체결방식에서 제안요청설명회를 실시하지 않는 경우 담당자 연락처(유무선 전화, 이메일, 연락 가능 시간 등)를 반드시 제시한다. 제안요청설명회를 실시할 때는 장소·일시 및 참가 의무 여부에 관한 사항을 명시했는지 점검한다.
- 제안요청설명회를 개최하는 경우 제안 설명은 제안사(주사업자)의 실무책임자(PM)가

직접 발표하도록 명시했는지 점검한다.

- 경쟁참가자의 자격을 제한하고자 할 때는 입찰공고에 그 제한사항과 제한기준의 명시 여부를 점검한다.

- 제안서 보상 대상사업의 경우 입찰공고 시 보상기준 등 제안서 보상과 관련된 내용을 공고했는지 점검한다.

3.1.3 제안요청설명회 개최(필요시)

사업자에게 사업의 내용을 구체적으로 설명할 필요가 있는 경우, 입찰공고문에 명시한 시기에 제안요청설명회를 개최하여 사업의 중요한 사항과 사업자에게 강조하고 싶은 내용을 알려 사업자가 사업의 의도와 내용을 충분히 이해할 수 있도록 한다. 단, 추정가격이 20억 원 이상인 사업에 대해서는 제안요청설명회를 반드시 실시하여야 한다.

1) 세부 절차

제안요청설명회 개최는 <그림 92>와 같이 제안요청설명회 준비, 제안요청설명회 개최 등 2단계 절차를 거쳐 진행한다.

<그림 92> 제안요청설명회 개최 절차

■ 제안요청설명회 준비

입찰공고문 또는 제안안내서에 명시된 장소와 일시에 설명회가 개최될 수 있도록 준비한다. 제안요청설명회 시 사업자들에게 강조하고 싶은 주요 사업내용에 대한 요약 자료를 준비하고 배포한다.

■ 제안요청설명회 개최

제안에 참여하고자 하는 사업자들에게 제안요청서를 바탕으로 사업내용을 설명한다.

2) PMO 점검항목

- 추정가격이 20억 원 이상인 사업에 대해서는 제안요청설명회를 실시(필수)
- 제안요청설명회 참석 여부를 확인할 수 있도록 날인 등을 실시

  ※ 제안요청설명회 참석 여부 확인

- 제안요청설명회 개최 시 참가자에게만 계약에 참여하게 할 수 있음
- 「국가를 당사자로 하는 계약에 관한 법률 시행령」 제43조(협상에 의한 계약 체결) 제5항, 제36조(입찰공고의 내용) 제3항의 2호

3.1.4 입찰 마감

입찰공고에 명시된 입찰 마감 일시에 제안서 접수를 종료한다. 입찰 마감일까지 접수된 제안서를 기준으로 입찰자가 없는 경우, 2인 이상의 유효한 입찰자가 없는 경우, 기술 및 가격평가에 의한 적합한 낙찰자가 없는 경우, 낙찰자가 계약을 체결하지 않을 경우에 재공고 입찰을 수행한다. 재공고 입찰(협상에 의한 계약체결방식의 경우)은 제출 마감일의 전일부터 10일 전에 입찰공고를 한다.

1) 세부 절차

입찰 마감은 <그림 93>과 같이 제안서 접수 마감, 재공고 입찰(필요시) 등 2단계 절차를 거쳐 진행한다.

<그림 93> 입찰 마감 절차

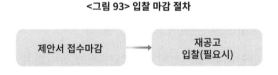

■ 제안서 접수 마감

제안서와 입찰서가 입찰공고문에 기재되어 있는 일시와 장소에 도착하였는지 확인하며, 입찰 마감 시간이 되면 제안서 접수를 마감한다. 제안서 접수 마감 시 확인해야 할 사항은 아래와 같다.

<제안서 접수 마감 시 확인해야 할 사항>

- 입찰 참가 자격이 없는 자가 한 입찰
- 입찰보증금의 납부일시까지 소정의 입찰보증금을 미납부한 입찰
- 입찰서가 도착일시까지 소정의 입찰 장소에 도착하지 아니한 입찰
- 동일 사항에 동일인이 2통 이상 입찰서를 제출한 입찰
- 산출내역서를 제출하지 아니한 입찰
- 입찰서 금액과 산출내역서의 금액이 일치하지 아니한 입찰
- 산출내역서에 하도급에 관한 사항을 기재하지 않은 경우
- 하도급에 관한 사항 중 하도급 할 부분, 하도급 금액 또는 하도급인의 기재가 누락 된 입찰
- 정보처리장치를 이용하여 입찰서를 제출하는 경우 「국가를 당사자로 하는 계약에 관한 법률 시행령」 제39조 2항 규정에 의한 방식에 의하지 아니하고 입찰서를 제출한 입찰
- 제안요청설명회에 참가한 자에 한하여 계약에 참가할 수 있다는 뜻을 입찰공고에 명시 한 경우로써 입찰에 참가한 자 중 제안요청설명회에 참가하지 아니한 자의 입찰

■ 재공고 입찰(필요시)

재공고 입찰을 하며, '협상에 의한 계약체결 방식'의 재공고 입찰인 경우는 제출 마감일 의 전일부터 10일 전에 입찰공고를 한다. 재공고 입찰을 하는 경우는 아래와 같다.

<재입찰 여부 판단>

- 입찰공고를 하였는데 입찰자가 없는 경우
- 2인 이상의 유효한 입찰자가 없는 경우
- 기술 및 가격평가에 의한 적합한 낙찰자가 없는 경우
- 낙찰자가 계약을 체결하지 않는 경우
- 「국가를 당사자로 하는 계약에 관한 법률 시행규칙」 제44조에 해당하는 유효한 입 찰자가 없는 경우

2) PMO 점검항목

- 제안서 접수 마감 시 확인해야 할 사항(「국가를 당사자로 하는 계약에 관한 법률 시행규 칙」 제44조(입찰 무효))을 확인 필요

- 재공고 입찰을 하는 경우(「국가를 당사자로 하는 계약에 관한 법률 시행령」 제20조(재입찰 및 재공고 입찰))
  ① 긴급을 요하는 경우와 재공고 입찰인 경우: 입찰서 제출 마감일 전일부터 기산하여 5일 전
  ② '협상에 의한 계약체결 방식'의 경우: 제출 마감일의 전일부터 기산하여 10일 이전 공고

3.2 사업자 선정 및 계약체결

제안서 평가를 통하여, 협상적격자를 선정하고, 협상을 통하여 낙찰자를 결정한다. 낙찰자와 계약서류를 준비하여 계약을 체결하고, 제안서 보상기준에 따라 제안서 보상을 한다.

<그림 94> 사업자 선정 및 계약체결

3.2.1 제안서 평가

사업자가 제출한 제안서는 기술 평가와 가격평가로 구분하여 제안서 평가를 하며, 기술평가점수와 가격 평가점수는 일반적으로 종합평가점수 대비 각각 90%, 10%의 비중을 적용하여 실시한다. 기술능력 평가점수가 기술능력 평가분야 배점 한도의 85% 이상인 업체를 협상적격자로 선정하며 만약 협상적격자가 없는 경우는 재공고 입찰을 한다.

1) 세부 절차

제안서 평가는 <그림 95>와 같이 제안서 평가 준비, 평가위원회 구성, 제안발표회 개최, 최종 평가, 우선협상자 선정 및 통보, 기술협상 준비 등 6단계 절차를 거쳐 진행한다.

<그림 95> 제안서 평가 절차

■ 제안서 평가 준비

발주부서는 평가표, 기준표, 제안서 등을 준비하고 제안평가 일자를 결정하여 총무부, 감사실 등 관련 부서에 공문으로 협조를 요청한다.

■ 평가위원회 구성

평가위원구성은 조달청 평가인 경우, 조달청에서 선임한 평가위원으로 구성한다. 조달청 평가가 아니고 자체 기관 평가인 경우, 제안서 평가위원회 위원은 해당 사업전문가 사내외(평가위원풀) 인력으로 구성한다.

■ 제안발표회 개최

입찰이 마감되면 발주기관은 제안서 기술평가를 하며, 이때 사업자들에게 발표회 시간과 장소를 지정하여 제안서 내용을 발표하도록 하고, 위원회에서는 제안 발표 내용 및 제안서 내용 등을 검토하여 평가항목별로 평가한다.

■ 최종 평가(기술+가격)

기술 평가점수와 입찰가격 평가점수를 종합하여 최종 점수를 산출한다. 종합평가점수가 동점일 경우에는 기술 평가점수가 높은 업체를 우선 선정한다.

■ 우선협상자 선정 및 통보

기술능력 평가점수(90점)가 기술능력 평가분야 배점 한도의 85% 이상인 업체를 협상적격자로 선정하며, 만약 협상적격자가 없는 경우는 재공고 입찰을 한다. 협상 순서는 종합평가점수의 고득점순에 의하여 결정한다.

■ 기술협상 준비

발주부서 담당자(본부)는 우선협상자로 선정된 사업자와 기술협상을 준비한다.

2) 표준서식

<서식 1> 제안서 기술평가표

'사업명' 제안사 기술평가표

평가부문	평가항목	배점	A사	B사	C사
전략 및 방법론 (15)	사업 이해도	2			
	추진전략	5			
	적용 기술	4			
	표준 프레임워크 적용	2			
	개발방법론	2			
기술 및 기능(25)	기능 요구사항	5			
	보안 요구사항	5			
	데이터 요구사항	5			
	시스템운영 요구사항	5			
	제약사항	5			
성능 및 품질(15)	성능 요구사항	5			
	품질 요구사항	7			
	인터페이스 요구사항	3			
프로젝트 관리(20)	관리 방법론	8			
	일정 계획	7			
	개발 장비	5			
프로젝트 지원 (15)	품질보증	4			
	교육 훈련	2			
	기술이전	4			
	기밀 보안	2			
	비상 대책	3			
상생협력 및 하도급 계약의 적정성 (10)	상생협력	5			
	하도급 계획 적정성	5			
합계		100			
평가위원 의견제출	※ 비계량점수 평가기준으로 업체 간 최고/최저점수 편차가 10점 이상 발생할 경우 해당사유 기술 요망				
청렴서약	▪ 본인은 위 안건심의와 관련하여 관계법령 등 규정에 따라 공정하고 투명하게 심의에 임하도록 하겠으며, 심의과정에서 이유 여하를 막론하고 금품, 향응이나 부당한 이익제공을 요구하지 않고 받지도 않겠으며 만약 이를 위반할 시에는 관계법령에 따라 책임질 것을 서약하며, 아울러 상기 심의안건과 관련하여 용역 수주, 자문, 연구 등 어떠한 형태로든 참여했거나 이해당사자가 아님을 확인합니다. ▪ 위 내용을 위반할 시 또는 발견될 경우에는 해당 제안평가에서 제척되며, 관계법령에 따라 어떠한 제재조치를 하더라도 이의를 제기하지 않을 것을 확약합니다.	확인			

심사위원 :　　　　　　(서명)
준법감시인 :　　　　　(서명)
청렴시민감사관 :　　　(서명)

<서식 2> 기술평가 결과 집계표

사업명 :

심사위원명	A사	B사	C사
윤**	94	95(최고점)	90
정**	89	85	87(최저점)
김**	89	82(최저점)	91
한**	96(최고점)	87	94(최고점)
임**	86	95	90
원**	86(최저점)	90	94
총점	358	357	365
평균(100점 기준)	89.5	89.25	91.25
평균(90점 기준)	80.55	80.325	82.125

3.2.2 협상 및 낙찰자 선정

제안서 평가를 통해 종합평가점수가 높은 우선협상대상자와 제안서 내용에 대한 전반적인 검토와 협상대상자가 제안한 사업내용, 이행 방법, 이행 일정, 제안가격 등 제안서 내용을 대상으로 기술 및 가격협상을 한다. 가격협상 시 기준금액은 협상대상자가 제안한 가격이 기준가격이 되며, 제안한 가격이 예정가격보다 높은 경우는 예정가격 이하로 가격을 조정할 수 있다. 만약 모든 협상대상자와 협상이 부결된 경우는 재공고 입찰을 한다.

1) 세부 절차

제안서 평가는 <그림 96>과 같이 기술협상 준비, 기술협상, 기술협상 결과 통보, 최종낙찰자 결정, 재공고 입찰 등 5단계 절차를 거쳐 진행한다.

<그림 96> 협상 및 낙찰자 선정 절차

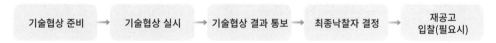

■ 기술협상 준비

우선협상자로 선정된 사업자와 기술협상을 위한 준비를 진행한다.

■ 기술협상

기술 및 가격평가에서 선정된 우선협상대상자와 기술협상을 하며, 우선협상대상자와 협상이 결렬되면 차순위 협상대상자와 협상한다. 협상 기간은 협상대상자에게 통보한 날로부터 15일 이내로 하되, 당해 사업의 규모, 특수성, 난이도 등에 따라 협상대상자와의 협의에 의하여 5일 내에서 조정할 수 있다(「협상에 의한 계약 체결 기준」 제13조(협상기간)).

협상 순서는 종합평가점수의 고득점순에 의하여 결정한다.

① 협상이 성립된 때에는 다른 협상적격자와 협상은 하지 않음

② 모든 협상적격자와 협상 결렬 시 재공고 입찰에 부칠 수 있음

■ 기술협상 결과 통보

발주부서 담당자(본부)는 기술협상을 통해 최종낙찰자가 결정되면 확정 결과를 사업자에게 통보(서면)한다.

■ 최종낙찰자 결정

입찰부서 담당자는 기술협상을 통해 최종낙찰자가 결정되면 계약 준비를 한다.

■ 재공고 입찰

기술협상에서 모든 협상이 결렬되면 재공고 입찰을 진행한다. 「국가계약법」 제10조 및 제20조 2항 규정에 근거하여 경쟁입찰 및 재공고 입찰하였으나 입찰 참가 자격을 갖춘 자가 1인밖에 없음이 명백한 경우에는 수의계약이 가능하다. 단, 기술능력평가 분야 배점 한도의 85% 이상일 때 협상적격자로 정할 수 있다.

2) 표준서식

<서식 3> 기술협상서

<table>
<tr><td colspan="4" align="center">기술협상서</td></tr>
<tr><td colspan="4">□ 구매관리번호 :
□ 수요기관 :
□ 품명 및 수량 :
□ 협상일시 :
□ 협상대상자 :
□ 협상 내용 :</td></tr>
<tr><td align="center">원 제안내용</td><td align="center">조정안</td><td align="center">협상 결과</td><td align="center">비고</td></tr>
<tr><td></td><td></td><td></td><td></td></tr>
<tr><td></td><td></td><td></td><td></td></tr>
<tr><td></td><td></td><td></td><td></td></tr>
<tr><td></td><td></td><td></td><td></td></tr>
</table>

위와 같이 협상하였음을 확인하고 협상 결과를 계약의 일부로 하는 데 동의함.

(단, 협상 결렬 시 "위와 같이 협상 결렬되었음을 확인하고, 향후 입찰과정 및 협상절차에 대해 어떠한 이의도 제기하지 않겠음."(필요시))

협상대상자 주 소 :

　　　　　　상 호 :

　　　　　　대표자 :

ＯＯＯＯ부 장관 귀 하

3.2.3 계약서류 준비 및 계약체결

제안서 평가와 협상 결과에서 결정된 사업자와 계약을 체결한다. 계약문서는 기술용역 계약문서, 과업내용서, 기술용역 입찰유의서, 산출내역서, 공동수급협정서, 용역계약 일반조건, 용역계약 특수조건으로 구성된다.

1) 세부 절차

계약서류 준비 및 계약체결은 <그림 97>과 같이 계약체결 및 결과 통보, 계약체결 결과 접수 등 2단계 절차를 거쳐 진행한다.

<그림 97> 계약서류 준비 및 계약체결 절차

■ 계약체결 및 결과 통보

발주부서 담당자의 기술협상 결과 통보에 따라 총무팀은 최종낙찰자와 계약을 체결하고 결과를 발주부서 담당자에게 통보한다.

■ 계약체결 결과 접수

발주부서 담당자는 입찰부서의 계약체결 결과 통보에 따라 사업수행관리를 준비한다.

2) PMO 점검항목

- 계약에는 발주할 정보화 서비스와 관련하여 독점권, 사용 용도, 소유권, 보증서 및 라이선스 권한, 용역사업 참여직원의 보안 준수사항을 명시하여야 함
- 협상대상자와 최종 소프트웨어 및 소프트웨어 서비스를 공급하고 인도하기 위한 계약에 대하여 협상. 공급자 및 발주자의 의무와 책임 정의, 작업의 완료 시점 그리고 위험 요소를 정의함
- 산출물에 대한 지적재산권의 귀속 관계를 계약서에 명시함
- 비밀 유지 계약서 작성 시 위약벌금액에 대한 상세한 내용 기재. 정보보안운영팀「용역사업 보안관리 매뉴얼」참조
  * 용역업체가 사업에 대한 하도급 계약을 체결할 경우, 본 사업계약 수준의 비밀 유지 조항을 포함토록 조치

3) 표준서식

기술용역계약 특수조건, 과업지시서, 산출내역서, 개인정보처리위탁계약서(최종낙찰

자), 비밀유지계약서(최종낙찰자), 외부 용역업체 보안관리 방안, 공동수급표준협정서, 소프트웨어사업 하도급 계획서(계약체결시), 청렴계약이행 각서 등

4) 계약서류 준비

■ 과업내용서 작성

계약을 체결하기 전에 발주기관은 과업을 수행하기 위한 과업의 목적 및 범위, 과업의 내용 등이 기술된 과업내용서를 작성한다.

① 모든 과업은 과업내용서에 의해서 수행되고 관리됨
② 과업내용서 내용(과업의 개요, 과업의 목적, 과업의 범위, 과업의 내용, 특기사항 등)

■ 계약에 필요한 문서

기술용역표준계약서, 과업내용서, 기술용역 입찰유의서, 산출내역서, 공동수급협정서, 용역계약 일반조건, 용역계약 특수조건, 하도급 계획서 등

5) 계약체결

협상이 성립된 후 10일 이내에 계약을 체결해야 한다. 계약체결 시 중요사항은 아래와 같다.

① 계약에는 발주할 정보화 서비스와 관련하여 독점권, 사용 용도, 소유권, 보증서 및 라이선스 권한, 용역사업 참여직원의 보안 준수사항을 명시하여야 함
② 협상대상자와 최종 소프트웨어 및 소프트웨어 서비스를 공급하고 인도하기 위한 계약에 대하여 협상. 공급자 및 발주자의 의무와 책임 정의, 작업의 완료 시점 그리고 위험 요소를 정의함
③ 산출물에 대한 지적재산권의 귀속 관계를 계약서에 명시함

3.2.4 제안서 보상(필요시)

제안서 작성에 설계를 포함하는 고도의 기술·노하우가 요구된다고 판단되는 총사업예산이 20억 원 이상인 소프트웨어사업(단, 유지관리 사업, 데이터베이스 구축사업, 단순 하드웨어 구축사업 등은 제외)의 경우 낙찰자로 결정되지 않은 우수제안서에 대해 제안서 작성 비용의 일부를 보상할 수 있다. 「소프트웨어사업 계약 및 관리감독에 관한 지침」을 참고한다.

1) 세부 절차

제안서 보상은 <그림 98>과 같이 제안서 보상 대상자 선정, 보상비 산정, 보상 통지 등 3단계 절차를 거쳐 진행한다.

<그림 98> 제안서 보상 절차

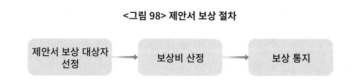

■ 제안서 보상 대상자 선정

「협상에 의한 계약체결기준」제8조제1항에 따라 협상적격자로 선정된 업체 중에서 제안서 평가 결과 기술능력 평가점수가 100분의 85 이상으로 낙찰자와의 기술능력 평가점수의 차이가 5점 미만인 자로서 기술능력평가 고득점순으로 상위 2인 이내(이하 "제안서 보상 후보자"라 한다)의 범위 내에서 해당 사업의 제안서 평가위원회가 사업의 특성, 제안서 수준 등을 고려하여 제안서 보상 대상자로 의결한 자를 제안서 보상 대상자로 선정한다. 「소프트웨어사업 계약 및 관리감독에 관한 지침」제17조(제안서 보상 대상자 선정 등)을 참조한다.

■ 보상비 산정

총사업예산이 20억 이상인 소프트웨어 개발 사업 중에서, 입찰공고 시 명시하고 1억 한도 내에서 지급한다. 제안서 보상 대상자가 2인인 경우 사업예산의 13/1000에 해당하는 금액을 기술능력 평가점수가 높은 자 순으로 13분의 8, 13분의 5를 각각 지급한다. 제안서 보상 대상자가 1인인 경우는 사업예산의 13/1000에 해당하는 금액의 13분의 8을 보상비로 산정한다. 「소프트웨어사업 계약 및 관리감독에 관한 지침」제16조(제안서 보상대상 및 기준)을 참조한다.

■ 보상 통지

제안서 보상 대상자와 보상비가 결정되면 대상자에게 제안서 보상과 관련된 내용을 통지하고 제안서 보상 결과에 대해 공개한다. 제안서 보상에 대한 통지에는 특별한 사유가 없는 한 통지일로부터 30일 이내에 제안서 보상 대상자의 보상 요청이 없으면 제안서 보상금에 대한 권리를 포기한 것으로 본다는 내용이 포함되어야 한다. 「소프트웨어사업 계약 및 관리감독에 관한 지침」 제17조3항을 참조한다.

2) PMO 점검항목

- 제안서 보상 선정 기준 및 범위(「소프트웨어사업 계약 및 관리감독에 관한 지침」 제17조)
  - 기술 부문 평가점수가 100분의 85 이상인 자로서 낙찰자와의 기술능력 평가점수의 차이가 5점 미만인 기술능력 평가점수 상위 2인 이내에서 선정(※ 낙찰자로 선정되지 않은 나머지 2인 이내가 최종 보상비 지급 대상이 됨)
- 제안서 보상예산 확보(「소프트웨어사업 계약 및 관리감독에 관한 지침」 제16조)
  - 제안서 보상 대상자에게 제안서 작성비의 일부를 보상하기 위하여 당해 사업예산의 13/1000에 해당하는 금액을 제안서 보상예산으로 별도 확보하여야 함(단, 사업별 최대 1억 원)
- 입찰공고 시 공고사항(「소프트웨어사업 계약 및 관리감독에 관한 지침」 제16조2항)
  - 제안서 보상 대상사업인 경우는 입찰공고 시 보상기준 등 제안서 보상과 관련된 내용을 공고하여야 함
- 공동입찰 시의 제안서 보상(「소프트웨어사업 계약 및 관리감독에 관한 지침」 제16조4항)
  - 2인 이상이 공동수급체를 구성하고 입찰에 참여하여 제안서 보상 대상자가 된 경우 제3항에 따라 산출된 금액을 공동수급체 대표자에게 지급한다.

3.3 감리 준비

3.3.1 감리 시기

1) 감리대상 여부 판단

감리발주자 및 피감리인의 이해관계자로부터 독립된 자가 정보시스템의 효율성을 높이고, 안전성을 확보하기 위하여 제3자적 관점에서 정보시스템의 구축에 관한 사항을 종합적으로 점검하고 문제점을 개선하도록 하는 서비스이다.

감리대상 여부는 <표 103>과 같이 특성 기준, 규모 기준, 공공기관장의 판단을 고려하여 결정한다.

<표 103> 정보시스템 감리대상

구분	대상기준
특성기준	• 대국민서비스를 위한 행정업무 또는 민원업무처리 • 다수의 공공기관이 공동으로 구축 또는 사용하는 경우 • 공공기관의 연계 또는 정보의 공동이용이 필요한 경우* 총사업비 1억 미만의 소규모 사업으로 비용 대비 효과가 낮다고 인정하는 경우는 제외
규모기준	• 정보시스템 구축사업으로 사업비가 5억원 이상인 경우 총사업비 중에서 하드웨어, 소프트웨어의 단순한 구입비용을 제외한 금액
공공기관장의 판단	• 감리 시행이 필요하다고 공공기관의 장이 인정한 경우

감리 서비스의 종류는 <표 104>와 같이 ISP/BPR 감리, 개발감리, 운영감리, DB 구축 감리 등으로 분류한다.

<표 104> 감리 서비스의 종류

종류	감리 서비스
ISP/BPR 감리	• 사업목표 및 개선모델의 적정성과 실행계획 수립의 타당성을 점검하여, ISP를 통해 정보시스템 구축사업을 추진하기 위한 기반을 점검하는 서비스
개발감리	• 공공IT분야의 정보시스템의 구축 및 운영 등에 관한 사항을 종합적으로 점검하고 문제점을 개선하도록 하는 서비스
운영감리	• 정보시스템의 운영과 관련된 제도, 시설, 조직, 절차 등을 안정성, 효율성, 효과성, 신뢰성, 보안성, 경제성, 준거성 등의 관점에서 분석하고 적절한 가이드를 제시한다. 또한 최적의 정보시스템 운영환경과 체계를 갖추었다는 것을 보증 받을 수 있도록 점검하는 서비스
DB 구축 감리	• 데이터의 수집, 구축, 품질검사 공정별로 진행되는 데이터베이스 구축사업의 특성을 고려하여 데이터 구축양과 품질목표 달성이라는 2가지 요건을 달성하고, 데이터베이스 서비스 품질을 제고할 수 있는지 점검하는 서비스
ERP감리	• ERP 도입은 전사적으로 업무 및 자원을 통합하는 프로젝트로 일반적인 프로젝트와는 상당히 다른 접근이 필요함 • ERP 감리는 패키지의 선정부터 적용까지 발생할 수 있는 위험요소를 사전에 제거함으로써 도입의 안정화와 최적화를 할 수 있도록 점검 서비스
GIS감리	• 지리공간의 형상과 대상물을 DB로 구축, 관리 활용하고자 하는 GIS관련 사업의 추진과정을 각 분야별 전문가가 독립적인 관점에서 검토하여 문제발생을 최소화하도록 권고하는 활동 • 또한 문제의 원인을 정확히 분석하여 발주기관과 사업자 상호 이해 차이 및 의견을 조정하는 역할 수행

2) 단계별 감리

■ 요구정의단계 감리

요구정의단계 감리는 계약문서에서 정한 과업내용이 요구사항정의서에 적정하게 반영되었는지 점검하는 것이다. 일반적인 개발방법론에서 요구정의단계가 별도로 구분된 단계가 아니기 때문에 요구정의단계 감리는 분석단계 완료 시점에서 실시한다.

■ 설계단계 감리

설계단계에는 사업자가 제출한 대비표가 적합·부적합 판정을 할 수 있도록 구체화 되었는지 확인하고, 설계 산출물이 과업내용을 적정하게 반영하고 있는지 점검하여 감리수행결과보고서에 명시한다. 설계단계 감리는 그 점검 대상이 설계단계 산출물이므로, 감리대상사업에 적용 중인 방법론에 따라 차이가 있을 수 있으나 일반적으로 설계단계가 완료된 시점이다. 다만, 반복적으로 개발할 경우는 개발과정 중 설계가 여러 번 반복될 수 있으므로, 전체사업 범위 중 중요도가 높은 영역을 포함하고 있는 반복 차수를 정하여 해당 차수를 대상으로 감리를 수행하는 것이 적절하다.

■ 종료단계 감리

종료단계에는 사업자가 제출한 과업대비표의 과업내용 이행 결과에 대하여 감리법인이 감리대상사업 검사 전까지 세부 검사항목별 과업내용 이행의 적합·부적합 점검 결과를 감리수행결과보고서로 작성하여 제출한다. 종료단계 감리는 과업이행 여부에 대한 최종점검에 해당하므로 실질적으로는 검사단계에 진행하는 것이 적절할 것이나, 검사시점에 감리를 수행할 경우는 부적합 사항에 대한 시정조치 기간이 확보되지 않아 검사시점 이전에 수행하는 것이 필요하다. 또한, 과업이행 확인은 통합시험 또는 연계 시험관점에서 수행되어야 하므로, 사업자가 통합시험을 완료한 이후 수행해야 한다. 따라서 종료단계 감리시점은 통합시험 이후에 시작하고, 시정조치 확인 기간이 검사 이전에 종료될 수 있는 시점이 적합하다.

■ 추가감리

추가감리는 발주기관의 요청이 있거나 테스트, 성능진단 등 추가감리가 필요하다고 판단되는 경우 추가감리 내용을 협의하여 실시한다.

■ 상주감리

발주기관은 정보화사업의 특성에 따라 상주감리를 할 수 있다. 단, 상주감리원은 <표 105>와 같이 ① 사업수행계획서, 상세공정표(WBS: Work Breakdown Structure), 개발방법론의 공정·산출물 조정 ② 과업 범위(요구사항) 구체화, 과업변경 영향·타당성 검토 ③ 상세공정표에 따른 계획 대비 실적 점검 및 이행 상태 확인 ④ 산출물에 대한 품질검토 ⑤ 위험 요소 사전파악 및 개선 방향 제시 ⑥ 쟁점 사항 기술 검토 지원 및 의견 조율 ⑦ 발주자의 의사결정 지원 및 자문 ⑧ 그 밖의 사업을 성공적으로 수행하는 데 필요한 지원(제10조의2(상주감리)) 등의 업무를 수행한다. 또한 상주감리원은 제1항에 따른 업무를 수행하고 정기적으로 그 결과를 발주기관에 보고한다. 상주감리원은 단계별 감리의 감리원으로 참여할 수 없다.

<표 105> 상주감리원의 업무 범위

상주감리원의 업무범위	단계			정보화사업 표준 점검항목
	착수	실행	종료	
사업수행계획서, 상세공정표(WBS), 개발방법론의 공정·산출물 조정	○			• 일정관리 체계 수립·관리 여부 • 품질관리 체계 수립·관리 여부
과업 범위(요구사항) 구체화, 과업변경 영향·타당성 검토	○	○	○	• 범위관리 체계, 변경관리 체계 수립·관리 여부 • 범위 변경관리 수행 여부 • 사용자 요구사항 반영 여부
상세 공정표에 따른 계획 대비 실적 점검 및 이행상태 확인		○	○	• 진척관리 수행 여부
산출물에 대한 품질 검토		○	○	• 품질관리 수행 여부
위험요소 사전 파악 및 개선방향 제시	○	○	○	• 위험관리 체계 수립·관리 여부 • 위험관리 수행 여부
쟁점사항에 대한 기술검토 지원 및 의견조율		○	○	• 위험관리 수행 여부
발주자의 의사결정 지원 및 자문	○	○	○	• 의사소통관리체계 수립·관리 여부 • 의사소통관리 수행 여부
그 밖의 사업을 성공적으로 수행하는 데 필요한 지원 등	○	○	○	• 자원관리 체계 수립·관리 여부 • 인력관리 수행 여부

상주감리와 PMO의 역할은 정보화사업을 바라보는 관점이 다르다. PMO는 프로젝트관리 관점에서 발주기관을 대행해서 관리·감독을 한다. 반면 상주감리는 제3자 관점에서 품질관리 점검을 한다.

상주감리원의 자격요건은 다음 중 하나를 충족해야 한다.
① 감리대상사업 20억 이상인 감리에 참여한 경력이 3회 이상인 수석 감리원
② 프로젝트관리(PM) 또는 품질관리(QA) 분야의 경력 3년 이상인 수석 감리원
③ 그 밖에 제10조의2제1항에 정한 업무를 수행하기에 적합하다고 발주자가 인정한 감리원

3.3.2 감리대가 산정법(절차)
1) 감리대상사업비 보정금액 산정

감리대상사업비 보정금액은 감리대상사업비 구성항목에 해당하는 금액과 보정비율을 곱한 후 합산한 금액을 적용한다. 감리대상사업비는 감리대가 산정 당시의 감리대상의 확정예산으로 소프트웨어 개발비, 하드웨어 및 소프트웨어 구입비 등을 포함하여 부가가치세를 제외한 금액을 의미하며, 보정비율은 다음 표를 참고하여 적용한다.

<표 106> 감리대상사업비 구성 항목별 보정 비율

감리대상사업비 구성항목	보정비율
1. 소프트웨어 개발비 및 유지관리비, 정보시스템 운영 용역비	1.000
2. 하드웨어·소프트웨어 구입비 및 유지관리비	0.456
3. 지식정보자원·행정정보 등 데이터베이스 구축비	0.422
4. 기타 전산 설비/시설물 등의 공사·이전·임차 관련 비용, 센서 단말장치 설치비, 통신회선-전기 사용료, 재료비 등	0.000

<예시>

총 20억 원 규모(부가가치세 제외)의 감리대상사업이 소프트웨어 개발비 6억 원과 하드웨어 구입비 10억 원, 데이터베이스 구축비 4억 원으로 구성되어 있다고 가정하면, 감리대상사업비 보정금액은 다음과 같이 산정된다.

☞ 감리대상사업비 보정금액

= 6억 원 × 1.000 + 10억 원 × 0.456 + 4억 원×0.422 = 12.248억 원

---

2) 보정 전 기본감리비 산정

1단계에서 산정된 감리대상사업비 보정금액을 아래의 감리 적용단계별 산정식에 대입하여 보정 전 기본감리비를 산정한다.

$$보정전\ 기본감리비(2단계)$$

$$= 0.8516 \times IT감리\ 평균임금 \times \left(\frac{대상사업비보정금액}{FP단가}\right)^{0.6385}$$

$$\times (1 + 제경비율) \times (1 + 기술료율)$$

$$보정전\ 기본감리비(3단계)$$

$$= 0.9307 \times IT감리\ 평균임금 \times \left(\frac{대상사업비보정금액}{FP단가}\right)^{0.6385}$$

$$\times (1 + 제경비율) \times (1 + 기술료율)$$

위 산정식에서 IT감리 평균임금은 「통계법」 제27조에 따라 공표되는 소프트웨어 기술자 IT감리 직무 평균임금을 적용하며, 제경비율은 산업통상자원부 고시 「엔지니어링사업대가의 기준」 제9조에 따른 제경비의 비율을 말하며 110% 이상~120% 이하의 범위 내에서 조정하여 적용한다. 기술료율은 산업통상자원부 고시 「엔지니어링사업대가의 기준」 제10조에 따른 기술료의 요율을 말하며 보정 후 기본감리비에 제경비를 합한 금액의 20~40% 범위 내에서 조정하여 적용한다.

<예시>
예시에서 감리대상사업비 보정금액이 12,248억 원이고, IT 감리 평균임금이 340,109원, FP 단가가 553,114원, 제경비율 120%, 기술료율 40%라면 보정 전 기본감리비(2단계)는 다음과 같이 산정된다.

☞ 보정 전 기본감리비
$= 0.8516 \times 340{,}109원 \times (12{.}248억\ 원/553{,}114원)0{.}6385 \times (1+120\%) \times (1+40\%)$
$= 121{,}996{,}383원$

---

3) 난이도 계수 산정

다음의 난이도표에서 항목별로 해당되는 난이도 계수를 선택하여 산정한다. 난이도 계수는 다음의 난이도 영향 요인별 정의 및 예시를 참고하여 선택 및 산정한다.

■ 신기술 적용 수준

감리대상사업 및 감리점검의 복잡성을 증가시키는 주요 신기술의 적용 수준으로서, 감리대상사업의 주요 신기술 적용 수준 정도에 따라 난이도를 판별한다.

<신기술 적용 수준 적용 예시>
AI와 빅데이터는 상호 밀접한 연관성이 있는 신기술 분야로서, 이러한 경우는 적용된 신기술 개수를 1가지로 식별하여 '복잡' 난이도를 선택한다. 반면 AI와 AR/VR와 같이 서로 다른 분야의 주요 신기술이 적용된 경우는 적용된 신기술 개수를 2가지로 식별하여 '매우 복잡' 난이도를 선택한다.

■ 감리 현장 지역 다중성

점검 활동이 수행되는 감리 현장의 복잡성으로서, 점검 활동이 수행되는 감리 현장의 복잡 정도에 따라 난이도를 판별한다.

<감리 현장 지역 다중성 적용 예시>

점검 활동이 수행되는 감리 현장 지역이 1개 지역인 경우, '보통' 난이도를 선택한다. 반면 점검이 수행되는 감리 현장 지역이 2개 또는 3개 지역인 경우, '복잡' 난이도를 선택한다.

<표 107> 난이도 영향 요인 계수표

난이도		난이도 수준	계수 값
신기술 적용수준	보통	감리대상 사업 및 감리 점검의 복잡성을 증가시키는 주요 신기술이 적용되지 않은 경우	0.00
	복잡	감리대상 사업 및 감리 점검의 복잡성을 증가시키는 주요 신기술 1개가 적용된 경우	0.05
	매우복잡	감리대상 사업 및 감리 점검의 복잡성을 증가시키는 서로 다른 분야의 신기술이 2개 이상 적용된 경우	0.10
감리현장 지역다중성	보통	점검활동이 수행되는 감리현장이 단일 지역인 경우	0.00
	복잡	점검활동이 수행되는 감리현장이 2~3개 지역인 경우	0.05
	매우복잡	점검활동이 수행되는 감리현장이 4개 지역 이상인 경우	0.10

<예시>

예시에서 감리대상사업에 적용되는 신기술 적용 수준이 '복잡', 감리 현장 지역 다중성이 '보통'인 경우 난이도 계수는 다음과 같이 산정된다.

☞ 대상사업의 난이도 계수 = 5% + 0% = 5%

4) 보정 후 기본감리비 산정

다음과 같이 보정 전 기본감리비에 난이도 계수를 곱하여 보정 후 기본감리비를 산정한다.

보정 후 기본감리비(2단계) = 보정 전 기본감리비(2단계) × (1 + 난이도 계수 합)
보정 후 기본감리비(3단계) = 보정 전 기본감리비(3단계) × (1 + 난이도 계수 합)

<예시>

예시에서 산정된 보정 전 기본감리비 121,996,383원에 난이도 계수 합을 곱하여 보정
후 기본감리비가 산정된다.

> ☞ 보정 후 기본감리비 = 121,996,383원 × (1+5%) = 128,096,202원

5) 상주 및 추가감리비 산정

상주 및 추가감리비는 투입공수와 해당 IT 직무 평균임금의 곱에 제경비율과 기술료율
을 적용하여 산정한다.

> ☞ 상주 및 추가감리비 = Σ{투입공수×해당 IT 직무 평균임금) × (1+제경비율) × (1+기술료율)}

<예시>

추가감리가 50MD 투입되고, 투입되는 인력의 IT 직무 평균임금이 340,109원, 제경비
율이 120%, 기술료율이 40%라고 한다면 상주 및 추가감리비는 다음과 같이 산정된다.

> ☞ 상주 및 추가감리비
> = 50MD × 340,109원 × (1+120%) × (1+40%) = 52,376,786원

6) 감리대가 산정

최종적인 감리대가는 다음과 같이 보정 후 기본감리비와 상주 및 추가감리비, 직접경비,
부가가치세의 합으로 산정한다. 여기서 직접경비는 감리 업무와 직접 관련이 있는 여비,
시험·진단 도구 사용료, 특수분야 전문가 자문비 중에서 감리발주자가 인정한 항목에 대하
여 부가가치세가 제외된 소요 비용을 적용하며, 부가가치세는 보정 후 기본감리비와 상주
및 추가감리비, 직접경비를 합한 금액의 10%를 산정한다.

> · 감리대가(2단계) = 보정 후 기본감리비(2단계) + 상주 및 추가감리비 + 직접경비 + 부가가치세
> · 감리대가(3단계) = 보정 후 기본감리비(3단계) + 상주 및 추가감리비 + 직접경비 + 부가가치세

<예시>

직접경비가 5천만 원이라 가정한다면, 위의 예시로부터 최종 감리대가는 다음과 같이 산정된다.

☞ 감리대가

= 128,096,202원 + 52,376,786원 + 50,000,000원 + 23,047,299원

= 253,520,287원

☞ 부가가치세

= (128,096,202원 + 52,376,786원 + 50,000,000원) × 10%

= 23,047,299원

3.3.3 감리대가 산정 사례

정보시스템 감리대가 산정 계산기

Ver 2.0 (2023.1)

[사용방법]

1) 노란색 셀에 해당 정보를 입력 또는 선택하면 감리대가가 자동 계산됩니다.

2) 산정 절차별 유의사항은 다음과 같습니다.
   ① 감리대상사업비 보정금액 산정 → 감리대상사업비 금액의 VAT 포함 여부를 선택한 후 노란색 칸에 해당 금액을 입력하십시오.
   ② 감리 적용단계 선택 → '2단계 감리' 또는 '3단계 감리'를 선택하십시오.
   ③ 감리대상사업 난이도 수준 선택 → 감리대상사업의 난이도 수준을 요인별로 선택하십시오.
   ④ 제경비율, 기술료율, 직접경비 입력 → 적용되는 제경비율과 기술료율, 직접경비를 노란색 칸에 입력하십시오.
   ⑤ 보정후 기본감리비 산정 → ①~④까지 입력 또는 선택된 값에 따라 보정후 기본감리비가 산정됩니다.
   ⑥ 상주 및 추가 감리비 산정 → 노란색 칸에 상주 및 추가 감리 투입공수(Man/Day)와 해당 IT직무 평균임금(원)을 입력하면 상주 및 추가 감리비가 산정됩니다.
   ⑦ 최종 감리비 산정 → ①~⑥까지 입력 또는 선택된 값에 따라 최종 감리비가 산정됩니다.

* IT감리원 평균임금은 한국SW산업협회에서 공표한 최신 정보를 적용합니다.

---

0. 기초정보 (한국소프트웨어산업협회)

구 분	금액 (단위: 원)
기능점수(FP) 단가	553,114
IT감리 평균임금(MD)	424,481

1. 감리대상사업비 보정금액 산정 (감리대상사업비의 부가가치세 포함 여부를 아래에서 선택해 주세요)

감리대상사업비에 VAT가 포함되어 있음		감리대상사업비에 VAT가 포함되어 있지 않음
사업비 구분	적용 보정비율	금액 (단위: 원, VAT 포함 또는 제외)
① SW개발비 및 유지보수비, 정보시스템 운영 용역비	1.000	
② HW, SW 구입비 및 유지보수비	0.456	
③ 지식정보자원·행정정보 등 데이터베이스 구축비	0.422	

④ 기타 전산 설비·시설물 등의 공사·이전·임차 관련 비용, 센서·단말장치 설치비, 통신회선·전기 사용료, 재료비 등	0.000	
감리대상사업비 보정금액(VAT 제외됨)		575,461,593

2. 감리 적용단계 선택 (아래 노란색 칸에서 해당 적용단계를 선택)

2단계 감리 (설계단계 + 종료단계)	3단계 감리 (요구정의단계 + 설계단계 + 종료단계)
2단계 감리 (설계단계 + 종료단계)	3단계 감리 (요구정의단계 + 설계단계 + 종료단계)

* 2단계 감리 : 감리기준 제3조 제2항에 해당하는 경우를 의미함

3. 감리대상사업 난이도 수준 선택 (아래 노란색 칸에서 해당 난이도 수준을 선택)

난이도 요인		난이도 수준	난이도 계수
신기술 적용 수준	보통	감리대상사업 및 감리 점검의 복잡성을 증가시키는 주요 신기술이 적용되지 않은 경우	0.00
	복잡	감리대상사업 및 감리 점검의 복잡성을 증가시키는 주요 신기술이 1가지 이상 적용된 경우	
	매우 복잡	감리대상사업 및 감리 점검의 복잡성을 증가시키는 2가지 이상 서로 다른 분야의 주요 신기술이 적용된 경우	
현장감리 지역 다중성	보통	점검활동이 수행되는 감리현장이 단일 지역인 경우	0.00
	복잡	점검활동이 수행되는 감리현장이 2개 지역 이상인 경우	
	매우 복잡	점검활동이 수행되는 감리현장이 4개 지역 이상인 경우	

4. 제경비율, 기술료율, 직접경비 입력

제경비율 (110%~120% 범위 내 입력)	기술료율 (20%~40% 범위 내 입력)	직접경비 (단위: 원)
110.0%	20.0%	0

* 직접경비 : 여비, 시험·진단 도구사용료, 특수분야 전문가 자문비 중에서 감리발주자가 인정한 항목

5. 보정후 기본감리비 산정

보정후 기본감리비 (단위: 원, VAT 제외)	표준공수(MD)
76,909,100	72

6. 상주 및 추가 감리비 산정 (선택)

구 분	투입공수 (단위: MD)	해당 IT직무 평균임금 (단위: 원)	금액 (단위: 원, VAT 제외)
상주 감리	0		0
추가 감리	0		0

7. 최종 감리비 산정

최종 감리비 (단위: 원, VAT 제외)	최종 감리비 (단위: 원, VAT 포함)
76,909,100	84,600,000

제5장　PMO 집행단계

　　PMO는 다음부터 기술하는 'PMO대상사업 집행단계 관리·감독 및 기술지원 항목'을 준용하여 PMO대상사업의 분석·설계·구현·시험·전개 단계별로 관리·감독 및 기술지원 업무를 수행한다. PMO는 발주기관으로부터 위탁받아 사업이 성공적으로 수행될 수 있도록 전문성을 바탕으로 PMO대상사업을 관리·감독한다.

- PMO대상사업 집행단계에서 PMO의 주요 역할
  - 프로젝트 수행을 위한 방법론, 표준, 기준 등 관리적·기술적 지식 제공
  - 공정 단계별 계획의 검토 및 조정
  - 사업추진 상황 모니터링 및 보고
  - 산출물, 개발 시스템 등 전체 결과물의 점검 및 개선 지시

1 PMO대상사업 준비

1.1 PMO대상사업 착수 지원 절차

PMO는 계약체결 후 수행사와 사업수행계획서 등 착수 서류의 적정성을 검토하고 조정한다. 제안요청서, 제안서, 기술협상서, 사업수행계획서에 반영여부 검토 및 요구사항 매핑문서를 통해 <그림 99>와 같이 원활한 착수가 이뤄지도록 한다.

<그림 99> PMO대상사업 착수 지원 절차

대상사업 수행계획 수립	대상사업 착수 준비		대상사업 착수
사업 수행계획 확정	**대상사업 베이스라인 확정**	**사업관리 체계 수립**	**사업수행 환경 구축**
사업수행계획서 검토 · WBS 일정 계획 및 실현 가능성 검토 · 투입 예정 인력의 스킬 및 숙련성 확인 · PMO사업자 전문인력을 활용한 기능목록 및 기능점수(FP) 검증	**과업변경 및 변화관리** · 변경요청내용 검토 · 과업변경 심의 결과 검토 · 발주기관 및 대상사업 수행기관과의 협의 도출하여 과업변경 범위 확정 지원	**운영체계 수립** · PMO 조직 및 사업자 조직 운영체계 정의 · PMO대상사업 이해관계자 식별 · 참여 구성원에 대한 역할 및 책임 정의	**착수 서류 검토** · 사업수행계획서 최종 확인 · 참여인력 이력서(수행책임자 등), 보안서약서 등 검증 지원 · 이해관계자 협의체 수립 지원
사업수행계획서 확정 지원 · 미비점 및 불일치 사항 도출 · 시정 방안 협의 및 시행 · 사업수행계획서 조정 및 보완	**최초 베이스라인 설정** · 대상사업 관리 기준선(base-line) 설정 · 계약 관련 규정 준수 여부 모니터링 착수	**관리 및 운영 프로세스 정의** · 사업 관리 항목별 프로세스 정의 · 사업 문서 표준 및 템플릿 정의 · 산출물 검토 프로세스 정의	**사업 수행환경 구성 지원** · 파일 공유 체계 수립 · 사업관리시스템(PMS) 등 도구 설치 및 사용방법 가이드

대상사업 착수 지원 절차는 대상사업 수행계획 수립, 대상사업 착수 준비, 대상사업 착수 순으로 진행한다. 대상사업 수행계획 수립 확정에서는 수행사가 제출한 사업수행계획서를 검토하고 확정 작업을 지원한다. 대상사업 베이스라인 확정에서는 과업변경 및 변화관리 기준을 만들고 일정 관리, 범위관리, 위험관리 등 PMO 사업관리 영역별 최초 베이스라인을 설정한다. 사업관리 체계 수립에서는 발주기관, PMO, 수행사 등 조직 운영 체계를 만든다. 또한 그에 따른 관리 및 운영프로세스도 정의한다. 사업수행 환경구축에서는 착수 서류를 검토하고 사업수행환경 구성을 지원한다.

1.2 사업수행계획서 검토 및 조정

1) 개요

선정된 사업자로부터 사업수행계획서를 접수하여 검토하고 조정한다. 사업수행계획서에 기술협상 결과 반영여부, 발주기관의 방법론 표준가이드를 준수하였는지 등을 점검한다. 또한 투입인력에 대한 이력 사항 일치 여부, 품질관리, 위험관리, 보안관리 등의 내용 반영여부를 확인한다.

2) 세부 절차
PMO대상사업 준비는 <그림 100>과 같이 사업수행계획서 검토 요청, 검토 수행, 검토보고서 작성, 사업수행계획서 조정 및 수정 등 4단계 절차를 거쳐 진행한다.

<그림 100> PMO대상사업 준비절차

■ 사업수행계획서 검토 요청
발주부서 담당자는 사업수행계획서 승인 전에 사업자가 작성한 사업수행계획서 검토 및 조정을 위해 검토를 요청한다.

■ 검토 수행
PMO는 사업자에게 작성한 사업수행계획서가 발주기관의 정보화사업 표준가이드에 적합하게 작성되었는지 점검항목을 기준으로 검토하고 조정해야 할 내용을 도출한다.

■ 검토보고서 작성
PMO는 사업수행계획서 검토보고서를 작성하여 발주부서 담당자와 사업자 PM에게 제출한다.

■ 사업수행계획서 조정 및 수정
사업자는 PMO가 작성한 검토보고서를 기준으로 조정 및 수정작업을 한 후 발주부서 담당자의 승인을 받는다.

3) 사업수행계획서 점검항목

사업수행계획서의 점검기준은 사업수행계획서에 계약문서(제안요청서, 제안서, 기술협상서 등)에서 정한 내용이 빠짐없이 정의되었는지, 그리고 발주기관의 정보화사업 표준가이드를 준수했는지 점검한다.

<표 108> 사업수행계획서 주요 점검항목

번호	점검항목
1	사업명이 정확하게 작성되었는가? - 제안요청서상의 명칭과 동일 여부
2	사업기간이 정확하게 작성되었는가? - 제안요청서상의 기간과 동일 여부
3	사업목적이 작성되었는가? - 제안요청서상의 과제 외 추진배경 및 목적 작성 여부
4	사업범위가 명확하게 작성되었는가? - 개발대상업무: 계약관련 서류(제안요청서, 제안서, 기술협상서, 계약서 등)에서 제시한 내용이 전부 포함되었는지 여부 - 개발 및 운영환경: 소프트웨어, 하드웨어, 네트워크, 기타 등으로 나누어 기술적인 사항을 개발 중/ 개발 후/운영단계로 나누어 세부적으로 기술여부(행정기관 및 공공기관 정보시스템 구축·운영 지침 준수여부 기술) - 기타: 인터페이스 관련사항, 표준화, 업무절차 재구축, 초기 자료 구축 등 작성여부
5	사업추진체계가 적절하게 제시되었는가? - 총괄추진체계: 제안요청서에 제시된 발주기관과 사업자 명시 여부 - 사업자 추진체계: 사업자 조직도, 업무분장, 참여인력 총괄표 등 작성여부
6	사업추진 절차가 적절한가? - 발주기관 정보화 사업 소프트웨어 개발 표준가이드에 따라 단계별(착수/분석/설계/구현/전개/종료) 적합한 계획수립 여부 (방법론 테일러링 결과 반영 필요)
7	산출물 계획이 적절한가? - 단계별 산출물 종류, 제출일정, 제출부수 등 제출계획의 작성여부
8	일정계획이 적절한가? - 단위업무 누락여부 - 주간단위로 단위업무(Task)의 상세화 여부 - WBS와 일치 여부
9	공정별 투입인력 계획이 적절한가? - 세로(작업단계별)계: 투입직무별 MM 합계 작성 여부 - 가로(투입직무별)계: 작업단계별 MM 합계 적성 여부(단, 기능점수(FP)로 산정된 사업은 작성 제외)
10	보고 계획이 구체적으로 수립되었는가? - 주간, 월간, 단계별 보고서를 포함하여 품질보증 활동 보고, 위험관리 현황보고 등 전체적인 보고 계획 수립 여부
11	표준화 계획이 적절하게 수립되었는가? - 표준화항목(행정 업무 표준, 공통서비스)에 맞는 사업수행 내역 작성 여부 - 정보화 기반 표준(기술적용계획표 작성 여부) - 공공기관의 데이터베이스 표준화지침 작성 여부 - 전자정부 웹사이트 품질관리 지침 작성 여부
12	품질관리 계획이 적절한가? - 품질목표, 품질조직 및 역할, 품질보증 절차, 품질활동 계획, 보고절차, 일정 계획 수립여부
13	위험관리 계획이 적절한가? - 위험관리 목표, 추진체계, 절차 등 작성 여부
14	보안대책이 적절한가? - 생성된 문서의 보관, 통신보안, 시스템 보안 등 보안대책과 개인정보보호 대책 제시 여부 - 소프트웨어 개발보안 가이드 준수를 위한 대책(개발자 교육, 시큐어코딩, 보안취약점 진단, 보안 조치 등) 작성 여부

번호	점검항목
15	교육 계획이 적절한가? - 사업완료 이전/이후를 포함한 제공 교육에 대한 교육과목, 일정, 대상, 내용, 지원사항 등 작성여부
16	발주기관 협조 요청사항이 있는가? - 사업자 입장에서 사업수행을 위해 필요한 사항 중 발주기관에서 조치해야 하는 사항(출입조치, 작업장소, 자료조사 협조, 개발 환경 구축 등) 기술 여부
17	기술협상 결과가 반영되었는가?

4) 사업수행계획서 검토 결과보고서(사례)

PMO는 점검항목을 기준으로 사업자가 작성한 사업수행계획서가 적절하게 작성되었는지 점검한다. 점검결과는 적정(O), 미흡(△), 누락(X), 제외(N/A)로 구분하여 표기하고 항목별 PMO 검토 의견을 작성한다.

<사례 3> 사업수행계획서 검토 결과보고서(사례)

번호	점검항목	점검결과				PMO 검토 의견
		○	△	×	N/A	
1	사업명이 정확하게 작성되었는가? - 제안요청서상의 명칭과 동일 여부	○				
2	사업기간이 정확하게 작성되었는가? - 제안요청서상의 기간과 동일 여부	○				
3	사업 목적이 작성되었는가? - 제안요청서상의 과제 외 추진 배경 및 목적 작성 여부		△			- 제안요청서에 있는 추진 배경 및 목적을 참조하여 세부적으로 작성 요망
4	사업범위가 명확하게 작성되었는가? - 개발 대상 업무: 계약 관련 서류(제안요청서, 제안서, 기술협상서, 계약서 등)에서 제시한 내용이 전부 포함되었는지 여부 - 개발 및 운영환경: 소프트웨어, 하드웨어, 네트워크, 기타 등으로 나누어 기술적인 사항을 개발 중/개발 후/운영단계로 나누어 세부적으로 기술 여부(행정기관 및 공공기관 정보시스템 구축·운영 지침 준수 여부 기술) - 기타: 인터페이스 관련 사항, 표준화, 업무절차 재구축, 초기 자료 구축 등 작성 여부		△			- 개발환경 및 운영환경 내용 추가 작성 요망 - 인터페이스 관련 사항 추가 요망 - 초기 데이터 구축 내용 추가 요망
5	사업추진체계가 적절하게 제시되었는가? - 총괄추진체계: 제안요청서에 제시된 발주기관과 사업자 명시 여부 - 사업자 추진체계: 사업자 조직도, 업무분장, 참여인력총괄표 등의 작성 여부		△			- 총괄추진체계에서 감리/PMO 조직 및 역할 추가 요망
6	사업 추진 절차가 적절한가? - 발주기관 정보화사업 소프트웨어개발 표준가이드 따라 단계별(착수/분석/설계/구현/전개/종료) 적합한 계획수립 여부(방법론 테일러링 결과 반영 필요)		△			- 발주기관 방법론 테일러링 결과를 반영하여 현실화가 필요함
7	산출물 계획이 적절한가? - 단계별 산출물 종류, 제출 일정, 제출 부수 등 제출계획의 작성 여부	○				

번호	점검항목	점검결과				PMO 검토 의견
		○	△	×	N/A	
8	일정계획이 적절한가? - 단위 업무 누락 여부 - 주간 단위로 단위 업무(Task)의 상세화 여부 - WBS와 일치 여부		△			- 일정계획을 WBS와 일치시키고, 단위 업무 상세화 필요함
9	보고 계획이 구체적으로 수립되었는가? - 주간, 월간, 단계별 보고를 포함하여 품질보증 활동 보고, 위험관리 현황 보고 등 전체적인 보고 계획 수립 여부		△		○	- 주간/월간보고를 매주 목요일 오후 3시로 변경 요망
10	표준화 계획이 적정하게 수립되었는가? - 표준화 항목(행정 업무표준, 공통서비스)에 맞는 사업수행 내역 작성 여부 - 정보화 기반 표준(기술적용계획표 작성 여부) - 공공기관의 데이터베이스 표준화지침 작성 여부 - 전자정부 웹사이트 품질관리 지침 작성 여부			×		- 표준화 계획 작성 누락 됨 1) 표준화 항목 사업수행내용 추가 2) 기술적용계획표 추가 3) 데이터베이스 표준화 방안 추가 4) 전자정부 웹사이트 품질관리 방안 추가
11	품질관리계획이 적절한가? - 품질목표, 품질조직 및 역할, 품질보증 절차, 품질 활동 계획, 보고 절차, 일정계획 수립 여부		△			- 품질목표 누락 됨 추가 요망
12	위험관리 계획이 적절하게 수립되었는가? - 위험관리 목표, 추진체계, 절차 등 작성 여부		△			
13	보안대책이 적절한가? - 생성된 문서의 보관, 통신보안, 시스템 보안 등 보안대책과 개인정보보호 대책 제시 여부 - '소프트웨어 개발 보안 가이드' 준수를 위한 대책(개발자 교육, 시큐어코딩, 보안 취약점 진단, 보안 조치 등) 작성 여부		△			- '소프트웨어 개발 보안 가이드' 준수를 위한 대책(개발자 교육, 시큐어 코팅, 보안 취약점 진단, 보안 조치 등) 추가 요망
14	교육계획이 적절한가? - 사업 완료 이전/이후를 포함한 제공 교육에 대한 교육과목, 일정, 대상, 내용, 지원사항 등 작성 여부	○				
15	발주기관 협조 요청사항이 있는가? - 사업자 입장에서 사업수행을 위해 필요한 사항 중 발주기관에서 조치해야 하는 사항(출입 조치, 작업장소, 자료조사 협조, 개발환경 구축 등) 기술 여부					- 개발환경 구축 등 발주기관의 협조가 필요한 사항 기술 요망
16	기술협상 결과가 반영되었는가?					- 기술협상 결과 반영 요망

1.3 방법론(산출물) 테일러링

1) 개요

발주부서 담당자는 사업자에게 구축사업의 규모, 기간, 사업 특성 및 사업자의 역량을 고려하여 발주기관에서 보유한 소프트웨어 개발방법론 표준가이드를 적합하게 적용하기 위해 사업자에게 방법론 수정(테일러링: Tailoring)을 요청하고, 사업자는 실제 적용 가능한 방법론 테일러링을 한다.

2) 세부 절차

PMO 방법론(산출물) 테일러링은 <그림 101>과 같이 방법론 테일러링 요청, 테일러링 수행, 테일러링결과서 작성, 테일러링결과서 검토 및 조정 등 4단계 절차를 거쳐 진행한다.

■ 방법론 테일러링 요청

발주부서 담당자는 사업자와 발주기관의 소프트웨어 개발방법론 표준가이드의 적용 또는 조정을 위해 방법론 테일러링을 요청한다. 기존 산출물이 있는 경우 사업자는 반드시 차이(Gap) 분석을 하고 그 결과를 반영하여 테일러링을 한다.

■ 테일러링 수행

발주부서 사업담당자는 정보화부서 담당자에 테일러링 참여를 요청하고, 사업자와 개발방법론 테일러링을 수행하여 적용 범위를 정한다. 운영에 필요한 산출물에 대해서도 반드시 적용 범위를 정한다.

■ 테일러링결과서 작성

사업자는 개발방법론 테일러링 결과를 문서로 작성하여 발주부서 담당자에게 제출한다.

■ 테일러링결과서 검토 및 조정

PMO는 사업자가 작성한 방법론 테일러링결과서를 발주기관의 정보화사업 표준에 적합한지 검토하고 조정한다.

3) 고려사항 및 PMO 점검항목
- 테일러링 협의체는 발주부서 담당자, 사업자 및 정보화부서 담당자, 요구사항 주요 유형별 관련 부서, PMO 등으로 구성함
- 테일러링 수행 시 「발주기관 소프트웨어 개발방법론 표준가이드」의 '사업 규모별 표준 프로세스'를 참조하며, 사업의 특성에 따라 단계별 절차 및 산출물에 대한 일부 변경, 생략 등 세부적인 테일러링도 가능함
- 테일러링 수행 시 제안요청서와 제안서, 사업수행계획서에 기재된 내용은 필수로 확인하여야 하며, 테일러링 결과를 반영하여 결과서를 작성해야 함

4) 방법론 테일러링 기준(사례)

발주기관의 정보화 담당자와 PMO는 사업자가 테일러링 전에 발주기관의 프로젝트 및 PMO대상사업에 적합한 테일러링 기준을 만들어 제시한다. 단계별 산출물 종류 및 사업규모에 따라 필수(○), 선택(△) 등을 정의한다.

<사례 4> 방법론 테일러링 기준(사례)

단계	활동	작업	산출물	사업규모		
				수의계역	5억미만	신규5억이상
분석	요구사항분석	요구사항 수집	인터뷰결과서	△	△	○
		요구사항 정의	요구사항정의서	○	○	○
		유스케이스 명세	유스케이스명세서	△	○	○
	업무/데이터분석	업무 분석	현행 프로그램분석서	△	△	○
			To-Be 비즈니스 업무흐름도	△	○	○
			To-Be 비즈니스 프로세스정의서	△	○	○
		데이터 분석	현행 데이터분석서	△	○	○
			표준용어정의서	△	○	○
			논리데이터모델	○	○	○
			데이터전환분석서	△	△	△
		인터페이스 분석	현행 인터페이스분석서	△	△	○
			To-be 연동분석서	△	○	○
			화면보고서 프로토타입	△	△	△
분석	아키텍처 분석	현행 아키텍처 분석	현행 아키텍처분석서	△	△	○
			아키텍처설계서(초안)	△	△	○
	분석단계 점검	분석단계 산출물점검	분석단계 점검조치결과서	○	○	○
설계	아키텍처 설계	아키텍처 설계	아키텍처설계서	△	○	○
	애플리케이션 설계	클래스 설계	클래스설계서	△	○	○
		프로그램 명세	프로그램명세서	○	○	○
		배치프로그램 설계	배치프로그램설계서	○	○	○
		사용자 웹 구성 설계	사용자인터페이스 웹구성도	△	△	○
		사용자 인터페이스 설계	사용자인터페이스설계서	○	○	○
			사용자권한정의서	○	○	○
		인터페이스 설계	인터페이스설계서	○	○	○
	DB 설계	논리DB 설계	논리데이터모델(보완)	○	○	○
			코드정의서	△	○	○
			도메인정의서	○	○	○
			컬럼정의서	○	○	○
		물리DB 설계	테이블정의서	○	○	○
			물리데이터모델 다이어그램	○	○	○
			데이터베이스정의서	○	○	○
			데이터베이스설계서	△	△	○
			OBJECT 정의서	○	○	○
			INDEX 정의서	○	○	○

단계	활동	작업	산출물	사업규모		
				수의 계역	5억 미만	신규 5억이상
설계	데이터 전환 설계	데이터 전환 및 프로그램 설계	데이터전환 매핑정의서	△	△	△
			데이터전환 프로그램명세서	△	△	△
			데이터검증프로그램명세서	△	△	△
	설계단계 테스트 준비	단위테스트 케이스 작성	단위테스트 케이스	△	○	○
	설계단계 점검	설계단계 산출물점검	설계단계 점검조치결과서	△	○	○
구현	개발	프로그램 개발	프로그램 소스	○	○	○
	단위테스트	단위테스트	단위테스트 결과서	△	○	○
	구현단계 점검	웹 표준/웹 호환성 점검	웹접근성 점검보고서	○	○	○
			웹호환성 점검보고서	○	○	○
		소스 품질 검사	코드 인스펙션 보고서	○	○	○
			보안약점 진단결과서	○	○	○
			웹취약점 진단보고서	○	○	○
		구현단계 산출물점검	구현단계 점검조치결과서	○	○	○
시험	테스트	테스트 준비				
		시스템 테스트	통합테스트 결과서	△	○	○
			시스템테스트 결과서	○	○	○
			데이터적재결과서	△	○	○
	인도 및 전개 준비	교육준비 및 매뉴얼 작성	운영자매뉴얼	○	○	○
			사용자매뉴얼	○	○	○
	시험단계 점검	시험단계 산출물점검	시험단계 점검조치결과서	○	○	○
인도 및 전개	교육 및 인수인계	교재 준비 및 교육	교육 교재	○	○	○
			교육결과서	○	○	○
		인수인계	인수테스트결과서	○	○	○
	전개	최종점검 및 리허설	전개단계 점검조치결과서	△	○	○
		전개	시스템테스트결과서	△	○	○
			데이터적재결과서	△	○	○

4) 방법론 테일러링 결과서(사례)

발주기관의 정보화 담당자, PMO, 사업자는 표준가이드 및 프로젝트의 특성을 고려하여 테일러링 결과를 검토하고 조정하여 확정한다.

<사례 5> 방법론 테일러링 결과서(사례)

개발가이드				적용여부		테일러링사유	PMO 검토대상
단계	활동	작업	산출물	개발 산출물	운영 산출물		
준비	방법론 테일러링	방법론 테일러링	방법론테일러링결과서	○			
분석	요구사항 분석	요구사항 수집	인터뷰계획서	○			
			인터뷰결과서	○			
		요구사항 정의	요구사항정의서	○			
		유스케이스 기술	유스케이스명세서	○			
	요구사항 분석	요구사항 추적	요구사항추적표	○			Y

개발가이드				적용여부		테일러링사유	PMO 검토대상
단계	활동	작업	산출물	개발 산출물	운영 산출물		
분석	업무/ 데이터분석	업무 분석	현행 비즈니스프로세스정의서	X		유스케이스 명세서로 갈음	
			현행 비즈니스업무흐름도	X		유스케이스 명세서로 갈음	
			To-Be 비즈니스프로세스정 의서	X		유스케이스 명세서로 갈음	
			To-Be 비즈니스업무흐름도	X		유스케이스 명세서로 갈음	
		데이터 분석	현행 데이터분석서	X		데이터전환계획서에 포함	
			현행 표준사전정의서	X		현행시스템 데이터 이관대상 없음	
			전환대상업무 및 범위정의서	X		데이터전환계획서에 포함	
	아키텍처 분석	현행 아키텍처 분석	현행 아키텍처분석서	X		아키텍처설계서에 포함	
	분석단계 테스트계획	총괄테스트 계획	총괄테스트계획서	○			Y
	분석단계 점검	분석단계 산출물점검	분석단계점검 조치결과서	○			
설계	아키텍처 설계	아키텍처 설계	아키텍처설계서	○			Y
	애플리케이션 설계	클래스 설계	클래스설계서	○			
		사용자 인터페이스 설계	사용자인터페이스	○			
			사용자권한정의서	○			
		컴포넌트 설계	컴포넌트설계서	X		솔루션 기반 시스템	
		인터페이스 설계	인터페이스설계서	○			Y
		배치프로그램 설계	배치프로그램설계서	○			
		사용자 웹 구성 설계	사용자인터페이스 웹구성도	X		솔루션 기반 시스템(사용자인 터페이스설계서에 포함)	
		프로그램 명세서	프로그램명세서	○		솔루션 기반 시스템(프로그램 목록만 작성)	
	DB 설계	개념 DB모델 설계	표준용어정의서	○			
			코드정의서	○			
			도메인정의서	○			
			엔티티정의서	X		논리DB설계에 포함	
			개념데이터모델(ERD)	X		논리DB설계에 포함	
		논리 DB 설계	속성정의서	X		(선택)	
			컬럼정의서	○			
			논리데이터모델다이어그램	○			
		물리 DB 설계	테이블정의서	○			
			물리데이터모델다이어그램	○			
			데이터베이스정의서	○			
			데이터베이스설계서	○			
			OBJECT정의서	○			
			INDEX정의서	○			
	데이터 전환 설계	데이터 전환/ 검증계획	데이터전환계획서	○			Y
			데이터전환 매핑정의서	X			
			데이터전환 프로그램명세서	X			
			데이터검증 프로그램명세서	X		현행시스템 데이터 이관대상 없음	
		데이터 정비계획	데이터정비계획서	X		(선택)	

개발가이드				적용여부		테일러링사유	PMO 검토대상
단계	활동	작업	산출물	개발 산출물	운영 산출물		
설계	설계단계 테스트 계획	단위테스트 케이스 작성	단위테스트케이스	○		현행시스템 데이터 이관대상 없음	Y
		통합테스트 시나리오 작성	통합테스트시나리오	○		(선택)	Y
		시스템테스트 시나리오 작성	시스템테스트시나리오	○		데이터 검증방안을 제시해서 데이터 전환계획서에 포함	Y
	설계단계 점검	설계단계 산출물점검	설계단계 점검조치결과서	○		(선택)	
구현	구현 준비	개발환경 구성	개발환경구성계획서	○		주관부서의 정비기준 의사결정에 따라 데이터 이관 시 반영하고 해당 내용을 데이터 전환계획서에 포함	
	개발	프로그램 개발	프로그램소스	○			
	단위테스트	단위테스트	단위테스트결과서	○			Y
	구현단계 점검	웹 표준 점검	웹접근성 점검보고서	○			
			웹호환성 점검보고서	○			
		소스 품질 검사	소스품질 검사보고서	○			
			보안취약점 진단결과서	○			
		구현단계 산출물점검	구현단계점검	○			
시험	테스트	테스트 준비작업	조치결과서	-			
		통합테스트		○			Y
	시험단계 점검	시험단계 산출물점검	통합테스트결과서	○			
전개	전개	전개 준비 작업	시험단계점검	○			Y
		최종 점검 및 리허설	조치결과서	○			Y
			전개계획서	○		테일러링 대상 아님	Y
			전개체크리스트	○			Y
	전개단계 점검	전개단계 산출물점검	전 결과서	○			
인도	인수인계	인수인계	시스템테스트 결과서	○			Y
			전개단계 점검조치결과서	○			
		EA 현행화	인수인계계획서	○			
			인수인계테스트결과서	○			
		매뉴얼 작성	EA정보	○			
			EA연관정보	○			
		산출물 현행화	운영자매뉴얼	-		테일러링 대상 아님	
		산출물인수	사용자매뉴얼	-		테일러링 대상 아님	
	교육	교육 준비 및 교육	교육계획서	○			
			교육결과서	○			

2 PMO대상사업 집행단계 – 사업관리 영역

2.1 통합관리

2.1.1 통합관리 개요

집행단계의 통합관리는 사업 진행상황 모니터링 검토 및 조정, 과업 변경영향 분석 및 대안 제시, 단계별 교훈 수집 등이 주요 임무다. 첫째, 이 영역에서 PMO는 PMO대상사업 수행사가 사업수행계획서에 적시된 추진 일정에 따라 과업을 적절히 이행하는지 모니터링 및 검토를 수행하고, 미흡한 부분은 보완을 요청한다. 또한 기술적용계획표를 기준으로 계획된 기술 및 표준 등이 사업 이행과정에서 적절히 반영되는지 점검한다. 둘째, 과업 변경영향 분석 및 대안을 제시한다. 주요 내용은 다음과 같다.

- PMO대상사업 수행사가 초기 수립한 과업 내용의 변경을 요청하는 경우, PMO사업자는 변경요청사항을 확인하고 변경으로 인한 영향 및 타당성을 분석
- 변경요청사항이 미흡할 경우 보완 조치하고 필요할 때 적절한 대안을 제시
- 특히, 과업변경에 따라 하드웨어, 소프트웨어 등 시스템 구성에 영향을 미치는 요소의 변경이 발생되는 경우에는 기술적용계획표의 변경 여부도 함께 검토
- 발주기관은 변경요청이 적절한 경우 이를 승인하고, 변경사항을 관리

마지막으로 단계별 교훈을 수집한다. PMO는 발주기관이 향후 정보화사업에 적용할 수 있도록 단계별로 발생한 시행착오 및 교훈, 베스트 프랙티스(Best Practice) 등을 유형별로 수집·정리한다.

2.1.2 통합관리 프로세스

PMO는 아래 이해관계자 관리, 범위관리, 일정관리 등 11개의 영역별로 'PMO대상사업 집행단계 관리·감독 항목'을 기준으로 PMO대상사업의 진행단계별로 사업관리 전반에 대한 관리·감독 업무를 수행한다.

<그림 102> PMO대상사업 집행단계 검토·조정 항목

관리영역	분석	설계	구현	시험·전개
통합	• 사업 진행상황 모니터링, 검토, 조정 • 과업 변경영향 분석 및 대안 제시 • 단계별 교훈수집	• 설계단계 기능점수 적정성 검토		• 종료단계 기능점수 적정성 검토 • 사업의 검사·인수 지원 • 하자보수 계획 및 절차 검토·조정 • 적용된 사업관리 절차 및 방법론의 지식화 • 위험 및 쟁점사항에 대한 지식화
이해 관계자	• 이해관계자 의견 반영여부 점검 및 조치사항 지시			
	• 이해관계자 식별 및 영향도 분석			
범위	• 요구사항 분석내용의 점검 및 추적관리 • 사업범위 변경 통제			
	• 사업범위 검토 및 조정			
자원	• 투입인력 계획의 준수여부 점검 및 조치사항 지시 • 인력변경 요청의 타당성 검토 및 조치사항 지시			
	• 투입인력 계획의 적정성 검토 및 조정			
일정	• 진척사항점검 및 지연 시 조치사항 지시 • 인력변경 요청의 타당성 검토 및 대안 제시			
	• 일정계획 검토 및 조정			
위험	• 위험사항 식별 및 분석 • 위험 대응상황 점검 및 조치사항 지시			
	• 위험 관리계획 검토 및 조정 • 위험 대응계획 검토 및 조정			
품질	• 품질·시험 활동 점검 및 조치사항 지시			
	• 품질 및 시험 관리계획 검토 및 조정 • 방법론 검토 및 조정			
성과	• 단계별 성과지표 평가			
	• 성과관리 계획 수립			
조달	• 하도급 및 조달 계획의 이행상황 점검, 조치사항 지시			
	• 하도급 및 조달 계획 조정·검토			
의사소통	• 사업추진 상황 및 쟁점사항의 정기·비정기 보고 • 발주기관의 의사결정 지원			
	• 의사소통 계획 검토 및 조정			
변화	• 변화관리 계획의 이행여부 점검 및 조치사항 지시			
	• 변화관리 계획의 검토 및 조정			
보안	• 보안 및 개인정보 보호관리계획 이행여부 점검, 조치사항 지시			
	• 보안 및 개인정보 보호관리 계획 검토·조정			

출처: 전자정부 사업관리 위탁(PMO) 도입·운영 가이드 2.1

2.1.2.1 사업착수 관련 계획의 검토 및 조정

집행단계에서 PMO는 <그림 103>과 같이 사업착수 관련 계획의 검토 및 조정을 위해 사업수행계획서 등 수행사 착수 관련 계획의 검토 및 조정, 사업추진 감독 및 실적 점검, 일정 및 범위, 변경관리, 진척도 달성 여부 및 측정방안 수립, 단계별 산출물 검토, 기능점수 적정성 검토 및 조정, 시험 평가, 검수 및 인수 지원 등이 적절한지 점검하고 조정한다.

<그림 103> 사업착수 관련 계획의 검토 및 조정절차

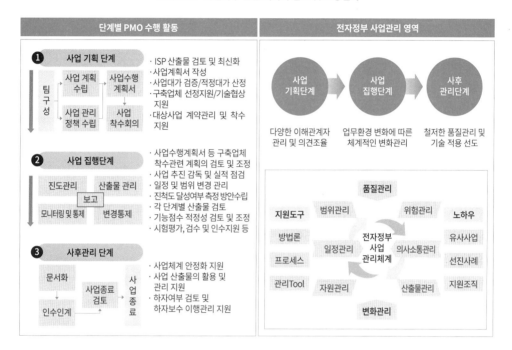

2.1.2.2 사업 진행상황 모니터링, 검토 및 조정

PMO는 <그림 104>와 같이 사업 진행상황 모니터링, 검토 및 조정을 위해 영역별 진행상황 모니터링 및 위험/이슈를 통합적으로 관리한다. 통합관리 기본 접근법은 통합적으로 사업 현황을 조망, 현황 및 예상 문제 식별, 영향평가 및 근본적인 원인 분석, 조치 및 결과 검토 등의 절차를 거쳐 수행한다.

<그림 104> 사업 진행상황 모니터링, 검토 및 조정절차

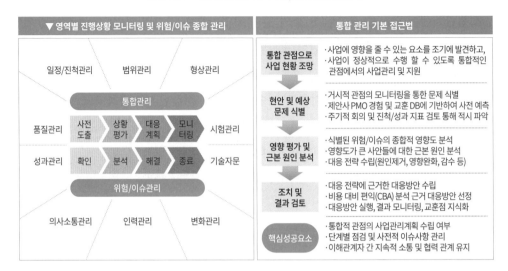

2.1.2.3 과업 변경영향 분석 및 대안 제시

PMO는 <그림 105>와 같이 과업의 내용, 범위(수행 여부), 일정, 수행 주체 등과 관련한 변경 요인이 발생한 경우는 발생 시점에 따라 사전 및 사후 대응한다. 그리고 변경영향에 대한 분석을 토대로 신속한 대안 수립과 의사 결정을 지원하여 과업변경으로 인한 이슈를 최소화하도록 지원한다.

<그림 105> 과업 변경영향 분석 및 대안 제시 절차

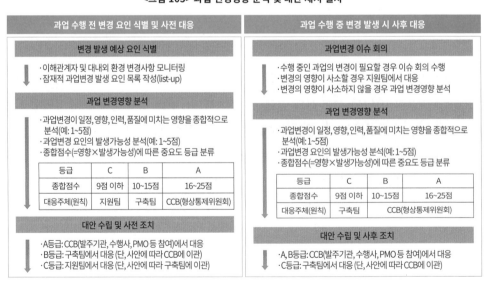

2.1.2.4 설계·종료 단계 기능점수(FP) 적정성 검토

PMO는 <그림 106>과 같은 절차에 따라 설계·종료 단계에 맞추어 개발요건 및 요건별 상세 설계정보가 제공되는 시점에 「SW사업 대가산정 가이드」 및 'SW 기술자 평균임금' 등 관련 규정을 준용하여 기획단계에 산정된 사업 대가에 대한 기능점수(상세법) 산정을 통한 검증을 지원한다.

<그림 106> 설계·종료 단계 기능점수(FP) 적정성 검토 절차

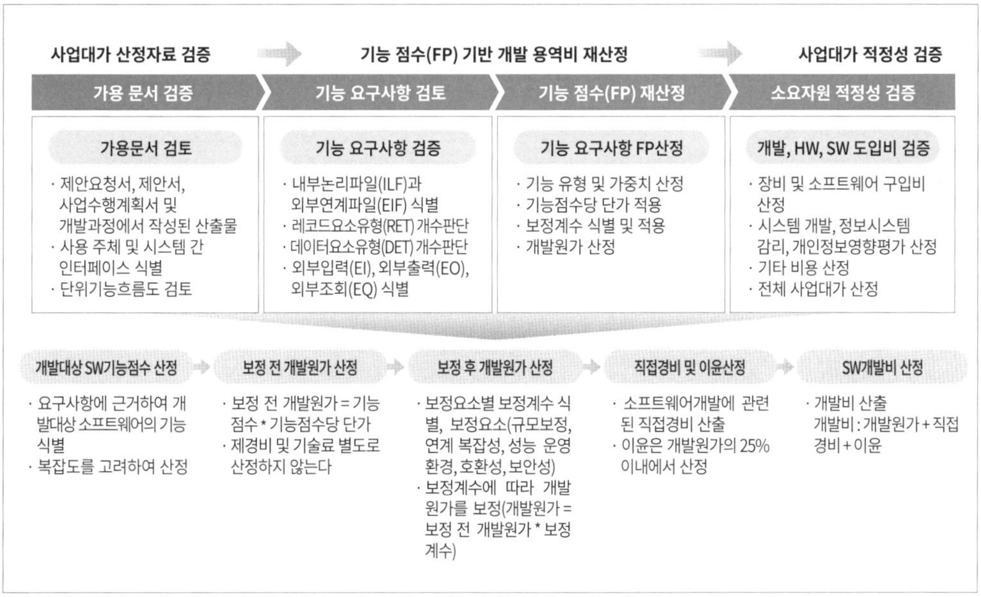

2.1.2.5 사업의 검사·인수 지원

PMO는 수행사가 제출한 단계별 개발산출물 및 사업관리 산출물에 대한 품질을 검토한다. 그리고 형상관리 도구를 활용하여 변경사항을 관리하는지도 점검한다. 또한 산출물이 발주기관의 인수조건에 만족하는지 평가하여 미비한 사항은 보완하도록 조치한다.

<그림 107> 사업의 검사·인수 지원 절차

2.1.2.6 단계별 교훈 수집

PMO는 <그림 108>과 같이 기술이전을 위해 교육과정을 병행하여 계획수립, 교훈 수집, 분석 및 보고의 3단계 과정을 통해 발주기관에 PMO 사업수행 결과에 대한 교훈이 축적할 수 있도록 지원한다. 교훈 및 지식 이전은 전문교육 과정, 검토회 및 워크숍, 실무자의 공동참여 등을 통해서 한다.

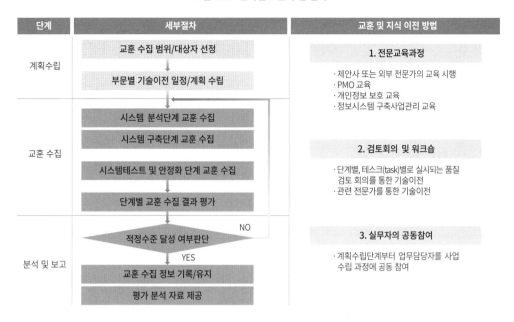

<그림 108> 단계별 교훈 수집 절차

2.1.2.7 적용된 사업관리 절차 및 방법론의 지식화

<그림 109> 적용된 사업관리 절차 및 방법론의 지식화 절차

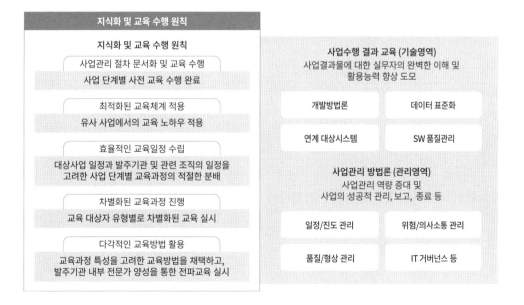

PMO는 <그림 109>와 같이 지식화 원칙 및 교육 원칙에 따라 대상사업의 단계별로 발주기관 및 관련 실무자에게 사업 추진과정에서 요구되는 필수 지식을 이해시키고 역량을 향상할 수 있도록 지원한다. 특히 대상사업 추진 및 사업관리의 필요한 지식은 사전협의하여 적시 제공한다.

2.2 이해관계자관리

2.2.1 이해관계자관리 개요

1) 정의

프로젝트 이해관계자관리는 프로젝트에 영향을 주거나 프로젝트에 의해 영향을 받을 수 있는 사람·그룹·조직을 식별하고, 이해관계자들의 기대와 프로젝트에 대한 영향을 분석하며 이해관계자들을 의사 결정과 지원에 효과적으로 참여시키기 위한 관리 활동이다.

2) 목적

이해관계자관리의 목적은 이해관계자들과 의사소통하고, 이슈 발생에 적극적으로 대처하여 상충하는 이해관계를 관리하고 프로젝트 의사 결정 활동에 적절한 이해관계자를 참여시켜 신속한 의사 결정을 지원하는 것이다.

3) PMO 중점 관리사항

PMO는 발주기관의 입장에서 수행사가 제출한 이해관계자관리 계획을 체계적이고 효과적으로 수립하였는지 검토하고 조정한다. 이해관계자관리의 중점 관리사항으로는 첫째, 프로젝트에 영향을 주는 사람·그룹·조직이 '모두 식별되었는가'이다. 둘째, 이해관계자가 프로젝트에 영향을 주는 영향도가 각각 다르므로 이해관계자별 영향도를 파악하였는가이다. 이해관계자에는 키맨(Key Man)인 사람과 조직이 있다. 그리고 PMO는 키맨의 요구사항 또는 발언을 가볍게 여길 수 없다. 따라서 이해관계자관리의 키워드는 식별과 영향도로 관련 내용이 잘 분석되었는지 점검해야 한다.

2.2.2 이해관계자관리 프로세스

이해관계자관리 프로세스는 <그림 110>과 같이 이해관계자 식별 및 영향도 분석, 이해관계자들의 의견 반영여부 점검 및 조치사항 지시 등 2단계 절차를 거쳐 점검한다.

| 이해관계자 식별 및 영향도 분석 | → | 이해관계자 의견 반영여부 점검 및 조치사항 지시 |

2.2.2.1 이해관계자 식별 및 영향도 분석

이해관계자 식별 및 영향도 분석은 수행사가 프로젝트에 영향을 미치는 사람, 조직 등 이해관계자를 모두 식별하였는지, 이해관계자별 각각의 관심 사항 및 사업에 미치는 영향도 등을 분석하여 관리하는지 검토하고 미흡할 경우 이를 조정하는 활동이다.

1) 기준

이해관계자 식별 및 영향도 분석의 기준은 수행사가 작성한 '이해관계자분석서'를 기준으로 프로젝트에 영향을 미치는 사람·그룹·조직 등 이해관계자를 모두 식별하였는지, 각각의 이해관계자의 영향도가 적절하게 기술되었는가이다.

2) 측정지표(* 점검항목: 체크리스트)

PMO는 이해관계자 식별 및 영향도 분석을 위한 측정지표로 이해관계자 식별, 이해관계자 이해관계, 이해관계자 영향도 분석, 이해관계자 대응방안 등을 점검항목으로 활용한다. 점검항목은 <표 109>와 같이 점검항목별 점검결과(적합(O), 수정/보완(△), 누락(X), 제외(N/A))를 지표로 하여 점검한다.

<표 109> 이해관계자 식별 및 영향도 분석에 대한 측정지표

번호	점검항목	점검결과(○, △, ×, N/A)				PMO 검토 의견
1	• 프로젝트에 영향을 미치는 이해관계자가 모두 식별되었는가? 1) 발주부서 이해관계자 식별 여부 2) 이해관계부서 이해관계자 식별 여부 3) 정보화부서 이해관계자 식별 여부					
2	• 식별된 이해관계자의 이해관계를 분석하였는가? 1) 핵심 이해관계자 선정 여부 2) 협의가 필요한 기관/조직 선별 및 이해관계 파악 여부					
3	• 식별된 이해관계자의 영향도를 분석하였는가? 1) 영향도 분석 여부 2) 관심도 분석 여부					
4	• 식별된 이해관계자의 대응방안을 도출하였는가? 1) 주요 이해관계자별 기대 Benefit 분석 여부 2) 전략적 대응방안 도출 여부 3) 이해관계자의 주요 요구사항 정의 여부					

3) 절차

PMO는 수행사가 제출한 이해관계자 분석서를 기준으로 <그림 111>과 같이 이해관계자 식별 및 영향도 분석 여부, 이해관계자 분석 결과조정 등 이해관계자 식별 및 영향도 분석 절차에 따라 점검하고 조정한다.

<그림 111> 이해관계자 식별 및 영향도 분석 절차

Input	절차	Output
이해관계자분석서	① 이해관계자 식별 및 영향도 분석 여부 점검 ② 이해관계자 분석 결과조정	PMO 검토보고서 (조정) 이해관계자분석서

① 이해관계자 식별 여부 점검

PMO는 수행사가 제출한 '이해관계자분석서'를 기준으로 프로젝트에 영향을 주거나 프로젝트에 의해서 영향을 받는 모든 사람·그룹·조직 등 이해관계자가 적절하게 식별되었는지 점검한다. 이런 이해관계자 식별 및 영향도 분석의 적절성을 검토하여 이해관계자 식별 및 영향도 분석에 대한 측정지표를 기준으로 적합 여부를 점검한다.

<그림 112> 이해관계자 식별 및 영향도 분석 절차 사례

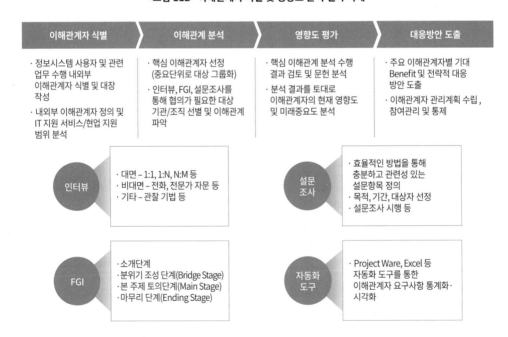

<그림 112>는 이해관계자 식별 및 영향도 분석 절차 사례이다. 이해관계자 식별 및 영향도 분석은 이해관계자 식별, 이해관계 분석, 영향도 평가, 대응방안 도출 순으로 진행한다. 필요시 인터뷰, 설문조사, FGI(Focus Group Interview), 자동화 도구를 사용할 수 있다.

<사례 6>과 같이 점검항목은 프로젝트에 영향을 미치는 사람, 조직 등 이해관계자를 모두 식별하였는지, 이해관계자별 각각의 관심사항 및 사업에 미치는 영향도 등이 기술되었는지 점검한다.

<사례 6> 이해관계자 분석 사례

성명	직책	역할	연락처	요구사항	영향력	관심	참여 수준	기타
홍길동	팀장	검수		성능보장	큼	큼	중립	

<그림 113> 이해관계자 식별기준 사례(영향과 관심으로 구분한 경우)

영향	관심 수준	유형	설명
높음	낮음	잠재적 이해관계자	프로젝트에 영향력은 크지만, 특별히 프로젝트의 결과물에 관심도 없고 참여하는 부분도 거의 없음
낮음	낮음	무관심 이해관계자	관심도 적고 영향력도 적음. 심지어 프로젝트의 존재에 대해서도 알지 못할 수도 있음
높음	높음	후원적 이해관계자	결과에 대한 큰 관심과 프로젝트 성공에 도움이 되는 영향력 보유한 매우 중요한 이해관계자
낮음	높음	옹호적 이해관계자	결과물에 미치는 실제적인 영향력은 적지만, 프로젝트 결과물에 큰 관심은 있어 도움이 되도록 지지

(좌측 그림: 영향/관심 매트릭스)
- 고: 잠재적 (높은 영향 낮은 관심) / 후원적 (높은 영향 높은 관심)
- 저: 무관심 (낮은 영향 높은 관심) / 옹호적 (낮은 영향 높은 관심)
- 세로축: 영향, 가로축: 관심

② 이해관계자 분석 결과조정

PMO는 발주기관 및 수행사에 PMO 검토보고서 작성 내용을 설명하고, 잘못된 검토 내용이 있는지 확인한다. 그리고 사업 초기에 만들어지는 이해관계자 분석은 완성도가 낮다. 단계별 프로젝트가 진행되면서 이해관계자의 교체가 있는 경우 변경사항이 제대로 반영되는지 점검하고 조정한다.

2.2.2.2 이해관계자 의견 반영여부 점검 및 조치사항 지시

PMO는 수행사가 이해관계자들로부터 프로젝트와 관련된 의견을 수집·관리하고 이를 사업 추진과정에서 적절히 반영하였는지 점검한다. 이해관계자들의 의견이 미반영된 경우에는 이에 대한 조치를 지시하는 활동이다.

1) 기준

이해관계자 의견 반영여부 점검 및 조치사항 지시의 기준은 수행사가 작성한 '이해관계자 의사소통 체계 및 의사소통 수행결과서'이다. 이를 기준으로 이해관계자 의견 반영이 적절하게 관리되고 있는지 파악한다.

2) 측정지표(*점검항목: 체크리스트)

PMO는 이해관계자 의견 반영여부 점검 및 조치사항 지시를 위한 측정지표로 의사소통 체계 수립, 의사소통 수행, 요구사항 반영 등을 점검항목으로 활용한다. 점검항목은 <표 110>과 같이 점검항목별 점검결과(적합(O), 수정/보완(△), 누락(X), 제외(N/A))를 지표로 하여 점검한다.

<표 110> 이해관계자 의견 반영여부 점검 및 조치사항 지시에 대한 측정지표

번호	점검항목	점검결과(○, △, ×, N/A)			PMO 검토 의견
1	•이해관계자 의사소통 체계가 수립되었는가? 1) 정보공유 체계 수립 여부 2) 보고 체계 수립 여부 3) 회의체계 수립 여부				
2	•이해관계자 의사소통 수행을 하고 있는가? 1) 정보공유 여부 2) 보고 여부 3) 주기적인 회의체 운영 여부				
3	•이해관계자의 요구사항이 적절하게 관리되고 있는가? 1) 단계별 요구사항의 반영여부 2) 요구사항 반영 결과 피드백 여부				

3) 절차

PMO는 수행사가 제출한 이해관계자 요구사항 문서를 기준으로 이해관계자 의견 반영여부 점검 및 조치사항 지시 절차에 따라 검토 후 PMO 검토보고서를 작성한다.

<그림 114> 이해관계자 의견 반영여부 점검 및 조치사항 지시 절차

Input	절차	Output
이해관계자의견서	① 이해관계자 의사소통 체계 수립 및 수행 점검 ② 이해관계자 의견 반영여부 점검 ③ 이해관계자 의견 조치요청	PMO 검토보고서 (조정) 이해관계자 의견조치결과서

① 이해관계자 의사소통 체계 수립 및 수행 점검

PMO는 <그림 115>와 같이 다양한 이해관계자의 정보 요구사항 및 이해관계를 기초로 수행사가 의사소통 체계를 수립하여 이해관계자의 의견을 반영하고 조치를 적절하게 하는지 점검한다.

<그림 115> 의사소통 체계 및 의사소통 수행 사례

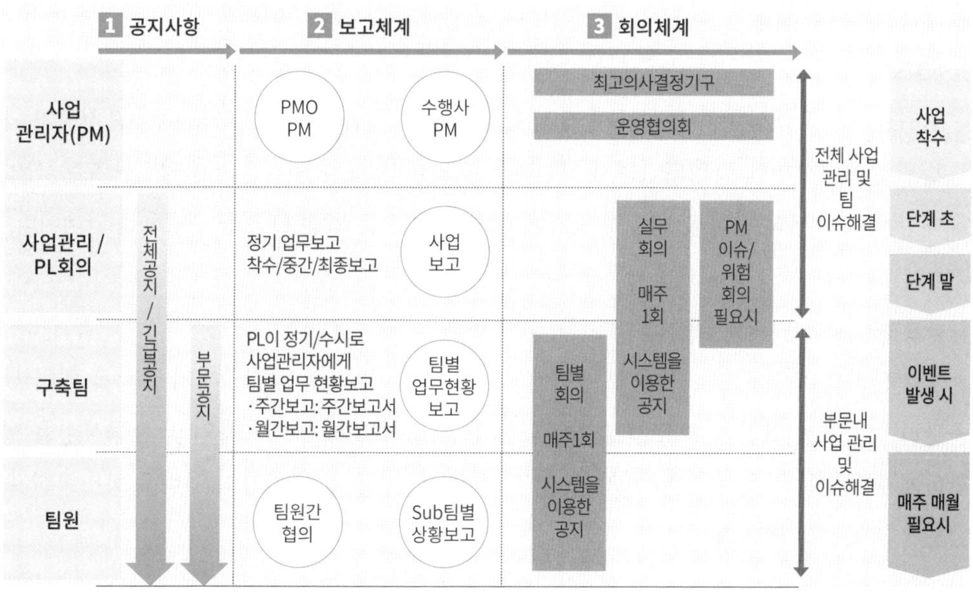

② 이해관계자 의견 반영여부 점검

PMO는 접수한 이해관계자 의견 문서를 <표 110> 이해관계자 의견 반영여부 측정지표를 기준으로 적합 여부를 점검한다.

- **분석단계**: PMO는 발주기관의 내외부 의견이 수행사의 분석단계 산출물에 반영됐는지 점검

- **설계단계:** PMO는 설계 결과를 이해관계자가 충분히 검토하였는지 확인
- **구현단계:** PMO는 구현 및 단위테스트 결과를 이해관계자가 충분히 검토하였는지 확인
- **시험 이행단계:** PMO는 통합 및 인수테스트 단계에 실사용자를 포함한 이해관계자가 참여했는지 확인

③ 이해관계자 의견 조치요청

이해관계자의 의견을 수용했다면 어떻게 반영했는지, 의견 반영이 안 된 경우라면 이유가 무엇인지 명확해야 하며, 관리하도록 PMO와 수행사 간 회의를 통해 기한을 정하고 조치를 요청한다.

2.3 범위관리

2.3.1 범위관리 개요

1) 정의

범위관리는 요구사항의 분석 결과에 대한 적절성과 적합성을 확인하고, 제안요청서의 과업 범위가 요구사항에 반영되었는지 확인하는 작업이다. 또한 범위관리에 필요한 모든 작업에 대한 수행 여부와 범위 및 기술적 요소에 대하여 검토 및 확인 활동을 수행하는 단계이다.

2) 목적

범위관리의 목적은 요구사항의 정합성을 보장하고, 효과적인 범위관리 수행을 위한 표준관리 절차를 수립하며, 프로젝트 완료를 위해 프로젝트 초기부터 과업 및 요구사항을 명확하게 통제하는 것이다. 또한 재작업, 일정, 자원, 원가 등 추가 변경의 영향을 최소화할 수 있도록 관리하는 것이다.

3) PMO 중점 관리사항

범위관리의 중점 관리사항으로는 첫째, 사업자가 제안요청서의 요구사항을 잘못 이해한 것이 있는지 그리고 제안요청서의 요구사항이 부정확하고 애매하게 규정한 요구사항이 없는지 검토한다. 둘째, 제안요청서 및 계약서, 이해관계자 면담, 현행 업무 및 시스템 환경분석 등을 통하여 적절히 수집·분석·정의되었는지 점검한다. 셋째, 과도한 범위변형(Scope Creep), 골드 플레이팅(Gold Plating)이 있는지 관리한다.

2.3.2 범위관리 프로세스

범위관리 프로세스는 <그림 116>과 같이 사업범위 검토 및 조정, 요구사항 분석내용의 점검 및 추적관리, 사업범위 변경통제 등 3단계 절차를 거쳐 진행한다.

<그림 116> 범위관리 프로세스

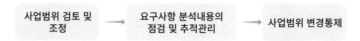

2.3.2.1 사업범위 검토 및 조정

사업범위 검토 및 조정은 제안요청서, 제안서, 기술협상 내용, 추가 요구/변경사항 등에 적시된 사업범위와 관련된 사항이 과업대비표, 요구사항정의서 등에 반영되어 있는지 검토하고 조정하는 과정이다.

1) 기준

사업범위 검토 및 조정의 기준은 프로젝트의 범위인 제안요청서에서 요구한 기능/비기능 요구사항이 '과업대비표', '요구사항정의서' 등에 빠짐없이 반영되었는지이다. 이를 검토하고 조정하며, 만약 요구 변경이 이루어졌다면 변경 근거가 관리되는지도 점검한다.

2) 측정지표(*점검항목: 체크리스트)

PMO는 사업범위 검토 및 조정을 위한 측정지표로 제안요청서의 기능 요구사항 정의, 기술협상 결과 반영, 요구사항 검토 결과 반영, 제안요청서의 비기능 요구사항 정의, 기능/비기능 요구사항에 대한 과업대비표의 작성 여부 등을 점검항목으로 활용한다. 점검항목은 <표 111>과 같이 점검항목별 점검결과(적합(O), 수정/보완(△), 누락(X), 제외(N/A))를 지표로 하여 점검한다.

<표 111> 사업범위 검토 및 조정에 대한 측정지표

번호	점검항목	점검결과(O, △, ×, N/A)				PMO 검토 의견
1	•제안요청서(RFP)의 기능 요구사항이 모두 정의되었는가? 1) 요구사항 고유번호 기술 여부 2) 요구사항 명칭 기술 여부 3) 요구사항 세부 내용 기술 여부					

번호	점검항목	점검결과(○, △, ×, N/A)				PMO 검토 의견
2	•기술협상 결과 내용이 반영되었는가? 　1) 기능 요구사항 협상 결과 반영여부 　2) 비기능 요구사항 협상 결과 반영여부					
3	•요구사항 검토(협의, 인터뷰 등) 결과가 반영되었는가? 　1) 기능 요구사항 세부 내용에 대한 검토(협상) 결과 기술 여부 　2) 사업자 PM 확인 여부 　3) 발주기관 담당자 확인 여부 　4) 변경 여부 및 변경 근거 관리 여부 　5) 출처 기술 여부 　6) 요구사항에 대한 이해관계자 기술 여부					
4	•제안요청서(RFP)의 비기능 요구사항이 모두 정의되었는가? 　1) 비기능 요구사항 세부 내용에 대한 검토(협상) 결과 기술 여부 　2) 사업자 PM 확인 여부 　3) 발주기관 담당자 확인 여부 　4) 변경 여부 및 변경 근거 관리 여부 　5) 출처 기술 여부 　6) 요구사항에 대한 이해관계자 기술 여부					
5	•기능/비기능 요구사항에 대한 과업대비표가 적정하게 작성되었는가? 　1) 제안요청서(RFP) 기능/비기능 요구사항의 기술 여부(누락 없이) 　　(요구사항 고유번호(예, SFR-005), 요구사항 명칭, 세부 내용) 　2) 제안서의 제안내용의 기술 여부(제안 목차, 제안페이지, 제안내용) 　3) 요구사항 협의내용(기술협상, 인터뷰, 검토회 등)의 기술 여부 　4) 협의된 세부 요구사항ID 부여 여부 　5) 협의된 요구사항 명의 정의 여부 　6) 협의된 세부 내용의 기술 여부(누락 없이) 　7) 수용 여부 표기 여부					

3) 절차

PMO는 수행사가 제출한 과업대비표(기능/비기능), 요구사항정의서(기능/비기능), 검사기준서(기능/비기능)를 기준으로 <그림 117>과 같이 범위 관련 자료 수집 및 분석, 과업대비표 적절성 검토, 요구사항정의서의 적절성 검토, 사업범위 조정 등을 사업범위 검토 및 조정절차에 따라 검토하고 조정한다.

<그림 117> 사업범위 검토 및 조정절차

Input	절차	Output
제안요청서 제안서 발표자료(제안PT, 착수보고 등) 기술협상서 과업대비표 요구사항정의서 추가/변경 요구항목(회의록, 변경관리 대장, 인터뷰결과서 등)	① 요구사항 기준선 및 확정 절차의 적절성 검토 ② 요구사항정의서 적절성 검토 ③ 과업대비표 적절성 검토 ④ 사업범위 조정 작업	PMO 검토보고서 (조정) 과업대비표 (조정) 요구사항정의서

① 요구사항 기준선 및 확정 절차의 적절성 검토

PMO는 발주기관 및 수행사와 협력하여 착수단계부터 사업범위 검토, 요구사항 분석내용 점검 및 추적관리를 통해 명확한 범위 정의, 단계별 베이스라인의 설정, 범위의 명확화, 기능/비기능 요건관리 등 요구사항 기준선 및 확정 절차를 검토하고 조정한다.

<그림 118> 요구사항 기준선 및 확정 관리 절차 사례

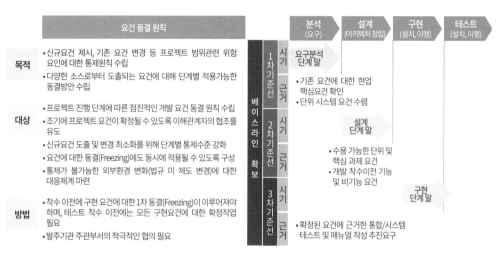

<그림 119> 요구사항 추적 및 검증 항목 사례

활동		세부수행내역	수행주체		
			발주기관	PMO	대상 사업자
사업 범위 설정 및 변경	사업범위 승인 요청	• 사업수행계획서를 통해 사업범위에 대한 승인 요청			작성/요청
	사업범위 검토 및 분석	• 요구사항 범위 정합성 및 세부 구축 계획 과업 적정성	검토	검토	
	사업 검토보고 작성/제출	• PMO측의 범위관련 검토보고서 생성 및 제출		작성	
	사업범위 적정성 검토	• 사업 수행을 위한 범위기술서 및 WBS 적정성 평가	검토		
	사업범위 재설정	• 사업범위 부적절 평가 시 사업범위 재설정			작성
	사업범위 승인 및 확정	• 사업 수행을 위한 사업범위 최종 승인	검토/승인		
요구 사항 정의 및 범위 관리	요구사항 정의 및 변경 요청	• 업무요건을 수집·분석하여 요구사항을 정의하거나 변경사항 발생시 요구사항 변경 요청	검토/승인	검토	작성/요청
	요구사항정의서 작성 및 승인요청	• 확정된 업무요건을 요구사항정의서에 작성하고 위원회와 PMO에게 적정성 검토를 요청	검토/승인	검토	작성/요청
	요구사항정의서 검토 및 분석	• 업무요건 누락 여부 등 검토		검토	
	요구사항 검토보고	• 요구사항정의서 검토보고서를 작성하여 제출	작성/요청		
	요구사항정의서 재작성	• 누락된 업무요건 발견 시 요구사항정의서 재작성			작성
	요구사항정의서 최종 수용	• 업무요건이 요구사항정의서에 누락 없이 작성된 경우 요구사항정의서 승인	승인		

특히 PMO는 <그림 118>, <그림 119>와 같이 프로젝트 추진 베이스라인을 확보하여 특정 시점 이후에는 신규 요구사항을 최소화하여 안정적인 프로젝트 진행을 할 수 있도록 전 공정을 고려한 요건 동결(Freezing) 원칙을 수립하고 준수하는지 점검하고 조정한다. 한편 범위관리 활동별로 발주기관, PMO, 수행사 간 수행 주제를 명확히 한다.

② 요구사항정의서 적절성 검토

요구사항정의서는 시스템 구축을 위해 발주기관에서 요구한 요구사항을 정의한 산출물이다. 또한 기능 요구사항과 비기능 요구사항 모두를 정의한 산출물이다. 요구사항정의서의 항목은 요구사항 고유번호(예: SFR-005), 요구사항 명칭, 요구사항ID, 세부 내용, 검토(협의) 결과, 사업자 확인(수용 여부), 발주부서 확인(승인 여부), 변경 여부, 변경 시 관련 근거자료 등으로 구성된다.

PMO는 사업자가 제출한 기능 요구사항정의서에 제안요청서, 기술협상서 등에서 요구한 요구내용이 누락 또는 변경된 사항이 있는지 점검한다. 그리고 발주부서와 협의(검토) 결과가 적절하게 반영되었는지도 점검한다. 또한 요구사항 수용 여부 그리고 변경에 다른 관련 근거가 표기되었는지 확인한다. 기능 요구사항과 비기능 요구사항이 누락 없이 적절하게 작성되었는지 확인한다.

<그림 120> 요구사항정의서 – 기능 요구사항 작성 사례

No	출처	요구사항 분류	요구사항 고유번호	요구사항 명칭	요구사항 ID	요구사항 세부내용	검토(협의) 결과	확인	변경 이력	변경근거	비고
1	RFP	기능	SFR-001	공통 프레임 설계 및 구축	REQ-SFR-001-001	○○ 로그인/회원가입/회원정보수정 모듈 개발 - 회원가입 시 실명인증 필요, 회원정보수정 메뉴에서 실명인증을 통해서만 이름 수정 가능(개명 등 반영)	수용		변경	CC11-001.회의록_20230630_요구사항정의_협의 참고	

③ 과업대비표 적절성 검토

과업대비표는 과업 범위를 구체적으로 파악하고, 요구사항이 과업 내용을 반영하고 있는지를 점검하기 위해 활용하는 산출물이다. 또한 사업자가 제안요청서, 제안서, 기술협상서, 사업수행계획서, 요구사항정의서에 기술된 과업 항목을 대비하여 누락 여부를 확인할 수 있도록 작성한 문서다. PMO는 <그림 121>과 같이 사업자가 제안요청서, 제안서, 기술협상서, 요구사항정의서에 기술된 과업 항목을 비교하여 누락 된 부문이 없는지 검토한다.

요구사항 유형	제안요청서 (RFP)					세부 요구사항		
	요구사항 고유번호		요구사항명칭	상세분류	세부내용	세부내용	수용여부	비고
기능 요구사항	SFR	001	공통 프레임 설계 및 구축	001	○ 유관시스템과의 연동을 고려하여 사용 및 관리 용이성 제고 - JAVA 기준으로 시스템 구축, 전자정부 표준프레임워크 기반 개발 - 유관시스템과의 연동/연계를 위한 표준정의 ○ 구축 이후 법규·지침 등의 변경사항 에 대하여 사전 반영할 수 있는 방안 제시 ○ 사용자 작업 내용(수정, 삭제, 저장) 로그 생성 ○ 웹사이트 개발에 사용되는 도구, 솔루션 등은 지적재산권 침해 등 법적 문제가 없어야 하고 향후 업그레이드가 가능해야 하며, 최신 버전으로 웹사이트 서버환경에 적합한 것을 사용 ○ Non Active-X 방식으로 웹 표준을 준수, 멀티 플랫폼 지원, 오피스문서(hwp, word, excel 등) 호환성이 가능해야 함 ○ 웹 표준에 기반을 둔 멀티 브라우저 지원(Chrome, IE 11, Opera, Safari, Firefox)	○ 유관시스템과의 연동을 고려하여 사용 및 관리 용이성 제고 - JAVA 기준으로 시스템 구축, 전자정부 표준프레임워크 기반 개발 - 유관시스템과의 연동/연계를 위한 표준정의 ○ 구축 이후 법규·지침 등의 변경사항 에 대하여 사전 반영할 수 있는 방안 제시 ○ 사용자 작업 내용(수정, 삭제, 저장) 로그 생성 ○ 웹사이트 개발에 사용되는 도구, 솔루션 등은 지적재산권 침해 등 법적 문제가 없어야 하고 향후 업그레이드가 가능해야 하며, 최신 버전으로 웹사이트 서버환경에 적합한 것을 사용 ○ Non Active-X 방식으로 웹 표준을 준수, 멀티 플랫폼 지원, 오피스문서(hwp, word, excel 등) 호환성이 가능해야 함 ○ 웹 표준에 기반을 둔 멀티 브라우저 지원(Chrome, IE 11, Opera, Safari, Firefox)	수용	

먼저, 제안요청서의 기능/비기능 요구사항(요구사항 고유번호, 요구사항 명칭, 세부 내용 등)이 누락 없이 기술되었는지 확인한다. 둘째, 제안서의 제안 내용(제안 목차, 제안페이지, 제안 내용 등)을 비교하여 기술하였는지 확인한다. 셋째, 기술협상서의 요구사항의 반영여부를 확인한다. 그리고 마지막으로 요구사항정의서에서 합의된 세부 요구사항ID와 세부 내용이 기술되었는지 점검한다. 누락 된 부문은 검토보고서를 통해 발주부서와 사업자에게 통보한다.

④ 사업범위 조정 작업

PMO는 요구사항정의서와 과업대비표를 기준으로 과업 범위가 누락, 추가, 변경 등 발주부서와 사업자 간의 의견 차이가 있는 경우 관련 근거를 남겼는지 점검한다. 요구사항이 누락 된 경우에는 누락 된 요구사항을 추가하고, 추가 요구사항은 수용 여부를 표기하고, 변경된 경우에는 변경 근거를 작성하도록 가이드하고 조정한다.

<사례 7> 요구사항정의서에 누락된 요구사항 작성 사례

구분	제안요청번호	요구사항 명	기타
기능	SFR-19	반응형 웹 개선	
성능	PER-01	응답 시간	
	PER-05	안정적인 네트워크 속도 보장	
인터페이스	SIR-03	브라우저	
	SIR-04	사용자 편의성	
	SIR-06	안내 및 도움말의 표준화	
테스트	TER-05	업무 이관	
보안	SER-07	모바일 서비스 보안	
제약사항	COR-06	웹 호환성 및 웹 표준 준수	

<사례 8> 기능 요구사항 부문 수용 작성 사례

대분류	중분류	요구사항ID	요구사항 설명	RFP-ID	비고
데이터 수집 및 연계	추가 수집 및 모니터링 관리	SFR-CL-F-2806	OOO '클라우드 기반의 해외정보 활용체계'와 연계방안 검토 및 연계체계 구축 ※OOO의 사업 일정에 따라 연계체계 구축완료 여부 결정	SFR-28	OOO와의 업무 연락을 통해 '클라우드 기반의 해외정보 활용체계' 오픈 일자 검토 확인 중
데이터 표준화 및 구조화	시스템 관리 기능	SFR-DS-F-1803	배치관리 - 정기작업, 수작업, 모든 작업에 등록이 가능해야 하며 조건별(월별, 일별, 시간별 등) 배치프로그램 실행이 가능해야 함 - 배치프로그램 작업 결과 표시 및 실시간 모니터링 기능	SFR-18	OOO 포탈에서 데이터 이관에 대한 일괄 배치프로그램 제공 배치 결과를 확인할 수 있는 VIEW제공 -PN-(인터뷰결과서)-DS(데이터표준화회의)_v0.1

<사례 9> 기능 요구사항 미수용 수용 작성 사례

대분류	중분류	요구사항ID	요구사항 설명	RFP-ID	비고
OOO 포털 및 모바일 구축	포털 UI/UX개선 및 OOO 시각화 환경 구현	SFR-PT-F-420	세계지도 기반으로 다양한 분석 기능과 시각화 기능을 제공	SFR-045	
OOO 포털 및 모바일 구축	포털 UI/UX개선 및 OOO 시각화 환경 구현	SFR-PT-F-445	시각화된 데이터 기반 정형보고서 생성 기능	SFR-046	
OOO 포털 및 모바일 구축	관리 기능 개선	SFR-PT-F-817	<HS코드 관리 기능> 업데이트되는 OO코드 있을 경우 자체 관리(입력, 수정, 삭제) 기능	SFR-048	시스템 유지보수, 고도화 의견 전반.xlsx -1

항목		기술협상 요청 수	제안요청서 수	제안요청서 반영 수	제안요청서 미반영 수	내용
기능 요구사항		5	30	29	1	SFR-19
비기능 요구사항		1	75	67	8	
비기능 상세	시스템 구성 요구사항		11	11	0	
	성능 요구사항		5	2	2	PER-01, PER-05
	인터페이스 요구사항		6	3	3	SIR-03, SIR-04, SIR-06
	데이터 요구사항		7	7	0	
	테스트 요구사항		5	4	1	TER-05
	보안 요구사항	1	7	6	1	SER-07
	품질 요구사항		5	5	0	
	제약사항		11	10	1	COR-06
	프로젝트 관리 요구사항		10	10	0	
	프로젝트 지원 요구사항		7	7	0	

<Tip. 모든 요구사항이 존재하는가?>

• 범위관리에서 중요한 것은 제안요청서의 모든 요구사항이 과업대비표에 있는지 검토

• 특히 과업대비표에 업무 요구사항 이외의 인프라 관련 부분 작성

• 요구사항에 따른 업무 범위와 인프라 관련 내용도 빠짐없이 상세공정표(WBS: Work Breakdown Structure)에 작성하였는지 검토

• 과업대비표의 협상 결과가 모호한 표현으로 작성되어 나중에 문제가 되지 않도록 명확하게 작성

• 제안서의 요구사항이 요건 변경 등으로 삭제될 시 '삭제' 표시하여 계속 관리

• 요구사항ID가 신규로 추가되는 경우 비고란에 정보 사항을 작성

2.3.2.2 요구사항 분석내용의 점검 및 추적관리

요구사항 분석내용의 점검 및 추적관리는 프로젝트 수행 중에 발생하는 요구사항, 변경 요청, 이슈 사항 등이 요구사항 분석내용에 반영되고 있는지 점검한다. 그리고 요구사항이 단계별 개발 절차를 통해 누락 없이 정확하게 구현되고 있는지 요구사항추적표(기능/비기능 요구사항)를 통해 추적관리하고 있는지 점검하는 과정이다.

1) 기준

요구사항 분석내용의 점검 및 추적관리의 기준은 요구사항 정의부터 개발 단계별 산출물에 부여된 ID를 식별하고 전·후단계를 매핑하여 단계별 연관 관계가 끊어지지 않고 추적할 수 있는 요구사항추적표이다. 요구사항추적표 관리가 적절한지 검토해야 한다. 요구사항추적표는 요구사항정의서에 기록된 개별 요구사항이 각 개발 단계마다 적정하게 반영되었는지를 추적할 수 있도록 작성한 산출물로, 수행사가 요구분석단계에 최초 작성하며 프로젝트 진행단계마다 갱신한다.

2) 측정지표(*점검항목: 체크리스트)

PMO는 요구사항 분석내용의 점검 및 추적관리를 위한 측정지표로 점검항목을 활용한다. 점검항목은 요구사항 유형(기능/비기능)에 따른 추적표 관리 여부, 기능 요구사항 추적 가능 여부, 비기능 요구사항 추적 가능 여부, 검수 기준의 적절성 등을 <표 112>와 같이 점검항목별 점검결과(적합(O), 수정/보완(△), 누락(X), 제외(N/A))를 지표로 하여 점검한다.

<표 112> 요구사항 분석내용의 점검 및 추적관리에 대한 측정지표

번호	점검항목	점검결과(○, △, ×, N/A)				PMO 검토 의견
1	• 요구사항 유형에 따라 추적표가 관리되고 있는가? 1) 기능 요구사항추적표 작성 여부 2) 비기능 요구사항(데이터, 성능, 보안 등)추적표 작성 여부					
2	• 단계별 기능 요구사항 추적이 가능한가? 1) 기능 요구사항 기본정보 관리여부(요구사항ID, 요구사항명, 요구사항분류, 출처, 프로세스ID, 프로세스명) 2) 분석단계 요구사항 매핑(추적가능) 여부(유스케이스ID, 유스케이스명) 3) 설계단계 요구사항 매핑(추적가능) 여부(클래스다이어그램ID, 클래스다이어그램명, 시퀀스다이어그램ID, 시퀀스다이어그램명, 화면ID, 화면명, 컴포넌트구분, 컴포넌트ID) 4) 구현단계 요구사항 매핑(추적가능) 여부(프로그램파일명, 프로그램ID, 단위테스트ID) 5) 시험/전개단계 요구사항 매핑(추적가능) 여부(통합테스트ID, 시스템테스트ID), 기능 요구사항 협상 결과 반영여부					
3	• 단계별 비기능 요구사항 추적이 가능한가? 1) 비기능 요구사항 기본정보 관리 여부(요구사항ID, 요구사항명, 요구사항분류, 출처 등) 2) 단계별 관련 산출 매핑(추적가능) 여부(분석단계 산출물, 설계단계 산출물, 구현단계 산출물, 시험/전개 단계 산출물) 3) 기능 요구사항 세부 내용에 대한 검토(협상) 결과 기술 여부					
4	• 요구사항 변경사항 관리의 적절성 1) 변경 여부 2) 변경에 따른 근거자료					
5	• 검사기준서가 적절한가? 1) 기능 요구사항 검사기준 적절성 여부(요구사항 분류, 요구사항ID, 요구사항 세부 내용, 수용 여부, 검사항목(화면ID, 프로그램ID), 검사기준(시나리오), 판정기준(예상결과) 완료 여부, 관련 증빙, 검사 일자, 검사자, 검사 결과(PASS, FAIL) 2) 비기능 요구사항 검사기준 적절성 여부(요구사항 분류, 요구사항ID, 요구사항 세부 내용, 수용여부, 검사기준, 완료 여부, 관련 증빙, 검사 일자, 검사자, 검사 결과(PASS, FAIL)) 3) 수용 여부 표기 여부					

3) 절차

PMO는 수행사가 제출한 요구사항추적표, 검사기준서 등을 기준으로 요구사항 현행화의 적절성 점검, 요구사항 추적관리의 적절성 검토, 검수기준수의 적절성 검토 등을 <그림 122>와 같이 요구사항 분석내용의 점검 및 추적관리 절차에 따라 검토하고 조정한다.

<그림 122> 요구사항 분석내용의 점검 및 추적관리 절차

Input	절차	Output
요구사항정의서 요구사항추적표 변경요청서 이슈관리대장 단계별 산출물	① 요구사항 추적관리 절차의 적절성 검토 ② 요구사항추적 관리의 적절성 검토 ③ 검사기준서의 적절성 검토	(조정) 요구사항추적표 PMO 검토보고서

① 요구사항 추적관리 절차의 적절성 검토

PMO는 수행사가 분석단계에서 정의한 요구사항정의서를 기준으로 단계별 요구사항의 변경, 이슈 사항이 적절하게 현행화되어 관리되는지 점검한다. 요구사항은 분석/설계/

<그림 123> 요구사항 추적관리 절차 사례

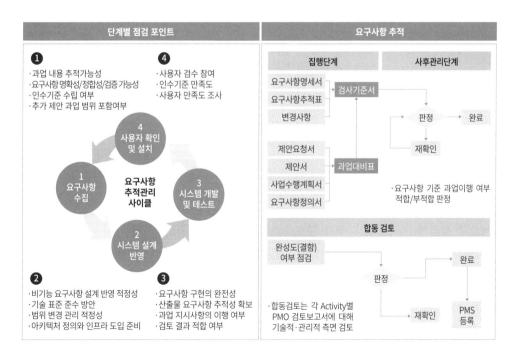

구현단계에서 변경 또는 추가될 수 있으며, 이슈 사항에 의해 변경될 수도 있다. 이런 요구사항의 변경 내용이 요구사항정의서에 현행화(변경 여부 및 근거자료 관리)되고 요구사항추적표에 추적이 가능한지 점검한다.

또한 PMO는 <그림 123>, <그림 124>와 같이 수행사가 요구사항 추적관리 절차에 따라 관리하고 있는지 점검한다. 프로젝트를 수행하다 보면 사업범위는 지속으로 구체화 되고 변경되면서 일정, 원가, 품질, 위험 등에 많은 영향을 준다. 따라서 PMO는 수행사가 종합적인 관점에서 범위관리 활동을 수행하고, 대상사업 추진과정에서 요구사항 및 과업 범위가 일관성 있게 유지되고 구현되는지 점검한다.

<그림 124> 요구사항 추적 및 검증 항목 사례

활동		세부수행내역	수행주체		
			발주기관	PMO	대상사업자
요구사항 추적	요구사항 반영	• 요구사항 취합/검토, 단계별 사업범위별로 이행			이행
	요구사항추적표 작성	• 요구사항과 이행사항을 ID로 관리하여 추적표로 작성			작성
	요구사항 반영 적정성 검토	• 요구사항 대비 이행여부 검토, 미이행 시 수행사에 통보		검토	
	품질관리 이관	• 요구사항 대비 이행내역을 품질보증 시 활용		검토	
사업범위 및 산출물 일관성 관리	단계별 사업범위 이행 승인요청	• 단계별 사업 수행 범위의 적절성에 대한 검토 요청			작성/요청
	사업범위 수행검토 및 분석	• 사업 수행 범위의 적절성 검토 및 분석	검토	검토	
	사업범위 수행검토 보고 작성 및 제출	• PMO측의 사업범위 수행에 대한 검토보고서 생성 및 안건 상정		작성	
	사업범위 적절성 평가	• 사업범위 이행 적절성 평가	검토		
	사업범위 재검토 및 검토보고서 내역 수용	• 사업범위에 대한 부적절 평가 시 사업범위 재검토 및 권고안 수용			작성
	사업범위 이행 최종 승인	• 사업범위 이행에 대한 최종 승인	검토/승인		

② 요구사항 추적관리의 적절성 검토

PMO는 요구사항추적표를 활용하여 요구사항이 단계별로 적절히 반영·이행되는지 지속적으로 점검하고 미흡할 경우 보완토록 한다. 요구사항 추적관리의 적절성 검토는 첫째, 요구사항 변경의 현행화를 점검한다. 요구사항정의서의 요구사항 변경 내용이 요구사항추적표의 요구사항(요구사항ID, 요구사항명, 출처, 변경 여부 등)에 누락 없이 반영되었는지 점검한다. 그리고 To-Be 비즈니스 흐름도에서 정의한 프로세스ID, 프로세스명의 매핑 여부를 점검한다. 둘째, 분석단계 산출물인 유스케이스ID와 유스케이스명의 매핑 여부도 점검한다. 유스케이스ID는 유스케이스 명세서에 기술된 유스케이스 고유번호를, 유스케이스 명은 유스케이스의 명칭을 매핑한다.

셋째, 설계단계 산출물인 클래스다이어그램ID, 클래스다이어그램명, 시퀀스다이어그램ID, 시퀀스다이어그램명, 화면ID, 화면명, 컴포넌트구분, 컴포넌트ID가 매핑되었는지 점검한다. 클래스다이어그램ID는 유스케이스별 클래스다이어그램의 ID를, 시퀀스다이어그램ID는 유스케이스별 시퀀스다이어그램의 ID를, 화면ID는 사용자 인터페이스설계서에 기술된 화면ID를 매핑한다. 컴포넌트 구분은 컴포넌트 종류를 매핑하며, 컴포넌트가 아닐 경우는 '비컴포넌트'로 표기한다. 그리고 컴포넌트ID는 컴포넌트 설계서에 기술된 ID를 매핑한다.

넷째, 구현단계 산출물인 프로그램파일명, 프로그램ID, 단위테스트ID가 매핑되었는지 점검한다. 프로그램파일명은 구현되는 클래스명을, 단위테스트ID는 단위컴포넌트(프로그램)별 단위테스트 시나리오ID를 매핑한다. 마지막으로 테스트/전개 단계 산출물인 통합테스트ID, 시스템테스트ID가 매핑되었는지 점검한다. 통합테스트ID는 통합테스트 시나리오ID를, 시스템테스트ID는 시스템테스트 시나리오 ID를 매핑한다.

<사례 11> 요구사항추적표 – 기능 요구사항 사례

NO	업무 분류			요구사항 ID	검사기준 ID (단위,통합 테스트ID)	요구사항 명	검사 기준										완료여부	오픈여부	적부판정	메뉴위치	증빙 ID	중빙등록 여부	비고
							분석단계		설계단계		구현단계			시험/전개단계									
	대분류	중분류	소분류				유스케이스 ID	유스케이스 명	화면 ID	화면 명	클래스다이어그램ID	클래스다이어그램 명	단위테스트 ID	통합테스트 ID	성능테스트 ID	호환성테스트 ID							
1	포털	시각화 환경 구현		SFR-PT-F-0601	IS-SFR-PT-F-0601	시스템 시각화 환경 구현	N/A	N/A	PT_OD-001_001_00	메인	N/A	N/A	UT_NW-DB_010-001	N/A									

③ 검사기준서의 적절성 검토

검사기준서는 세부 과업 항목별로 이행 여부를 점검하기 위한 문서로 요구사항추적표를 활용하거나 별도의 문서로 작성할 수 있다. 통상적으로 요구사항추적표는 요구사항부터 전체 개발공정의 산출물이 추적되도록 작성되기 때문에 내용이 많아질 수 있으므로 검사에 필요한 항목만을 모아서 별도의 검사기준서로 작성할 것을 권장한다.

PMO는 수행사가 작성한 검사기준서가 적절한지 점검한다. 검사기준서는 통상적으로 기능 요구사항과 비기능 요구사항으로 나눠서 작성한다. 첫째, 기능 요구사항에 대한 검사

기준서에는 <사례 12>와 같이 요구사항 분류, 요구사항ID, 요구사항 세부 내용, 수용 여부, 검사항목(화면ID, 프로그램ID), 검사기준(시나리오), 판정 기준(예상 결과), 완료 여부, 관련 증빙, 검사 일자, 검사자, 검사 결과(PASS, FAIL) 등으로 구성된다.

PMO는 기능 요구사항에 대한 검사기준서의 적절성을 점검할 때는 요구사항과 검사항목이 되는 기능 및 검사기준이 관리되고 추적되는지 점검한다. 세부 검사항목은 화면과 프로그램으로 구체화 되어야 하고, 검사기준은 관련된 테스트시나리오(통합테스트 또는 단위테스트 시나리오)의 세부 시험 항목으로 연결되었는지 점검한다.

<사례 12> 기능 요구사항 검사기준서 작성 사례

No	요구사항 분류	요구사항 ID	요구사항 세부내용	수용 여부	검사항목 화면 ID	검사항목 프로그램ID	검사기준(시나리오)	판정기준(예상결과)	완료 여부	관련 증빙	검사 일자	검사자	검사 결과
1	기능 요구 사항	REQ-SFR-002-002	○로그인/회원가입/회원정보수정 모듈 개발 - 회원가입 시 실명인증 필요, 회원정보수정 메뉴에서 실명인증을 통해서만 이름 수정 가능	수용	UI_FO_003_001	PG-FM-BR-001	■회원가입시 실명인증을 통해 본인인증 로그인 후 회원정보수정 화면에서 본인인증 처리 후 수정되는 것을 확인	■회원가입시 실명인증을 통해 본인인증 로그인 후 회원정보수정 화면에서 본인인증 처리 후 수정되는 것이 확인되면 합격	완료	통합테스트 결과서	2023-07-30	홍길동	PASS

둘째, 비기능 요구사항 검사기준서에는 <사례 13>과 같이 요구사항 분류, 요구사항ID, 요구사항 세부 내용, 수용 여부, 검사기준, 완료 여부, 관련 증빙, 검사 일자, 검사자, 검사 결과 등이 있다. PMO는 비기능 요구사항에 대한 검사기준서의 적절성을 점검할 때는 비기능 요구사항과 검사항목이 되는 기능 및 검사기준이 관리되고 추적되는지 점검한다. 세부 검사항목은 출처, 분석단계 산출물, 설계단계 산출물, 구현단계 산출물, 시험/전개 단계 산출물, 요구사항 변경 상태의 세부 시험 항목으로 연결되었는지 점검한다.

<사례 13> 비기능 요구사항 검사기준서 작성 사례

No	요구사항 분류	요구사항 ID	요구사항 세부내용	수용 여부	검사기준	완료 여부	관련 증빙	검사 일자	검사자	검사 결과
1	장비 구성 요구 사항	REQ-ECR-001-001	○발주기관 및 관련 법안 지침에 따른 보안지침 요건 준수 ○본 사업의 수행에 필요한 개발 및 시험 환경 구축 방안을 제시하고, 사업 수행 시, 발주부서와 협의하여 필요 장비를 도입 설치함	수용	발주기관 및 관련 법안 지침에 따른 보안지침을 준수하여 개발 및 시험 환경이 구축되고, 발주부서와 협의하여 필요 장비가 도입 설치되었으면 적합	완료	개발 환경 구성	2023-07-30	홍길동	PASS

요구사항추적표를 검사기준서로 활용하는 경우에는 요구사항, 검사항목 및 검사기준

이 추적되어야 한다. PMO는 요구사항추적표를 검사기준서로 대체한 경우 요구사항추적표에 검사결과(상태)항목이 있는지 점검한다.

<사례 14> 요구사항추적표를 검사기준서로 활용한 사례

NO	업무 분류			요구사항 ID	검사기준 ID (단위,통합 테스트ID)	요구사항명	검사 기준										완료여부	오픈여부	적부판정	메뉴위치	증빙ID	증빙등록여부	비고
	대분류	중분류	소분류				분석단계		설계단계	구현단계				시험/전개단계								
							유스케이스ID	유스케이스명	화면ID	화면명	클래스다이어그램ID	클래스다이어그램명	단위테스트ID	통합테스트ID	성능테스트ID	호환성테스트ID							
1	포털	통계구현		SFR-PT-F-0602	IS-SFR-PT-F-0602	통계환경구현	N/A	N/A	PT_OD-001_001_00	통계현황	N/A	N/A	UT_NW-DB_010-001			N/A						
2	포털	통계구현		SFR-PT-F-0603	IS-SFR-PT-F-0603	대시보드구현	N/A	N/A	PT_OD-001_001_00	대시보드	N/A	N/A	UT_NW-DB_010-001			N/A						

2.3.2.3 사업범위 변경통제

사업범위 변경은 과업 추가, 특별업무의 수행, 공정계획의 변경, 특정 과업의 삭제 또는 감소 등에 따라 예산 및 사업범위, 투입인력 또는 일정이 변경되는 것을 말한다. 사업의 과업을 변경할 때는 「용역계약일반조건」 제53조(과업내용의 변경)제2호에 따라 계약금액의 조정액이 당초 계약금액의 100분의 10 이상으로 추정될 경우에는 과업변경심의위원회를 설치하여 과업변경을 심의한다. PMO는 PMO대상사업의 사업범위를 상시 모니터링하고, 수행사가 사업범위 변경 발생 시 변경관리를 적절하게 관리하고 있는지 점검한다.

1) 기준

발주기관 또는 수행사는 사업의 효율적 수행을 위하여 과업변경을 요구할 수 있다. 사업범위 변경통제 기준은 '변경관리계획서', '과업변경요청서', '과업변경관리대장'이다. 발주기관의 과업변경 절차를 따라 과업변경 요청 및 승인이 이루어지는지, 과업변경 내용이 '변경관리계획서', '과업변경요청서', '과업변경관리대장'을 통해 적절하게 관리되는지 점검하고 조정해야 한다.

2) 측정지표(*점검항목: 체크리스트)

PMO는 사업범위 변경통제를 위한 측정지표로 점검항목을 활용한다. 점검항목은 변경

관리 계획수립 여부, 과업변경 절차 준수 여부, 과업변경요청서를 통한 변경관리 여부, 과업변경관리내역서 작성 여부, 과업변경 승인내용의 요구사항추적관리 등을 <표 113>과 같이 점검항목별 점검결과(적합(O), 수정/보완(△), 누락(X), 제외(N/A))를 지표로 하여 점검한다.

<표 113> 사업범위 변경통제에 대한 측정지표

번호	점검항목	점검결과(○, △, ×, N/A)				PMO 검토 의견
1	• 변경관리 계획이 수립되어 있는가? 1) 변경관리 목적, 적용 범위, 전략 기술 여부 2) 변경관리 프로세스 수행방침 작성 여부 3) 책임과 역할 표기 여부 4) 변경통제위원회(CCB) 운영방안 제시 여부(운영 범위, 준수사항 및 규정) 5) 변경관리 프로세스 수립 여부(변경관리 절차 및 흐름, 변경요청사항 접수, 변경요청사항 분석, 변경요청사항 수용 여부 결정, 변경사항 최종 승인 등)					
2	• 과업변경 절차가 준수되고 있는가? 1) (신청서 작성→접수→과업심의위원회 개최→심의의견→심의결과 및 조치계획 통보)					
3	• 과업변경요청서를 통합 변경관리가 이루어지고 있는가? 1) 과업변경 요청 기본정보 관리 여부(접수번호, 접수 일자, 처리 기간, 변경요청 번호, 사업명, 계약번호 등) 2) 변경요청 유형, 변경요청내용 기술 여부 3) 변경요청 사유 기술 여부 4) 변경영향 평가(업무, 기술, 시스템, 일정, 비용 등) 여부 5) 변경 소요 비용 분석 여부					
4	• 과업변경관리내역서가 관리되고 있는가? 1) (사업명, 계약번호, 요청번호, 추진단계, 변경요청자, 요구사항, 유형, 변경 규모, 소요 비용, 변경요청 일자 등)					
5	• 과업변경 승인내용의 요구사항추적관리가 되는가? 1) 과업변경 내용의 요구사항정의서 현행화 여부 2) 과업변경 내용의 요구사항추적표 현행화 여부					

3) 절차

PMO는 수행사가 제출한 변경관리계획서, 과업변경요청서, 과업변경관리대장 등을 기준으로 변경관리 계획의 적절성 검토, 변경요청 영향도 및 타당성 검토, 변경요청 심의 결과 요구사항 추적관리 여부 검토 등을 <표 114>와 같이 사업범위 변경통제 절차에 따라 검토 후 PMO 검토보고서를 작성한다.

<표 114> 사업범위 변경통제 절차

Input	절차	Output
변경관리계획서 과업변경요청서 과업변경관리대장	① 사업범위 변경통제의 적절성 검토 ② 변경관리 계획의 적절성 검토 ③ 변경요청 영향도 및 타당성 검토 ④ 변경요청 심의 결과 요구사항 추적관리 여부 검토	(점검) 요구사항추적표 PMO 검토보고서 (승인) 과업변경요청서

① 사업범위 변경통제의 적절성 검토

PMO는 수행사의 사업범위 변경통제 및 관련 활동이 단계별로 수행하는 절차를 가졌는지 점검한다. 사업범위 변경은 프로젝트 착수에서 종료될 때까지 일어날 수 있다. <그림 125>와 같이 요구사항관리, 형상관리, 배포관리, 표준관리, 품질보증, 결함관리, 테스트관리 등과 연계하여 통합적으로 관리하고 있는지 점검한다.

<그림 125> 사업범위 변경통제 및 관련 활동 사례

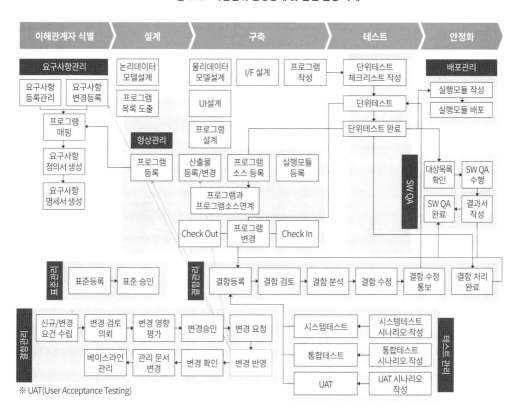

※ UAT(User Acceptance Testing)

② 변경관리 계획의 적절성 검토

변경관리는 프로젝트의 성공을 좌지우지할 수 있는 중요한 활동 중의 하나이다. 예상치 못한 변경사항은 일정을 지연시키거나 추가 비용을 발생시킨다. 프로젝트 현장에서 흔히 발생하고 있고, 이를 효과적으로 관리하기 위해서는 변경관리 계획을 수립해 체계적으로 관리하는 것이다.

따라서 PMO는 수행사가 제출한 변경관리계획서가 적절하게 작성되었는지 점검한다.

주요 검토사항은 변경관리 목적/적용 범위/전략 등이 기술되었는지, 변경관리 프로세스 수행방침이 적절한지, 변경관리에 대한 책임과 역할이 명확한지, 과업심의위원회(CCB: Change Control Board) 운영방안은 제시하고 있는지 그리고 변경관리 프로세스(변경관리 절차 및 흐름 → 변경요청사항 접수 → 변경요청사항 분석 → 변경요청사항 수용 여부 결정 → 변경사항 최종 승인)가 수립되었는지 등이다.

특히 과업변경 절차 수립이 중요하다. 각 변경 절차에 따라 책임과 역할 그리고 기준이 명확하게 정의되어야 한다. 수행사가 과업 내용 변경요청서를 작성하여 제출하면, 발주기관은 바로 과업심의위원회(CCB) 위원장에게 회의 개최를 요청하고, 위원회의 의결 결과와 조치계획을 14일 이내에 사업자에게 통보한다. 과업 변경요청은 수행사도 발주기관도 할 수 있다. <사례 15>는 사업자가 과업변경 요청한 사례고, <사례 16>은 발주기관이 요청한 사례이다.

<사례 15> 과업변경 절차 – 수행사 신청 사례

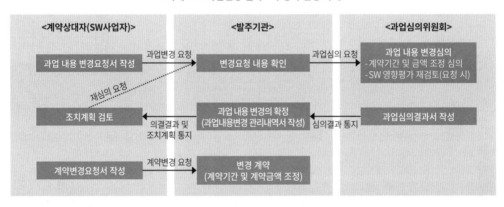

<사례 16> 과업변경 절차 – 발주기관 신청 사례

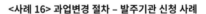

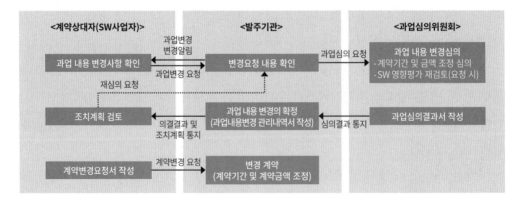

③ 변경요청 영향도 및 타당성 평가

과업 변경요청은 프로젝트에 심각한 영향을 주기 때문에 영향도를 분석하고 타당성 평가를 해야 한다. PMO는 수행사 또는 발주기관이 작성한 변경요청서를 기준으로 변경요청 사유가 타당한지, 변경 영향평가(업무, 기술, 시스템, 일정, 비용 등)가 적절한지, 변경 시기 및 절차가 적정한지 그리고 변경 소요 비용 분석이 되었는지 점검한다.

<과업변경의 적정성 판단 기준>
- 적정한 과업변경
  • 법령 개정 등 법·제도의 변경에 따른 과업변경
  • 기술적·정책적 환경변화 등에 따른 과업변경
  • 수행사·발주기관 간에 사업비 또는 사업기간 조정 없이 가능하다고 합의한 경미한 과업변경은 과업심의위원회 불필요
- 불필요한 과업변경: 적정한 과업변경 요건에 해당하지 아니하는 과업변경
  • 법령 개정 등 제도변화와 무관한 경우
  • 기술적·정책적 환경변화에 따른 과업변경이나 예산 절감 효과 등이 없는 경우

<과업변경 시기 및 절차 >
- 과업변경 시기: 과업 변경은 해당 작업을 시작하기 전에 변경 절차를 완료해야 함
- 과업변경 기준: 계약체결 시 발주기관과 계약상대자가 합의한 사업수행계획서 또는 과업내용서(다만, 별도로 구체화한 문서의 내용과 시기를 정한 경우에는 해당 문서)

<사례 17> 과업 내용 변경요청서 작성 사례

[고시 별지 제8호서식]　　　　　　　　　　　　　　　※ [ ]에는 해당되는 곳에 √표를 합니다.

접수번호		접수일자		처리기간	14일
변경요청 번호					
사업명					
계약번호					
변경요청 유형	[ ] 과업내용 변경 [ ] 과업내용 변경 및 계약금액 조정 [ ] 일정(마일스톤) 변경				
과업 내용서 관련 사항	기존			변경	
변경요청 내용	(※ 필요한 경우 별지 사용)				
변경요청 사유	(※ 필요한 경우 별지 사용)				
변경영향평가	(※ 필요한 경우 별지 사용)				
변경 소요비용	소요비용		변경규모		

「소프트웨어 진흥법」 제50조 제3항에 따라 위와 같이 소프트웨어사업 과업 내용 변경을 요청합니다.

년　월　일
신청인　　(서명 또는 인)

발주기관의 장　　　　귀하

처리절차

신청서 작성	➡	접수	➡	과업심위위원회 개최	➡	심의 의결	➡	심의결과 및 조치계획 통보
신청인				처리기관:발주기관				

※ 사업자가 작성하고, 상세 내용은 별지 사용
* 소프트웨어사업 계약 및 관리감독에 관한 지침 [별지 13] 소프트웨어사업 과업변경요청서(제26조 관련)

④ 변경요청 심의 결과 요구사항추적관리 여부 검토

변경요청 심의 결과 승인된 요구사항에 대해서는 요구사항정의서와 요구사항추적표를 통해 관리되고 있는지 점검한다.

<Tip.1 사업범위 변경 시 고려사항>

- 사업범위 변경은 과업 추가 및 특별업무의 수행, 공정계획의 변경, 특정 과업의 삭제 또는 감소 등에 따라 예산 및 사업범위, 투입인력 또는 일정이 변경되는 것을 말한다.
- 소프트웨어사업의 과업을 변경할 때는 「용역계약일반조건」 제53조(과업내용의 변경) 제2호에 따라 계약금액의 조정액이 당초 계약금액의 100분의 10 이상으로 추정될 경우는 과업변경심의위원회를 설치하여 과업변경을 심의한다.

<Tip.2 요구사항 변경의 현실>

- 사업범위 변경은 넓은 의미로 이해해야 한다. 단위 업무가 추가되거나 사라진다면 관련된 인력과 비용의 문제가 발생한다. 따라서 시시비비는 명확하게 정리해야 한다.
- 업무 요구사항의 변경은 좁은 의미로 이해해야 한다. 변경으로 인해 후폭풍이 크다면 사업범위 변경의 수준에서 대응해야겠지만, 그렇지 않다면 넘어갈 필요가 있다. 작은 것에 에너지를 쏟지 않도록 주의해야 한다.
- 혹시 모를 나중을 위해 요구사항 변경 내용과 추가되는 원가와 기간을 포함하여 회의록에 기록하면 더욱 좋다.

2.4 자원관리

2.4.1 자원관리 개요

1) 정의

자원관리는 인적자원 배분 계획과 실제 수행 결과 간의 발생한 차이, 인적자원 배분 및 인적 자원 가용에 대해 통제와 관리를 하는 것이다. 자원의 효율적인 배분을 확인할 수 있는 정보를 적시에 제공하고, 효과적인 인력관리를 통해 프로젝트 진행에 미치는 영향을 최소화하기 위해 검토 및 확인하는 활동이다.

2) 목적

자원관리의 목적은 적재적소에 인력을 배치하여 인력 활용성을 제고하고, 프로젝트 수행 시 발생할 수 있는 인력 관련 사항에 대해 대처방안을 강화하는 것이다. 또한 프로젝트 수행에 적합한 인력구성을 최적화하여 사업예산 낭비의 가능성을 최소화할 수 있도록 관리하는 것이다.

3) PMO 중점 관리사항

PMO는 발주기관의 관점에서 프로젝트팀원의 능력과 경험의 적정성 판단, 동기부여, 커뮤니케이션 채널은 적정한지, 효율적인 협력을 위한 조직체계 구축 여부, 자원 배정 시 과부하 또는 중복배치 여부, 시기에 따라 자원 필요량의 차이 여부를 검토하고 조정한다.

2.4.2 자원관리 프로세스

자원관리 프로세스는 <그림 126>과 같이 투입인력 계획의 적정성 검토 및 조정, 투입인력 계획의 준수 여부 점검 및 조치사항 지시, 인력 변경 적정성 점검 및 조치사항 지시 등 3단계 절차를 거쳐 진행한다.

<그림 126> 자원관리 프로세스

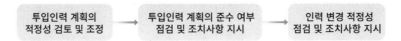

2.4.2.1 투입인력 계획의 적정성 검토 및 조정

투입인력 계획의 적정성 검토 및 조정은 사업대가가 투입공수(MM) 방식의 경우 투입인력계획이 적정하게 정의되었는지 점검하고 조정하는 활동이다. 사업대가가 기능점수인 경우는 프로젝트 조직도에 따른 인력배분의 적절성 여부 등을 중심으로 검토하고 조정한다.

1) 기준

투입인력 계획의 적정성 검토 및 조정의 기준은 사업대가이다. 사업대가가 투입공수 방식의 경우 인력투입을 위한 자원관리 계획이 적정하게 수립되었는지 살펴야 한다.

2) 측정지표(*점검항목: 체크리스트)

PMO는 투입인력 계획의 적정성 검토 및 조정을 위한 측정지표로 자원관리 계획의 적절성 여부 등을 점검항목으로 활용한다. 점검항목은 <표 115>와 같이 점검항목별 점검결과(적합(O), 수정/보완(△), 누락(X), 제외(N/A))를 지표로 하여 점검한다.

번호	점검항목	점검결과(○, △, ×, N/A)				PMO 검토 의견
1	• 자원관리 계획이 적절한가? 1) 인적자원에 대한 요구사항이 충분히 수렴된 인력투입계획의 작성 여부(*) 2) 프로젝트 조직도에 따른 인력배분의 적절성 여부 3) 사업수행의 우선순위를 고려한 투입인력계획의 수립 여부(*) 4) 업무영역별 인력의 적정 투입의 계획 여부(*) 5) 인력관리 R&R(Role & Responsibility) 기술 여부(*) 6) 상세 투입 일정 및 영역별 인력 투입공수(MM) 재실 여부(*) 7) 투입인력 리스트 및 이력서 제출 여부(*) 8) 인력 변경, 교체관리기준 및 프로세스의 적정성 여부(*)					

(*) 사업대가가 투입공수 방식인 경우

3) 절차

PMO는 수행사가 제출한 '인력투입계획서'를 기준으로 <그림 127>과 같이 인력투입계획의 적정성 여부 검토, 투입인력의 기간(MM), 기술등급 적정성 여부 검토 등 투입인력 계획의 적정성 검토 및 조정절차에 따라 점검하고 조정한다.

<그림 127> 투입인력 계획의 적정성 검토 및 조정절차

Input	절차	Output
제안요청서 제안서 사업수행계획서 인력투입계획표	① 투입인력 관리 방안의 적절성 검토 ② 인력투입 계획의 적정성 여부 검토 ③ 투입인력의 기간(MM), 기술등급 적정성 여부 검토(*)	PMO 검토보고서 (조정) 인력투입계획서

① 투입인력 관리 방안의 적절성 검토

PMO는 수행사의 투입인력 관리, 대체인력 관리, 근태 현황 관리 등 투입인력의 관리 방안의 적정성을 점검한다. <그림 128>과 같이 업무 난이도, 해당 인력의 기술 역량 등을 고려하여 투입인력 투입계획 및 인력변동 관리 절차의 적절성을 검토하고 조정한다.

② 인력투입 계획의 적정성 여부 검토

인력투입계획표 상의 인력이 해당 업무에 적정한지를 검토한다. 투입인력이 본 프로젝트 수행에 적합한 경험이 있는지 점검한다. 성별, 나이, 학력은 확인할 필요가 없다. 오직 이력만을 검토하여 해당 업무에 적합한 이력을 가졌는지 확인한다. 사업대가가 기능점수 방

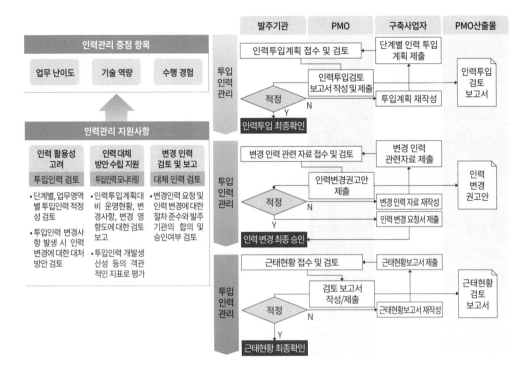

<그림 128> 투입인력 관리 방안 절차 사례

식의 경우는 월별 또는 주간 단위로 투입인력 관리를 집계하여 별도 보고받거나 관리할 수 없다. 단, 프로젝트 조직도에 따른 인력배분의 적절성 여부는 점검할 수 있다. 세부 투입인력 현황은 WBS로 관리하고 있는지 점검한다.

사업대가가 투입공수 방식의 경우는 인적자원에 대한 요구사항이 충분히 수렴되어 인력투입 계획의 작성 여부, 사업수행의 우선순위를 고려한 투입인력 계획의 수립 여부, 업무영역별 인력의 적정 투입계획 여부 등을 검토한다.

③ 투입인력의 기간(MM), 기술등급 적정성 여부 검토(*)

사업대가가 투입공수 방식의 경우에는 인력의 개발 이력, 투입 기간(MM), 기술등급 등이 해당 업무에 적정한지를 확인한다. 또한 인력관리 R&R(Role & Responsibility) 기술 여부, 상세 투입 일정 및 영역별 인력 MM 재실 여부, 투입인력 리스트 및 이력서 제출 여부, 인력 변경, 교체 관리기준 및 프로세스의 적정성 여부 등을 검토한다.

<표 116> 투입인력 계획 사례

구분	담당분야		회사	성명	분석 및 기본설계					상세설계 및 개발/단위테스트					테스트 및 이행			안정화		계
					23년1월	23년2월	23년3월	23년4월	23년5월	23년6월	23년7월	23년8월	23년9월	23년10월	23년11월	23년12월	24년1월	24년2월	24년3월	
총계 MM	인원수				14	14	14	15	15	15	15	13	12	14	14	14	12	12		193
PM			가나다회사	나피엠	1	1	1	1	1	1	1	1	1	1	1	1	1	1		14
사업/품질	사업관리	PL&사업관리	가나다회사	김피엘	1	1	1	1	1	1	1	1	1	1	1	1				12
	품질관리	품질관리	가나다회사	이품질	1	1	1	1	1	1	1	1								8
	품질관리	응용품질관리	가나다회사	박품질	1	1	1	1	1	1	1	1		1	1	1	1	1	1	14
	계리검증	계리검증	가나다회사	최계리	1	1	1	1	1	1	1	1								8
	사업관리	사업지원	가나다회사	박사업	1	1	1	1	1	1	1	1		1	1	1	1	1	1	14
	이행총괄	이행총괄	가나다회사	오이행											1	1	1	1	1	5
	병행검증	병행검증	가나다회사	박병행											1	1	1	1	1	5
	병행검증	병행검증	가나다회사	오검증																0
응용	총괄	현장대리인	개발회사	진개발	1	1	1	1	1	1	1	1	1	1	1	1	1	1		14
	공통	공통	개발회사	이공통	1	1	1	1	1	1	1	1	1	1	1	1	1	1		14
	공통	공통	개발회사	박공통			1	1	1	1	1	1	1	1	1	1	1			11
	가입	가입 - PL	개발회사	김가입	1	1	1	1	1	1	1	1		1	1	1	1	1	1	14
	계약	계약 - 설계	개발회사	오계약	1	1	1	1	1	1	1									7
	운영	운영 - PL	개발회사	김운영	1	1	1	1	1	1	1	1		1	1	1	1	1	1	14
	운영	운영 - 설계	개발회사	최운영	1	1	1	1	1	1	1									7
	서비스	서비스 - PL	개발회사	이서비	1	1	1	1	1	1	1	1		1	1	1	1	1	1	14
	공통	공통개발	개발회사	송공통	1	1	1	1	1	1										6
	공통	공통개발	개발회사	이공통								1	1	1	1	1	1			6
	공통	공통개발	개발회사	강공통										1	1	1	1	1	1	6

<Tip. 1 투입인력에 대한 지침>

「행정기관 및 공공기관 정보시스템 구축·운영 지침」 제42조(인력관리 금지)에서 투입인력별 투입 기간을 관리할 수 없다. 단 예외는 관련 지침을 참조한다.

「소프트웨어사업 계약 및 관리 감독에 관한 지침」 제18조(사업관리)에서 기능점수(Function Point) 또는 서비스수준협약(Service Level Agreement) 방식으로 사업대가를 산정한 소프트웨어사업에 대하여 투입인력의 수 및 투입 기간 등을 관리할 수 없다.

<Tip. 2 발주기관이 투입인력 자료를 요구할 수 있나?>

투입인력 지침에 따라 기능점수(FP)로 사업대가를 산정한 프로젝트에서는 수행사 인력에 대해 이력, 기술등급, 투입공수 등은 제안서에 제안한 내용만으로 확인한다. 제안서에 있는 투입인력은 PM, PL 정도이며, 개발자의 경력 사항은 알 수 없다.

<Tip. 3 '투입인력의 수와 투입 기간을 관리할 수 없다.'라는 내용을 어디까지 해석할 수 있을까?>

주관기관의 의견은 지침의 문자 이상도, 이하도 아닌 지침 그대로만 이야기할 뿐이다. 따라서 현장에서 알아서 판단해야 한다.

<Tip. 4 발주기관이 수행사의 투입인력이 어떤 업무를 어느 정도(MM)로 참여하는지 알고 싶다면 이것을 인력관리로 단정할 수 있는가?>

해당 지침에 대해 명확한 유권해석이 필요하다. 프로젝트 현장에 따라 발주기관이 요청하여 투입인력계획표를 수행사로부터 받기도 한다. 이것은 투입인력에 대해 알기 위한 수준이지 관리목적이 아니어야 한다.

2.4.2.2 투입인력 계획의 준수 여부 점검 및 조치사항 지시

투입인력 계획의 준수 여부 점검 및 조치사항 지시는 대가가 투입공수 방식인 경우(「행정기관 및 공공기관 정보시스템 구축·운영 지침」 제42조 단서)에 한하며, 계획된 인력이 일정별로 적정하게 투입되고 있는지 점검하고 미흡할 경우 보완 조치하도록 하는 활동이다.

1) 기준

투입인력 계획의 준수 여부 점검 및 조치사항 지시의 기준은 '자원관리(인력투입)계획서'이다. 이에 따라 투입인력 등 자원계획이 적절하게 준수되는지 검토하고 조정한다.

2) 측정지표(*점검항목: 체크리스트)

PMO는 투입인력 계획의 준수 여부 점검 및 조치사항 지시를 위한 측정지표로 업무영역별 인력의 투입 및 배치 여부, 인력투입 계획 대비 운영현황이나 변경사항의 적정성 등을 점검항목으로 활용한다. 점검항목은 <표 117>과 같이 점검항목별 점검결과(적합(O), 수정/보완(△), 누락(X), 제외(N/A))를 지표로 하여 점검한다.

<표 117> 투입인력 계획의 준수 여부 점검 및 조치사항 지시에 대한 측정지표(점검항목)

번호	점검항목	점검결과(○, △, ×, N/A)				PMO 검토 의견
1	•자원계획이 적절하게 준수되고 있는가? 1) 업무영역별 인력의 투입 및 배치를 확인했는가? 2) 인력투입계획 대비 운영현황이나 변경사항이 적정한가?(*)					

번호	점검항목	점검결과(○, △, ×, N/A)	PMO 검토 의견
2	• 투입인력 관리가 적절한가? (*) 1) 투입인력 관리의 적절성 여부 2) 대체인력 관리의 적절성 여부 3) 근태 현황 관리의 적절성 여부		

(*) 사업대가가 투입공수 방식인 경우

3) 절차

PMO는 사업자가 제출한 '자원관리(투입인력)계획서', '인력투입결과서' 등을 기준으로 <그림 129>와 같이 업무영역별 인력의 적정 투입 및 배치 여부 확인 등 투입인력 계획의 준수 여부 점검 및 조치사항 지시 절차에 따라 점검하고 조정한다.

<그림 129> 투입인력 계획의 준수 여부 점검 및 조치사항 지시 절차

Input	절차	Output
자원관리(투입인력)계획서 인력투입결과서	① 투입인력 계획의 준수 여부 점검기준 검토 ② 업무영역별 인력의 적정 투입 및 배치 여부 확인(*)	PMO 검토보고서 (조정) 인력투입결과서

① 투입인력 계획의 준수 여부 점검기준 검토

PMO는 발주기관 및 수행사와 협의하여 <그림 130>과 같이 세부 수행내용, 수행 시기, 수행 주체 등 투입인력 계획 준수 여부 점검기준을 정의한다. 투입인력의 교체 시에는 업무의 난이도, 기술 역량, 경험, 교육 사항 등을 중점적으로 고려한다. 그리고 이를 토대로 업무에 적합하지 않거나 근무태도가 미흡할 경우는 시정조치를 요구한다.

<그림 130> 투입인력 계획의 준수 여부 점검기준 사례

활동		세부수행내역	수행 시기	수행주체		
				발주 기관	PMO	대상 사업자
투입 인력 관리	단계별 인력투입 계획	• 사업자에서 각 단계별 인력 투입에 대한 계획을 발주기관과 PMO에 제출	단계초			작성/제출
	인력투입 계획 검토	• 인력투입 운영 및 계획에 대한 접수 및 내용 검토		검토	검토	
	인력투입 검토보고서	• 투입인력 업무 배치 적정성 평가, 투입인력 계획에 근거한 이력 파악			작성	
	인력계획 적정성 판단	• 계획 대비 투입인력 적정성 여부 판단		검토		
	투입계획 재작성	• 부적절 평가 시 보완사항 반영하여 재작성	필요시			작성
	인력투입 최종 확인	• 인력투입계획보고서 최종 확인	단계초	검토/승인		

활동		세부수행내역	수행시기	수행주체		
				발주 기관	PMO	대상 사업자
인력 대체 관리	변경인력 관련자료 제출	• 변경 인력 관련 서류 발주기관 및 PMO에 제출	이슈			작성/제출
	변경인력 관련자료접수및검토	• 이력서, 경력사항, 사업 수행 능력 적합여부 등 검토	발생시	검토	검토	
	인력변경권고안	• 인력 변경 검토사항을 토대로 권고안을 작성하여 전달			작성	
	인력변경 적정성 판단	• 인력변경권고안을 검토하고 인력 변경 적정성을 판단		검토		
인력 변경 관리	변경인력 자료 재작성	• 인력 변경 적정성 부적절 판단 시 권고안에 따른 재작성				작성
	인력변경요청서 제출	• 인력 변경 허가 시 해당 인력변경요청서 제출				작성
	인력변경요청 최종 승인	• 인력변경요청서를 확인 하고 변경요청을 최종 승인		검토/승인		
근태 현황 관리	근태현황 보고서 제출	• 발주기관 및 PMO에 인력 근태 현황 제출				작성/요청
	근태현황 접수 및 검토	• 통합 근태 현황(결근자/전체투입 인원), 팀별 결근 현황, 결근 사유(무단, 교육, 승인결근, 예비군 및 민방위, 기타), 무단결근 횟수 및 비율(누적 포함), 근태관련 이슈(무단 결근수 증가 등) 등 파악	일/월	검토	검토	
	검토보고서 작성	• 일/월별 통합 근태현황보고서 작성	일/월		작성	
	근태현황 적정성 평가	• 근태 사유 및 적정성에 대한 평가	일/월	검토		
	근태현황 보고서 재작성	• 근태 현황 보고 내용이 적절하지 못할 경우 재작성 요청	일/월			작성
	근태현황 확인	• 발주기관에서 근태 현황에 대하여 최종 확인	필요시	검토/승인		

② 업무영역별 인력의 적정 투입 및 배치 여부 확인

사업대가가 투입공수방식인 경우 업무영역별 투입인력이 계획표의 일정대로 투입 및 배치되었는지 확인한다. 단, 사업대가가 기능점수 방식의 경우는 투입인력에 관리할 수 없다. 따라서 PMO는 WBS로 해당 업무가 적절하게 수행되고 있는지 확인해야 한다.

<표 118> 투입인력 실적사례

담당분야			분석 및 기본설계					상세설계 및 개발/단위테스트					테스트 및 이행		안정화		계
			23년 1월	23년 2월	23년 3월	23년 4월	23년 5월	23년 6월	23년 7월	23년 8월	23년 9월	23년 10월	23년 11월	23년 12월	24년 1월	24년 2월	24년 3월	
총계		MM																
		인원수	6	6	6	6	6	6	6	6	4	6	6	6	5	5	80
PM		가나다회사 나피엠	1	1	1	1	1	1	1	1	1	1	1	1	1	1	14
사업관리	PL& 사업관리	가나다회사 김피엘	1	1	1	1	1	1	1	1	1	1	1	1			12
품질관리	품질관리	가나다회사 이품질	1	1	1	1	1	1	1	1							8
품질관리	응용품질관리	가나다회사 박품질	1	1	1	1	1	1	1	1	1	1	1	1	1	1	14
계리검증	계리검증	가나다회사 최계리	1	1	1	1	1	1	1	1							8
사업관리	사업지원	가나다회사 박사업	1	1	1	1	1	1	1	1		1	1	1	1	1	14
이행관리	이행총괄	가나다회사 오이행										1	1	1	1	1	5
병행검증	병행검증	가나다회사 박병행										1	1	1	1	1	5
병행검증	병행검증	가나다회사 오검증															0

(담당분야 세로: 사업/품질)

<Tip. 1 투입인력의 문제점 발견 시>

프로젝트를 수행하다 보면 투입인력 문제가 항상 발생한다. 첫째는 소통의 문제이다. 자신의 견해에서만 보면 안 된다. 두 번 말하기보다 한 번 듣기를 우선하면 참여 인력 간 소통의 문제는 없다. 충돌이 일어나는 경우가 자주 발생하면 관련자 업무 회의 시 중재자가 함께 참석하면 좋다. 둘째는 역량과 품성의 문제다. 발주기관은 투입인력에 대해 사전 검증이 어렵다. 프로젝트가 진행됨에 따라 역량과 품성이 나타나게 된다. 문제인력은 빠르게 조치하는 것이 좋다. 특히 프로젝트 진행에 문제를 일으키는 인력, 거짓 보고를 하는 인력은 과감하게 교체하라. 단, 열심히 하는데 결과가 잘 안 나오는 인력은, 인력을 더 붙여주는 방법으로 접근하자. 인력교체가 능사는 아니다.

2.4.2.3 인력 변경 적정성 점검 및 조치사항 지시

인력 변경 적정성 점검 및 조치사항 지시는 수행사 투입인력의 변경이 있는 경우 변경 사유·근거의 타당성과 대체인력이 기존인력과 동일 소속인지 여부, 업무, 경험, 기술 능력 등에서 기존인력 대비 동급 이상인지를 점검하고 미흡할 경우 보완토록 하는 활동이다.

1) 기준

인력 변경 적정성 점검 및 조치사항 지시의 기준은 '인력변경요청서'이다. 인력변경요청서에 인력 변경요청 사유의 타당, 대체인력의 적합성 등이 적절한지 검토하고 조정한다.

2) 측정지표(* 점검항목: 체크리스트)

PMO는 인력 변경 적정성 점검 및 조치사항 지시를 위한 측정지표로 인력 변경 해당 사유의 타당성, 변경 인력의 적합 여부, 교체 일정의 적정성, 인수인계 방안의 적정성 등을 점검항목으로 활용한다. 점검항목은 <표 119>와 같이 점검항목별 점검결과(적합(O), 수정/보완(△), 누락(X), 제외(N/A))를 지표로 하여 점검한다.

번호	점검항목	점검결과(○, △, ×, N/A)	PMO 검토 의견
1	• 인력 변경이 적절하게 이뤄지고 있는가? 1) 인력 변경 해당 사유의 타당성 확인 여부(*) 2) 변경 인력에 대한 이력서, 경력 사항, 사업수행 능력 적합성 검토 여부(*) 3) 대체되는 인력의 기술 등급, 해당 사업과 연관된 업무직/기술직 수행 경험, 자격조건의 적합 여부(*) 4) 교체 대상 및 교체(요구) 사유, 교체(희망) 일정, 인수인계 방안의 구체적 내용의 적정성 여부(*)		

(*) 사업대가가 투입공수 방식인 경우

3) 절차

PMO는 수행사가 제출한 '인력변경요청서'를 기준으로 인력변경요청서 적정성 검토, 변경 인력에 대한 수행 능력 적합 여부 검토 등을 <그림 131>과 같이 인력 변경 적정성 점검 및 조치사항 지시 절차에 따라 점검하고 조정한다.

<그림 131> 인력 변경 적정성 점검 및 조치사항 지시 절차

Input	절차	Output
인력변경요청서	① 인력변경요청서 적정성 검토 ② 변경 인력에 대한 수행 능력 적합 여부 검토	PMO 검토보고서 (조정) 인력변경요청서

① 인력변경요청서 적정성 검토

PMO는 수행사가 제출한 인력변경요청서를 기준으로 인력 변경 해당 사유의 타당성 여부, 변경 인력에 대한 이력서·경력 사항·사업수행 능력의 적합 여부, 대체되는 인력의 기술 등급/해당 사업과 연관된 업무직/기술직 수행 경험/자격조건의 적합성 여부, 교체 대상 및 교체(요구) 사유, 교체(희망) 일정, 인수인계 방안의 구체성 등 인력변경요청서의 적정성을 검토한다.

인력변경요청서의 사례는 <그림 132> 인력교체 절차 및 방안 사례를 참고한다. 특히 PMO는 수행사가 인력교체 절차 및 교체 방안을 점검하고 문제가 있는 경우 시정조치를 요구한다.

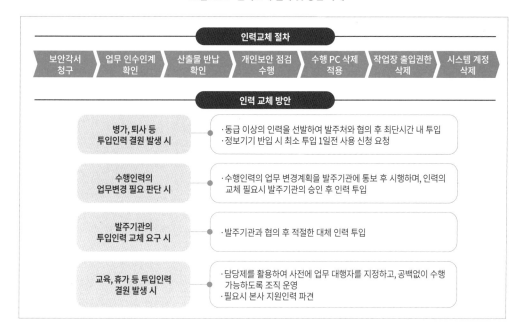

② 변경 인력에 대한 수행 능력 적합 여부 검토

PMO는 인력변경요청서 적정성 검토 결과를 토대로 변경 인력에 대한 수행 능력 적합 여부를 검토한다. 기능점수로 산정된 인력투입은 발주기관, PMO가 할 수 있는 것이 없다. 수행사의 절대적인 권한인 만큼 책임이 크다고 할 수 있다.

<Tip. 1 변경 인력에 대한 전문성 확인(*)>

변경되는 인력에 대해서는 소속, 경력, 기술자격 등에 대한 증빙을 아래 내용을 참조하여 제출된 증빙자료의 진실 여부와 적정성 등을 확인한다.

• 소속: 국민건강보험납입증명서 또는 국민연금납입증명서 등 활용
• 경력: 한국소프트웨어산업협회의 SW기술자경력관리시스템(http://career.sw.or.kr)의 SW기술자 경력 증명서 활용
• 기술자격: 해당 자격 보유 확인서 활용

<Tip. 2 변경 인력에 따른 보안 문제>

인력교체로 인한 업무인계자가 해당 프로젝트 및 발주기관을 떠날 경우, 해당 프로젝트 참여를 통해 입수한 각종 자료 등에 대한 보안 준수에 대해 재확인하고, 관련 문제 발생 시 책임 소재에 대해 명확하게 해야 한다. 그리고 업무종료로 인한 철수 시 개발 PC는 발주기관의 보안규정에 따라 포맷한다.

2.5 일정관리

2.5.1 일정관리 개요

1) 정의

프로젝트는 주어진 목표를 달성하기 위해 시작과 종료가 있는 일의 집합체이다. 특히 프로젝트 관리자(PM)는 프로젝트 납기를 준수하기 위해 시작하는 순간부터 모든 역량을 집중해야 한다. 일정관리는 사업수행 계획을 정의, 준비, 통합, 조정하는데 필요한 일정계획을 관리하여, 계획에서 정의된 업무(Task)별 결과물을 만들어내기 위해 진행 상황을 추적하고 검토 및 조정하는 업무다.

2) 목적

일정관리의 목적은 사업자가 작성한 일정계획(WBS: Work Breakdown Structure) 검토 및 조정, 진척사항 점검 및 일정 지연 시 조치사항 지시, 일정 변경 요청이 있는 경우 타당성을 분석하여 대안을 제시하는 것이다. 한편 프로젝트 범위에서 정의된 결과물이 언제, 어떻게 인도될 수 있을지에 대한 구체적인 계획을 제공함과 동시에 이해관계자 간 의사소통의 도구로 사용한다. 이를 위해 PMO는 일정계획 수립이 적절한지 점검하는 것이 중요하다. 또한 프로젝트의 주요 진행 과정(Milestone)이 정해진 기간 내에 종료할 수 있는지, 단계별 업무가 계획대로 진행되는지를 점검한다.

3) PMO 중점 관리사항

PMO는 발주기관의 입장에서 사업자가 수립한 일정에 차질이 없도록 일정계획을 검토하고 조정해야 한다. 일정관리의 중점 관리사항으로는 첫째, 가장 중요한 것은 '일정이 적절하게 계획되었는가'이다. '성공하지 못하는 계획', '실행할 수 없는 계획', '위험이 존재하는 계획', '산출물이 불량으로 나오는 계획'은 없는지 검토하고 조정해야 한다. 둘째, 프로젝트 진행 중 일정 준수가 어려운 경우 일정 단축을 위해 Fast Tracking(공정 중첩 압축법)과 Crashing(공정 압축법)은 고려되었는가이다. Fast Tracking은 작업이 계획된 순서대로 진행되고, 다른 작업을 병행하여 진행함으로 계획된 일정을 단축하는 기법이다. Crashing은 작업에 계획된 자원보다 더 많은 자원을 투입하여 계획된 일정을 단축하는 기법이다.

그리고 마지막으로 '사업자가 수립한 일정계획에 버퍼(여유)를 고려했는가'이다. 아무리 잘 계획된 일정이라도 다가올 일을 정확하게 예측하기는 쉬운 일이 아니다. 모든 프로젝트는 고유함(Unique)을 가지고 있다. 유사 프로젝트를 수행한다고 선행 프로젝트와 동일하게 진행되지 않는다. 따라서 수행할 프로젝트 특성을 파악하여 이에 따른 복잡성과 연계성이 고려된 일정을 수립했는지 점검해야 한다.

2.5.2 일정관리 프로세스

일정관리 프로세스는 <그림 133>과 같이 일정계획 검토 및 조정, 진척사항 점검 및 지연 시 조치사항 지시, 일정 변경요청의 타당성 검토 및 대안 제시 등 3단계 절차로 진행한다.

<그림 133> 일정관리 프로세스

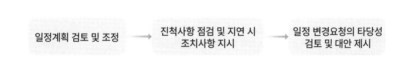

2.5.2.1 일정계획 검토 및 조정

일정계획 검토 및 조정은 과업 범위(제안요청서, 제안서, 기술협상서, 사업수행계획서, 업무정의서 등)와 WBS를 고려하여 일정계획이 프로젝트 기간에 맞게 수립되었는지 검토하고 미흡할 경우 이를 조정하는 과정이다.

1) 기준

일정계획 검토 및 조정의 기준은 사업자가 작성한 'WBS'이다. WBS에 발주기관이 요구한 주요 마일스톤, 과업 범위, 표준 정보화사업 가이드의 활동(Activity) 등이 적절하게 기술되었는지 점검한다.

2) 측정지표(* 점검항목: 체크리스트)

PMO는 일정계획 검토 및 조정을 위한 측정지표로 발주기관 소프트웨어 개발방법론 및 방법론 테일러링 결과 반영, 발주기관과 합의한 주요 마일스톤의 기술 여부, 기능 요구사항 및 비기능 요구사항의 모든 내용 포함 여부, Task(Work package)가 관리 가능한 수준으로 상세화되었는지에 관한 기술 여부, WBS의 현행화 등을 점검항목으로 활용한다. 점검항목은 <표 120>과 같이 점검항목별 점검결과(적합(O), 수정/보완(△), 누락(X), 제외(N/A))를 지표로 하여 점검한다.

< 표 120> 일정계획 검토 및 조정에 대한 측정지표

번호	점검항목	점검결과(○, △, ×, N/A)				PMO 검토 의견
1	• 발주기관 소프트웨어 개발방법론 및 방법론 테일러링 결과가 반영되었는가? 1) 방법론 표준가이드에서 제시하고 있는 단계(착수/분석/설계/구현/시험/인도 및 전개/종료) 및 Task 반영여부 2) 방법론 테일러링 결과 산출물 반영여부					
2	• 사업수행계획서 등 발주기관과 합의한 주요 마일스톤이 기술되었는가? 1) 주요 공정(착수/분석/설계/구현/전개/오픈/종료) 기술 여부 2) 주요보고(착수보고/중간보고/종료보고/워크숍/검토회/시연회/월간·주간보고 등) 3) 감리일정(분석/설계/종료)					
3	• 제안요청서 및 요구사항정의서 등에서 정의한 기능 요구사항 및 비기능 요구사항이 모두 포함되었는가? 1) 기능 요구사항 기술 여부 2) 비기능 요구사항 기술 여부(성능 요구사항, 시스템 장비 구성 요구사항, 인터페이스 요구사항, 데이터 요구사항, 보안 요구사항, 품질 요구사항, 제약사항, 프로젝트 관리 요구사항, 프로젝트 지원 요구사항 등)					

4	• Task(Work package)가 관리 가능한 수준으로 상세화(breakdown)되었는가?
	1) Task별 시작일, 종료일, 작업기간, 담당자, 결과물(산출물) 계획 진척과 실적 진척률 등 기술 여부
	2) 중복 또는 누락된 Task 존재 여부
	3) 병행처리 가능한 Task 존재 여부
	4) Task간 연관 관계의 적절성 여부
	5) Task 작업기간 적절 여부(80시간 법칙 - 가능하면 주간 단위로 상세화)
	  - 분석단계: L4(세부 단위업무 기준)로 세분화
	  - 설계단계: L4~5(세부 단위업무 또는 프로그램 단위)로 세분화
	  - 구현단계: L5(프로그램 단위)로 세분화
	  - 시험단계: L5(프로그램 단위)로 세분화					

5	• 단계별 진행에 따라 WBS를 현행화하고 있는가? 1) 요구사항 추적, 변경관리 등에서 도출된 새로운 Task 반영여부					

3) 절차

PMO는 수행사가 제출한 WBS를 기준으로 WBS 접수, WBS 검토, 일정계획 조정 작업 등을 <그림 134>와 같이 일정계획 검토 및 조정절차에 따라 점검하고 조정한다.

<그림 134> 일정계획 검토 및 조정절차

Input	절차	Output
제안요청서 요구사항정의서 사업수행계획서 WBS	① 일정관리 절차 적절성 검토 ② WBS 검토 ③ 일정계획 조정 작업	PMO 검토보고서 (조정) WBS

① 일정관리 절차 적절성 검토

PMO는 사업 착수단계에서 발주기관과 수행사와 협의하여 <그림 135>와 같이 초기 일정계획 수립, 일정 통제 프로세스, 일정 변경 등 일정관리 절차의 적정성을 점검한다. 그리고 일정관리 주체별 역할 및 일정관리를 위한 핵심 고려사항의 적절성을 검토하고 조정한다.

<그림 135> 일정관리 절차 사례

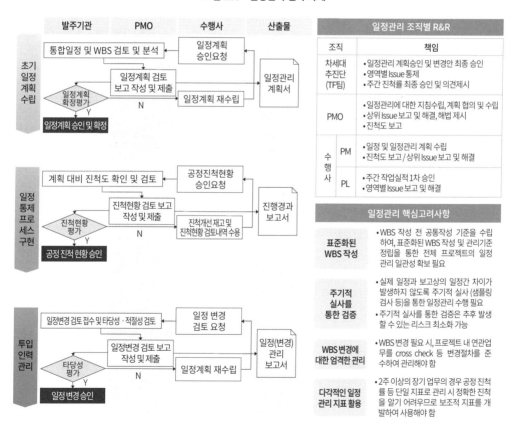

② WBS 검토

PMO는 접수한 WBS을 일정계획 검토 및 조정에 대한 측정지표를 기준으로 적합 여부를 점검한다. 아래 <사례 18>과 같이 점검항목은 발주기관 소프트웨어 개발방법론 및 방법론 테일러링*결과가 반영되었는지, 사업수행계획서 등 발주기관과 합의한 주요 마일스톤이 기술되었는지, 제안요청서 및 요구사항정의서 등에서 정의한 기능 요구사항 및 비기능 요구사항이 모두 포함되었는지, Task(Work package)가 관리 가능한 수준으로 상세화(breakdown)되었는지 등의 순으로 세부 점검항목별 적합 여부를 점검한다. 그리고 점검항목별 점검결과(적합(O), 수정/보완(△), 누락(X), 제외(N/A))를 판정하고, PMO 검토 의견을 기술한다. 검토 의견은 실증할 수 있는 산출물 기반으로 구체적으로 작성한다.

<사례 18> 일정계획 검토 사례

번호	점검항목	점검결과				PMO 검토 의견
		O	△	×	N/A	
1	• 발주기관 소프트웨어 개발방법론 및 방법론 테일러링 결과가 반영되었는가? - 방법론 표준가이드에서 제시하고 있는 단계(착수/분석/설계/구현/시험/인도 및 전개/종료) 및 Task 반영여부 - 방법론 테일러링 결과 산출물 반영여부		△			- 현재 작성된 WBS는 발주기관 방법론 표준가이드의 분류와 상이함(착수/분석/설계/구현/시험/인도 및 전개/종료)의 절차에 맞게 수정 보완 필요 - 방법론 테일러링 결과의 산출물 반영 안 됨
2	• 사업수행계획서 등 발주부서와 합의한 주요 마일스톤이 기술되었는가? - 주요 공정(착수/분석/설계/구현/전개/오픈/종료) 기술 여부 - 주요 보고(착수보고/중간보고/종료보고, 워크숍, 시연회, 월간/주간보고) 기술 여부 - 감리 일정(분석/설계/종료) 기술 여부 등		△			- 주요 공정 등 마일스톤이 기술되었으나 미흡함, 오픈 일자, 주요 보고일 등 명확히 할 필요가 있음
3	• 제안요청서 및 요구사항정의서 등에서 정의한 기능 요구사항 및 비기능 요구사항이 모두 포함되었는가? - 기능 요구사항 기술 여부 - 비기능 요구사항 기술 여부(① 성능 요구사항, ② 시스템 장비 구성 요구사항, ③ 인터페이스 요구사항, ④ 데이터 요구사항, ⑤ 보안 요구사항, ⑥ 품질 요구사항, ⑦ 제약사항, ⑧프로젝트 관리 요구사항, ⑨프로젝트 지원 요구사항 등 포함 여부)		△			- 기능 요구사항에 해당하는 Task와 일부 비기능 Task는 표기하였으나, 성능 요구사항, 인터페이스 요구사항, 데이터 요구사항 등 비기능 요구사항이 Task에서 누락(*왼쪽 점검항목의 비기능 요구사항 참조)
4	• Task(Work package)가 관리 기능한 수준으로 상세화(Breakdown)되었는가? - Task별 시작일, 종료일, 작업기간, 담당자, 결과물, 진척률 등 기술 여부 - 중복 또는 누락된 Task 존재 여부 - 병행처리 가능한 Task 존재 여부 - Task 간 연관 관계의 적절성 여부 - Task 작업기간의 적절 여부(80시간 법칙 – 기능하면 주간 단위로 상세화 권장) * 분석: 업무 L4(세부 단위 업무) 세분화 설계: 업무 L4~5(세부 단위 업무 또는 프로그램) 구현: 업무 L5(프로그램 단위)로 세분화 시험: 업무 L5(프로그램 단위)로 세분화		△			- 일부 Task별 결과물(산출물), 담당자 표기가 안 됨(산출물, 담당자 지정 요망) - 프로젝트 관리 요구사항, 데이터 요구사항, 인터페이스 요구사항, 품질 요구사항, 보안 요구사항 등 비기능 요구사항 Task 누락

번호	점검항목	점검결과				PMO 검토 의견
		○	△	×	N/A	
5	• 단계별 진행에 따라 WBS를 현행화하고 있는가? - 요구사항 추적, 변경관리 등에서 도출된 새로운 Task 반영여부				○	

③ 일정계획 조정 작업

PMO는 발주기관과 수행사에 PMO 검토보고서 작성 내용을 설명하고, 잘못된 검토 내용이 있는지 확인한다. 그리고 발주기관의 정보화사업 표준가이드와 일정계획 점검항목을 기반으로 검토된 내용이 프로젝트를 수행하는 데 맞지 않거나 발주기관의 조정요청이 있는 경우 작업 및 일정을 조정한다.

- 개발 가이드에 따른 Task 누락 수준
- 주요 마일스톤 작성 수준
- 기능 요구사항, 비기능 요구사항 모두 반영여부 수준
- Work package 상세화 수준

단, 사업 초기에 만들어지는 WBS는 완성도가 낮다. 단계별 프로젝트가 진행되면서 Task가 가시화되고 상세화된다. 이 과정에서 수행사 PM은 WBS 현행화 작업을 하고, PMO는 이런 변경사항이 제대로 반영되는지 점검하고 조정 작업을 한다.

<Tip. 단계별 버퍼 일정이 포함되었는가?>
- 촉박한 일정은 프로젝트의 부실로 이어진다.
- 수행사가 제시한 일정이 제안요청서에 있는 일정을 그대로 적용하여 제출하는 경우가 흔하다. 또한 발주기관이 제시한 일정은 말 그대로 일정일 뿐이다. PMO는 일정의 타당성을 확실하게 검증하여 수행사에 확증 받아야 한다.
- 단계 종료에 따른 검토 일정이 있는지 점검하자. 짧게 확보한 일정은 다음 단계 진입일 정을 잡아먹는다.

2.5.2.2 진척사항 점검 및 지연 시 조치사항 지시

진척사항 점검 및 지연 시 조치사항 지시는 공정진척률(= 시간 + 산출물 품질확보)을 기준으로 관리한다. 진척률 상태 구간은 95% 이상은 '양호', 95~90% 사이는 '보통', 90% 미만은 일정 지연으로 판단하고 조치방안을 수립하게 하는 과정이다.

1) 기준

진척사항 점검기준은 '진척률'이다. WBS 및 단계별 점검한 산출물 품질확보 여부를 기준으로 진척률을 관리한다(양호: 95% 이상, 보통: 95~90%, 지연: 90% 미만).

2) 측정지표(* 진척률)

진척사항 점검을 위한 진척률 측정지표는 <표 121>과 같은 단계로 관리한다.

<표 121> 진척률 측정지표

구분	버전 관리	진척률 입력	비고
(수행사) 최초 작성 ~ PL 검토까지	v0.1~07	10~70%	
(수행사) 사업/품질 담당, PM 검토 완료	v0.8	80%	
(PMO) 검토 완료	v0.9	90%	PMO 검토대상 산출물
(이해관계자 부서) 합동 검토 완료	v0.95	95%	이해관계자 부서 참석
(발주부서) 검토 완료	v1.0	100%	정보화부서 지원

* 완료 후의 버전 관리: v1.1 ~ v1.1n으로 관리

3) 절차

PMO는 수행사가 제출한 진척보고서, WBS, 단계별 산출물 점검 내용을 기준으로 진척률 검토 및 확인, 일정 지연의 원인 분석 및 대처방안(Catch-up) 검토 등을 <그림 136>과 같이 진척사항 점검 및 지연 시 조치사항 지시 절차에 따라 점검하고 조정한다.

<그림 136> 진척사항 점검 및 지연 시 조치사항 지시 절차

Input	절차	Output
진척보고서(주간/월간보고) WBS 단계별 산출물	① 진척률 검토 및 확인 ② 일정 지연의 원인 분석 및 대처방안 검토	PMO 검토보고서 대처방안 이슈관리 대장

① 진척률 검토 및 확인 절차

PMO는 대상사업 착수 전에 진척률 관리에 대한 기준을 수립하고 발주기관 담당자와 협의 과정을 거쳐 승인받는다. 또한 합의된 진척률 관리기준을 수행사에 설명한다. PMO에서 진척률 관리는 시간과 산출물 품질이 통합된 상태를 말한다. <사례 19>는 진척률 점검 및 확인에 관한 절차 사례다.

<사례 19> 진척률 점검 및 확인 절차 사례

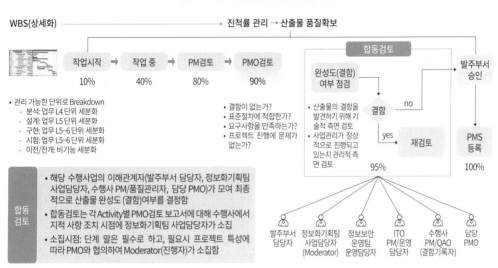

출처: KOTRA 진척률 관리 사례

예를 들어 WBS에 기록된 Task에 대한 작업 시작에서 PL 검토가 완료된 경우는 70%의 진척률을 달성한다고 기준을 정한다. 그리고 사업자의 품질관리자(QAO)와 PM의 검토 확인이 끝나면 80%의 진척률 기준을 정한다. 또한 PMO 검토가 종료되면 90%의 진척률을 합동검토가 끝나면 95%의 진척률, 마지막으로 발주부서의 담당자가 승인을 하면 100%의 진척률을 달성한다고 기준을 잡는다. 물론 프로젝트 특성에 따라 절차와 달성률 지표(%)는 다르게 설정할 수 있다.

PMO 검토단계에서는 결과물(산출물)에 대해 결함이 없는지, 표준절차를 준수하고 있는지, 이슈 및 요구사항이 모두 반영되었는지, 전체적으로 프로젝트 진행에 문제가 없는지 점검하여 검토보고서를 작성한다.

<진척률 점검 시 PMO의 검토항목>

• 결합이 없는가?

• 표준절차를 준수하고 있는가?

• 이슈 및 요구사항이 모두 반영되었는가?

• 전체적으로 프로젝트 진행에 문제가 없는가?

이런 점검 사항에 대해 사업자가 보완을 조치하면 '합동검토'를 실시한다. 합동검토는 해당 사업의 이해관계자(발주부서 담당자, 정보화부서 담당자, 관련부서 담당자, 사업자 PM/QAO, PMO 등)가 모여서 최종적으로 산출물 완성도(결함) 여부를 결정한다. 완성도 여부는 PMO가 검토한 시정조치 사항이 모두 반영되었는지 점검한다. 그리고 산출물의 결함을 발견하기 위해 기술적인 측면을 검토한다. 또한 사업관리가 정상적으로 진행되고 있는지 관리적인 측면도 검토한다. 결함이 있는 경우 재검토 의견을 내린다.

<사례 20> 합동검토 사례

합동검토보고서(계획/결과)

작성일 :　　년　월　일

프로젝트 명			
단계	☐ 착수　☑ 분석　☐ 설계　☐ 구현　☐ 테스트　☐ 이행　☐ 전개		
참석자(사업주관)	발주부서 : 수행사 :	참석자(이해관계자)	관계부서 : 정보보안운영팀 : ITO :
검토일자(장소)		Moderator	정보화기획팀 : PMO :

1. 검토 목적(안건)
- 본 합동검토에서 심의하고자 하는 내용
 ※ (예시) 요구사항 건수 확정, 미결 또는 추가 요구사항 의결, 이슈 심의 등

2. 검토 내용
- 검토 안건에 대한 배경 및 심층 원인 분석

　① 합동검토 대상 산출물

항목	검토 담당자	내용	검토 의견

② PMO 검토보고서 조치 여부

산출물	PMO 검토 내용	조치 여부

③ 전체 진척률(일정 + 품질) 관점 점검

항목	검토 의견
1. 결함이 없는가?	
2. 표준절차를 준수하는가?	
3. 이슈 및 요구사항이 제대로 반영되었는가?	
4. 프로젝트 진행에 문제가 없는가?	

④ 상세 결함 내용

항목	결함 내용	조치계획	재검토 여부	기타
중대 결함				
경미한 결함				

※주) 중대 결함: 이슈 및 고객 요구사항 누락(미충족), 요구사항을 왜곡하거나 임의로 변경 및 삭제
경미한 결함: 공사의 표준을 준수하지 않았거나, 기한 내 보완이 가능한 내용

3. 검토 의견

담당	의견	기타
발주부서		
정보화기획팀		
빅데이터 팀		
정보보안 운영팀		
ITO		
수행사		
PMO		

4. 향후 계획

출처 : KOTRA 합동검토 적용 사례

② 일정 지연의 원인 분석 및 대처방안(Catch-up) 검토

프로젝트를 진행하는 과정에서 일정이 지연되는 경우는 단순한 문제가 아니다. 일정

지연의 원인에는 여러 가지 복합적인 이슈가 존재한다. PMO는 대상사업 착수 전에 일정 지연에 대한 기준을 수립하는 것이 중요하다. 예를 들면 진척률 상태가 95% 이상은 양호, 95~90%는 보통으로 보면 된다. 단 90% 미만은 일정 지연으로 지연 원인 분석과 좀 더 세밀하고 집중적인 이슈관리가 필요하다.

<진척률 상태 >
- 양호: 95% 이상
- 보통: 95~90%
- 미흡: 90% 미만

또한 WBS Task별 종료일 대비 근무일 기준 7일 이상 지연되는 경우도 원인 분석과 이슈관리가 필요하다. 일정이 제대로 식별되기 위해서는 무엇보다도 WBS의 상세화와 명확화가 필요하며, 각 Task별 산출물의 품질이 확보되는지 지속적이고 주기적으로 점검해야 한다.

<그림 137> 일정 지연의 주요 요인 예시

일정지연의 주요 원인				PMO 역할	
요구사항 특성	① 불분명한 요구사항	사용자와 개발자 간 이해 차이	재작업으로 인한 일정 지연	01 요구사항 관리 지원	① 불명확한 요구사항에 대한 **의사소통** 및 조정
	② 상충하는 요구사항	양립하기 어려운 요구사항 수용	합일점 찾느라 시간 소비		② 상충하는 요구사항은 **부서장 간 협의** 결정
	③ 요구사항 확장	사용자 참여 누락 또는 불충분	베이스라인 설정 후 접수된 요구사항		③ 베이스라인 설정 이후 접수된 요구사항은 **시스템 오픈 후 반영** 고려
Task 특성	① 공수 추정 오류	추정한 것보다 높은 작업 난이도	계획 초과하는 공수 투입	02 Task 의존성 조정 지원	① 주기적인 기능점수(FP) 재산정
	② 선행 공정 지연	선행 Task 완료 일자 지연	후행 Task 착수 일자 지연		② 순차 수행 대신 병행 수행 가능성 검토
	③ 환경 구축 지체	작업 환경 및 장비 구축 일정 지연	착수 일자 지연		③ 핵심 자원 투입 일정 사전 예약 통보
개발자 특성	① 낮은 생산성	숙련성 낮은 개발자 투입	재작업으로 인한 일정 지연	03 인적자원 관리 지원	① 투입 인력의 숙련성 검증 및 충분한 인수인계
	② 핵심인력 이탈	우수인력에 과도한 업무 편중	핵심 인력 이탈		② 작업이 특정 인력에 편중 배정되지 않도록 조정
	③ 행위론적 현상	납기 임박해서야 서두르는 경향	시간 안배 실수로 일정 지연		③ 지속적 진척도 관리 및 동기부여
				WBS 작성·계획 수립 시 프로젝트 Buffer 일정을 수립하여 계획보다 조기 완료	

일정 지연이 발생하면 PMO는 수행사에 일정 지연에 대한 원인 분석과 대처방안을 수립하게 하고, 수립된 방안이 적절한지 검토하고 의견을 제시한다. 또한 이슈관리가 필요한 경우 이슈관리 대장에 등록해 집중적으로 관리하게 한다. 일정 지연 주요 원인에는 <그림 137>과 같이 내적 요인과 조직 이슈, 표준화 이슈, 법/제도 변경, 정부 정책의 변경, 사회적 이슈, 기술적 이슈 등의 외적 요인이 존재할 수 있다.

다음은 분석단계 일정 지연에 따른 원인 분석과 대처방안 수립 사례이다.

<사례 21> 일정 지연에 대한 원인 분석과 대처방안 사례

이슈	원인	대처방안(Catch-up)

분석단계 일정 지연	• (사업자) 인력 역량 측면: 일정관리 측면에서 수행사의 잦은 인력 변경 및 파트별 핵심인력 부재로 분석일정 지연
	• (발주부서) 요구사항 측면: 불명확한 요구사항에 대한 의사결정 지연
	• (외부환경) 법/제도 변경에 따른 요구사항의 미확정
		• (사업자) 파트별 업무담당자(PL) 확보 함
		  - 지능형 검색, 맞춤형서비스, 컨설팅, 기획분석, 사업관리 파트별 업무담당자 확보
		  - 메인 개발자 및 분석인력 확충(1주 이내)
		• (발주부서) 불명확한 요구사항에 대한 신속한 의사결정(필요시 이해관계자 공청회 실시)
		• 상거래법 개정에 따른 업무규정을 수정하고, 규정변경에 따른 업무 개발범위 추가되는 부문은 별도 사업으로 추진

<Tip. 1 일정 단축은 Critical Path에서>

• Fast Tracking이나 Crashing 모두 Critical Path에 있는 일이 되어야 하며, 일반적으로 Critical Path가 아닌 부분에서 Fast Tracking이나 Crashing을 해도 프로젝트의 전체적인 일정을 단축할 수 없다.

<Tip. 2 일정 지연 원인이 무엇인가?>

• 의사소통에 문제가 있는가? 의사소통 문제는 프로젝트에서 가장 큰 문제점이다. 서로의 이야기를 귀 닫고 들으려 하지 않으면 일은 진척되지 않는다.

• PL과 개발자 간 소통이 되고 있는가? 서로 먼 산 바라보는 상황이 온다.

• PL은 업무전문가인가? 시각장애인이 시각장애인을 인도할 수 없다.

• 개발자의 능력이 어느 수준인가? 원가를 줄이기 위해 초·중급으로 구성된 팀은 그 대가가 아주 혹독하다. 문제가 있다면 원인을 규명하고, 반드시 해결하고 진행하자.

2.5.2.3 일정 변경요청의 타당성 검토 및 대안 제시

일정 변경 요인이 발생하면 사업자는 '일정변경요청서'를 작성한다. PMO는 사업자가 작성한 일정 변경요청에 대해 변경 사유와 영향도 등을 고려하여 변경 타당성을 검토한다. 또한 일정 변경요청의 조정이 필요한 경우 일정 조정에 대한 대안을 제시한다.

1) 기준(일정 변경요청)

일정 변경요청의 타당성 검토기준은 사업자가 작성한 '일정변경요청서'에 일정 변경 사유의 타당성과 변경에 따른 영향도 분석이 있는지다.

2) 측정지표(* 존재(O,X) 여부)

• 변경 사유 타당성 분석 여부
• 변경에 따른 영향도 작성 여부
• 변경에 따른 대안의 적절성 여부

3) 절차

PMO는 수행사가 제출한 일정변경요청서, WBS 등을 기준으로 초기 일정 대비 일정 변경의 사유가 타당한지 검토, 일정 변경의 시기 적절성 및 영향평가 검토, CCB(선택적으로 적용) 등을 <그림 138>과 같이 일정 변경요청의 타당성 검토 및 대안 제시 절차에 따라 점검하고 조정한다.

<그림 138> 일정 변경요청의 타당성 검토 및 대안 제시 절차

Input	절차	Output
일정변경요청서 WBS	① 일정 변경 원인 및 대안 제시의 적절성 검토 ② 변경요청서 적절성 검토 ③ CCB(선택적으로 적용)	PMO 검토보고서 Catch-up 방안 이슈관리 대장

① 일정 변경 원인 및 대안 제시의 적절성 검토

PMO는 수행사가 <그림 139>와 같이 일정 지연을 사전 예방할 수 있도록 일정 변경에 따른 원인을 분석하고, 일정, 비용, 품질 측면에서 영향도 분석 후 대안을 적절하게 제시하는지 검토하고 조정한다. 원인은 업무, 인력, 인프라 등을 고려했는지 그리고 대안 제시는 핵심 경로 재구성, 일정 재수립, 이해관계자와 의사소통을 적절하게 하는지도 점검하고 지원한다.

<그림 139> 일정 변경 원인 분석·영향도 분석·대안 제시 실행 사례

② 변경요청서의 적절성 검토

사업자가 제출한 '일정변경요청서'의 일정 변경에 따른 영향도 평가가 일정 측면, 투입 공수 측면, 비용 측면, 품질 측면, 범위 측면 등에 미치는 파급 효과가 적정하게 분석되었는지 검토한다. 만약 일정 변경의 시기가 적절하지 않거나 영향도 평가가 미흡하다면 <사례 22>와 같이 PMO가 효과적인 의견을 제시한다.

과업변경요청서					
접수번호		접수일자		처리기간	14일
변경요청 번호					
사업명					
계약번호					
변경요청 유형	[ ] 과업내용 변경 [ ] 과업내용 변경 및 계약금액 조정 [ ] 일정(마일스톤) 변경				
과업 내용서 관련 사항	기존			변경	
변경요청 내용	(※ 필요한 경우 별지 사용)				
변경요청 사유	(※ 필요한 경우 별지 사용)				
변경영향평가	(※ 필요한 경우 별지 사용)				
변경 소요비용	소요비용			변경규모	

「소프트웨어 진흥법」 제50조 제3항에 따라 위와 같이 소프트웨어사업 과업 내용 변경을 요청합니다.

년 월 일
신청인   (서명 또는 인)

발주기관의 장   귀하

처리절차

신청서 작성 ➡ 접수 ➡ 과업심의위원회 ➡ 심의 의결 ➡ 심의결과 및 조치계획 통보

③ CCB(선택적으로 적용)

만약 일정 변경의 영향도가 CCB를 열어야 하는 조건일 경우 발주기관의 CCB 운영원칙에 따라 적용한다.

<Tip. 종료일 변경에 따른 원가 부담은?>

• 프로젝트를 수행할 때 늘 가지게 되는 위험이다. 그래서 지연의 원인을 명확히 하기 위해서 회의록을 꼼꼼하게 작성해야 한다. 지연의 원인은 분명히 있으나, 어느 한쪽의 일

방적인 원인인 경우는 거의 없다. 대부분 발주기관과 수행사의 '쌍방과실'이다.

2.6 위험·이슈관리

2.6.1 위험·이슈관리 개요

1) 정의

위험은 아직 발생하지 않았거나 잠재적으로 내재 되어 프로젝트에 긍정·부정적 영향을 미칠 사건을, 이슈는 이미 발생 되어 프로젝트에 영향을 미치는 사건을 말한다. 위험관리는 식별된 위험의 감시 및 대응방안, 처리 결과를 파악하고 관리하는 업무이다. 다시 말해 위험·이슈관리는 성공적인 프로젝트의 수행에 부정적인 영향을 미칠 수 있는 요인을 사전에 파악하고 이를 조기에 해결하는 활동이다. 또한 프로젝트 수행 중에 발생할 수 있는 위험을 식별, 범주화하고 정량화하여 관리함으로써 이슈로의 발전을 최소화하는 과정이다.

2) 목적

위험·이슈관리의 목적은 위험 체크 항목, 위험 예상, 발생확률, 영향도, 노출도 등 위험 식별 체크리스트를 기반으로 발생 가능한 위험을 식별하고, 제기된 위험에 대한 평가 및 분석을 하여 프로젝트에 미칠 수 있는 부정적 영향을 최소화하는 데 있다. 위험관리 활동에 대한 모니터링 및 보고 체계를 수립하고 일정, 자원, 범위 등 프로젝트 전 과정에서 발생할 수 있는 각종 이슈 사항을 선제적으로 찾아서 체계적으로 분석하고 관리하는 것이 중요하다.

3) PMO 중점 관리사항

PMO는 발주기관의 관점에서 사업자가 위험·이슈관리를 체계적으로 관리하고 있는지 반복적으로 점검한다. 또한 PMO는 위험·이슈 식별을 위해 적극적으로 활동한다. PMO는 수행사의 위험관리 활동에 대해 첫째, 위험식별 체크리스트 등 위험 식별기준이 있는가, 둘째, 위험 예상, 발생확률, 영향도, 노출도, 시급성 등 위험을 평가하고 있는가, 셋째, 위험별로 책임자 선정 등 대응방안을 마련하고 관리하는가, 넷째, 회피, 수용, 완화, 전가 등 대응방안을 고려하였는가, 다섯째, 기능 요구사항뿐만 아니라 성능, 인터페이스, 프로젝트 관리, 조직, 외부 환경(정부의 정책 변경 등) 등 비기능상의 위험을 고려하였는가 등을 중점 관리한다.

2.6.2 위험·이슈관리 프로세스

위험·이슈관리 프로세스는 <그림 140>과 같이 위험관리 계획검토 및 조정, 위험 사항 식별 및 분석(초기위험 검토), 위험 대응상황 점검 및 조치사항 지시, 이슈 대응계획 검토, 이슈 대응상황 점검 및 조치사항 지시 등 5단계 절차를 거쳐 진행한다.

<그림 140> 위험·이슈관리 프로세스

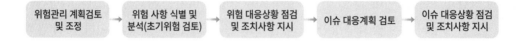

2.6.2.1 위험관리 계획검토 및 조정

위험관리 계획검토 및 조정은 사업자가 작성한 위험관리계획에 위험관리 목적 및 적용 범위, 역할과 책임, 위험식별 및 분류, 위험평가 및 완화 방안, 위험관리 절차, 이슈관리 방안 등이 적절한지 검토하고 미흡할 경우 조정하는 과정이다.

1) 기준

위험관리 계획검토 및 조정의 기준은 프로젝트 특성에 맞는 위험관리 목적, 역할과 책임, 위험식별 및 분류, 위험 영향도 평가 및 완화 방안, 위험관리 절차, 이슈관리 방안 등 위험·이슈관리 계획이 적절한지이다. 이를 검토하고 조정해야 한다.

2) 측정지표(*점검항목: 체크리스트)

PMO는 위험관리 계획검토 및 조정을 위한 측정지표로 위험관리 목적 및 적용 범위, 역할과 책임, 위험식별 및 분류, 위험 영향도 평가 기준, 위험관리 절차, 이슈관리 절차 등을 점검항목으로 활용한다. 점검항목은 <표 122>와 같이 점검항목별 점검결과(적합(O), 수정/보완(△), 누락(X), 제외(N/A))를 지표로 하여 점검한다.

<표 122> 위험관리 계획검토 및 조정에 대한 측정지표

번호	점검항목	점검결과(O, △, ×, N/A)	PMO 검토 의견
1	•위험관리 목적 및 적용범위가 적절한가? 1) 위험관리 목적이 명확히 기술되었는지 여부 2) 위험관리 적용 범위가 명확한지 여부		

번호	점검항목	점검결과(○,△,×,N/A)				PMO 검토 의견

2	• 위험관리를 위한 역할과 책임이 적절한가?
	  1) 발주기관과 사업자가 포함된 위험관리 조직의 구성여부
	  2) 발주기관 사업담당자, 프로젝트 관리자, 위험관리자, 이슈관리자 등 역할자가 지정되고, 역할이 명확한지 아닌지					

3	• 위험식별 및 분류가 적절한가?
	  1) 위험식별에 대한 기준 여부
	  2) 위험분류 체계가 수립되었는지 여부					

4	• 위험 영향도 평가 및 완화 기준이 적절한가?
	  1) 위험 영향도 평가 기준 작성 여부
	  2) 영향도 상세 산출기준 제시 여부
	  3) 발생 가능성 평가 기준 제시 여부
	  4) 심각도 기준 제시 여부
	  5) 위험등급 제시 여부
	  6) 위험도 우선순위(필터링) 식별 방안 제시 여부
	  7) 위험접근(수용, 회피, 관찰, 경감, 전가 등) 방안 설정 여부					

5	• 위험 완화 및 비상조치 계획수립이 적절한가?
	  1) 계획수립 여부
	  2) 추적 및 통제방안 제시 여부
	  3) 위험관리 협의체 운영방안 제시 여부
	  4) 비상 상황에 대처하기 위한 비상조치 수행조건 및 조치 계획수립 여부					

6	• 위험관리 절차가 적절한가?
	  1) 위험관리 전략 제시 여부
	  2) 위험관리 단계적 활동 제시 여부(위험식별 → 분류평가 → 완화 및 비상계획 → 추적 및 통제 → 이슈 전환 → 계획 변경 등)
	  3) 위험등급에 따른 보고 체계 수립 여부					

7	• 이슈관리 절차가 적절한가?
	  1) 이슈 식별 방안 제시 여부
	  2) 이슈 평가 및 확정 방법 제시 여부
	  3) 이슈 대응계획 수립 및 시행 절차 제시 여부(회의 소집 → 회의실시 → 대응조치 → 이슈 공유 및 반영 등)					

3) 절차

PMO는 사업자가 제출한 위험관리계획서를 기준으로 <그림 141>과 같이 위험관리 기준 협의 및 확정, 위험관리계획서 검토, 위험관리 계획 조정 등 위험관리 계획검토 및 조정 절차에 따라 검토 후 PMO 검토보고서를 작성한다.

<그림 141> 위험관리 계획검토 및 조정

Input	절차	Output
발주기관 위험관리 규정 PMO 위험관리 기준 위험관리계획서	① 위험관리 기준 협의 및 확정 ② 위험관리계획서 검토 ③ 위험관리 계획 조정 작업	PMO 검토보고서

① 위험관리 기준 협의 및 확정

PMO는 수행사가 위험관리계획서를 작성하기 전에 발주기관 및 사업자와 협의하여 위험관리 기준을 만든다. 위험관리 기준은 발주기관의 위험관리 규정, 정보화사업 표준가이드, 사업자의 위험관리 방안, PMO 수행방안을 기초로 하여 만드는 것이 중요하다. 주요 기준으로는 위험 영향도 평가, 위험 발생 가능성 평가, 위험 심각도, 위험등급, 위험 접근방안 기준 결정, 위험등급에 따른 보고 체계, 위험관리 절차, 이슈관리 방안 등이 있다.

■ 위험 영향도 평가: 위험이 프로젝트에 미치는 영향 정도를 평가하는 것을 의미한다.

<표 123> 위험 영향도 평가 기준 사례

등급	상	중	하
비용	10% 이상 초과 증가	2 ~ 10% 증가	2% 이하
일정	90% 미만 달성	90% 이상 ~ 95% 미만 달성	95% 이상 달성
범위	10% 이상 초과 증가	2 ~ 10% 증가	2% 이하
품질	품질지표별 품질목표 대비 달성도가 90% 미만으로 품질저하 수준이 수용 불가하거나 최종산출물이 실질적으로 쓸모없게 됨	품질지표별 품질목표 대비 달성도가 90% 이상 ~ 95% 미만 이며, 품질저하 수준이 고객의 승인을 필요로 함	품질지표별 품질목표를 만족하여 품질저하가 거의 일어나지 않음

■ 위험 발생 가능성 평가: 발생 가능성이 0%인 것은 위험이 종료된 것이며, 100%인 위험은 위험이 이슈관리로 전환된 것으로 위험에서 종료된 것을 의미한다.

<표 124> 위험 발생 가능성 평가 사례

등급	발생가능성	기간 영향도	값	발생확률	설명
1(매우 낮음)	위험발생가능성 29%이하(Remoto)	일정에 미미한 수준의 영향 예상(1주)	1	10%	매우 낮음
2(낮음)	위험발생가능성 30%~49%(Unlikely)	2주~3주 기간 지연 예상	2	30%	낮음
3(보통)	위험발생가능성 50%~69%(Likely)	4주~5주 기간 지연 예상	3	50%	보통
4(높음)	위험발생가능성 70%~89%(High Likely)	6주~7주 기간 지연 예상	4	70%	높음
5(매우 높음)	위험발생가능성 90%이상(Near Certain)	8주 기간 이상 지연 예상	5	90%	매우 높음

■ 위험 심각도 기준: 영향도와 발생 가능성을 고려하여 산정된 수치(심각도 = 영향도별 가중치 + 발생 기능성)

<표 125> 위험 심각도 기준 사례

영향도	상	중	하
가중치	100%	75%	50%

■ 위험등급 기준: 심각도별 위험등급 기준을 정하고, 등급별 위험관리 방법을 기술한다.

<표 126> 위험등급 기준 사례

심각도	80% 이상	30~80%	30% 이하
위험등급	위험 1등급	위험 2등급	위험 3등급
심각도	위험관리 방법		
위험 1등급	위험관리 계획수립 및 비상대처 계획 수립		
위험 2등급	위험관리 계획 및 완화활동(2주 단위)		
위험 3등급	위험관리 계획 및 완화활동(1개월 단위)		

위험등급

영향도 100%

심각도 30% 이상	심각도 80% 이하	심각도 80% 이상
심각도 30% 이하	심각도 80% 이상	심각도 80% 이하
심각도 1% 이상	심각도 30% 이하	심각도 30% 이상

0% 　　　　　　　　　　발생가능성 100%

■ 위험 접근방안 기준 결정: 각각의 위험에 대한 접근방안을 결정한다. 다시 말해 해당 위험에 대해 회피(Avoid), 수용(Accept), 관찰(Watch), 경감(Mitigate), 전가(Transfer) 등 방법을 결정한다.

<표 127> 위험접근 방안 기준 설정 사례

완화 방법	내용
수용(Accept)	• 위험 예방을 위하여 별다른 대응 계획을 수립하지 않는 것을 의미한다. 실제로 모든 위험에 대하여 대응하여 예방활동을 하는 것은 거의 불가능할 뿐만 아니라 바람직하지도 않다.
회피(Avoid)	• 위험이 문제로 발생하는 경우 프로젝트에서 감당하기 힘들어 문제로 발생할 가능성을 원칙적으로 봉쇄하는 방법이다. 주로 계획을 변경하는 방법으로 이루어진다.
관찰(Watch)	• 위험을 수용하기 힘들지만 위험이 명확하게 파악되지 않아 시간을 가지고 추이를 지켜보는 것을 의미한다.
경감(Mitigate)	• 식별된 위험에 대하여 조치를 취하지 않으면 프로젝트의 진행에 지장이 있어 조치 계획을 수립하는 것을 의미하며 간단한 실행항목의 계획 혹은 상세한 일정 계획을 수립한다.
전가(Transfer)	• 위험 예방에 대한 책임을 프로젝트 외부의 조직으로 넘기는 것을 의미한다. 예방에 대한 책임을 넘기는 것이지 위험 자체를 프로젝트 외부 조직으로 넘기는 것은 아니다.

■ 위험등급에 따른 보고 체계 기준: 위험등급에 따른 보고 체계를 수립한다.

<표 128> 위험등급에 따른 보고 체계 기준 사례

구분	위험 1등급	위험 2등급	위험 3등급
위험관리 책임자	프로젝트관리자 위험관리자	위험담당자	프로젝트 팀원
모니터링 주기	주 1회	월 2회	월 1회
대응방안	프로젝트 및 전사지원	프로젝트 차원 대응	프로젝트팀 내에서 분야별 대응
보고범위	발주기관 책임자 프로젝트관리자	발주기관 담당자 프로젝트관리자	위험담당자 위험관리자
보고기간	발생 즉시	주간보고 시	별도보고 없음

■ 위험관리 절차 기준: 위험관리 기본전략과 성공 요소에 기반한 위험관리 단계별 활동 절차를 정의한다.

- 기본전략: 위험은 완전히 감소되지 않더라도 추적 및 통제의 대상이 되어야 함

위험관리는 위험 상황의 분석, 감소 및 제거 활동이 포함되어야 함

위험 상황을 예견할 수 있도록 유사 경험을 적극 활용

- 성공 요소: 위험 발생확률 및 영향도를 사전에 예견하고 방지

전체 프로젝트 진행 상황을 주기적으로 검토

위험의 식별, 분석, 평가, 관리의 지속적 수행

<표 129> 위험관리 단계적 활동 절차 기준 사례

절차	내용	비고
위험식별	• 프로젝트 착수 및 수행 중에 발생할 수 있는 위험을 도출	위험관리자, PMO, 발주기관 담당자
분류 및 평가	• 위험담당자는 식별한 위험을 분류하여 프로젝트에 미치는 영향을 평가하여 위험관리대장을 작성 • 위험관리자는 작성된 위험관리대장의 위험사항을 검토하여 적절하게 위험을 식별하고 평가하였는지 검토 후 수정보완 • 위험의 분류에 따라 재평가 시기를 정의하여 추가적인 재평가를 실시함	위험관리자
완화 및 비상계획	• 위험관리자는 식별한 위험을 완화할 수 있도록 프로젝트 이해관계자 및 위험담당자와 협의하여 적절한 대응방안을 마련하여 위험담당자는 위험에 대한 완화 활동을 수행	프로젝트관리자, 위험관리자, 위험담당자
추적 및 통제	• 위험관리자 및 위험담당자는 식별한 위험이 완료되었는지를 지속적으로 추적관리	위험관리자, 위험담당자, PMO
이슈전환	• 위험이 완화되어 이슈로 발전한 경우 이슈관리로 이관하고 위험종료	이슈담당자, 이슈관리자, 프로젝트관리자, PMO, 발주기관 담당자
계획변경	• 식별한 위험이 발생하였을 경우 프로젝트 이해관계자와 협의하여 범위변경, 일정조정 등 프로젝트의 계획 변경	이슈담당자, 이슈관리자 프로젝트관리자, 발주기관 책임자, PMO

② 위험관리계획서 검토

PMO는 발주기관과 위험관리에 대한 기준 협의 및 확정한 내용을 바탕으로 위험관리계획서를 검토하고 검토보고서를 작성한다. 아래 <사례 23>처럼 위험관리계획의 검토는 위험관리 목적 및 적용 범위, 위험관리를 위한 역할과 책임, 위험식별 및 분류, 위험 영향도 평가 및 완화 기준, 위험 완화 및 비상조치 계획수립, 이슈관리 방안 등이 적절하게 작성되었는지 점검한다. 그리고 점검항목별 점검결과(적합(O), 수정/보완(△), 누락(X), 제외(N/A))를 판정하고 검토 의견을 기술한다.

<사례 23> 위험식별 체크리스트 사례

위험ID	진행상태	분류	구분	위험제목	식별일자	종료/이슈전환일자	심각도(영향도)	발생확률	위험노출도	담당자	관리자(PMO)	위험 내용	접근방안	조치내용
RS-011	진행	범위관리	내/외부	작업량 및 비용	2023-06-01		1점	30%	0.3	홍길동	이몽룡	각 단계의 작업항목별로 작업량과 비용의 견적이 상세히 되어 있는가?	수용	
RS-012														
RS-013														
RS-014														
RS-015														
RS-016														
RS-017														
RS-018														
RS-019														

③ 위험관리 계획 조정 작업

PMO는 발주기관 및 수행사에 PMO 검토보고서 작성 내용을 설명하고, 잘못된 검토 내용이 있는지 확인한다. 그리고 발주기관의 정보화사업 표준가이드와 위험관리 계획 점검 항목을 기반으로 검토된 내용이 위험관리를 하는 데 맞지 않거나 발주기관의 조정요청이 있는 경우 위험관리 계획을 조정한다.

- 위험관리를 위한 역할과 책임
- 위험식별 및 분류
- 위험 영향도 평가 및 완화 기준
- 위험 완화 및 비상조치 계획수립
- 이슈관리 방안

2.6.2.2 위험 사항 식별 및 분석(초기위험 검토)

위험 사항 식별 및 분석은 초기위험 분석을 위해 사업자가 작성한 '위험식별 체크리스트'에 위험 범주, 위험 근원, 체크 항목, 위험 예상, 발생확률, 심각도(영향도), 위험 노출도 등 위험을 식별하고 분석이 적절한지 검토하고 미흡할 경우 조정하는 과정이다.

1) 기준

위험식별 및 분석(초기위험 검토) 기준은 '위험식별 체크리스트'이다. 위험식별 체크리스트에 위험식별이 적절하게 정의되었는지 점검한다.

2) 측정지표(* 점검항목: 체크리스트)

PMO는 위험식별 및 분석을 위한 측정지표로 위험 범주, 위험 근원, 위험식별 체크리스트, 위험식별 기준 등을 점검항목으로 활용한다. 점검항목은 <표 130>과 같이 점검항목별 점검결과(적합(O), 수정/보완(△), 누락(X), 제외(N/A))를 지표로 하여 점검한다.

<표 130> 위험식별 및 분석에 대한 측정지표

번호	점검항목	점검결과(○, △, ×, N/A)				PMO 검토 의견
1	• 위험 범주 분류가 적절한가? 1) 범위관리, 의사소통관리, 자원관리, 계약관리, 품질관리, 일정관리 등					
2	• 위험 근원에 대한 분석 및 관리되는가?					
3	• 위험 범주별 위험식별 체크리스트가 정의되었는가?					
4	• 위험식별을 위한 식별기준이 있는가? 1) 위험 예상(O, X, 보류 등) 항목 및 기준의 적절성 여부 2) 발생확률 항목 및 기준의 적절성 여부 3) 심각도(영향도) 항목 및 기준의 적절성 여부 4) 위험 노출도 항목 및 기준의 적절성 여부					

3) 절차

PMO는 수행사가 작성한 위험식별 체크리스트를 기준으로 위험식별 체크리스트 적절성 검토, 초기위험 식별 및 식별된 위험 협의, 위험관리대장 관리 여부 등 <그림 142>와 같이 위험식별 및 분석 절차에 따라 검토한다,

<그림 142> 위험식별 및 분석 절차

Input	절차	Output
위험식별 체크리스트 위험요인 사업수행계획서 기술협상서 제안서/제안요청서	① 위험식별 체크리스트 적절성 검토 ② 초기위험 식별 및 식별된 위험 협의 ③ 위험관리대장 관리 여부 검토	초기위험목록 위험관리대장 PMO 검토보고서

① 위험식별 체크리스트 적절성 검토

PMO는 수행사가 위험식별 체크리스트를 작성하기 전에 발주기관 및 사업자와 협의하여 초기위험 식별 기준을 만들어야 한다. 초기위험 식별 기준은 발주기관의 위험관리 규정, 사업자의 위험식별 방안, PMO의 위험식별 방안을 기초로 하여 만드는 것이 중요하다. 주요 기준으로는 위험 예상, 발생확률, 심각도(영향도), 위험 노출도 등이 있다.

② 초기 위험식별 및 식별된 위험 협의

PMO는 수행사가 위험식별 체크리스트로 식별한 초기위험이 적절하게 식별되었는지 검토한다. 특히 발생확률, 영향도, 위험 노출도를 바탕으로 분석되고 식별되었는지 점검한다. 프로젝트가 다르더라도 위험관리 측면에서 보면 위험 요인은 유사하다. 초기위험목록을 식별할 때는 과거 진행한 프로젝트와 선행 사례에서 도출된 위험목록을 참조한다.

위험식별은 수행사 PM 및 팀원, 발주부서, 이해관계부서, 정보화부서, PMO 등 이해관계자들이 참여한다. 필요하다면 해당 업무 또는 기술 분야의 전문가도 참여한다. PMO는 계약, 일정, 범위, 보안, 품질, 인력, 의사소통, 협력 업체, 개발환경 등 초기위험에 대해 충분한 고려가 있었는지 검토한다. 또한 수행사 인력의 역량, 요구사항의 명확성, 아키텍처 정합성 등의 프로젝트 자체 내의 위험 원인을 점검하였는지를 검토한다. 비생산적인 회의의 지속, 팀원의 의욕 상실, 현업 및 팀원 간의 갈등 증가 등의 프로젝트 초기 이상징후를 점검하였는지도 검토한다.

특히 PMO는 수행사가 위험식별 및 분석 시 다음의 기준을 가지고 위험을 관리하는지 점검하고, 만약 기준이 미흡하다면 가이드를 하고 시정조치 하게 한다.

■ 발생확률(Impact): 현재의 관리 방안 및 위험 원인을 검토하여 실제 발생할 가능성을 판단함

척도	설명
0~100%	0%: 위험 종료, 100%: 이슈 전환되어 위험 제외

■ 영향도(Probability): 위험이 실제 발생하였을 경우, 프로젝트에 미치는 영향 정도를 판단함(이슈 영향도 동일)

척도	설명
3	비용 10% 초과, 일정 진척률 90% 미만 요구사항 변경/추가 또는 기능점수 변경/추가 또는 투입인력 변경/추가 10% 초과 발생 위험요인
2	비용 3~10%, 일정 진척률 90~95% 미만 요구사항 변경/추가 또는 기능점수 변경/추가 또는 투입인력 변경/추가 3~10% 발생 위험요인
1	비용 3% 미만, 일정 진척률 95% 초과 요구사항 변경/추가 또는 기능점수 변경/추가 또는 투입인력 변경/추가 3% 미만 발생 위험요인

■ 위험 노출도(Level) : 위험별 위험 발생확률과 영향도로 산출한 위험의 크기(자동산출)

척도	설명
0.0~3.0	높은 점수가 위험이 크며, 위험관리 우선순위 결정에 활용 0.0: 위험 종료, 3.0: 이슈 전환되어 위험 제외

PMO는 수행사가 <그림 143>과 같이 위험관리(Risk Repository)를 활용하여 위험관리
계획의 수립 여부를 점검한다. 또한 관리적 위험(이해관계자 다수 등), 기술적 위험(개발, 기능,
요구, 성능, 데이터 등)에 대한 위험식별, 위험 영향평가, 대응방안, 추적관리 및 보고 계획이
적절한지 검토하고 조정한다.

<그림 143> 위험 및 이슈관리 절차 사례

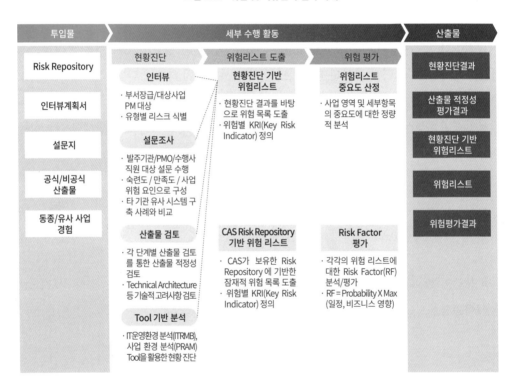

이런 위험식별 기준으로 식별된 초기위험에 대해서는 발주기관과 협의 후 위험관리대
장에 등재하여 관리하게 한다. 물론 초기위험으로 식별되었다고 해서 모두 위험으로 이어
지는 것은 아니다.

③ 초기위험의 위험관리대장 관리 여부 점검

PMO는 수행사가 초기위험으로 식별된 위험들에 대해서 발주기관과 협의 후 위험관리대장에 등록하고 관리하는지 점검한다. 위험관리대장의 주요 관리항목은 위험ID, 진행상태, 위험 제목, 식별 일자, 종료(이슈 전환 일자), 심각도(영향도), 발생확률, 위험 노출도, 위험관리자, 위험 내용, 위험 완화 방법 등이다. 또한 PMO는 발생확률이 100%인 경우는 위험을 종료하고 이슈관리로 전환하여 관리되는지도 점검해야 한다.

<사례 24> 초기 위험식별의 위험관리대장 관리 사례

위험ID	진행 상태	분류	구분	위험제목	식별 일자	종료/이슈 전환일자	심각도 (영향도)	발생 확률	위험 노출도	담당자	관리 자 (PMO)	위험 내용	접근 방안	조치 내용
RS-011	진행	범위 관리	내/외부	작업량 및 비용	2023-06-01		1점	30%	0.3	홍길동	이몽룡	각 단계의 작업항목별로 작업량과 비용의 견적이 상세히 기재되어 있는가?	수용	
RS-012														
RS-013														
RS-014														
RS-015														
RS-016														
RS-017														
RS-018														
RS-019														

PMO는 사업자가 위험 접근방안(위험 완화 방법)인 수용, 회피, 관찰, 경감, 전가 등을 발주기관과 협의 후 적절하게 선택하고 관리하는지 검토하는 것이 중요하다.

2.6.2.3 위험 대응상황 점검 및 조치사항 지시

위험 대응상황 점검 및 조치사항 지시는 프로젝트 과정 중에서 식별된 위험을 위험관리대장에 등록하고 대응상황 점검을 통해 위험 완화 활동을 하는지 확인하고, 조치사항을 지시하는 과정이다. 특히 PMO는 사업자가 발생확률, 심각도(영향도), 위험 노출도 등을 평가하여 위험관리가 적절하게 이루어지고 있는지 점검한다. 또한 위험 대응계획에 따라 위험에 대응하고 적절한 대책을 취하고 있는지 점검하고, 필요한 사항은 가이드를 통해 개선하도록 한다.

1) 기준

위험 대응상황 점검 및 조치사항 지시의 기준은 위험식별(위험번호, 위험 제목, 위험 내용, 식별 일자, 종료 일자, 위험담당자, 위험관리책임자), 위험분석(심각도, 발생확률, 위험 노출도), 위험 완화 방안(위험접근, 진행상태, 조치방안) 등이 기록된 '위험관리대장'이다.

2) 측정지표(*점검항목: 체크리스트)

PMO는 위험 대응상황 점검 및 조치사항 지시를 위한 측정지표로 식별된 위험 사항, 식별된 위험의 분석, 위험 완화 활동 등을 점검항목으로 활용한다. 점검항목은 <표 131>과 같이 점검항목별 점검결과(적합(O), 수정/보완(△), 누락(X), 제외(N/A))를 지표로 하여 점검한다.

<표 131> 위험 대응상황 점검 및 조치사항 지시에 대한 측정지표

번호	점검항목	점검결과(○,△,×,N/A)				PMO 검토 의견
1	•식별된 위험이 적절하게 관리되고 있는가? 1) 위험식별번호 부여 여부 2) 위험분류 관리 여부 3) 위험 제목 및 위험 내용의 명확성 여부 4) 식별 일자, 종료 일자 관리 여부 5) 위험관리 담당자, 위험관리 책임자 지정 여부					
2	•식별된 위험의 분석이 절절하게 이뤄지고 있는가? 1) 심각도(영향도) 분석 여부 2) 발생확률 분석 여부 3) 위험 노출도 분석 여부					
3	•위험 완화 활동이 적절한가? 1) 위험 진행상태 관리 여부 2) 접근방안(회피, 수용, 완화, 전가, 관찰) 관리 여부 3) 위험 조치내용 관리 여부 4) 위험관리 보고 체계에 의한 보고 및 피드백 여부(주간보고회, 월간보고회, 위험보고회 등)					

3) 절차

PMO는 사업자가 제출한 위험관리대장, 위험관리 보고자료를 기준으로 <그림 144>와 같이 위험관리대장을 통한 위험식별/분류 및 평가 활동의 적절성 검토, 위험 영향도에 따라 완화 및 대응방안(비상계획 등)의 적절성 검토, 위험 사항 추적 및 통제 상태 검토, 위험종료 처리 및 이슈로 전환 여부 검토, 위험에 따른 계획 변경 여부 검토 등 위험 대응상황 점검 및 조치사항 지시 절차에 따라 검토한다.

Input	절차	Output
위험관리대장 위험관리 보고자료(회의록 등)	① 위험식별, 분류 및 평가 활동의 적절성 검토 ② 위험 영향도에 따라 완화 및 대응방안(비상계획 등)의 적절성 검토 ③ 위험 사항 추적 및 통제 상태 검토 ④ 위험종료 처리 및 이슈로 전환 여부 검토 ⑤ 위험에 따른 계획 변경 여부 검토	PMO 검토보고서 위험관리대장 이슈관리대장

① 위험식별 분류 및 평가 활동의 적절성 검토

PMO는 수행사가 프로젝트 착수부터 종료할 때까지 발생할 수 있는 위험을 도출하는 활동이 적절한지 점검한다. 식별된 위험은 위험관리대장에 등록되고 분류 및 평가되어야 한다. 특히 위험담당자가 식별한 위험이 프로젝트에 미치는 영향을 평가하여 위험관리대장에 기록하였는지 점검한다. 또한 위험관리자가 작성된 위험관리대장의 위험을 검토하여 적절하게 위험을 식별하고 평가 후 수정/보완 작업을 했는지 점검한다.

<사례 25> 위험관리 대장 사례

ID	제기일	제기자	대상사업	리스크 제목	발생가능성	영향도	통제수준	위험지표	조치책임자	대응유형	Status	조치목표일	조치완료일	조치확인자	대응계획	비고(지연사유 등)
PMO-R001	2023-06-09	성명		HW 및 데이터처리 속도 등이 프로젝트에서 목표로 하는 성능을 보장 못할 경우	5	5	5	5.00	홍길동	통제	Open	2023-07-31				예시

② 위험 영향도에 따라 완화 및 대응방안(비상계획 등)의 적절성 검토

위험을 해결하기 위해서는 수행사의 위험관리자가 식별한 위험을 완화할 수 있도록 프로젝트 이해관계자 및 위험담당자와 협의하여 적절한 대응방안을 마련하는 것이 중요하다. 위험관리 접근방안으로는 수용, 회피, 관찰, 경감, 전가 등이 있다.

수용은 위험 예방을 위하여 별다른 대응계획을 수립하지 않는 것을 의미한다. 실제로 모든 위험에 대하여 대응하여 예방 활동을 하는 것은 거의 불가능할 뿐만 아니라 바람직하지도 않다. 회피는 위험이 이슈로 발생하는 경우 프로젝트에서 감당하기 힘들어 이슈로 발생할 가능성을 원천적으로 봉쇄하는 방법이다. 주로 계획을 변경하는 방법으로 이루어진다.

관찰은 위험을 수용하기는 힘들지만, 위험이 명확하게 파악되지 않아 시간을 가지고 추이를 지켜보는 것을 의미한다. 경감은 식별된 위험에 대하여 조치하지 않으면 프로젝트의 진행에 지장이 있어 조치계획을 수립하는 것을 의미하며 간단한 실행항목의 계획 혹은 상세한 일정계획을 수립한다. 전가는 위험 예방에 대한 책임을 프로젝트 외부의 조직으로 넘기는 것을 의미한다. 예방에 대한 책임을 넘기는 것이지 위험 자체를 프로젝트 외부 조직으로 넘기는 것은 아니라는 것이다. PMO는 사업자가 위험의 영향도에 따라 위험관리 접근을 적절하게 해서 완화 및 대응방안을 마련하는지 점검한다.

<사례 26> 대응계획 수립을 위한 회의체 사례

절차	내용	비고
회의소집	• 식별되고 평가된 이슈에 대한 대응방안을 수립하기 위해 PM은 주간회의는 물론 필요한 경우 발주기관의 실무책임자 및 담당자와 사업자를 참석대상으로 하는 대응방안 수립회의를 소집함	프로젝트관리자
회의실시	• 대응방안의 수립을 위해 소집된 참석자들은 식별되고 평가된 이슈에 대한 해결방안을 모색, 다른 대안 수립, 식별된 이슈가 아님을 판단하고 결정함	프로젝트관리자 발주기관 이슈관리자 이슈담당자
대응조치	• PM 및 PL은 필요한 자원을 투입하는 등의 조치 수행 • 사업자가 해결이 어려운 이슈는 발주기관의 실무책임자 및 담당자와 협의 후 조치마련 • 이슈에 대한 조치 완료 후 PM은 처리내역을 List-up 하고, 이슈별로 조치결과와 조치사항에 대한 이력관리 • 이슈조치결과 등록 후 PM에게 보고 및 처리종료 • 처리가 완료되지 않은 이슈는 지속적으로 점검하여 특이사항 발생 시 PM에게 보고 • PL은 주간회의 시 이슈관리 상태 및 조치결과 보고 • 발주기관 승인이 필요한 경우 승인을 요청함	이슈관리자 이슈담당자
해결된 이슈공유 및 반영	• 해결되어 종료 처리된 이슈는 필요시 모든 프로젝트 팀원 및 이해관계자들이 공유할 수 있도록 공지 조치함	이슈담당자 이슈관리자 프로젝트관리자

③ 위험 사항 추적 및 통제 상태 검토

PMO는 <그림 145>와 같이 수행사가 프로젝트 진행 중에 식별된 위험을 주간보고, 월간보고, 위험보고 등 공식적인 회의체를 통해 위험추적 및 모니터링을 하고 있는지 검토하고 미흡할 경우 가이드 한다. 또한 PMO는 위험관리자와 위험담당자가 식별된 위험이 완료되었는지 추적관리 활동을 하는지도 점검한다.

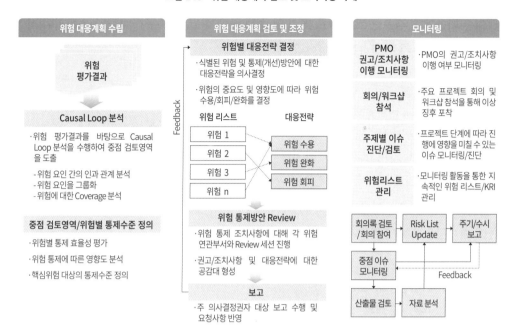

<그림 145> 위험 대응계획 검토 및 모니터링 사례

④ 위험종료 처리 및 이슈로 전환 여부 검토

식별된 위험에 대해서 위험의 발생확률과 위험 노출도를 분석하여 위험종료 여부를 판정한다. 발생확률은 현재의 관리 방안 및 위험 원인을 검토하여 실제 발생할 가능성을 판단한다. 위험 발생확률이 0%이면 위험을 종료하고, 100%이면 이슈관리로 전환되어 위험관리대장에서 제외한다.

위험 노출도는 위험 항목별 위험 발생확률과 영향도로 산출한 위험의 크기를 말한다. 척도(0.0~3.0)는 높은 점수가 위험이 크며, 위험관리 우선순위 결정에 활용한다. 척도가 0.0이면 위험을 종료하고, 3.0이면 이슈관리로 전환하여 위험관리대장에서 제외한다. PMO는 수행사가 위험관리 절차에 따라 위험이 악화하여 이슈로 발전(전환)한 경우는 이슈관리로 이관하고 위험을 제외하는 활동을 하는지 점검한다.

⑤ 위험에 따른 계획 변경 여부 검토

PMO는 식별한 위험이 발생하였을 경우 사업자가 프로젝트 이해관계자와 협의하여 범위 변경, 일정 조정 등 프로젝트 계획(WBS 등)을 변경하게 되는데, 이런 계획 변경이 적절하게 이뤄지는지 점검한다.

2.6.2.4 이슈 대응계획 검토

이슈 대응계획 검토는 프로젝트 초기 및 수행 중에 식별된 이슈에 대한 대응계획이 적절하게 수립되었는지 점검하는 과정이다.

1) 기준

이슈 대응계획 검토기준은 이슈 식별, 이슈 보고 및 공유, 이슈 평가 및 확정, 이슈 대응계획 수립 등이다. 이러한 기준이 '위험·이슈관리계획서'에 적절하게 정의되었는지 검토한다. 또한 이슈관리계획서에 정의된 이슈 영향도 분석, 이슈 발생 일자, 조치 예정 일자, 조치 완료 일자, 진행상태, 이슈 내용(원인), 조치방안, 조치내용 등 상태관리를 할 수 있는 항목들이 이슈관리대장에 있는지 검토한다.

2) 측정지표(*점검항목: 체크리스트)

PMO는 이슈 대응계획 검토를 위한 측정지표로 이슈 식별기준, 이슈 보고 및 공유 체계, 이슈 평가 및 확정 절차, 이슈 대응계획 절차 등을 점검항목으로 활용한다. 점검항목은 <표 132>와 같이 점검항목별 점검결과(적합(O), 수정/보완(△), 누락(X), 제외(N/A))를 지표로 하여 점검한다.

<표 132> 이슈 대응계획 검토를 위한 측정지표(점검항목)

번호	점검항목	점검결과(O, △, ×, N/A)				PMO 검토 의견
1	•이슈 식별기준이 있는가? 1) 영향도, 발생 가능성, 발생 예상 시기 등 기준 여부 2) 단계별 이슈 유형 분류 및 관리 여부 3) 이슈 영향도 평가 기준 여부					
2	•이슈보고 및 공유 체계가 있는가? 1) 역할(이슈 담당자, 이슈관리자) 및 책임 명확화 여부 2) 이슈 타당성 검토 수행 여부 3) 이슈관리 보고 체계 수립 여부 4) 이슈관리대장에 등록 관리 여부					
3	•이슈 평가 및 확정 절차가 있는가? 1) 이슈관리 평가를 위한 협의체 구성 여부 2) 이슈 평가 및 확정 절차 수립 여부					
4	•이슈 대응계획 절차가 적절한가? 1) 회의 소집 및 실시기준 여부 2) 대응조치 기준 수립 여부 3) 이슈 해결사항 공유 여부					

3) 절차

PMO는 사업자가 제출한 위험관리계획서, 이슈관리대장 등을 기준으로 이슈관리 계획의 적절성, 이슈관리 계획과 이슈관리대장 연결성 등이 <그림 146>과 같이 이슈 대응계획 검토 절차에 따라 점검한다.

<그림 146> 이슈 대응계획 검토 절차

Input	절차	Output
위험관리계획서 이슈관리대장	① 이슈관리 계획의 적절성 검토 ② 이슈관리 계획과 이슈관리대장 연결성 검토	PMO 검토보고서

① 이슈관리 계획의 적절성 검토

PMO는 사업자가 위험·이슈관리계획서를 기준으로 이슈 식별, 이슈 보고 및 공유, 이슈 평가 및 확정, 이슈 대응계획 수립 및 시행 절차가 적절한지 점검한다. 이슈 식별은 프로젝트 단계별 이슈 요인에 대한 식별 수행하여, 이해관계자들이 회의를 통하여 현안 및 문제를 공론화하고 대응방안 도출 그리고 도출된 이슈 및 대응방안에 대한 관리가 되도록 명문화하는 것이다. 이슈 보고 및 공유는 프로젝트 진행 중에 발생하는 문제점 및 쟁점 사항을 이슈로 등록해 관리가 필요한 경우 이슈 타당성 검토 후 이슈관리대장으로 관리하는 것이다.

<사례 27> 단계별 이슈 유형 분류 사례

구분	이슈내용
Pre-Setting	• 프로젝트 관리이슈 - 공정, 일정, 진도, 이벤트, 예산, 납기
분석	• 방법론 적용 이슈 - 산출물 양식, Best Practice, 개발Tip, 선도개발 • 업무 요구사항 이슈 - 현업부서와의 조율, 제도변경, 의사결정 미실시
설계	• 아키텍처 관리 이슈 - 각종 솔루션, 하드웨어, 업체지원, 라이선스, 데이터 통합관리, 프로그램 목록
개발 및 단위테스트	• 업무간 이견조율 이슈 - 단계별 개발팀간 업무영역, 공통팀/테스트팀/이행팀/품질보증팀/사업자와 감리기관 및 사업관리팀의 역할 • 외주인력 관리 이슈 - 대금지급, 근무환경, 이탈방지 등 • 품질관리 이슈 - 고객 통합검토, 인스펙션, PMO 검토 및 단계 말 승인
통합테스트	• 발주기관/PMO/사업자 사이에서의 이슈 - 단계별 3자 역할정립, 발주기관 수행업무 수립, 추가요건 및 범위 변경관리
사업종료	• 정보기술 도입 이슈 - 도입절차, 기술체계 확립

구분	이슈내용
최상	• 이슈 해결을 위한 의사결정이 특정 그룹 및 프로젝트의 권한을 벗어나거나, 이슈 해결을 위한 대안 선택 시 그룹 및 프로젝트의 동의가 필요한 경우 • 해당 이슈는 반드시 수행사 사업관리를 통해 PMO로 제기되어야 하고 해결을 위해 프로젝트 총괄 책임자의 의사결정이 필요
상	• 프로젝트 진행을 방해하는 사건이 발생하여 이슈 해결을 위해 프로젝트 차원에서 의사결정이 필요한 경우
중	• 프로젝트 진행을 방해하는 사건이 발생하여 이슈가 되었으나, 파트장 또는 프로젝트 리더가 해결할 수 있음 • 일정정도의 분석이 필요하지만 조사계획을 세울 정도의 복잡한 정도가 아님
하	• 비록 의사결정이 필요한 이슈라도 이를 해결하기 위해 상세한 조사가 필요 없는 경우 • 이슈를 발견한 팀이 직접 해결할 수 있는 사항

② 이슈관리 계획과 이슈관리대장 연결성 검토

이슈관리 계획과 이슈관리대장 연결성 검토는 이슈관리 계획에서 정의한 관리항목인 이슈 제목, 이슈 영향도, 이슈 발생 일자, 조치 예정 일자, 조치 완료 일자, 이슈 조치자, 이슈 제기자, 이슈 내용(원인), 조치방안, 조치 결과 등을 <사례 29>와 같이 이슈관리대장에 포함 여부를 점검한다.

<사례 29> 이슈관리대장 사례

ID	제기일	제기자	대상사업	이슈 내용	중요도	조치책임자	조치계획	상태	완료목표일	실제완료일	조치확인자	조치내용	비고(지연사유 등)
PMO-I001	2023-06-30	성명		상품이식 작업에 대한 현업과 SI의 이견	상	홍길동	[11.21] 상품분석 템플릿 작성 의뢰	open	2023-07-31				자료입수 지연

2.6.2.5. 이슈 대응상황 점검 및 조치사항 지시

이슈 대응상황 점검 및 조치사항 지시는 프로젝트 수행 중에 식별된 이슈에 대한 대응상황이 적절하게 이루어지는지 점검하고 미흡한 경우 조치사항을 지시하는 과정이다.

1) 기준

이슈 대응상황 점검 및 조치사항 지시 기준은 '이슈관리대장'이다. 식별된 이슈 사항에 대한 원인을 분석하고 조치자와 조치 기한, 조치방안을 수립하여 해결하고 있는지 이슈관리대장을 검토하는 것이다.

2) 측정지표(* 점검항목: 체크리스트)

PMO는 이슈 대응상황 점검 및 조치사항 지시를 위한 측정지표로 이슈 사항 점검항목의 적절성, 이슈관리협의체 운영, 이슈 조치사항 활동 등을 점검항목으로 활용한다. 점검항목은 <표 133>과 같이 점검항목별 점검결과(적합(O), 수정/보완(△), 누락(X), 제외(N/A))를 지표로 하여 점검한다.

<표 133> 이슈 대응상황 점검 및 조치사항 지시를 위한 측정지표(점검항목)

번호	점검항목	점검결과(○,△,×,N/A)				PMO 검토 의견
1	• 이슈 사항 점검항목이 적절하게 관리되고 있는가? 1) 이슈식별 번호 관리 여부 2) 이슈 제목의 명확성 여부 3) 이슈에 대한 영향도 분석관리 여부 4) 이슈 발생 일자, 조치 예정 일자, 조치 완료 일자 관리 여부 5) 이슈 제기자, 이슈 조치자 지정 여부 6) 이유원인, 조치방안, 조치 결과 관리 여부					
2	• 이슈관리협의체 운영이 적절하게 이뤄지고 있는가? 1) 이슈관리 소집 기준 여부 2) 이슈관리위원회 소집 절차 수립 여부 3) 이슈관리위원회 조직 구성 여부 4) 이슈관리담당자, 이슈관리자 지정 여부 5) 이슈관리위원회 운영의 적절성 여부 6) 의사결정 구조 수립 여부 7) 협조체제 수립 여부					
3	• 이슈 조치사항 지시 활동이 적절한가? 1) 이슈 조치사항 지시사항 관리 여부 2) 이슈관리 보고 체계에 의한 보고 및 피드백 여부(주간보고회, 월간보고회, 이슈보고회 등) 3) 이슈 조치사항 이행 여부					

3) 절차

PMO는 사업자가 제출한 이슈관리대장을 기준으로 <그림 147>과 같이 이슈 대응상황 점검, 이슈관리협의체 소집 운영, 이슈 조치사항 지시 등 이슈 대응상황 점검 및 조치사항 지시 절차에 따라 점검한다.

<그림 147> 이슈 대응상황 점검 및 조치사항 지시 절차

Input	절차	Output
이슈관리대장	① 이슈 대응상황 점검 ② 이슈관리협의체 소집 운영 ③ 이슈 조치사항 지시	PMO 검토보고서 이슈관리대장 이슈관리보고서

① 이슈 대응상황 점검

프로젝트는 이슈 덩어리라고 볼 수 있다. 프로젝트가 성공한다는 것은 이런 이슈들을 하나씩 해결하는 과정이다. 그렇게 하기 위해서는 이슈를 신속하게 식별하고 원인이 무엇인지, 또한 원인을 해결하기 위해서는 어떤 방법이 있는지 체계적으로 이슈에 대한 상황을 점검한다. 특히 PMO는 이슈 사항에 대해 사업자가 이슈관리 계획에서 제시한 기준대로 관리하고 있는지 점검한다.

<사례 30> 이슈관리협의체 운영사례

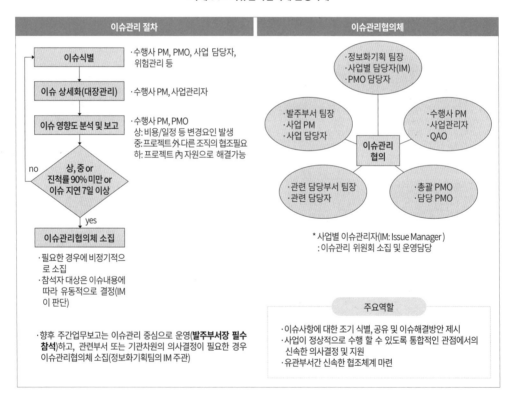

356

② 이슈관리협의체 소집 운영

이슈 사항이 프로젝트 자체적으로 해결하기 어려운 경우는 이슈관리협의체를 소집 운영한다. PMO는 발주기관과 <사례 30>처럼 이슈관리협의체를 소집하는 기준을 만들고, 그 기준대로 운영되는지 점검한다.

아래 사례와 같이 이슈 영향분석을 상·중·하로 분류한다고 가정한다면 '상'은 추가적인 비용(일정)이 발생하는 경우, '중'은 프로젝트 외 다른 조직의 협조가 필요한 경우, '하'는 프로젝트 내 자원으로 해결이 가능한 경우로 영향도를 분석할 수 있다. 또한 이슈관리협의체 소집 기준은 이슈 영향도가 상·중 이거나, 진척률이 90% 미만인 경우 등으로 기준을 잡을 수 있다. 이슈관리협의체의 역할은 이슈 사항에 대한 조기 식별, 공유 및 해결방안 제시, 그리고 프로젝트가 정상적으로 수행될 수 있도록 통합적인 관점에서 의사결정 및 지원, 유관 부서 간 신속한 협조체계를 마련하는 것이다.

③ 이슈 조치사항 지시

이슈 영향도는 프로젝트 내에서 기간 내에 해결할 수 있는 이슈, 프로젝트 외 다른 조직의 도움이 필요한 이슈, 비용/일정 등이 추가로 발생하는 이슈 등 크게 3가지가 있다. 또한 사업자는 이런 이슈 해결을 위해 최선을 다하는 것이 원칙이고, PMO는 이런 활동이 원활하게 진행되도록 경험과 아이디어를 동원해 조치방안을 제시할 필요가 있다. 또한 PMO는 사업자, 발주부서, 정보화부서, 외부 업체 등 이슈 조치 주체가 누구인지 평가한다. 그리고 그에 따른 대응이 적절한지, 이슈가 해결되는지 점검한다.

2.7 품질관리
2.7.1 품질관리 개요
1) 정의

품질관리는 프로젝트에서 사용하는 프로세스 및 작업 산출물을 대상으로 품질 요건을 충족시키기 위한 활동이다. 품질관리는 도구·기법의 적용을 통한 납기 준수 및 품질목표 달성을 위한 노력을 의미한다. 각 산출물 및 품질 활동, 품질 검증을 통해 프로젝트의 목적과 부합성을 검토하고 품질 이슈를 보고하기 위한 활동을 수행하여 프로젝트 성공의 가능성을 올리는 활동이다.

2) 목적

품질관리의 목적은 프로젝트 목표의 전략적 방향에 따라 진행되는지 확인하는 것이다. 품질목표에 따른 품질관리체계 수립 및 프로젝트 이해관계자들 간의 품질목표 공유, 사업 단계별 산출물에 대한 품질 검증 및 이와 관련된 프로세스의 적정성 검토를 수행한다. 테스트계획의 적절성 검토 및 테스트 시행에 대한 모니터링과 외부 품질보증활동(감리)에 의한 목표 품질수준 확보를 보완할 수 있다.

3) PMO 중점 관리사항

PMO는 발주기관의 입장에서 첫째, 프로젝트의 품질 계획을 해당 프로세스 및 산출물에 적용할 수 있도록 구체화하였는가? 둘째, 품질 계획을 해당 프로세스 및 산출물에 잘 적용하여 품질목표를 달성해 나가고 있는가? 셋째, 해당 프로세스 및 산출물의 결함을 제거하고 성능을 확보하고 있는가? 마지막으로 감리보고서에서 제시한 개선 권고사항과 시정조치 확인이 충실하게 되었는가를 검토하고 조정한다.

2.7.2 품질관리 프로세스

품질관리 프로세스는 <그림 148>과 같이 품질 계획검토 및 조정, 방법론 검토 및 조정, 품질·시험 활동 점검 및 조치사항 지시, 감리계획 및 감리 시정조치 검토 등 4단계 절차를 거쳐 진행한다.

<그림 148> 품질관리 프로세스

2.7.2.1 품질관리 계획검토 및 조정

품질관리 계획검토 및 조정은 프로젝트 수행 중에 발생하는 발주부서의 요구사항을 식별하여 이를 달성하기 위한 표준 수립부터 분석, 설계 및 인도까지 이르는 전 과정에 체계적인 품질보증 활동을 계획하고 실행함으로써 발주부서에 인도할 최종제품의 품질보증을 위한 계획을 검토하고 조정하는 활동이다.

1) 기준

품질관리 계획검토 및 조정의 기준은 '품질관리계획서'이다. 품질관리계획서에 품질관리 조직 및 역할, 정량적 품질지표, 품질관리 일정, 수행 방법 등이 적절하게 수립되었는지 검토하고 조정하는 과정이다.

2) 측정지표(* 점검항목: 체크리스트)

PMO는 품질관리 계획검토 및 조정을 위한 측정지표로 품질관리 목적의 적절성, 품질관리 추진체계의 적절성, 품질목표의 적절성, 품질관리 방안의 적절성, 품질보증 절차의 적절성, 테스트계획 및 완료 기준의 적절성, 품질 활동 보고 절차의 적절성 여부 등의 점검항목을 활용한다. 점검항목은 <표 134>와 같이 점검항목별 점검결과(적합(O), 수정/보완 (△), 누락(X), 제외(N/A))를 지표로 하여 점검한다.

<표 134> 품질 계획 검토 및 조정에 대한 측정지표

번호	점검항목	점검결과(O,△,×,N/A)				PMO 검토 의견
1	•사업의 요구사항에 적합한 품질목표를 선정하였고, 품질목표의 선정 근거가 명확한가? 1) 품질관리 목적 수립 여부 2) 품질관리 적용 범위(산출물, 프로그램, 데이터 등)의 적절성 여부 3) 품질관리 대상 산출물(관리, 개발 등) 수립 여부					
2	•사업 목표를 근간으로 품질보증 조직, 품질목표, 베이스라인 등이 설정되었는가? 1) 발주기관의 역할의 명확성 여부 2) 수행사 역할의 명확성 여부 3) 외부 전문가(PMO, 감리, QA 등) 활용 여부					
3	•프로젝트 수행단계별 품질목표가 제시되었고 그 내용은 적절한가? 1) 사용자 품질 요건 수립 여부(제안요청서에 제시된 품질 요구사항(성능(PER), 테스트(TER), 품질(QUR)을 고려하여 작성) 2) 기능 품질목표 수립 여부(요구사항, 테스팅, 산출물, 소스코드 품질 등) 3) 비기능 품질목표 수립 여부(처리 속도 확보, 자원 사용률 확보 등)					
4	•품질관리 방안이 적절한가?(품질목표에서 정의한 품질 특성, 평가 기준, 품질목표와 달성 방안이 적정한가?) 1) 기능/비기능 품질측정 기준 수립 여부 2) 품질지표 평가 시기 및 절차 수립 여부 3) 기능/비기능 품질목표 미달 시 조치사항 수립 여부					
5	•품질보증 절차가 적절한가?(품질평가 방법과 측정 수식/방법은 적절한가?) 1) 품질보증 계획수립 여부 2) 프로젝트 산출물 점검 방안 여부 3) 프로젝트 산출물 품질검토 방안 여부 4) 고객(합동) 검토 수립 여부					
6	•테스트 계획 및 완료 기준이 적절한가? 1) 단위테스트, 통합테스트, 사용자테스트, 시스템테스트, 인수인계 테스트					
7	•품질보증 활동보고 절차가 적절한가?(품질보증 활동 프로세스가 적정하게 수립되었는가?) 1) 품질 활동 보고 절차 수립 여부 2) 품질검토 방법(회의 등) 수립 여부					

3) 절차

PMO는 수행사가 제출한 '품질관리(품질보증)계획서'를 기준으로 <그림 149>와 같이 품질관리 계획의 적절성 검토, 품질관리 계획의 조정 작업 등 품질관리 계획검토 및 조정절차에 따라 점검하고 조정한다.

<그림 149> 품질관리 계획검토 및 조정절차

Input	절차	Output
품질관리(품질보증)계획서	① 품질관리 계획수립의 적절성 검토 ② 품질관리 조정 작업	(조정) 품질관리계획서 PMO 검토보고서

① 품질관리 계획수립의 적절성 검토

PMO는 <그림 150>과 같이 시스템 성능 및 품질 요건(산출물, 개발, 데이터 등) 사전 확보를 위하여 품질관리 계획수립을 검토한다. 또한 단계별 산출물 점검 및 품질 활동 결과에 대한 보완 조치사항을 지시하고 점검한다.

<그림 150> 품질관리 계획 및 품질보증 활동 절차 사례

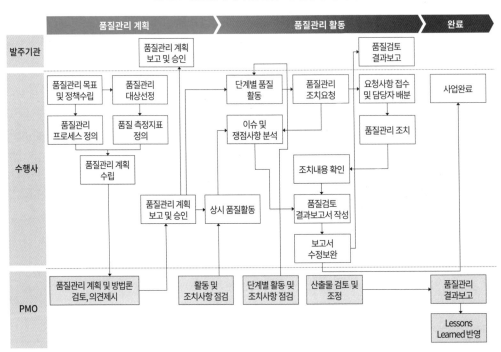

360

다음으로 PMO는 수행사가 제출한 품질관리계획서를 기준으로 품질관리 적용 범위 적정성 여부, 품질관리의 역할과 책임, 품질관리 목표의 적절성, 품질관리 방안, 품질보증 활동보고 절차 등이 적절하게 수립되었는지 점검한다. 품질관리는 프로젝트 수행 과정에서 생성되는 산출물, 프로그램, 데이터 등의 표준 준수성, 타당성, 적합성 등 제반 사항에 대한 품질 활동을 하는 것이다.

이런 품질관리 계획의 적절성을 검토하기 위해서는 첫째, 프로젝트가 수행되는 기간에 품질을 적용해야 할 범위와 대상이 적절하게 기술되었는지 점검한다. 적용 범위는 산출물, 프로그램, 데이터 등이 될 수 있다. 또한 품질관리 대상은 프로젝트 관리산출물, 프로젝트 개발산출물 등 WBS에 명시된 산출물 전체가 된다. 둘째, 품질관리를 위한 추진체계 즉, 역할과 책임이 적절하게 기술되었는지 점검한다. <사례 31>과 같이 발주기관, 수행사, 외부 전문가 참여 등 추진조직과 역할이 명확하게 정의되어야 한다.

<사례 31> 품질관리 추진체계 사례

조직명		역할
주관기관		사업진행 과정에서 승인내용 점검 및 의사결정 수행 쟁점, 긴급문제 발생 시 조정 및 해결 업무범위 및 사업수행 절차에 대한 의사 결정 프로젝트 사업·품질관리 방법론 변경요청사항에 대한 검토 및 승인 단계별 고객검토 수행 방법론 적용·변경에 대한 검토 및 승인
수행사	PM	프로젝트 계획/품질 계획 수립 및 수행, 시정조치 지휘 진행사항과 의사결정사항을 인수책임자와 필요한 부서에 보고
	사업관리	프로젝트 사업관리 프로젝트 위험·이슈 관리 프로젝트 일정 진척 관리
	품질관리	프로젝트 품질활동 계획수립 각 단계 표준 및 절차를 설정/이행 확인 산출물 품질검토, 고객검토 등 품질활동 감리 사전 점검 및 감리 대응
	전사기술 지원팀	성능테스트 및 튜닝 지원 기술/소프트웨어 아키텍처 설계, 구축 지원
	업무 PL	산출물 품질검토, 고객검토 등 품질활동 수행 및 시정조치 수행 프로세스심사, 감리, 제품검사 결과 시정조치 수행, 테스트 수행
기타	외부 전문가의 외부 감리 - 프로젝트 관리 및 품질활동의 적절성 확인 - 고객 요구사항의 반영 여부 확인 - 산출물 간 정합성, 일관성, 기술적인 적정성 평가	

셋째, 품질관리 목표가 적절하게 수립되었는지 점검한다. 품질목표는 기능 품질목표와 비기능 품질목표로 구성된다. 기능 품질목표는 요구사항, 테스팅, 산출물, 소스코드 품질 등으로 구성되며, <사례 32>와 같이 영역별 품질지표, 평가 기준 및 품질목표 등이 기술되었는지 점검한다.

<사례 32> 기능 품질목표 사례

구분	품질지표	개요	품질목표
요구사항	요구사항 달성률	정의된 요구사항이 시스템으로 구현되고 있는 정도	100%
	요구사항 추적률	개발 공정별로 요구사항의 일관성 유지 여부를 확인	100%
테스팅	결함 제거율	테스트(단위, 통합, 인수(사용자)) 도중 도출된 결함이 제거된 비율	100%
	테스트 합격률	테스트(단위, 통합, 인수(사용자))의 합격률	100%
산출물	표준 준수율	산출물이 표준을 준수하는 비율	100%
	산출물 시정 조치율	산출물 표준에 부적합한 항목에 대해 조치 되는 비율	100%
소스코드품질	취약점 제거율	소스코드 취약점 점검 후 도출된 취약점에 대한 제거율 - JMeter 활용 - 테스트 PC	100%
	소스코드 표준점검	소스코드 표준 점검 후 도출된 결함의 건수 - 소스코드 표준점검 툴(PMD) - 각 개발자 PC	0건

비기능 품질목표는 제안요청서에 제시된 품질요구사항(성능(PER), 테스트(TER), 품질(QUR))을 고려하여 <사례 33>과 같이 품질지표, 평가 방법, 품질목표 등이 구체화 되었는지 점검한다.

<사례 33> 비기능 품질목표 사례

품질지표	개요	품질목표
평균 응답 속도	• 구축 시스템의 사용자 서비스 페이지는 평균 3초 이내에 처리되어야 함 - 단, 관리자 설정, 통계, 이력 조회는 예외 - 3초 이상의 응답시간이 필요한 경우 해당 사유를 표시 • 사용자 요청 작업 관련 평균 시간 초과 응답 시 성능향상 방안을 강구 • 느린 작업에 대한 사전 경고	3초 이내
동시 처리	• 현행 자원 환경에서 어느 정도의 동시 사용자에 대한 서비스가 가능한지 측정하고, 성능향상을 위한 최적화 작업 수행 • 설계나 구현의 논리적인 결함으로 동시처리 성능과 안정성에 영향이 있다고 판단할 경우 시정 요구와 성능 측정 및 개선을 과업 범위로 시행할 수 있음	500명 이내(전체 사용자 수 2,000명) 1초/30,000 Byte (300건, 건당 100Byte)

넷째, 품질관리 방안이 적절하게 수립되었는지 점검한다. 품질관리 방안은 품질측정 기준, 품질지표 평가 시기 및 절차, 품질목표 미달 시 조치사항, 품질보증 절차 등이 적절한지 점검한다. 품질측정 기준은 기능 품질지표 측정과 비기능 품질측정 지표로 분리되어 기술되어야 한다. 기능 품질지표 측정은 <사례 34>와 같이 요구사항, 테스트, 산출물, 소스코드 품질 등 영역별로 품질지표, 측정기준, 품질목표 등이 기술되어야 한다. 또한 비기능 품질지표 측정도 품질지표, 측정기준, 품질목표 등이 기술되어야 한다. 품질지표 측정기준은 발주기관과 협의 후 조정이 가능하다.

<사례 34> 기능 품질지표 측정 사례

구분	품질지표	측정기준	품질목표
요구사항	요구사항 달성률	□ 측정수식 C = (A÷B) × 100 (단위 : %) A : 구현(반영)된 요구사항의 수(단계 누적) B : 정의(승인)된 요구사항의 수	100%
	요구사항 추적률	□ 측정수식 C = (A÷B) × 100 (단위 : %) A : 순방향 추적 가능 요구사항 수 B : 기능 요구사항 수	100%
테스트	결함 제거율	□ 측정수식 C = (A÷B) × 100 (단위 : %) A : 결함 해결 건수 B : 결함발생 건수	100%
	테스트 합격률	□ 측정수식 C = (A÷B) × 100 (단위 : %) A : PASS된 건수 B : 총 테스트 수행 건수	100%
산출물	표준 준수율	□ 측정수식 C = (A÷B) × 100 (단위 : %) A : 표준 준수 항목 수 B : 표준 체크리스트 수	100%
	산출물 시정 조치율	□ 측정수식 C = (A÷B) × 100 (단위 : %) A : 조치된 산출물 결함 수 B : 발견된 산출물 결함 수	100%
소스코드품질	취약점 제거율	□ 측정수식 C = (A÷B) × 100 (단위 : %) A : 조치 된 취약점 수 B : 발견된 취약점 수	100%
	소스코드 표준점검	□ 소스코드 표준점검 후 도출된 결함의 건수	0건

품질지표 평가는 <사례 35>와 같이 영역별 품질지표별 지표평가 시기(분석/설계/구현/시험/전개/인도 등)와 평가 절차가 적절하게 수립되었는지 점검한다.

<사례 35> 품질지표 평가 시기 및 절차 사례

구분	품질지표	평가 시기	평가 절차
요구사항	요구사항 달성률	구현	◦요구사항추적표를 통해 누락된 요구사항ID가 없는지 확인 ◦비교 대상: 프로그램ID, 단위테스트 ID
		시험	◦요구사항추적표를 통해 누락된 요구사항ID가 없는지 확인 ◦비교 대상: 통합테스트ID
		전개	◦요구사항추적표를 통해 누락된 요구사항ID가 없는지 확인 ◦비교 대상: 통합테스트ID
	요구사항 추적률	설계	◦요구사항추적표를 통해 추적이 되는 요구사항ID의 비율을 확인 ◦추적 대상: 유스케이스ID, 클래스다이어그램ID, 시퀀스다이어그램ID, 화면ID, 컴포넌트ID 등
요구사항	요구사항 추적률	구현	◦요구사항추적표를 통해 추적이 되는 요구사항ID의 비율을 확인 ◦추적 대상: 프로그램ID, 단위테스트 ID
		시험	◦요구사항추적표를 통해 추적이 되는 요구사항ID의 비율을 확인 ◦추적 대상: 통합테스트ID
테스팅	결함 제거율	구현	◦단위테스트에서 도출된 결함의 제거 비율
		시험	◦통합테스트에서 도출된 결함의 제거 비율
		전개	◦시스템테스트에서 도출된 결함의 제거 비율
		인도	◦인수인계테스트에서 도출된 결함의 제거 비율
	테스트 합격률	구현	◦단위테스트결과서에서 최종 테스트 합격률
		시험	◦통합테스트결과서에서 최종 테스트 합격률
		전개	◦시스템테스트결과서에서 최종 테스트 합격률
		인도	◦인수인계테스트결과서에서 최종 테스트 합격률
산출물	표준 준수율	분석	◦단계별 산출물이 산출물 체크리스트를 준수하는 비율
		설계	
		구현	
		시험	
		전개	
	산출물 시정 조치율	분석	◦단계별 산출물이 산출물 체크리스트 점검 결과 도출된 결함을 조치한 비율
		설계	
		구현	
		시험	
		전개	
소스코드품질	취약점 제거율	구현	◦소스코드 취약점 점검 후 도출된 취약점 제거율
	소스코드 표준점검	구현	◦소스코드 표준점검 후 도출된 결함 제거
비기능(성능)		시험	◦비기능(성능) 품질측정 기준에 맞춰 시험단계에서 측정

또한 <사례 36>과 같이 기능 요구항목 및 비기능 요구항목에 대한 영역별 품질목표 미달 시 조치사항이 적절하게 기술되었는지 점검한다. 품질목표의 측정 결과 품질목표에 미달 시 수행사 프로젝트 관리자는 담당자를 지정하여 해결 활동을 할 수 있도록 하였는지, '이슈'로 등록하여 관리하는지도 점검한다.

<사례 36> 기능 품질목표 미달 시 조치사항 사례

구분	품질지표	품질목표 미달 시 조치사항	품질목표
요구사항	요구사항 달성률	① 정의된 요구사항 중 구현되지 않은 요구사항을 도출하여 이에 대한 원인을 파악 ② 미구현 원인이 합당하다고 판단되면, 고객합의를 통해 요구사항 변경·삭제 후 요구사항을 정리	100%
	요구사항 추적률	① 요구사항추적표에 누락된 사항이 없는지 확인 ② 모든 문서의 항목들이 매핑이 되어 있다면 누락되어 추적이 되지 않은 항목에 대한 보완	100%
테스팅	결함 제거율	① 결함이 제거되지 못하는 원인을 파악하여 합당한 근거가 있을 경우, 회의록 등으로 고객과 협의하여 근거를 남기고 삭제	100%
	테스트 합격률	① Fail된 테스트는 결함으로 등록하여 관리함 ② 조치할 수 없는 이유가 있는 결함 발생 시 고객과 협의하여 회의록 등의 근거를 남기고 테스트결과서에 기입	100%
산출물	표준 준수율	① 표준 미준수 항목 발생 시 그 내용을 파악하고 시정조치를 함 ② 결함 수준이 심각하거나 반복적으로 유사한 결함이 발생한 경우는 그 원인을 파악하고 제거하기 위한 활동을 함	100%
	산출물 시정 조치율	① 표준 미준수 항목 발생 시 그 내용을 파악하고 시정조치를 실시함 ② 결함 수준이 심각하거나 반복적으로 유사한 결함이 발생한 경우, 그 원인을 파악하고 제거하기 위한 활동을 함	100%
소스코드품질	취약점 제거율	① 도출된 취약점 중 중요사항은 결함으로 등록하여 관리함 ② 조치할 수 없는 이유가 있는 결함 발생 시 고객과 협의하여 회의록 등의 근거를 남기고 조치결과서에 내용 기입	100%
	소스코드 표준점검	① 소스코드 표준점검 툴(PMD) 통해 도출된 취약점 중 중요사항은 결함으로 등록하여 관리함 ② 조치할 수 없는 이유가 있는 결함 발생 시 고객과 협의하여 회의록 등의 근거를 남기고 조치결과서에 내용 기입	0건

다섯째, 품질보증 절차가 적절한지 점검한다. 품질보증 절차는 품질보증 계획수립, 프로젝트 산출물 점검, 산출물 품질검토, 합동(고객) 검토 등으로 구성된다. 품질보증 계획수립은 품질 활동 계획수립, 품질보증계획서 작성 및 승인, 단계별 품질 활동 계획 확인 및 공지 등 절차가 적절하게 기술되었는지 점검한다. 또한 프로젝트 산출물 점검 수행(동료검토, 품질검토, 합동검토 등), 시정조치 등의 산출물 점검 절차가 적절하게 기술되었는지 점

검한다.

여섯째, 테스트 내용은 총괄테스트계획서를 통하여 계획하고 진행단계에 따라 실행되는지 점검한다. 수행해야 할 테스트 유형(단위테스트, 통합테스트, 사용자테스트, 시스템테스트, 인수인계테스트 등)이 계획되었는지, 테스트 완료 기준은 수립되었는지 점검한다.

마지막으로 품질보증 활동보고 절차가 적절한지 점검한다. 품질보증 활동 결과는 주기적 또는 사안이 발생할 때마다 이해관계자에게 보고하고 공유되도록 기술했는지 점검한다. 또한 검토회의(수시 검토, 정기 검토, 감리, PMO 검토 등)에 대한 계획을 수립하고 있는지 점검한다.

② 품질관리 조정 작업

PMO는 발주기관 및 수행사에 품질관리 계획에 대한 PMO 검토보고서 작성 내용을 설명하고, 잘못된 검토 내용이 있는지 확인한다. 그리고 발주기관의 품질관리 방침과 품질관리 계획 점검항목을 기반으로 검토된 내용이 맞지 않거나 발주기관의 조정요청이 있는 경우 품질관리 계획을 조정한다.

<품질관리 조정항목>
• 품질적용 범위
• 품질관리 추진체계
• 품질목표
• 품질관리 방안
• 품질보증 활동 방안

2.7.2.2 방법론 검토 및 조정

방법론 검토 및 조정은 프로젝트 규모, 기간, 사업 특성 및 수행사 역량을 고려하여 발주기관의 소프트웨어 개발방법론 표준가이드를 적합하게 적용하기 위해 수행사에게 방법론 테일러링을 요청하고, 테일러링 결과를 검토하고 조정하는 활동이다. 단, PMO는 발주기관과 협의하여 발주기관에 적합한 방법론 테일러링 표준가이드를 만들고 테일러링 작업 전에 수행사에게 교육을 하는 것이 중요하다.

1) 기준

방법론 검토 및 조정의 기준은 수행사가 제출한 '방법론 테일러링결과서'이다. 방법론 테일러링 결과서에 프로젝트 규모별 개발산출물 목록과 사업관리 산출물 목록 등이 발주기관의 테일러링 표준가이드에 맞게 정의되었는지 검토하고 조정한다.

2) 측정지표(*점검항목: 체크리스트)

PMO는 방법론 검토 및 조정을 위한 측정지표로 발주기관 방법론 표준가이드의 준수 여부, 제안요청 내용 등을 점검항목으로 활용한다. 점검항목은 <표 135>와 같이 점검항목별 점검결과(적합(O), 수정/보완(△), 누락(X), 제외(N/A))를 지표로 하여 점검한다.

<표 135> 방법론 검토 및 조정에 대한 측정지표

번호	점검항목	점검결과(○, △, ×, N/A)	PMO 검토 의견
1	• 발주기관 방법론 표준가이드를 준수하였는가? 　1) 단계별 활동(Activity), 작업(Task), 산출물 작성 여부 　2) 사업 규모별 산출물 작성 여부(선택, 필수) 　3) 사업 규모, 기간, 사업 특성 고려 여부 　4) 사업자 역량 고려 여부		
2	• 제안요청서, 제안서, 사업수행계획서에 기재된 내용이 반영되었는가? 　1) 제안 요청내용 반영여부 　2) 제안서 제안내용 반영여부 　3) 사업수행계획서 내용 반영여부 　4) 발주기관 요청내용 반영여부		

3) 절차

PMO는 수행사가 제출한 방법론 테일러링결과서를 기준으로 <그림 151>과 같이 발주기관 방법론 테일러링 표준가이드 작성 및 합의, 수행사 방법론 테일러링결과서 검토 및 조정 등 방법론 검토 및 조정절차에 따라 점검하고 조정한다.

<그림 151> 방법론 검토 및 조정절차

Input	절차	Output
방법론 테일러링가이드 방법론 테일러링 결과	① 발주기관 방법론 테일러링 표준가이드 작성 및 협의 ② 수행사 방법론 테일러링결과서 검토 및 조정	(조정) 방법론 테일러링 보고서

① 발주기관 방법론테일러링 표준가이드 작성 및 합의

PMO는 프로젝트 착수 이전에 발주기관과 방법론 테일러링 표준가이드를 작성하고 검토 및 합의한다. 방법론 테일러링은 프로젝트 규모, 기간, 사업 특성 및 사업자의 역량 등 항목을 기반하여 표준가이드를 작성한다. 산출물은 필수(○)와 선택(△)으로 분류한다. 단, 사업 규모별 필수산출물은 테일러링을 통해 조정이 가능하다.

<사례 37> 방법론 테일러링 표준가이드 사례

단계	활동	작업	산출물	사업규모		
				2억미만	2억~5억 미만	5억 이상
PP00. 개발준비	PP10. 방법론 테일러링	PP12. 방법론 테일러링	PP12-1. 방법론 테일러링 결과서	○	○	○
AN00. 분석	AN10. 요구사항 분석	AN11. 요구사항 수집	AN11-1. 인터뷰계획서		△	○
			AN11-2. 인터뷰결과서		△	○
		AN12. 요구사항 정의	AN12-1. 요구사항정의서	○	○	○
		AN13. 유스케이스 기술	AN13-1. 유스케이스명세서		○	○
		AN14. 요구사항 추적	AN14-1. 요구사항추적표	○	○	○
	AN20. 업무/데이터 분석	AN21. 업무 분석	AN21-1. 현행 비즈니스프로세스정의서 AN21-2. 현행 비즈니스업무흐름도		△	○
			AN21-3. To-Be 비즈니스프로세스정의서 AN21-4. To-Be 비즈니스업무흐름도		○	○
		AN22. 데이터 분석	AN22-1. 현행데이터분석서	△	△	○
			AN22-2. 현행표준사전정의서	△	△	○
			AN22-3. 데이터 전환대상 및 범위정의서		△	△
	AN30. 아키텍처 분석	AN31. 현행 아키텍처 분석	AN31-1. 현행아키텍처분석서		△	○
	AN40. 분석단계테스트계획	AN41. 총괄테스트 계획	AN41-1. 총괄테스트계획서		△	○
	AN50. 분석단계 점검	AN51. 분석단계 산출물점검	AN51-2. 분석단계 점검조치결과서		○	○

② 수행사 방법론 테일러링결과서 검토 및 조정

PMO는 발주기관 및 수행사에 방법론 테일러링에 대한 PMO 검토 결과를 설명한다. 그리고 발주기관의 방법론 테일러링 표준가이드를 기반으로 변경, 생략된 부문이 없는지 점검하고 발주기관과 수행사의 조정요청이 있는 경우 방법론 테일러링 결과서를 조정한다.

<사례 38> 방법론 테일러링 결과서 사례

발주기관 개발 가이드				적용여부*		테일러링사유	PMO 검토 대상
단계	활동	작업	산출물	개발산출물	운영 산출물		
준비	방법론 테일러링	방법론 테일러링	방법론 테일러링결과서	○			Y
분석	요구사항 분석	요구사항 수집	인터뷰계획서	○			
			인터뷰결과서	○			
		요구사항 정의	요구사항정의서	○			
		유스케이스 기술	유스케이스명세서	○			
		요구사항 추적	요구사항추적표	○			Y
	업무/데이터분석	업무 분석	현행 비즈니스프로세스정의서	X		유스케이스명세서로 갈음 (2020 ISMP자료 참조)	
			현행 비즈니스업무흐름도	X		유스케이스명세서로 갈음 (2020 ISMP자료 참조)	
			To-Be 비즈니스프로세스정의서	X		유스케이스명세서로 갈음 (2020 ISMP자료 참조)	
			To-Be 비즈니스업무흐름도	X		유스케이스명세서로 갈음 (2020 ISMP자료 참조)	
		데이터 분석	현행데이터분석서	X		데이터전환계획서에 포함	
			현행표준사전정의서	X		현행시스템 데이터 이관 대상 없음	
			전환대상업무 및 범위정의서	X		데이터전환계획서에 포함	
	아키텍처 분석	현행 아키텍처 분석	현행아키텍처분석서	X		아키텍처설계서에 포함	
	분석단계 테스트 계획	총괄테스트 계획	총괄테스트계획서	○			Y
	분석단계 점검	분석단계 산출물 점검	분석단계 점검조치결과서	○			

테일러링 협의는 발주부서 담당자, 수행사, 정보화부서, 이해관계부서, PMO 등 관련 조직으로 구성한다. 테일러링 수행 시 발주기관의 방법론 표준가이드의 사업 규모별 표준 산출물 목록을 참조하여 프로젝트의 특성에 따라 단계별 절차 및 산출물에 대한 일부 변경, 생략 등을 할 수 있다. 또한 테일러링 수행 시 제안요청서, 제안서, 사업수행계획서상에 기

재된 내용은 필수로 확인하며, 테일러링한 결과를 반영하여 테일러링 결과서를 작성했는지 점검한다.

<Tip. 1 방법론의 테일러링>
- 방법론은 사업관리 방법론과 개발방법론을 포괄하여 지칭한다.
- 개발방법론은 사업의 특성에 맞게 다양한 개발경로를 가질 수 있다(응용시스템 개발경로, 인프라 구축경로, DB 구축 및 전환 경로 등).
- 발주기관이 표준방법론을 보유하고 있다면, 그 방법론은 발주기관이 추진하는 사업 전반에 있어 최적화 되어 있을 가능성이 높으므로 이를 우선으로 적용할 수 있는지 검토한다.
- 발주기관이 보유한 표준방법론을 적용할 수 없는 경우는 수행사의 표준방법론을 관리하는 부서와 협의하여 조정한다.
- 산출물은 현단계의 결과물이며, 다음 단계의 마중물이 된다. 따라서 산출물을 위해 프로젝트를 하는 것이 아니라, 일관성 있는 프로젝트를 위해 산출물을 작성하여야 한다. 따라서 작성한 모든 산출물이 제출 대상이 아니며, 인스펙션 대상이 아니다. 협의할 때 반드시 작성 및 제출 여부를 확인해야 한다.

2.7.2.3 품질·시험 활동 점검 및 조치사항 지시

품질·시험 활동 점검 및 조치사항 지시는 품질보증 계획에 따라 단계별 품질관리 활동이 적절히 수행되고 있는지 점검하고, 품질목표에 미달 되는 경우 조치하도록 지시한다. 통합테스트 계획 및 단계별 상세 테스트 계획에 따라 테스트를 진행, 상황 점검, 현황 공유를 통해 발견된 문제가 조치되도록 지시하는 활동이다.

1) 기준

품질·시험 활동 점검 및 조치사항 지시의 기준은 '사업수행계획서', '의사소통계획서' 등이다. 이에 의사소통 관리체계 및 의사소통 수행을 위한 계획이 적정하게 수립되었는지 그리고 의사소통 요구사항 및 의사소통 방식 등이 적절하게 정의되었는지 검토하고 조정한다.

2) 측정지표(점검항목: 체크리스트)

PMO는 품질·시험 활동 점검 및 조치사항 지시를 위한 측정지표로 품질보증 활동은 적절하게 이루어지고 있는지 여부, 테스트계획 수립의 적절성 여부, 테스트 활동의 적절성 여부 등을 점검항목으로 활용한다. 점검항목은 <표 136>과 같이 점검항목별 점검결과(적합(O), 수정/보완(△), 누락(X), 제외(N/A))를 지표로 하여 점검한다.

<표 136> 품질·시험 활동 점검 및 조치사항 지시에 대한 측정지표

번호	점검항목	점검결과(O, △, ×, N/A)				PMO 검토 의견
1	• 품질보증 활동은 적절하게 이루어지고 있는가? 　1) 프로젝트 품질목표에서 정의한 프로세스 항목과 그 목표치 적정성 　2) 품질보증 활동을 통해 목표 품질확보 여부 　3) 주기(주/월/단계)를 정하여 품질보증 활동 적정하게 수행하였는지 여부 　4) 품질보증 활동을 통해 목표 품질확보 여부 　5) 품질관리계획은 적절히 변경 관리되었는지 여부 　6) 품질보증 활동에서 발견된 부적합 사항에 대해 검토 및 관리 활동이 적절하게 추적 관리되는지 여부 　7) 시정조치의 적정한 보고 여부 　8) 각 단계별 산출물 표준에 대한 적합성, 용어의 일관성, 사용자 요구에 적합성 등의 적정성 여부 　9) 산출물 표준이 팀원과 고객에게 공유 여부 　10) 주기적으로 수행된 품질보증 활동의 결과가 단계말 산출물에 최종적으로 반영되었는지 여부 　11) 주기적으로 단계별 산출물에 대한 검토 실시 여부 　12) 산출물이 품질관리(품질보증)계획서에 정의한 단계별 품질목표에 부합 여부					
2	• 테스트계획 수립이 적절한가? 　1) 테스트단계에 대한 정의, 테스트 영역, 승인기준, 수행 방법, 조직, 프로세스 등에 대한 정의의 적정성 여부 　2) 단계별 테스트에 대한 전략, 방법, 일정 기준 등의 적정 여부 　3) 단계별 테스트계획서가 고객 및 이해관계자와 공동합의의 여부 　4) 테스트 대상 업무를 식별하고 테스트에 대한 방법을 적정하게 정의 여부 　5) 테스트 완료 기준의 명확성 여부 　6) 테스트 수행을 위한 환경정의와 사용 도구(Tool)에 대한 정의 적정 여부 　7) 테스트 수행 일정과 결함관리 방법의 적정 여부 　8) 테스트 시 위험 및 이슈관리에 대한 방안의 적정성 여부 　9) 테스트 후 발생하는 변경사항에 대한 관리 방안의 적정하게 수립 여부					
3	• 테스트 활동이 적절하게 이루어지고 있는가? 　1) 테스트 결과의 결함률이 품질평가 기준의 품질목표 적합 여부 　2) 결함에 대한 조치내용 확인 여부 　3) 요구사항에 있는 내용 만족 여부 　4) 업무 기능 요구사항의 완전성이나 비기능의 품질목표 확인 여부 　5) 통합테스트, 시스템테스트, 사용자테스트 등 실제 시스템 사용자 그룹, 운영 기관 등 테스트 계획상 관련자가 참여하여 테스트 실시 여부					

3) 절차

PMO는 사업자가 제출한 품질(보증)관리계획서, 단계별 산출물, 품질보증활동결과서, 인스펙션(검토)결과서 등을 기준으로 <그림 152>와 같이 품질·시험 활동 점검, 조치사항 지시 등 품질·시험 활동 점검 및 조치사항 지시 절차에 따라 점검하고 조정한다.

<그림 152> 품질·시험 활동 점검 및 조치사항 지시 절차

Input	절차	Output
품질(보증)관리계획서 단계별 산출물 품질보증활동결과서 인스펙션(검토)결과서	① 분석단계 품질점검 활동 검토 ② 설계단계 품질점검 활동 검토 ③ 구현단계 품질점검 활동 검토 ④ 시험단계 품질점검 활동 검토	품질활동결과서 PMO 검토보고서

① 분석단계 품질점검 활동 검토

PMO는 수행사의 분석단계 활동 및 작업별 산출물 등을 점검하고 미흡한 부분이 있는 경우 이를 검토하여 조치한다. 이를 위해 첫째, PMO는 수행사가 품질관리계획에 있는 분석단계 품질기준 및 산출물 체크리스트 등을 통해 점검하고 보증 활동을 수행했는지를 점검한다. 특히 수행사가 반드시 품질(보증)관리계획에 있는 품질목표 달성, 측정지표, 체크리스트, 점검 기준과 기법 등을 바탕으로 분석단계 및 작업별 산출물에 대해 점검 수행 여부를 파악해야 한다. RFP, 협상 결과를 포함한 계약상의 모든 요구사항(기능 및 비기능 요구사항)에 대한 해결책이 명확한지, 명확하지 않은 요구사항에 대한 Follow-up 방안을 적절하게 수립(위험으로 등록)하였는지 확인한다. 그리고 분석 결과 도출한 모든 해결책이 주어진 납기와 인력으로 이행 가능한지 검증하고, 미검증된 해결책에 대한 Follow-up 방안이 적절하게 수립(위험으로 등록)되었는지 점검한다.

<사례 39> 설계단계 산출물 주요 점검 사항

활동	점검내용
요구사항 분석	·제안서상 모든 요구사항이 요구사항정의서에 기술되었는지 확인 ·기능 요구사항이 모두 유스케이스명세서로 작성되었는지 확인 ·유스케이스 다이어그램과 명세서가 조건대로 기술되었는지 확인
업무/데이터 분석	·비즈니스 프로세스 및 데이터분석 내용이 현재 운영 중인 자료인지 확인
아키텍처 분석	·현재 시스템의 각종 정보자원(하드웨어, 소프트웨어, 네트워크 등)에 대한 운영현황이 적정하게 조사되고 분석되었는지를 확인
디자인 가이드 계획수립	·개발사업에 대해 KOTRA 디자인 가이드를 참고하여 적용하고자 하는 디자인에 대한 일정, 방법 등 전반적인 디자인 가이드 계획수립 여부를 점검
공통	·산출물별 품질기준 및 적합 여부와 각 항목이 누락 없이 기입되었는지 점검 ·요구관리, 의사소통관리, 일정관리, 위험관리 등 사업관리 영역에 대한 산출물 점검

둘째, PMO는 발주부서 담당자가 정보화부서 등 이해관계자 부서 담당자를 참여시켜 분석단계 산출물 작성과 점검이 적정하게 수행되었는지도 확인한다. 주요 점검항목은 분석단계 품질기준 달성 여부 및 산출물 체크리스트 적합 여부, 분석단계 산출물 존재 여부, 전체 공정(WBS)에 따라 분석단계별 산출물 도출 여부, 작업별 산출물 내용 및 점검 사항 적정성 검토 등이다. 마지막으로 분석단계 점검결과 또는 점검결과 검토 시 미흡한 점에 대해 수행사에 그 결과를 조치하도록 지시한다.

② 설계단계 품질점검 활동 검토

PMO는 수행사의 설계단계 활동 및 작업별 산출물 등을 점검하고 미흡한 부분이 있는 경우 이를 검토하여 조치한다. 이를 위해 첫째, PMO는 수행사가 품질관리 계획에 있는 설계단계 품질기준 및 산출물 체크리스트 등을 통해 점검하고 보증 활동을 이행했는지를 점검한다. 수행사는 반드시 품질(보증)관리계획에 있는 품질목표 달성, 측정지표, 체크리스트, 점검기준과 기법 등을 바탕으로 설계단계 및 작업별 산출물에 대해 점검을 수행해야 한다.

둘째, PMO는 발주부서 담당자가 정보화부서 등 관련 부서 담당자를 참여시켜 설계단계 산출물 작성과 점검이 적정하게 수행되었는지도 확인한다. 설계단계 주요 점검항목은 설계단계 품질기준 달성 여부 및 산출물 체크리스트 적합 여부, 설계단계 활동별 산출물 존재 여부, 전체 공정(WBS)에 따라 설계단계 산출물 도출 여부, 작업별 산출물 내용 및 체크리스트 점검 사항 적정성 검토 등이다.

<표 137> 설계단계 산출물 주요 점검 사항

활동	산출물	점검내용
아키텍처 설계	아키텍처설계서	아키텍처 As-Is, To-Be를 구분하여 명확히 표현하는지 여부 시스템 요구사항 구현방안 적정성 여부
	표준가이드 적용계획서	표준가이드 적용계획서의 적정성과 담당자와의 협의 여부
애플리케이션 설계	클래스설계서	모든 유스케이스를 만족하는지 여부
	사용자인터페이스	모든 유스케이스를 만족하는지 여부 ※ 웹 사이트의 경우 디자인가이드계획서 적용 여부
	인터페이스설계서	연계시스템 영향도 분석 및 처리방안 포함 여부 ※ 발주기관 소프트웨어개발 표준정의서의 대내외 연계 가이드 적용 여부
	배치프로그램설계서	정보화 기술지원부서 협의 여부(회의록)

활동	산출물	점검내용
DB 설계	모든 산출물	- DB설계 표준 준수 여부 - 데이터 품질관리 담당자의 검토 완료 여부(회의록, 데이터표준가이드 준수 여부)
	데이터베이스설계서	- 물리DB 담당자의 검토 완료 여부(회의록)
데이터 전환 설계	데이터전환계획서	- 전환 및 검증계획의 적정성 여부 - 데이터품질관리 담당의 검토 완료 여부(회의록)
설계단계 테스트계획	단위테스트케이스	단위시험 계획서에 의거하여 시험을 수행하고 시험 결과가 적절히 기술되었는지 여부(수행자, 수행일, 결과, 결함 내용, 결함 조치 여부 등)
	통합테스트시나리오	시험을 수행하고 시험 결과가 적절하게 기술되었으며, 예상 결과와 다른 시험케이스는 별도 식별이 가능한지 여부
	시스템테스트시나리오	- 모든 요구사항 포함 여부(모든 통합테스트, 비기능 요구사항) - 설계단계의 시스템시험시나리오가 변경된 경우 현행화는 이행하였는지 여부

마지막으로 설계단계 점검결과 또는 점검결과 검토 시 미흡한 점에 대해 수행사에 그 결과를 조치하도록 지시한다.

③ 구현단계 품질점검 활동 검토

PMO는 수행사의 구현단계 활동 및 작업별 산출물 등을 점검하고 미흡한 부분이 있는 경우 이를 검토하여 조치한다. 이를 위해 첫째, PMO는 수행사가 품질관리계획에 있는 구현단계 품질기준 및 산출물 체크리스트 등을 통해 점검하고 보증 활동을 이행했는지를 점검한다. 수행사는 반드시 품질(보증)관리계획에 있는 품질목표 달성, 측정지표, 체크리스트, 점검기준과 기법 등을 바탕으로 구현단계 및 작업별 산출물에 대해 점검을 수행해야 한다.

둘째, PMO는 발주부서 담당자가 정보화부서 등 이해관계부서 담당자를 참여시켜 구현단계 산출물 작성과 점검이 적정하게 수행되었는지도 확인한다. 구현단계 주요 점검항목은 구현단계 품질기준 달성 여부 및 산출물 체크리스트 적합 여부, 구현단계 활동별 산출물 존재 여부, 전체 공정(WBS)에 따라 구현단계별 산출물 도출 여부, 구현단계 작업별 산출물 내용 및 체크리스트 점검 사항 적정성 검토, 설계단계의 모든 컴포넌트·클래스·사용자 인터페이스 기능구현 여부, 모든 구현 컴포넌트 및 사용자 인터페이스 등에 대한 단위테스트 여부, 웹 표준 점검, 소스품질 검사, 보안 약점진단(코드 인스펙션, 웹 취약점 진단 포함) 여부 등이다.

활동	점검내용
프로그램 개발	·사용자 인터페이스 및 프로그램 등 구현의 적정성 확인 ·웹 표준 및 웹 접근성 준수 여부 ·발주기관 소프트웨어개발 표준가이드 준수 여부
단위테스트	·단위테스트 계획, 테스트케이스, 결과서, 결함관리 등의 적정성 확인
웹 표준 점검	·웹 접근성 및 웹 호환성에 대한 적정성을 관련 지침을 참고하여 점검
소스품질 검사	·소스품질 점검 도구로 품질점검 및 검사 결과에 대한 검토 ·보안약점 진단(코드 인스펙션/웹 취약점) 및 결과에 대한 반영여부 검토
공통	·산출물별 품질기준 및 적합 여부와 각 항목이 누락 없이 기입되었는지 점검

마지막으로 구현단계 점검결과 또는 점검결과 검토 시 미흡한 점에 대해 수행사에 그 결과를 조치하도록 지시한다.

④ 시험단계 품질점검 활동 검토

PMO는 시험단계의 단위테스트, 통합테스트 및 사용자테스트의 적정성을 점검하고 미흡한 부분이 있는 경우 이를 검토하여 조치한다. 이를 위해 첫째, PMO는 수행사가 품질관리계획에 있는 시험단계 품질기준 및 산출물 체크리스트 등을 통해 점검하고 보증 활동을 이행했는지를 점검한다. 수행사는 반드시 품질(보증)관리계획에 있는 시험단계 품질목표 달성, 측정지표, 체크리스트 등 점검기준과 기법을 바탕으로 각 단계 및 작업별 산출물에 대해 점검을 수행해야 한다. 수행사는 사업자가 단위테스트, 통합테스트시나리오 모두 정상적으로 테스트되고 처리가 되었는지도 점검한다.

둘째, PMO는 발주부서 담당자가 정보화부서 등 관련 부서 담당자를 참여시켜 시험단계 산출물 작성과 점검이 적정하게 수행되었는지도 확인한다. 시험단계 주요 점검항목은 시험단계 품질기준 달성 여부 및 산출물 체크리스트 적합 여부, 시험단계 활동별 산출물 존재 여부, 개발 일정에 따라 단계별 산출물 도출 여부, 시험단계 작업별 산출물 내용 및 체크리스트 점검 사항 적정성 검토, 통합테스트시나리오 모두 테스트 여부, 통합테스트 결과 및 사용자테스트 결과 발생한 모든 오류 조치 여부 등이다.

준비항목	점검내용	정보화부서 담당자
응용·DB 서버	이해관계부서와 협의하여 발주기관 전산 자원 사용 ※ 통합테스트 시기에 발주기관 가용 전산 자원이 없을 　경우는 개발환경에서 테스트	품질담당/기반담당
응용 소스	테스트 응용서버에 응용 소스 탑재	정보화부서 담당자/기반담당
DB 데이터	테스트 DB 서버에 운영DB 데이터 탑재	
상용 SW	필요한 SW를 테스트 응용서버에 설치	
전산 자원 사용신청	테스트 서버 접속 권한 신청(방화벽, DB 사용 등)	기반담당/보안담당/물리DB담당
(필요시)개인정보 영향평가	개인정보 영향평가 결과 반영여부 체크	정보화부서 담당자/개인정보 보호 책임자

시험단계에서는 오류 결과에 따른 재테스트 수행범위는 테스트 수행 결과에 따라 발주부서 담당자가 정한다. 필요시 수행사는 테스트 범위, 일정, 환경 및 사용 도구, 측정지표, 측정 결과, 결함률, 결함 현황, 투입공수, 품질평가, 이슈 등을 정리한 결과보고서를 제출해야 한다.

<재테스트 수행범위 기준 가이드>
• 시스템 주요 핵심 기능 오류 존재 시: 전체 재테스트
• 독립된 기능 오류 → 해당 시나리오 재테스트
• 연관 기능 오류 → 해당 시나리오 및 관련된 시나리오 재테스트

마지막으로 시험단계 점검결과 또는 점검결과 검토 시 미흡한 점에 대해 수행사에 그 결과를 조치하도록 지시한다.

<Tip. 1 개발 산출물의 의미>
• 개발방법론에 따라 산출물을 작성할 때 '발주기관에 제출을 위함이 아니라 수행사의 개발자 자신을 위한 것'임을 명확히 한다.
• 단계별 산출물을 작성해 가면서 해당 '업무 지식의 폭과 깊이'를 더해간다. 가볍게 여기면 분명 적용 후 수행사가 감당해야 할 부분이 아프게 다가올 것이다.

<Tip. 2 프로젝트 내에 상주감리 조직이 있는 경우>

중요 산출물에 대해 상주감리가 검토한 산출물을 PMO가 한 번 더 확인할 수 있다.

2.7.2.4 감리계획 및 감리 시정조치 검토

감리계획 및 감리 시정조치 검토는 감리 제안요청서의 내용을 충실히 반영하여 감리계획서의 감리영역 및 상세 점검항목의 도출 여부를 검토한다. 감리에 특별한 요구사항이 있거나, 고객사를 대신하여 사업 성공에 영향을 주는 요소에 대해서 선별하여 요청하는 활동이다.

1) 기준

감리계획 및 감리 시정조치 검토의 기준은 '감리계획서', '시정조치계획서' 등이다. 감리계획서와 시정조치계획서에 감리를 위한 계획과 시정조치가 적정하게 이행되는지 검토하고 조정한다.

2) 측정지표(* 점검항목: 체크리스트)

PMO는 감리계획 및 감리 시정조치 검토를 위한 측정지표로 감리계획이 적절성, 감리 시정조치 계획 및 결과 적절 여부 등을 점검항목으로 활용한다. 점검항목은 <표 140>과 같이 점검항목별 점검결과(적합(O), 수정/보완(△), 누락(X), 제외(N/A))를 지표로 하여 점검한다.

<표 140> 감리계획 및 감리 시정조치 검토에 대한 측정지표

번호	점검항목	점검결과(O, △, x, N/A)				PMO 검토 의견
1	•감리계획이 적절하게 수립되었는가? 1) 감리제안요청서의 내용을 충실히 반영하여 감리계획서의 감리영역 및 상세 점검항목 도출 여부 2) 발주기관의 추가 요청사항이 있는 경우 해당 사항 반영여부 3) 감리 중점 점검 사항 반영여부					
2	•감리 시정조치 계획 및 결과가 적절하게 작성되었는가? 1) 감리보고서에서 제시한 개선 권고사항의 시정조치 계획에 반영여부 2) 시정조치 계획에 따라 조치가 적정하게 완료되었고 시정조치 확인 및 수행 여부					

3) 절차

PMO는 감리사가 제출한 감리계획서와 수행사가 제출한 감리시정조치계획서/결과서를 기준으로 <그림 153>과 같이 감리계획서 검토 및 조정, 감리시정조치계획서(결과서) 검토 및 조정 등 감리계획 및 감리 시정조치 검토 절차에 따라 점검하고 조정한다.

<그림 153> 감리계획 및 감리 시정조치 검토 절차

Input	절차	Output
감리계획서 감리시정조치계획서 감리시정조치결과서	① 감리계획서 검토 및 조정 ② 감리시정조치계획서(결과서) 검토 및 조정	PMO 검토보고서 (수정) 감리계획서 (수정) 감리시정조치계획서/결과서

① 감리계획서 검토 및 조정

PMO는 감리회사가 제출한 감리계획서를 기준으로 감리 제안요청서의 내용을 충실히 반영하여 감리계획서의 감리영역 및 상세 점검항목 도출 여부, 발주기관의 추가 요청사항이 있는 경우 해당 사항 반영여부, 감리 중점 점검 사항 반영여부 등에 대한 사항이 있는지 검토 및 조정한다.

② 감리시정조치계획서(결과서) 검토 및 조정

PMO는 단계별(요구정의단계, 설계단계, 종료단계) 감리 결과에 따라 수행사가 감리시정조치계획서(결과서)가 적절하게 작성되고 이행되는지 점검한다. 특히 감리보고서에서 제시한 개선 권고사항의 시정조치 계획의 반영여부, 시정조치 계획에 따라 조치가 적정하게 완료되었고 시정조치 확인 및 수행 여부를 점검한다.

먼저, 감리시정조치계획서는 감리영역별 개선 방향에 대한 시정조치 계획, 담당자, 조치 예정일 기재 여부를 검토하고 조정한다. 그리고 감리시정조치결과서는 조치내용, 조치일자, 관련 산출물이 적절한지 검토하고 조정한다.

2.8 성과관리

2.8.1 성과관리 개요

1) 정의

성과관리는 프로젝트를 통해 달성하고자 하는 목표 수준을 명확히 인지하고, 프로젝트 추진과정에서 달성한 현재 실적을 체계적으로 관리함으로 궁극적으로 프로젝트 완료 후 기대하는 목표를 달성하는 활동이다.

2) 목적

성과관리의 목적은 추진 방향성에 부합하고, 프로젝트 목표 달성을 정성/정량적으로 측정할 수 있는 지표를 활용하여 프로젝트 추진과정에 목표 달성 여부를 구체적으로 확인할 수 있도록 하는 것이다. 이를 위해 자료제공과 프로젝트 성공 여부를 객관적으로 판단할 수 있는 기준을 제공하는 것이다.

3) PMO 중점 관리사항

PMO는 발주기관의 입장에서 프로젝트 성과에 대한 구체적인 목표를 설정하였는지, 프로젝트 성과를 PDCA(Plan-Do-Check-Act) 관점에서 목표를 측정, 평가하여 결과를 피드백하였는지 등 지속적인 목표 점검을 통해 성과측정과 평가 및 보고를 한다.

2.8.2 성과관리 프로세스

성과관리 프로세스는 <그림 154>와 같이 성과관리 계획검토 및 조정, 단계별 성과지표 평가 및 보고 등 2단계 절차를 거쳐 진행한다.

<그림 154> 성과관리 프로세스

2.8.2.1 성과관리 계획검토 및 조정

성과관리 계획검토 및 조정은 효과적인 프로젝트의 관리를 통한 대상시스템 구축사업의 성과 제고와 내외부 고객의 만족 및 궁극적으로 진행 성과 제고를 위한 성과관리에 대한 계획이 적정하게 수립되었는지 점검하고 조정하는 활동이다.

1) 기준

성과관리 계획검토 및 조정의 기준은 '성과관리계획서'이다. 성과관리계획서에 성과관리 계획 및 단계별 성과지표 평가 및 보고를 위한 성과관리 계획이 적정하게 수립되었는지 검토하고 조정한다.

2) 측정지표(*점검항목: 체크리스트)

PMO는 성과관리 계획검토 및 조정을 위한 측정지표로 성과관리 계획의 적절성, 성과측정 계획 절차의 적절성, 측정 및 관리 절차의 구체성, 성과관리 보고 체계 등을 점검항목으로 활용한다. 점검항목은 <표 141>과 같이 점검항목별 점검결과(적합(O), 수정/보완(△), 누락(X), 제외(N/A))를 지표로 하여 점검한다.

<표 141> 성과관리 계획검토 및 조정에 대한 측정지표

번호	점검항목	점검결과(O, △, ×, N/A)				PMO 검토 의견
1	•성과관리 계획을 적절하게 수립하였는가? 1) 성과관리 목적의 적절성 여부 2) 성과관리의 역할과 책임의 명확성 여부					
2	•성과측정 계획수립 절차가 적절한가? 1) 프로젝트 목표 정의 여부 2) 성과지표 선정 여부 3) 성과지표별 목표값 설정 여부 4) 측정 및 원인 분석 계획서 작성 여부					
3	•측정 및 관리 절차가 구체적인가? 1) 데이터 수집 방법 기술 여부 2) 지표별 성과분석 방법 기술 여부 3) 성과 보고 방법 기술 여부 4) 시정 및 예방조사 방법 기술 여부 5) 원인 분석 및 해결 방법 기술 여부					
4	•성과관리 담당자는 수행사의 운영조직과 독립적인가?					
5	•성과관리에 영향을 주는(프로세스, 산출물, 인력, 지표관리 등) 전반적인 사항을 범위에 포함하고 있는가?					
6	•성과관리 보고 체계가 정의되어 있는가?					

3) 절차

PMO는 사업자가 제출한 성과관리계획서를 기준으로 <그림 155>와 같이 성과관리 계획의 적절성 검토, 단계별 성과지표 평가 및 보고 등 성과관리 계획검토 및 조정절차에 따라 점검하고 조정한다.

<그림 155> 성과관리 계획검토 및 조정절차

Input	절차	Output
성과관리계획서	① 성과관리 수행 절차의 적절성 검토 ② 성과관리 계획의 적절성 검토 ③ 성과관리 계획의 조정 작업	PMO 검토보고서 (조정) 성과관리계획서

① 성과관리 수행 절차의 적절성 검토

PMO는 <그림 156>과 같이 성과관리 수행 절차에 사업 성과관리 평가 시기 및 평가 내용, 대상 단계별 성과지표 주요 관리사항이 정의되어 있는지 점검한다. 또한 수행사가 성과목표를 설정하고 성과관리 계획을 수립 후, 성과지표 및 측정기준의 적정성을 평가하고 있는지 확인한다. 또한 평가지표를 기준으로 측정평가가 적절한지 검토하고 조정한다.

<그림 156> 성과관리 수행 절차 사례

사업 성과관리 평가 시기 및 평가 내용			구축사업 단계별 성과지표 주요 관리 사항				
각 단계별 성과평가 수행 방안			분석	설계	시스템 구축	시스템 검증	사업종료
기획단계평가	평가 시기	·사업 착수 시점	업무기반성과지표관리	사업 성과지표 및 목표 정의	성과지표와 분석 기반 설계 내용 반영 및 적용에 대한 평가	성과지표의 목표 수준 달성여부 평가
	평가 내용	·사업목표 수립 지원 ·세부 성과지표 및 목표치 수립 지원		·업무 요건 반영 된세부목표기능 검토를 통한 성과 지표 정의 ·시스템별 기능요건 매핑 및 추적 관리	·기능 요건과 설계 매핑 평가 ·업무 요건 추적 관리 ·설계에 대한 구현 매핑 평가 ·업무/기능 요건에 대한 추적 관리 및 변경관리	·업무 영역별 사업완 전성 테스트 ·업무 요건 검증에 대비한 적용 여부 평가
집행단계평가	평가 시기	·분석단계, 설계단계, 구현단계 각 단계 말	기술기반성과관리	기술요건 관련 성과지표 정의	성과지표와소프트웨어및기술구조 관련상세기능 반영 평가	성과지표 목표수준 평가
	평가 내용	·대상사업 성과에 대한 구체적인 목표를 설정하고 목표 달성 여부를 확인하는 계획수립 지원 ·핵심성과지표 수립 및 대상사업에 대한 성과측정 방법 제시 ·단계별 성과지표 측정 및 평가지원 ·평가결과에 따른 원인 분석을 통하여 시정조치 지원		·업무시스템 영역 별 애플리케이션 성과지표 도출 ·성과지표 측정방 안 마련	·기술요건과 관련된 성과지표의 기능설계 반영여부 검토 ·기술요건의성과지표 향후 고려 사항 검토를 통한 적용	·시스템 통합테스트 시나리오 기반의 평가 ·목표 성과지표 수준 미달 시 보완방안 제시
사후관리단계평가	평가 시기	·사업 인수/인계 완료 시점	점검사항	·업무 자동화, 처리 시간 감소 등 업무 영역별신규/변경 업무 요건을 반영한성과지 표정의 ·시스템 아키텍처 검토	·상세 설계와 업무 요건 간의 업 무요건추적매트릭스적용 ·개발과 업무 요건 간의 업무 요건추적매트릭스적용 ·시스템 아키텍처 및 용량 등 산정	·성능, 백업, 복구 등 테스트와 업무 요건 평가 ·테스트 계획 및 지침 점검
	평가 내용	·성과지표 대비 목표로 설정한 성과지 표의 달성 여부 평가 ·확정된 성과지표에 근거한 달성 여부 및 미완성 사항에 대한 보완 방안 검토				

② 성과관리 계획의 적절성 검토

PMO는 수행사가 제출한 성과관리계획서를 기준으로 성과관리를 측정할 평가관리 역할, 측정계획 수립 절차, 측정 및 관리 절차 등이 적절하게 수립되었는지 점검한다. 성과측정은 정량적인 측정치(Measurement)에 기반하여 계산되거나 조합된 인자(indicator)로서 시스템 혹은 컴포넌트, 프로세스가 보유한 특정 속성의 정도에 대하여 정량적으로 표현하여 수치화하는 것이 핵심이다.

이런 성과관리 계획의 적절성을 검토하기 위해서는 첫째, PMO는 성과관리를 측정할 평가관리 역할이 정의되었는지 점검한다. 평가관리 역할은 발주기관, 수행사, PMO가 모두 참여해야 한다. 발주기관은 성과평가 계획 및 결과 보고 및 업무를 요청하고, 수행사는 성과계획서, 성과평가결과서 제출, 성과 관련 자료 제출 및 성과평가 결과 보완 작업을 수행한다. PMO는 성과지표 기준 및 성과평가 검토 작업을 수행한다.

<사례 40> 평가관리 역할 정의 사례

발주기관	사업수행사	PMO
성과평가 계획 및 결과 보고 업무 요청	성과계획서, 결과서 제출, 성과 관련 자료 제출 성과평가 결과 보완	성과지표 기준 및 성과평가 검토

둘째, 측정 계획수립 절차의 적절성을 검토한다. 즉, 측정 계획수립은 프로젝트에서 측정 활동을 수행하기 위한 측정계획을 문서화하는 것이다. 측정계획은 프로젝트 목표 정의, 성과지표 선정, 성과지표별 목표값 설정, 측정 및 원인 분석 계획서 작성 등을 포함한다.

프로젝트 목표 정의는 조직의 비즈니스 목적, 조직의 품질 경영 지표 및 고객의 요구사항에 근거하여 정량적으로 관리할 프로젝트 목표를 도출하였는지 점검한다. 또한 프로젝트의 목표는 프로젝트 기술서에 정의된 품질목표를 포괄하는 개념으로, 품질(결함 밀도, 기능성, 안정성, 유지보수 용이성, 내구성, 정확도, 성능 등) 이외의 측면(납기, 고객 만족, 원가)도 포함한다. 그리고 프로젝트 목표는 프로젝트 자체 목표(최종사용자, 고객 등 이해 관련자들의 요구에 기반한 사항 등)와 더불어 프로젝트가 속한 팀/본부의 경영 목표와 정렬(Align)될 필요가 있다.

성과지표 선정은 프로젝트 목표 관리를 위한 성과지표(관리기반 지표, 업무기반 지표, 기술기반 지표 등)를 도출하고, 도출된 성과지표 중에서 정량적인 관리가 필요한 성과지표를 도출하였는지 점검한다.

<그림 157> 성과지표풀(Pool) 사례

구분	성과지표	성과공식	설명
관리 지표	공정 진척률	(실적진척률/계획진척률)*100	계획 대비 일정 진척도의 파악
	투입공수율	(실적투입공수/계획투입공수)*100	프로젝트 계획에서 산정한 인력투입 목표를 준수하였는지를 정량적으로 평가

구분	성과지표	성과공식	설명
관리지표	Risk 건수	신규 발생, 진행 중, 종료된 Risk 건수(조치율, 기간)	프로젝트 중에 발생한 위험의 발생 빈도에 따라 프로젝트 수행 및 관리의 적정성을 평가
	Issue 건수	신규 발생, 진행 중, 종료된 Issue 건수(조치율, 기간)	프로젝트 중에 발생한 이슈의 발생 빈도에 따라 프로젝트 수행 및 관리의 적정성을 평가
	Inspection수행률	(Inspection 실적 건수/Inspection 계획 건수)*100	시스템의 품질 정도를 측정하고, 결함 방지(Defect Prevention) 등 품질관리 활동의 효율성을 측정
	Inspection 준수율	(적합 항목 수/검토항목 수)*100	프로젝트 산출물의 품질수준 파악
	산출물 결함조치율	(조치완료 부적합 수/부적합 수)*100	프로젝트 산출물의 부적합 항목에 대한 반영을 측정
	교육이수율	(교육 이수자 수/교육 대상자 수)*100	개발자, 사용자, 운영자 대상으로 시스템에 대한 교육 이수 평가
	생산성	(개발 규모(FP)/투입공수(MM)*100	프로젝트의 계획 생산성 대비 실제치간 차이 파악을 통한 개발 적정성 검토
	기능이해도	(사용자 매뉴얼 기능 수/요구기능 수)*100	시스템에서 제공하는 기능의 사용자 매뉴얼 포함률
	고객만족도	설문조사	개발 프로젝트 요청부서의 만족도를 사용 및 유지보수 서비스 측면에서 평가
	사용자 만족도	설문조사	개발 시스템 사용자의 만족도를 사용 및 유지보수 서비스 측면에서 평가
기반	요구사항 반영률	(반영된 요구사항 수/ Baseline 수립된 요구사항 수)*100	고객의 요구사항을 관리하여 사업의 범위에서 누락됨을 예방
	지표	(구현 완료된 요구사항 개수/전체 요구사항 개수)*100	단계별 요구사항을 추적 관리하여 사업의 범위가 누락됨을 예방
	요구사항 변경률	(추가, 수정, 삭제된 요구사항 개수/최초 Baseline 된 요구사항 개수)*100	요구사항의 안정도 파악 및 변경사항 발생 시 영향도 추정
	테스트 실행률	(테스트실행케이스 수/테스트케이스 설계 수)*100	단위, 통합, 인수테스트 진척 측정
	테스트 결함률	(결함이 발견된 테스트케이스 수/수행된 테스트케이스 수)*100	테스트 단계의 제품 품질수준 파악(RFP: 5% 미만, 결함 지속 시간: 1HR미만)
	테스트 결함 조치율	(조치완료 부적합 TC 수/부적합 TC 수)*100	테스트 단계의 결함에 대한 조치를 평가함
	대외 연계 성공률	(성공 인터페이스 건수/ 인터페이스 건수)*100	대외인터페이스 목록에 대한 성공을 측정 정상 응답, 오류 응답(데이터 조회오류 등)은 성공인터페이스 건수에 포함
기술기반지표	성능 달성률	목표 응답속도 만족 여부, 목표 Throughput 만족 여부 성능테스트 도구 활용	시스템의 성능 목표 달성 여부를 검증하고, 시스템 운영의 효율성 및 안정성 확보(Peak 시 TPS)
	시스템자원 사용률	CPU: 70% 미만, 메모리: 70% 미만	RFP 성능 요구사항(CPU, 메모리 등 자원의 Peak 시 사용률을 측정)
	시스템 응답시간	온라인 거래기준 최대 3초 이내	RFP상 성능 요구사항(단, 대량 데이터 처리기능이나 통계, 비동기 처리 등의 처리시간은 협의 결정)
	동시 사용자 수	업무시스템 Activity User : 최소 000명 고객시스템 Activity User : 최소 000명	RFP상 성능 요구사항
	동시 처리 능력	정상 상태에서 초당 100건 이상	RFP상 성능 요구사항
	기술 규격 준수율	장비별 규격 요구사항 준수율	RFP 규격 요구사항

성과지표별 목표값 설정은 프로젝트 목표 관리를 위해 선정된 성과지표에 대해 목표 수준 및 통제 범위를 설정하는 것이다. 정량적 관리 대상인 성과지표는 지표별 목표값, 상한선 및 하한선 이외에 주요 마일스톤별 목표값 및 상한선(UCL), 하한선(LCL)을 설정하였는지 점검한다. 한편 정량적 관리 대상이 아닌 일반 성과지표에 대해서는 별도의 목표값, 상한선 및 하한선을 설정하지 않을 수 있다. 정량적 관리 대상인 성과지표별 목표값 설정 시에는 조직 프로세스 성과 베이스라인(PPB)을 참조하여 그대로 적용하거나, 프로젝트의 목표와 특성에 맞추어 수정·적용하였는지도 점검한다.

<사례 41> 성과지표별 목표 설정 사례

구분	성과지표		목표	검토산출물	측정시기	비고
관리 지표	일정진척률		100%	WBS	매주	오케스트라를 기준으로 진척률 측정
	Inspection 준수율		90%	검수대상 산출물, WBS	각 단계 말	WBS 기준으로 완료 일정이 도래한 산출물 대상
업무 기반 지표	요구사항 반영률		100%	요구사항정의서(검사기준서), 요구사항 추적표	각 단계 말	범위비교표(분석)
	요구사항 구현율		100%	요구사항정의서(검사기준서), 검사증적, 요구사항추적표	종료단계 감리	
	테스트 실행률	단위	100%	단위테스트케이스, 단위테스트결과서	단위테스트	
		통합/인수	100%	테스트시나리오, 테스트결과서	통합/인수테스트	
	테스트 결 함률	단순결함	90%	테스트결함관리대장	단위/통합/인수 테스트	테스트 계획수립시 결함에 대한 정의 및 기준과 예외 사항을 정의함
		중대결함	100%			
기술 기반 지표	성능 달성률		100%	성능테스트계획서, 성능테스트결과서	성능테스트	상세성능 목표는 아키텍처 구성후 정의함
	시스템자원 사용률		100%	CPU: 70% 미만. 메모리: 70% 미만	성능테스트	
	시스템 응답시간		100%	온라인 거래기준 최대 3초 이내	성능테스트	
	동시 사용자 수		100%	업무시스템 Activity User: 최소 200명. 고객시스템(다이렉트) Activity User: 최소 300명	성능테스트	
	동시 처리 능력		100%	정상 상태에서 초당 100건 이상	성능테스트	
	기술규격 준수율 (규격)		100%	장비별 규격 요구사항 준수율	설치시험	RFP, 제안서, 기술협상서, 설치시험결과서 상호 검증

384

또한 PMO는 성과 담당자가 측정 준비 활동을 바탕으로 측정계획을 측정 및 원인 분석 계획서를 작성하여 검토 후 발주기관의 승인 여부가 포함되었는지 점검한다.

마지막으로 측정 및 관리 절차의 구체성을 검토한다. 프로젝트를 진행하면서 그 성과를 기록하고 기록된 성과를 취합 분석하여 관련자에게 보고하고, 수행 성과를 계획과 비교하여 차이를 분석하고 필요한 시정 및 예방조치를 수행하는 절차가 포함되었는지 점검한다.

<사례 42> 측정 및 관리 절차 사례

활동	세부 활동	담당자
가. 데이터 수집	대상 데이터 기록 → 대상 데이터 수집 → 데이터 유효성 검토 → 재측정 요구	프로젝트팀원 성과 담당자
나. 지표별 성과분석	성과분석 → 결과 예측	성과 담당자
다. 성과 보고	성과분석 결과 보고 → 이해관계자 설명	성과 담당자 프로젝트 관리자
라. 시정 및 예방조사	부적합 사항 발생 여부 판단 → 부적합 원인 분석 → 시정 및 예방조치 → 결과 보고	성과 담당자 프로젝트 관리자
마. 원인 분석 및 해결	원인 분석 대상 결함 선정 → 원인 분석 및 해결방안 도출 → 해결 활동 수행 → 효과분석	원인분석담당자 프로젝트 관리자
주요 산출물	각종 측정 분석 자료 프로젝트 상태보고서 원인 분석 활동 내역서	

③ 성과관리 계획의 조정 작업

PMO는 발주기관 성과관리 담당자 및 수행사 프로젝트 관리자(PM)에 성과관리 계획에 대한 PMO 검토보고서 작성 내용을 설명하고, 잘못된 검토 내용이 있는지 확인한다. 그리고 발주기관의 성과관리 방침과 성과관리 계획 점검항목을 기반으로 검토된 내용이 맞지 않거나 발주기관의 조정요청이 있는 경우 성과관리 계획을 조정한다.

<조정항목 예시>
- 성과관리 역할
- 측정 계획수립 절차(프로젝트 목표 정의, 성과지표 선정, 성과지표별 목표값 설정, 측정 및 원인

분석 계획서 작성)

- 측정 및 관리 절차(데이터 수집, 지표별 성과분석, 성과 보고, 시정 및 예방조사, 원인 분석 및 해결)

2.8.2.2 단계별 성과지표 평가 및 보고

단계별 성과지표 평가 및 보고는 성과관리 계획에 따라 적절하게 측정 및 보고되고 있는
지 점검하고 지시하는 활동이다.

1) 기준

단계별 성과지표 평가 및 보고의 기준은 성과관리가 계획 대비 적절하게 이루어지고 있
는지 성과관리 측정 결과, 발주기관 보고서 등 산출물이다. 이를 기준으로 점검한다.

2) 측정지표(*점검항목: 체크리스트)

PMO는 단계별 성과지표 평가 및 보고를 위한 측정지표로 성과에 대해 주기적인 보고
여부, 성과 관련 이해관계자의 협조 여부, 자체적으로 측정해야 할 지표의 측정방안 고려
여부, 성과측정 방법의 적정성 여부, 수행사의 성과측정 관련 활동의 적정성 여부 등을 점
검항목으로 활용한다. 점검항목은 <표 142>와 같이 점검항목별 점검결과(적합(O), 수정/보
완(△), 누락(X), 제외(N/A))를 지표로 하여 점검한다.

<표 142> 단계별 성과지표 평가 및 보고에 대한 측정지표

번호	점검항목	점검결과(O, △, ×, N/A)			PMO 검토 의견
1	성과에 대해 주기적으로 보고하고 있는가?				
2	성과 관련 이해관계자의 협조가 이루어지고 있는가?				
3	성과관리지표에 대해 파트와 공유하고 파트별, 단계별 자체적으로 측정해야 할 지표의 측정방안을 고려하고 있는가?				
4	성과측정 방법은 적정한가(목표 달성 정도, 자료출처, 만족도 조사 등)?				
5	수행사의 성과측정 관련 활동이 적정한가?				

3) 절차

PMO는 사업자가 제출한 성과관리 측정 결과물을 기준으로 <그림 158>과 같이 단계별
성과지표 평가 여부 점검, 성과평가 보고 여부 등을 단계별 성과지표 평가 및 보고 절차에
따라 점검한다.

Input	절차	Output
성과관리계획서 성과평가결과서	① 단계별 성과지표 평가 여부 점검 ② 성과평가 보고 여부 점검	PMO 검토보고서 (보고) 성과평가결과서

① 단계별 성과지표 평가 여부 점검

PMO는 수행사가 성과관리 계획에 따라 성과관리 측정이 되고 있는지 점검한다. 또한 수행사가 성과지표에 따라 항목별로 지표를 측정하여 관리하는지도 점검한다. 또한 수행사 프로젝트 관리자 및 성과 담당자가 성과지표별 분석 결과가 설정된 프로세스 성과 베이스라인을 벗어나는 경우, 프로젝트팀원과 원인을 분석하고 적절한 시정 활동을 계획하여 시정조치를 수행하는지 점검한다. 시정조치는 Action Item으로 관리한다.

수행사 프로젝트 관리자와 성과 담당자가 재발 방지 측면에서 근본적인 원인을 파악하여 예방조치를 수행할 담당자를 지정하고, 지정된 담당자는 필요한 예방조치를 수행한 후 결과를 프로젝트 관리자에게 보고하는지도 점검한다.

② 성과평가 보고 여부 점검

PMO는 수행사가 성과 결과를 분석하여 원인과 대응 방안을 주기적으로 발주기관에 보고하는지를 점검한다.

<표 143> 성과 모니터링 결과를 발주기관에 보고한 사례

구분	성과지표	성과목표	측정결과	측정/분석방법	검토산출물	측정시기	작성산출물
지표 관리	고정진척률	100%	95.9%	(실적 진척률/계획진척률)x100	WBS, PMS 주간보고	매주	주간보고
	Inspection 준수율	90%	분석: 100%(시정조치:270개) 설계: 100%(시정조치 160개) 구현: 88.5%(시정조치 23/26)	(적정항목수/재검토항목수)x100	거수대상 산출물WBS	단계말	품질측정 결과서
응용 지표	요구사항 반영율	100%	- 범위비교표: 96.2%(381/398) → 보완완료 - 요구사항정의서: 98.8%(590/597) → 보완완료	(반영된 요구사항수/ Baseline수립된 요구사항수) x 100	요구사항정의서 (검사기준서) 범위비교표 요구사항추적표	단계말	기술검토 보고서 (범위비교표)
	요구사항 구현율	100%	96.9%(507/523) 606항목 중 점검제외 77개	(구현완료된 요구사항수/전체요구사항개수) x 100	요구사항정의서 (검사기준서) 검사증적요구사항 추적표	종료단계 감리	종료단계 감리 수행 결과보고서 (최종)

구분	성과지표		성과목표	측정결과	측정/분석방법	검토산출물	측정시기	작성산출물
응용지표	테스트 실행률	단위 테스트	100%	100%(528개)	(테스트 실행 케이스수/테스트 케이스 설계수) x 100 *모든 개발 프로그램은 누락없이 테스트케이스가 설계되어야 함	단위테스트설계서 단위테스트결과서	단위 테스트	개발 및 테스트진척 현황
		통합/ 인수 테스트	100%	1차: 100%(1041개 중 320개 제외) 2차: 100%(1073개 중 197개 제외) 3차: 100%(1186개 중 11개 제외)	(테스트 실행 케이스수/테스트 케이스 설계수) x 100 *업무기능분해도의 모든 업무기능에 대해 누락없이 테스트케이스가 설계되어야 함	통합/인수테스트 설계서통합/인수 테스트결과서	통합/인수 테스트	개발 및 테스트진척 현황
	테스트 결함 조치율	단순 결함	90%	단위: 100% 1차: 100%(591개) 2차: 100%(364개) 3차: 100%(394개)	(조치완료 부적합 TC 수/부적합 TC 수) x 100	PMS테스트결합관리대장	단위/ 통합/인수 테스트	개발 및 테스트진척 현황
		중대 결함	100%					
기술 기반 지표	성능 달성률		100%	온라인 초당 처리건수(TPS): 105.4/95.08건	목표 응답속도 만족여부(3초)목표 Throuhput만족 여부 *성능테스트 도구 활용	성능테스트계획서 성능테스트결과서	성능 테스트	성능테스트 결과서
	시스템 자원 사용률		100%	CPU: 60%미만 메모리: 80%미만(1.5GB)	CPU: 70% 미만 메모리: 70% 미만		성능 테스트	성능테스트 결과서
	시스템 응답시간		100%	1초 미만	온라인 거래기준 3초 이내		성능 테스트	성능테스트 결과서
	동시사용자수		100%	100%	업무시스템 Activity User : 최소 200명		성능 테스트	성능테스트 결과서

2.9 조달관리

2.9.1 조달관리 개요

1) 정의

조달관리는 도급받은 소프트웨어사업의 일부 또는 전부를 도급하기 위해서 수급인이 제3자와 체결된 계약의 적정성 등 하도급 승인 여부 결과를 발주기관에 통지하여 승인된 하도급계약에 대하여 준수실태를 확인하는 활동이다.

2) 목적

조달관리의 목적은 소프트웨어사업 하도급계약의 적정성을 판단하는데 필요한 방법,

388

항목, 절차 등을 관리 지침에 의거 수행하는 것이다. 또한 불공정거래 관행에 대한 적정한 제도적 보완책을 수립하여 시행하고, 이행하지 않은 경우는 제재 방법을 마련하여 직간접적으로 이행확보 수단을 마련하는 것이다.

3) PMO 중점 관리사항

PMO는 발주기관의 입장에서 하도급계약의 법규를 참조하여 적정성 여부를 검토하고 조정한다. 특히 프로젝트 수행 중에 계약 변경 등으로 「하도급계약의 적정성 판단 세부 기준」에 벗어나지 않는지 점검한다.

2.9.2 조달관리 프로세스

조달관리 프로세스는 <그림 159>와 같이 하도급 및 조달계획의 점검 및 조정, 하도급 및 조달계획의 이행사항 점검 및 조치사항 지시 등 2단계 절차를 거쳐 진행한다.

<그림 159> 조달관리 프로세스

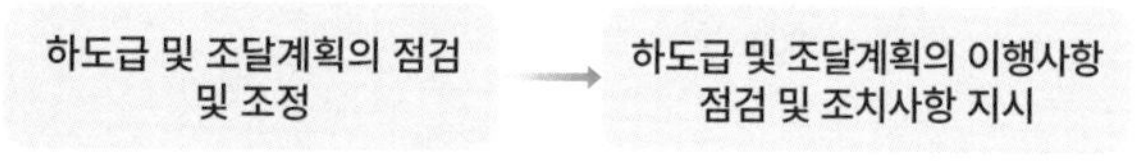

하도급 및 조달계획의 점검 및 조정 → 하도급 및 조달계획의 이행사항 점검 및 조치사항 지시

2.9.2.1 하도급 및 조달계획의 점검 및 조정

하도급 및 조달계획의 점검 및 조정은 프로젝트 수행 중에 발생하는 문제점 및 쟁점 사항(이슈)의 해결방안을 적기에 보고하기 위해 정기보고, 단계별 보고, 수시보고 등을 통해 진척 현황보고 및 산출물 품질확보에 대한 원활한 의사소통 체계 및 의사소통 수행을 위한 계획이 적정하게 정의되었는지 점검하고 조정하는 과정이다.

1) 기준

하도급 및 조달계획의 점검 및 조정의 기준은 '사업수행계획서', '의사소통계획서' 등이다. 이에 의사소통 관리체계 및 의사소통 수행을 위한 계획이 적정하게 수립되었는지 그리고 의사소통 요구사항 및 의사소통 방식 등이 적절하게 정의되었는지 검토하고 조정한다.

2) 측정지표(*점검항목: 체크리스트)

PMO는 하도급 및 조달계획의 점검 및 조정을 위한 측정지표로 하도급계약의 적정성 검토, 하도급 적정성 판단 자기평가표 및 해당 증빙서류 검토, HW/SW 도입·분리 발주계획/설치 일정 검토 등을 점검항목으로 활용한다. 점검항목은 <표 144>와 같이 점검항목별 점검결과(적합(O), 수정/보완(△), 누락(X), 제외(N/A))를 지표로 하여 점검한다.

<표 144> 하도급 및 조달계획의 점검 및 조정에 대한 측정지표

번호	점검항목	점검결과(O, △, ×, N/A)				PMO 검토 의견
1	•하도급계약이 적절한가? 1) 인적자원에 대한 요구사항이 충분히 수렴되어 인력투입계획의 작성 여부 2) 프로젝트 조직도에 따른 인력배분이 적절성 여부 3) 사업수행의 우선순위를 고려하여 투입인력계획 수립 여부 4) 업무영역별 인력의 적정 투입계획 여부 5) 인력관리 R&R(Role & Responsibility), 상세 투입 일정 및 영역별 인력 투입공수, 투입인력 리스트 및 이력, 인력 변경/교체 관리기준 및 프로세스 작성 여부					
2	•하도급 적정성 판단 자기평가표 및 해당 증빙서류가 적절한가?					
3	•HW/SW 도입·분리 발주계획/설치 일정 등이 적절하게 수립되었는가? 1) HW/SW 도입·분리발주 적정성 여부 2) HW/SW 도입 일정 적정성 여부					

3) 절차

PMO는 사업자가 제출한 조달관리계획서를 기준으로 <그림 160>과 같이 조달관리 계획의 적절성 검토, 조달관리 계획의 조정 등 하도급 및 조달계획의 점검 및 조정절차에 따라 점검하고 조정한다.

<그림 160> 하도급 및 조달계획의 점검 및 조정절차

Input	절차	Output
조달관리계획서	① 조달관리 수행 절차의 적절성 검토 ② 조달관리 계획의 적절성 검토 ③ 조달관리 계획의 조정 작업	PMO 검토보고서 (조정) 조달관리계획서

① 조달관리 수행 절차의 적절성 검토

PMO는 <그림 161>과 같이 조달관리 수행 절차에 하도급 및 조달계획, 하도급 및 조달모니터링, 하도급 및 조달통제 등이 정의되어 있는지 점검한다. 또한 주요 활동 내용을 점검하고 지원사항이 있는 경우 지원한다.

	하도급 및 조달 계획	하도급 및 조달 모니터링	하도급 및 조달 통제
주요 활동	• 요구사항 분석 • 조달 결정 항목 문서 작성 • 조달방법 결정 • 잠재적 공급자 식별	• 제안 및 견적 요청 • 제안 평가(견적 비교) • 공급자 선택 • 계약 체결 모니터링	• 계약에 따른 성과 모니터링 • 계약내용 수정 및 변경 • 산출물 검수 및 인수 • 계약 종료

PMO지원
사항
	• 조달 작업 기술서 또는 위임 사항 작성
	  검토
	• 예산 책정에 필요한 상위 수준의
	  비용추정 지원
	• 적격 판매자의 최종 후보 대상 업체
	  목록 식별지원
	• 입찰서 작성 및 발행 지원
	• 제안서 기술/비용평가 지원
	• 최종품질 및 비용종합평가 지원
	• 구매자와 판매자 사이에 협상/ 계약서
	  작성지원
		• 공급자의 제안요청서를 중심으로
		  제안서 접수 모니터링
		• 접수된 제안서 평가 지원
		• 제안서 설명을 위한 제안설명회 모
		  니터링
		• 작업수행 능력과 자격을 갖춘 공
		  급자 선정 지원
		• 최종 결정된 공급자와 계약 체결 모
		  니터링
			• 데이터 수집, 프로젝트 기록 관리
			  및 측정 가능한 조달 성과지표 제
			  정 지원
			• 조달 계획서와 조달 일정 구체화 작
			  업 지원
			• 조달 관련 사업 데이터 수집, 분석
			  및 보고서 작성방침 지원
			• 이행을 촉진하거나 조정이 가능하
			  도록 조달환경 감시

② 조달관리 계획의 적절성 검토

PMO는 수행사가 제출한 조달관리계획서를 기준으로「하도급계약의 적정성 판단 세부 기준」에 따라 하도급계약의 적정성 검토, 하도급 적정성 판단 자기평가표 및 해당 증빙서류 검토, HW/SW 도입·분리 발주계획/설치 일정 검토 등이 적절하게 수립되었는지 점검한다. 조달관리는 프로젝트 수행 전반에 대한 참여 인원, 장비, 자료에 대한 조달 등 제반 사항에 대한 조달 활동을 하는 것이다.

이런 조달관리 계획의 적절성을 검토하기 위해서는 첫째,「하도급계약의 적정성 판단 세부기준」에 따라 '자격의 적정성', '수행 능력의 적정성', '계약의 공정성', '기타'의 가점의 정당성을 검토하여 판단한다. 둘째, PMO가 공동수급체와 하도급 적정성을 검토하여 발주 기관에 한 장의 장표로 보고한다(하도급계약 준수실태 보고서 적정성 검토). 수급인, 하수급인, 하수급인 상호는 생략한다.

<표 145> 하도급업체의 하도급 예정 비율과 하도급률 산정 사례

하도급 예정액	하도급 예정비율	하도급 계약 가격 세부 산출내역서							
		하도급차지 금액	하도급율	투입공수	평균입금	제경비	기술료	할인율	직무체계
169,400,000	2.00%	208,899,556	81.1%	14MM	9,134,617	35%	10%	18.9%	데이터 아키텍트
138,600,000	1.63%	155,916,497	88.9%	14MM	6,817,810	35%	10%	11.1%	데이터 아키텍트
48,400,000	0.57%	58,233,396	83.1%	6MM	5,941,577	35%	10%	16.9%	IT시스템운용자
59,400,000	0.70%	71,217,036	83.4%	6MM	7,266,303	35%	10%	16.6%	데이터 분석가
127,600,000	1.50%	68,374,533	81.7%	8MM	5,232,211	35%	10%	18.3%	UI/UX 디자이너

하도급 예정액	하도급 예정비율	하도급 계약 가격 세부 산출내역서							
		하도급차지 금액	하도급율	투입공수	평균입금	제경비	기술료	할인율	직무체계
		87,723,723	81.7%	14MM	3,835,923	35%	10%	18.3%	IT 테스터
39,600,000	0.47%	43,196,952	91.7%	3MM	8,814,805	35%	10%	8.3%	SW아키텍트
244,750,000	2.88%	285,101,374	85.8%	28MM	6,233,359	35%	10%	14.2%	데이터베이스운용자
122,551,000	1.44%	143,431,723	85.4%	13MM	6,754,337	35%	10%	14.6%	응용SW개발자
75,020,000	0.88%	92,803,072	80.8%	9MM	6,312,490	35%	10%	19.2%	UI/UX 개발자
163,350,000	1.93%	194,386,284	84.0%	13.5MM	8,814,805	35%	10%	16.0%	데이터 아키텍트
69,520,000	0.82%	77,232,466	90.0%	7MM	6,754,337	35%	10%	10.0%	응용SW 개발자
121,000,000	1.43%	142,363,396	85.0%	15MM	5,810,158	35%	10%	15.0%	엠베디드 SW개발자
71,500,000	0.84%	83,541,489	85.6%	12MM	4,261,886	35%	10%	14.4%	엠베디드 SW개발자
105,600,000	1.24%	111,388,652	94.8%	16MM	4,262,886	35%	10%	5.2%	IT지원기술자
869,000,000	10.24%	1,031,145,242	84.3%	100MM	6,312,490	35%	10%	15.7%	UI/UX 개발자
381,810,000	4.50%	453,703,906	84.2%	44MM	6,312,490	35%	10%	15.8%	UI/UX 개발자

셋째, HW/SW 도입과 분리 발주계획, 설치 일정의 적정성을 검토한다.

<표 146> HW/SW 설치 일정 사례

No.	항목	2021년 5월				2021년 6월		
		week1	week2	week3	week4	week1	week2	week3
1	환경 정비(케이블 공사, 바닥 보강 등)	■						
2	시스템 납품 및 하드웨어 작업		■					
3	FW update 등 사전 구성 작업			■				
4	HW 구성(서버/스토리지/네트워크)			■				
5	OS설치(Esxi 및 DB OS)				■			
6	VM 구성				■			
7	DBMS 등 SW 설치					■		
8	단위 테스트(이중화 테스트) 수행							■

<표 147> HW/SW 설치 상세 일정 사례

작업명	작업내용	일정	담당자	결과 확인 방법
상면 보강	전산실 바닥 보강	5/7 10:00 ~ 17:00	양으뜸 부장 조순수 과장	육안 확인
전기 작업	전기 분전반 작업	5/7 10:00 ~ 17:00	양으뜸 부장 조순수 과장	육안 확인
	랙 전원케이블 포설 및 라벨링 작업, 테스트	5/10 14:00 ~ 17:00	양으뜸 부장 조순수 과장	육안 확인 테스트 결과 확인
장비 입고	서버, 네트워크 등 장비 입고 및 설치, 랙 반입 등	5/11~5/14 10:00 ~ 17:00	양으뜸 부장 조순수 과장	육안 확인

작업명	작업내용	일정	담당자	결과 확인 방법
랜 케이블링	전산실 내 랜케이블 포설 및 연결	5/13~5/14 10:00 ~ 17:00	박버금 부장 최똘 과장	육안 확인
	중앙회 장비 연결	5/15 10:00 ~ 17:00	박버금 부장 최똘 과장	연결 테스트
서버 구성	서버, 스토리지, 네트워크 등 구성 및 연결	5/17~5/21 10:00 ~ 17:00	박버금 부장 최똘 과장	연동 테스트
	VM 생성 및 OS 설치 단독 서버 OS 설치	5/24~5/28 10:00 ~ 17:00	박버금 부장 최똘 과장	OS 기동 확인
접속 확인	방화벽 정책 오픈 및 테스트 서버 접속 확인	5/28 10:00 ~ 17:00	박버금 부장 최똘 과장	접속 확인
DBMS 설치	개발, 테스트, 운영 DB 설치	5/31~4/4 10:00 ~ 17:00	박버금 부장 최똘 과장	DB 기동 확인

PMO를 진행하는 업체마다 다르겠지만 하도급 업체별 자기평가표를 작성하는 경우가 있다. PMO 산출물이 생각보다 많으니 한 장의 Excel Sheet로 정리하는 것이 좋다. 하도급 업체의 인력변동이 생길 때마다 저장된 Sheet로 유용하게 사용할 수 있다. HW/SW 설치 일정은 설계단계를 진행할 때 설치계획서에 포함되는 경우가 있으니, 적절하게 설치 일정을 점검한다.

③ 조달관리 계획의 조정 작업

PMO는 발주기관 및 수행사 프로젝트 관리자에 조달관리 계획에 대한 PMO 검토보고서 작성 내용을 설명하고, 잘못된 검토 내용이 있는지 확인한다. 그리고 발주기관의 조달관리 방침을 기반으로 검토된 내용이 맞지 않거나 발주기관의 조정요청이 있는 경우 조달관리 계획을 조정한다.

<조정항목 예시>
• 「하도급계약의 적정성 판단 세부기준」에 따라 하도급계약의 적정성 검토
• 하도급 적정성 판단 자기평가표 및 해당 증빙서류 검토
• HW/SW 도입·분리 발주계획/설치 일정 검토

2.9.2.2 하도급 및 조달계획의 이행사항 점검 및 조치사항 지시

하도급 및 조달계획의 이행사항 점검 및 조치사항 지시는 「행정기관 및 공공기관 정보시스템 구축·운영 지침」 제40조(하도급 관리) 및 「소프트웨어 진흥법 시행규칙」의 소프트

웨어사업 하도급계약 준수실태 보고서에 따라 하도급계약의 준수 여부를 검토한다. 하도급 종료 시 하자보수 절차의 적정성을 검토하고 HW/SW 장비의 구매/설치/시험 등이 계획에 따라 적절하게 수행되었는지 검토하고 조정하는 과정이다.

1) 기준

하도급 및 조달계획의 이행사항 점검 및 조치사항 지시의 기준은 '조달관리계획서'에 인력투입 현황, HW/SW 등 장비 도입 현황, 하도급 관리현황 등이 적절하게 이행되고 있는지이다.

2) 측정지표(*점검항목: 체크리스트)

PMO는 하도급 및 조달계획의 이행사항 점검 및 조치사항 지시를 위한 측정지표로 하도급계획 대비 이행의 적절성, 하자보수 절차, 도입 장비(HW/SW 등)의 이상 유무 등을 점검항목으로 활용한다. 점검항목은 <표 148>과 같이 점검항목별 점검결과(적합(O), 수정/보완(△), 누락(X), 제외(N/A))를 지표로 하여 점검한다.

<표 148> 하도급 및 조달계획의 이행사항 점검 및 조치사항 지시에 대한 측정지표(점검항목)

번호	점검항목	점검결과(O, △, ×, N/A)				PMO 검토 의견
1	•하도급 계획 대비 이행이 적절한가? 1) 업무영역별 인력의 투입 및 배치 확인 여부 2) 인력투입 계획 대비 운영현황이나 변경 사항의 적정성 여부 3) 인력 변경 해당 사유의 타당성 확인 여부 4) 변경 인력에 대한 이력서, 경력 사항, 사업수행 능력 적합 여부 5) 대체되는 인력의 기술 등급, 해당 사업과 연관된 업무직/기술직 수행 경험, 자격조건 적성성 여부 6) 교체 대상 및 교체(요구) 사유, 교체(희망) 일정, 인수인계 방안의 구체적 내용 적정성 여부					
2	•하도급 결과물에 대한 하자보수 절차가 제시되었는가?					
3	•도입 장비에 대한 규격 및 성능에 문제가 없는가? 1) HW/SW 도입 일정에 따른 적정성 수행 여부 2) 성능 및 시스템 테스트가 목표치 이내로 들어왔는지 확인 　(시스템자원 사용률, 시스템 응답시간, 동시 사용자 수, 동시 처리능력, 기술 규격 준수율)					

3) 절차

PMO는 사업자가 제출한 조달관리 이행 결과물을 기준으로 <그림 162>와 같이 조달관리 계획의 이행 여부 점검 및 조치사항 지시 절차에 따라 이행상태를 점검한다.

Input	절차	Output
인력투입 현황 하도급 관리현황 장비도입 현황 성능테스트결과서	① 하도급 및 조달계획의 이행사항 점검 ② 조치사항 지시	PMO 검토보고서 조달관리이행점검표

① 하도급 및 조달계획의 이행사항 점검

PMO는 수행사가 제출한 인력투입 현황, 하도급 관리현황, 장비 도입 현황을 기준으로 하도급계약 준수 여부, 하도급 적정성 판단, 하자보수 검토, HW/SW 등 장비 설치와 시험 등이 적절하게 이행되고 있는지 점검한다. 조달관리는 프로젝트 수행 전반에 대한 인력투입, 하도급 관리, 도입 장비에 대한 적절성 여부를 점검하는 활동이다.

<그림 163> 하도급 및 조달계획의 이행사항 점검 절차 사례

공동수급/하도급 관리				HW/SW 조달 관리	
관리 단계	이행사항 점검 및 조치방안		관리 단계	조달계획에 따른 점검 및 보고	
1 공동수급/하도급 승인요청	• 공동수급/하도급 승인요청에 대한 사업 품질확보 검토 • 공동수급/하도급 계약 적정성 검토	착수	방안 1 조달 계획의 적정성 분석	• 조달대상 제품, 서비스 내역이 사업의 목표달성에 부합하는지 검토	
2 공동수급/하도급 계약	• 하도급법 및 관련 규정준수 여부 검토 • 미충족 시 보완 및 시정조치 요청	분석 설계	방안 2 철저한 사전 준비, 사업 공정에 맞춘 조달 제품, 서비스 납품, 설치 관리비	• 확정된 WBS에 근거하여 조달 제품, 서비스 공정관리	
3 공동수급/하도급 이행사항	• 사업단계별로 공동수급/하도급 이행사항 점검 • 문제점 발견시 문화재청에게 보고 및 조치사항 검토	구축			
4 공동수급/하도급 종료	• 공동수급/하도급 결과물에 대하여 수행사에게 하자보수계획 및 절차 제시 요청 • 미흡하면 보완조치 검토	종료	방안 3 조달 제품, 서비스에 대한 테스트 및 검사	• 납품, 설치 후 계약 내용에 따른 성능, 사양, 수량 검토 및 테스트 확인 • 외부로부터 조달하는 서비스는 기능적, 비기능적 요소 및 완성도 검사 진행	
주요 산출물	공동수급(하도급) 계약 검토결과서 공동수급(하도급) 관리점검표		주요 산출물	HW/SW발주 추진실적	

이런 조달관리 계획의 적절성을 검토하기 위해서는 첫째, 하도급계약의 준수 여부를 점검한다. 하도급계약의 준수 여부는 「행정기관 및 공공기관 정보시스템 구축·운영 지침」 제40조(하도급 관리)에 따라 전체 사업금액을 기준으로 100분의 50을 초과하여 하도급을 할 수 없다. 이는 가장 먼저 점검할 부분이다.

둘째, 하도급 적정성 판단에 대한 점검이다. 하도급 적정성 판단 자기 평가표는 2.9.2.1의 조달관리 계획의 적절성 검토의 절차와 같다. 프로젝트 진행 중에 추가인력 등으로 하나의 하도급업체가 전체 사업금액 50%를 넘는 경우가 종종 발생하므로 수시로 점검해야 한다.

셋째, 하도급 종료 시 하도급 결과물에 대한 하자보수 여부를 검토한다. 하도급 종료 시 결과물에 대한 하자보수 검토는 <그림 164>와 같이 하자보수 절차 사례를 참고하여 점검 작업을 한다.

<그림 164> 하자보수 절차 사례

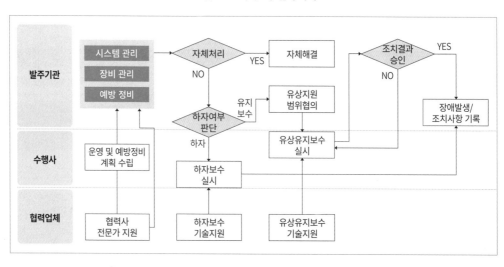

넷째, HW/SW 등 장비 설치와 시험이 적절하게 시행되고 각 장비가 목표값 이내로 결과값이 나오는지 테스트하여 점검한다.

Transaction Name	응답시간			TPS	
	평균	최대	90%	목표	결과
고객정보등록	0.05	0.25	0.06	2.38	2.63
인터넷 청약신청	0.09	0.94	0.14	2.38	2.47
상담사 청약접수내역조회	0.22	0.74	0.26	14.26	15.82
상담사 수당실적 명세	0.54	1.82	0.71	14.26	15.83
고객정보조회	0.03	0.50	0.04	14.26	15.83
청약목록 관리	0.44	5.65	0.53	3.80	4.16
계약사항조회	0.73	2.37	1.30	3.80	4.22
이자납부예상액 조회	0.08	0.20	0.09	3.80	4.19
분할공제지급금 계산	0.03	0.24	0.03	3.80	4.19
공제해약환급금 지급예상액 조회	0.16	0.41	0.23	3.80	4.21
기가입조회	0.04	0.34	0.05	28.52	31.49
Total TPS				95.08	105.04

* 평균 목표 응답 시간 1초 이내 모두 만족

* 목표 95.08 TPS 대비 105.04 TPS 처리

※ 수행시간 : 2022-03-24 오후 21:44:13 - 2022-03-24 오후 22:10:53

② 조치사항 지시

조달관리의 목적은 프로젝트 하도급계약 및 이행의 적절성, 인력투입 계획 대비 운영현황의 적절성, 도입 장비의 적절성을 관리하는 활동이다. PMO는 수행사가 조달관리 이행 결과로 식별된 부적합 사항에 대해 시정조치를 지시하고, 조치 활동이 적절한지 점검한다.

2.10 의사소통 관리

2.10.1 의사소통 관리 개요

1) 정의

의사소통 관리는 프로젝트 수행 전반에 발생할 수 있는 이해관계자 간의 의사소통 채널을 효율적으로 관리하기 위한 활동이다. 프로젝트 구성원 간의 요구사항을 명확히 전달 및 추적, 관리될 수 있도록 프로젝트 전 과정에 걸쳐 정기적으로 관리한다. 프로젝트 이해관계자 및 조직의 보고 체계, 회의 운영방안, 주요 결정의 전달 방안 등의 의사소통 체계를 수립하고 공식화하는 과정이다.

2) 목적

의사소통 관리의 목적은 프로젝트 이해관계자의 정보 요구사항을 파악하여 필요한 정

보를 배포하고, 프로젝트 성과 보고를 수집 및 배포하기 위한 공식·비공식 의사소통 방법을 이해하며, 모든 이해관계자의 요구사항/쟁점 사항(이슈)을 분석하여 효과적으로 관리함으로써 프로젝트를 원활하게 진행할 수 있도록 하는 것이다. 특히 PMO는 의사소통 계획검토 및 조정, 사업 추진 상황 및 쟁점 사항의 정기·비정기 보고, 발주기관의 의사결정 지원, 의사소통 계획검토 및 조정 등을 수행한다.

3) PMO 중점 관리사항

의사소통 관리의 중점 관리사항으로는 다음과 같다. 첫째, 착수단계에서 발주기관을 비롯한 이해관계자들의 요구사항을 파악하여 프로젝트 계획에 반영했는가? 둘째, 프로젝트 진행에 관한 정보를 수집하고 정리하여 이해관계자들에게 배포하고 피드백을 받았는가? 셋째, 프로젝트 진행 중 리스크, 변경사항 등 프로젝트 목표에 영향을 주는 이슈들에 대해 이해관계자들에게 알리고 대응방안에 대한 동의나 허가를 받았는가? 넷째, 프로젝트 종료 후 발주기관에 결과물을 제출한 후, 만족 여부를 파악하고 운영관리 등 사후 서비스 계획에 반영하고 있는가? 마지막으로 프로젝트에서 얻은 경험과 교훈을 정리하여 보고서로 만들어 조직의 프로젝트 수행 능력개선에 기여하고 있는가? PMO는 이를 발주기관의 관점에서 관리한다.

2.10.2 의사소통 관리 프로세스

의사소통 관리 프로세스는 <그림 165>와 같이 의사소통 계획검토 및 조정, 의사소통 이행사항 및 쟁점 사항의 정기·비정기 보고, 발주기관의 의사결정 지원, 의사소통 추진체 운영계획 검토, 의사소통 추진체 운영상태 점검 등 5단계 절차를 거쳐 진행한다.

<그림 165> 의사소통 관리 프로세스

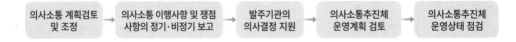

2.10.2.1 의사소통 계획검토 및 조정

의사소통 계획검토 및 조정은 프로젝트 수행 중에 발생하는 문제점 및 쟁점 사항의 해결방안을 적기에 보고하기 위해 정기보고, 단계별 보고, 수시보고 등을 통해서 진척 현황보고 및 산출물 품질확보에 대한 원활한 의사소통 체계 및 의사소통 수행을 위한 계획이 적정하게 정의되었는지 점검하고 조정하는 과정이다.

1) 기준

의사소통 계획검토 및 조정의 기준은 '사업수행계획서', '의사소통계획서' 등이다. 이에 의사소통 관리체계 및 의사소통 수행을 위한 계획이 적정하게 수립되었는지 그리고 의사소통 요구사항 및 의사소통 방식 등이 적절하게 정의되었는지 검토한다.

2) 측정지표(*점검항목: 체크리스트)

PMO는 의사소통 계획검토 및 조정을 위한 측정지표로 의사소통 계획의 적절성, 의사소통을 위한 보고 체계 정의, 의사소통 수행 및 모니터링, 의사소통(보고/검토) 결과 조치 절차, 의사소통을 위한 정보공유 체계의 수립 여부 등을 점검항목으로 활용한다. 점검항목은 <표 149>와 같이 점검항목별 점검결과(적합(O), 수정/보완(△), 누락(X), 제외(N/A))를 지표로 하여 점검한다.

<표 149> 의사소통 계획검토 및 조정에 대한 측정지표

번호	점검항목	점검결과(○, △, ×, N/A)				PMO 검토 의견

1	•의사소통 계획을 적절하게 수립하였는가?
	1) 정기/수시 보고 계획수립 여부
	2) 정기보고 종류별 보고내용, 보고 방법, 보고 일정, 산출물 등 정의 여부
	  (주간보고/월간보고)
	3) 단계별 보고 종류별 보고내용, 보고 방법, 보고 일정, 산출물 등 정의 여부
	  (착수보고/중간보고/종료보고 등)
	4) 검토계획의 계획수립 여부
	5) 수시보고 등 각종 회의 운영방안 기술 여부(회의록 관리)					

2	•의사소통을 위한 보고 체계(조직 및 역할 등)가 정의되었는가? 1) 보고/검토를 위한 조직 및 역할 정의 여부 2) 의사소통을 위한 의사소통 담당자 지정 여부					
3	•의사소통 수행 및 모니터링 체계가 수립되었는가? 1) 보고/검토 활동 진행 및 지속적인 모니터링 여부 2) 정기보고(주간/월간) 계획 여부 3) 단계별 보고(착수/중간/종료) 계획수립 여부					
4	•의사소통(보고 및 검토) 결과 조치를 위한 절차가 정의되었는가? 1) 보고/검토 결과에 따른 조치 절차 마련 여부 2) 위험보고서, 이슈보고서, 변경내역서, 시정조치내역서 등 반영여부					
5	•의사소통을 위한 정보공유 체계가 수립되었는가? 1) 의사소통계획서 발주기관 승인 여부 2) 정기보고, 단계별 보고, 수시보고 등 자료공유 절차 수립 여부 3) 의사소통 도구 활용방안의 정의 여부(PMS, 이메일, 파일서버, 웹 디스크, 게시판 등)					

3) 절차

PMO는 사업자가 제출한 사업수행계획서, 의사소통계획서 등을 기준으로 <그림 166>과 같이 의사소통 계획의 적절성 검토, 의사소통 계획의 조정 등 의사소통 계획검토 및 조정절차에 따라 점검하고 조정한다.

<그림 166> 의사소통 계획검토 및 조정절차

Input	절차	Output
사업수행계획서 의사소통계획서	① 의사소통 및 보고 절차의 적절성 검토 ② 의사소통 계획의 적절성 검토 ③ 의사소통 계획의 조정 작업	PMO 검토보고서 조달관리이행점검표

① 의사소통 및 보고 절차의 적절성 검토

PMO는 <그림 167>과 같이 의사소통 및 보고 절차에 의사소통을 위한 절차, 보고유형, 보고 및 검토 내용, 시점 등이 정의되어 있는지 점검한다. 또한 주요 활동 내용을 점검하고 지원사항이 있는 경우 지원한다.

<그림 167> 의사소통 및 보고 절차 사례

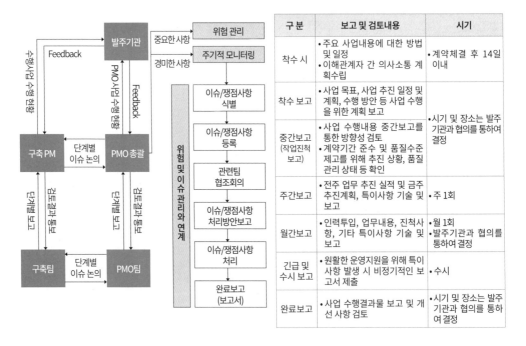

구분	보고 및 검토내용	시기
착수 시	• 주요 사업내용에 대한 방법 및 일정 • 이해관계자 간 의사소통 계획수립	• 계약체결 후 14일 이내
착수 보고	• 사업 목표, 사업 추진 일정 및 계획, 수행 방안 등 사업 수행을 위한 계획 보고	
중간보고 (작업진척 보고)	• 사업 수행내용 중간보고를 통한 방향성 검토 • 계약기간 준수 및 품질수준 제고를 위해 추진 상황, 품질 관리 상태 등 확인	• 시기 및 장소는 발주기관과 협의를 통하여 결정
주간보고	• 전주 업무 추진 실적 및 금주 추진계획, 특이사항 기술 및 보고	• 주 1회
월간보고	• 인력투입, 업무내용, 진척사항, 기타 특이사항 기술 및 보고	• 월 1회 • 발주기관과 협의를 통하여 결정
긴급 및 수시 보고	• 원활한 운영지원을 위해 특이사항 발생 시 비정기적인 보고서 제출	• 수시
완료보고	• 사업 수행결과물 보고 및 개선 사항 검토	• 시기 및 장소는 발주기관과 협의를 통하여 결정

② 의사소통 계획의 적절성 검토

PMO는 수행사가 제출한 사업수행계획서, 의사소통계획서를 기준으로 의사소통 체계, 보고 체계, 정보공유 체계가 적절하게 수립되었는지 점검한다. 의사소통은 프로젝트 관리와 문서(산출물)관리를 체계적으로 관리하기 위한 도구이며, 이해관계자 의사소통의 채널로 활용되기 때문에 프로젝트를 성공으로 이끄는 중요한 요인이 된다.

이런 의사소통 계획의 적절성을 검토하기 위해서는 첫째, PMO는 의사소통 계획수립이 적절한지 점검한다. 점검항목으로는 정기/수시 보고 계획수립 여부, 보고 종류별 보고내용/보고 방법/보고 일정/산출물 등의 정의 여부, 단계별 보고 종류별 보고내용/보고 방법/보고 일정/산출물 등의 정의 여부, 검토 계획의 수립 여부 그리고 수시보고 등 각종 회의 운영방안 기술 여부(회의록 관리) 등이다.

둘째, PMO는 의사소통 보고 체계를 점검한다. 우선 의사소통 조직도에 이해관계자가 모두 표현되었는지, 상하관계가 조직도에 나타났는지 점검한다. 의사소통 보고 체계에 표시한 이해관계자들은 프로젝트에 대한 목적과 목표를 모두 이해하고, 모든 정보를 투명하게 공유할 수 있는 구성원들이어야 한다. 또한 의사소통 담당자별 역할과 책임이 명시되었는지 점검한다. 담당자가 의사소통 체계에서 무엇을 해야 할지 모르는 경우가 있다. PMO는 수행사의 사업관리자가 사업수행계획서 또는 의사소통계획서 작성 후 이해관계자들에게 공유하고 있는지 점검한다.

<사례 44> 의사소통 계획수립 사례

구분	종류	세부 활동	시기
정기보고	착수보고	• 사업추진일정/사업추진조직 및 역할 • 사업범위 및 사업추진전략	착수 후 10일 이내
	중간보고	• 중간보고 및 진척률 보고	착수 후 3개월 이내
	종료보고	• 프로젝트 수행결과	완료시
	주간보고	• 추진계획 대비 실적분석(주간단위 누계) • 차주계획 및 계획변경사항 • 주요 의사결정 및 협조사항	매주 수요일
	월간보고	• 추진계획 대비 실적분석(월간단위 누계) • 차월계획 및 계획변경사항/인력투입현황 및 누계 • 주요 의사결정 및 협조사항 • 주요 리스크 및 이슈사항	매월 마지막 주 수요일 (협의필요)
비정기 보고	수시보고	• 긴급히 변경을 요하는 작업이 발생하거나 주관기관의 요구에 의해 지정된 내용 보고 • 장애조치 결과보고서	필요시
	워크숍	• 주요 추진 내용 및 협조사항 공유 • 이슈사항 검토 및 개선방안 수립	필요시

<사례 45> 의사소통 조직 사례

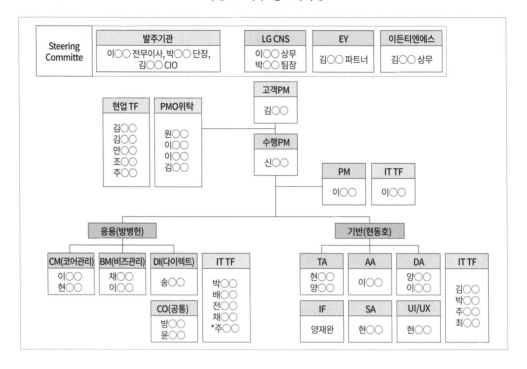

<사례 46> 의사소통 담당자별 역할과 책임 사례

역할	책임	발주기관			수행사
		IT TF	현업 TF	PMO	
Steering Committe	- 의사소통 관리 계획 합의 - 의사소통 제시				
PM	- 의사소통 관리 계획 승인 - 의사소통 관리를 위한 자원과 비용 지원 - 의사소통 변경내용 검토 및 승인 - 의사소통 관리 활동 주기적 점검				
지원	- 의사소통 관리 계획 수립 - 의사소통 관리 교육 - 의사소통 관리 도구 사용 지원				
응용	- 업무 영역별1 - 업무 영역별2 - 업무 영역별3				
인프라	- 서버 - 보안 - 네트웍 - SSO - DBMS - Etc				

마지막으로 PMO는 의사소통 정보공유 체계를 점검한다. 점검내용으로는 의사소통계획서 발주기관 승인 여부, 정기보고, 단계별 보고, 수시보고 등 자료공유 절차 수립 여부, 의

사소통 도구 활용방안(PMS, 이메일, 파일서버, 웹 디스크, 게시판 등)의 정의 여부 등이다. 또한 PMO는 프로젝트 이해관계자 간 원활한 소통을 위해 정보 공유방식 및 도구 활용 계획이 적정한지 점검한다.

<사례 47> 의사소통을 위한 도구(Tool) 활용 계획 사례

의사소통 도구명	주요 용도	용도		비고
파일서버 의사소통 폴더	- 개발/관리 - 산출물보관	- 공문, 착수/중간/종료보고 - 주/월간/기타 보고	- 회의록 - 발주기관과 수행사 간의 송수신자료	
이메일	- 의사결정	- 의사결정 사항 요청 - 대내외 자료 송수신		
웹 디스크	- 최종산출물	- 단계 말 완료 산출물보관		
기타	- 회의록 - 이슈 검토	- 회의록 검토 및 공유 - 자료검토 및 의견제시 - 이슈 공유 및 검토		
기타(수행사PMS)	- 프로젝트 진행 관리	- 공정관리, 공정 진척 현황조회 - 요구사항 목록관리	- 개발/테스트 진척 현황 관리 - 게시판, 회의실 예약	

③ 의사소통 계획의 조정 작업

PMO는 발주기관 및 수행사에 의사소통 계획에 대한 PMO 검토보고서 작성 내용을 설명하고, 잘못된 검토 내용이 있는지 확인한다. 그리고 발주기관의 의사소통 의견과 의사소통 계획 점검항목을 기반으로 검토된 내용이 맞지 않거나 발주기관의 조정요청이 있는 경우 의사소통 계획을 조정한다.

<조정항목 예시>
- 정기(주간/월간) 보고 종류, 단계별 보고 종류
- 의사소통을 위한 보고 체계(조직 및 역할 등)
- 의사소통 수행 및 모니터링 체계
- 의사소통(보고 및 검토) 결과 조치를 위한 절차
- 의사소통을 위한 정보공유 체계

2.10.2.2 의사소통 이행사항 및 쟁점 사항의 정기·비정기 보고

의사소통 이행사항 및 쟁점 사항(이슈 사항)의 정기·비정기 보고는 수행사가 의사소통

계획에 따라 발주기관과 의사소통하고 있는지 이행사항을 주기적으로 점검하고, 리스크/이슈 등 쟁점 사항이 있는지 파악하여 보고하는 과정이다.

1) 기준

의사소통 이행사항 및 쟁점 사항의 정기·비정기 보고의 기준은 정기(주간/월간)보고서, 단계별(착수/중간/종료 등)보고서, 검토회의결과서, 수시보고서 등이다. PMO는 의사소통을 위한 보고 체계에 따라 의사소통이 이루어지는지, 각종 보고에 따른 회의록 작성 등 이행사항을 점검한다. 그리고 의사소통과정에서 발생하는 쟁점 사항 등을 식별하여 발주기관에 보고하고, 사안에 따라 수행사와 조정한다.

2) 측정지표(*점검항목: 체크리스트)

PMO는 의사소통 이행사항 및 쟁점 사항의 정기·비정기 보고를 위한 측정지표로 점검항목을 활용한다. 점검항목은 정기(주간/월간)보고가 정기적으로 이루어지고 있는지, 단계별(착수/중간/종료 등) 보고가 계획대로 이루어지고 있는지, 사안에 따라 검토회, 수시보고 등이 이뤄지고 있는지, 의사소통을 위한 보고 체계(조직 및 역할 등)가 절차대로 운영되고 있는지, 의사소통을 위한 정보공유가 제대로 되는지 등 <표 150>과 같이 점검항목별 점검결과(적합(O), 수정/보완(△), 누락(X), 제외(N/A))를 지표로 하여 점검한다.

<표 150> 의사소통 이행사항 및 쟁점 사항의 정기·비정기 보고에 대한 측정지표

번호	점검항목	점검결과(O, △, ×, N/A)				PMO 검토 의견
1	•정기(주간/월간)보고가 정기적으로 이루어지고 있는가? 1) 계획 대비 실적에 대한 진척률 보고 여부 2) 계획 대비 실적 상황 보고 여부 3) 리스크 및 이슈 사항 보고 여부(이슈관리대장 관리 여부) 4) 회의록 작성 여부 5) 인력변동사항 보고 여부 6) 정기보고에 따른 이해관계자 참석 여부					
2	•단계별(착수/중간/종료 등) 보고가 계획대로 이루어지고 있는가? 1) 착수/중간/종료 보고 이행 여부 2) 착수/중간/종료 보고의 일정 지연 여부 3) 리스크 및 이슈 사항 보고 여부(이슈관리대장 관리 여부) 4) 회의록 작성 여부 5) 단계별 보고에 따른 이해관계자 참석 여부					
3	•사안에 따라 검토회, 수시보고 등이 이뤄지고 있는가? 1) 검토회, 수시보고 이행 여부 2) 검토회, 수시보고에 따른 회의록 작성 여부 3) 리스크 및 이슈 사항 관리 여부					

번호	점검항목	점검결과(○, △, ×, N/A)				PMO 검토 의견
4	• 의사소통을 위한 보고 체계(조직 및 역할 등)가 절차대로 운영되는가? 　1) 보고 체계의 정상적 작동 여부 　2) 역할과 책임에 따라 보고되고 신속한 의사결정 여부					
5	• 의사소통을 위한 정보공유가 제대로 되는가? 　1) 의사소통계획서 발주기관 승인 여부 　2) 정기보고, 단계별 보고, 수시보고 등 자료공유 절차 수립 여부 　3) 의사소통 도구 활용방안의 정의 여부(PMS, 이메일, 파일서버, 웹 디스크, 게시판 등)					

3) 절차

PMO는 수행사가 제출한 주간보고서, 월간보고서, 회의록, 착수보고서, 중간보고서, 종료보고서, 검토보고서, 수시보고서 등을 기준으로 의사소통 이행사항의 적절성 점검, 쟁점사항 관리 여부 점검, 쟁점 사항에 대한 정기·비정기 보고 등을 <그림 168>과 같이 의사소통 이행사항 및 쟁점 사항의 정기·비정기 보고 절차에 따라 수행한다.

<그림 168> 의사소통 이행사항 및 쟁점 사항의 정기·비정기 보고 절차

Input	절차	Output
사업수행계획서 의사소통계획서 주간보고서, 월간보고서 착수보고서, 중간보고서 종료보고서, 검토보고서 수시보고서, 회의록	① 의사소통 이행사항의 적절성 점검 ② 쟁점 사항 관리 여부 점검 ③ 쟁점 사항에 대한 정기·비정기 보고	PMO 검토보고서 이슈관리대장 이행사항점검표

① 의사소통 이행사항의 적절성 점검

PMO는 수행사가 의사소통 계획에 따라 이해관계자에게 관련 정보를 제공하고, 정기·비정기 회의 등을 효과적으로 진행하고 있는지 의사소통 이행사항의 적절성을 점검한다. 의사소통의 방법이 효과적이지 않은 경우는 수행사에 의사소통 계획 및 의사소통 방식을 조정한다.

의사소통 이행사항의 적절성 점검을 위해서는 첫째, 주간/월간보고가 정기적으로 이루어지는지 점검한다. 주간/월간 보고내용으로는 진척률, 이슈관리 현황, 요청사항 처리현황, 분야별 추진실적(금주/금월 실적 및 차주/차월 계획), 주요 행사 및 특이사항 등 정보가 담겨있어야 한다. 진척률은 WBS 기준으로 업무영역별 누적 실적, 금주(금월) 실적, 차주(차월) 계획 진행률이 보고되는지 점검한다.

<사례 48> 수행사 주간보고 진척률 보고 사례

프로젝트 진척률

구분	전주(22.10.31~22.11.04)			금주(22.11.07~22.11.11)			차주(22.11.14~22.11.18)
	계획	실적	차이(진척율)	계획	실적	차이(진척율)	계획
초안 기준	69.5%	55.5%	-1.0(79.9%, 양호)	73.4%	73.2%	-0.2(98.9%, 양호)	80.8%
승인 기준	69.5%	69.5%	0.0(100%, 양호)	73.4%	65.4%	-5.0(90.3%, 미흡)	80.8%

개발대상			진행률 및 검토 건수						
업무구분 (화면개수)	FO/BO	FO/BO 화면개수	진행률(발주부서 검토 기준)		화면		개발(테스트 완료)		
			화면	테스트 완료	PL검토	코트라검토	개발중	개발완료	테스트완료
인사	FO	71	96%		71	68	13		
(114)	BO	43	100%		43	43			
재무	FO	3	100%		3	3			
(3)	BO								
총무	FO	9	100%		9	9	3		
(24)	BO	15	100%		15	15	1		
마케팅	FO	90	100%		90	90	3		
(172)	BO	82	91%		75	75	2		
고객	FO	15	100%		15	15	1		
(51)	BO	36			36		4		
민원	FO	68	43%			29			
(97)	BO	29							
공통	FO	48	92%		44	44	12	1	
(131)	BO	83	98%		83	81	3		
총계		592	80%		484	472	42	1	

이슈관리는 이슈 번호, 이슈 제목, 이슈 내용, 조치 결과, 식별 일자, 조치예정일, 상태(조치 완료/조치 중/조치 불가), 영향도(상/중/하), 출처 등 정보가 보고되는지 점검한다.

<사례 49> 수행사 주간보고 이슈관리 보고 사례

이슈관리대장 현황

합계	조치 완료	조치 중	조치 불가	전주 이관건수	전주 이관항목
9	8	1	-	-	-

금주 식별된 이슈 및 조치현황

번호	이슈	내용	조치(계획) 결과	식별일	(예상)조치일	상태	중요도	출처
1						조치 중	상	11.01 주간보고
2								

요구사항 처리현황은 요청번호, 요청 제목, 요청내용, 조치 결과 요청 일자, 요청자, 조치 일자, 조치자, 상태(조치 완료/조치 중/조치 불가), 출처 등 정보가 보고되는지 점검한다.

<사례 50> 수행사 주간보고 요청사항 처리현황 보고 사례

요청사항 처리대장 현황

합계	조치 완료	조치 중	조치 불가	전주 이관건수	전주 이관항목
20	17	2	-	1	데이터이관

금주 요청사항 처리 현황

번호	요청	내용	조치 결과	요청자(일자)	조치자(일자)	상태	출처

추진실적은 업무영역(예: 사업관리, 디자인 기획, 업무개발, 인프라, 데이터 아키텍처 등)별 금주(금월) 실적과 차주(차월) 계획 내용이 일관성 있게 보고되는지 점검한다. 추진실적 보고는 프로젝트 관리자(PM)가 총괄적으로 보고하고, 업무영역별은 프로젝트 리더(PL)가 상세하게 보고하는지도 점검한다.

< 사례 51> 수행사 주간보고 추진실적 보고 사례

둘째, 현안에 따라 수시보고가 이뤄지는지 점검한다. 수시보고는 긴급현안, 이슈 사항, 쟁점 사항 등 발주기관이 요구하거나 수행사가 필요로 할 때 보고한다.

셋째, 각종 정기·수시 보고 시 회의록 작성 여부를 점검한다. 회의록에는 회의록ID, 회의 일시, 회의 장소, 참석자, 회의 제목, 작성자, 주요 안건, 회의내용, 요구사항 및 결정 사항, 주요 Follow-Up 사항(결정 사항, 미결사항, 첨부파일) 등의 정보가 담겨있어야 한다. 회의록은 반드시 참석자의 확인을 받고 공유되고 있는지 점검한다. 주요 사항은 첫째, 회의 수행 후 회의록 템플릿과 표준명명 규칙에 준하여 회의록을 작성하는지 점검한다. 둘째, 작성된 회의록은 참석한 이해관계자에게 공유하고 승인받았는지 점검한다. 마지막으로 발주부서의 승인을 받은 회의록이 PMS 등과 같은 정해진 공유 서버에 등록되고 관리되는지 점검한다.

<**사례 52**> 회의록 작성 사례

회의록 ID	통합PMO-확대-211007-01	회의일시	2022.08.17.(수) 15:00~16:00	회의장소	
참석자	- 0000 : 홍OO 과장 - 0000 : 김OO PMO - 0000 : 박OO PM				
회의제목	OOO 시스템 구축사업 기술협상			작성자	김OO PMO
주요안건	기술협상			관련ID	
회의 내용					

주요 내용
OOO 시스템 구축사업 기술협상 회의
  협의 내용
  • 아래와 같은 요구사항 추가 및 제외 사항을 요청함(홍OO 과장)
    <제외항목>
    ① SFR-029(시설물 지원센터)
    ② SFR-030(전화/팩스 신청처리)
    <추가 항목>
    ① 시스템 내 해외발령자 대상 안내자료·길라잡이 안내 기능 구현
    ② 해외 파견 입주 직원현황 조회·관리 기능 구현
    ③ 조직도 자동 생성·추출 기능 구현
    ④ 기본정보·현황 조회·관리 기능 구현

  • 투입인력은 몇 명인가?(홍OO 과장)
    ☞ 전담 인력은 7명임, OOO에서 상주 근무하고 나머지는 원격근무 예정임(박OO PM)
    ☞ 신규기능 개발이 70%, 기존시스템 기능 개선이 30% 정도 됨, 신규기능 개발인력은 본사에서 원격으로 개발 예정이고 기존시스템 기능 개선 인력은 OOO에서 상주 예정임(박OO PM)
    ☞ 4자리는 이미 확보됨(홍OO 과장)
기타
요구사항 및 결정사항
주요 F/Up 사항
○ N/A

이상 -

결정 사항	
미결 사항	
첨부파일	

② 쟁점 사항 관리 여부 점검

쟁점 사항이란 자신의 견해가 옳다고 서로 다투는 중심 사항 또는 문제를 해결하기 위해 서로 진지하게 협의해야 할 중요사항을 말한다. 프로젝트에서는 이슈라고도 한다. 다시 말해 프로젝트는 이슈를 하나씩 해결해 나가는 과정이다. 프로젝트를 성공적으로 수행하기 위해서는 잔재해있는 쟁점 사항을 어떻게 관리하고 해결하느냐에 달려있다. PMO는 수행사가 이슈관리대장, 회의록 등을 통해 쟁점 사항에 대한 이력 관리를 하는지 점검하고, 미흡할 경우는 시정조치 하도록 해야 한다.

③ 쟁점 사항에 대한 정기·비정기 보고

PMO는 공정 진척 현황, 이슈 현황, 산출물 품질, 요구사항 이행관리 등을 파악하여 <사례 53>과 같이 주간/월간보고를 통해 정기적으로 보고한다. 주간/월간보고는 업무팀별로 작성하며, 사업관리자는 해당 내용을 취합하여 전체 주간보고를 완성한다. 업무팀별로 주간보고 작성 시 첫째, 주간보고의 항목은 금주 실적, 차주 계획, 회의 현황, 이슈 사항 등의

<사례 53> PMO 월간보고 사례

PMO 사업 일정 관리(기준일 : 2022.3.31)

계획	실적	상태	비고
36.7%	36.7%	100.0%(양호)	

구분	가중치	계획	실적	상태	비고
기획단계	35%	58%	58%	양호	
집행단계	60%	32%	32%	양호	
종료단계	5%				

업무 진행 실적 및 계획

실적 [2022.03.01 ~ 03.31]	계획 [2022.04.01 ~ 04.30]
기획단계 ○ 2022년 신규 사업 발주 　- OOOO 고도화 사업 1차(OOOO센터) 　　·OOOO 고도화 사업 제안요청서 수정 보완(본 공고 시까지) 　　·산업통상자원부 사전협의(보안성 검토) 기술지원 　　·행정안전부 사전협의 기술지원 　- OOO 시스템 구축 　　·통합사업계획서 수정 기술지원 　　·통합기능목록 도출 및 통합기능점수 산정 기술지원 　　·통합 제안요청서 작성 기술지원 　- OOO 시스템 구축 　　·나라장터 본 공고(2월17일~4월1일, 24억7천)에 따른 기술지원 　- OOO 시스템 고도화 　　·사업계획서 검토 및 수정 보완 　　·기능목록 조정 및 기능점수 산정 기술지원 　　·제안요청서 작성 기술지원	기획단계 ○ 2022년 신규 사업 발주 　- OOOO 고도화 사업 1차(OOOO센터) 　　·OOOO 고도화 사업 제안요청서 수정 보완(본 공고 시까지) 　　·행정안전부 사전협의 기술지원 　　·나라장터 사전공고 및 본 공고 기술지원 　- OOO 시스템 고도화 　　·통합 제안요청서 작성 기술지원 　　·산업통상자원부/국정원 사전협의(보안성 검토) 기술지원 　　·행정안전부 사전협의 기술지원 　- OOO 시스템 구축 　　·나라장터 재공고(4월1일~4월12일, 24억7천)에 따른 기술지원 　- OOO 시스템 기능 고도화 　　·기능점수 산정 기술지원 　　·제안요청서 수정 보완 작업 기술지원

내용으로 구성하며, 계획/실적이 확인될 수 있도록 한다. 또한 차주의 계획은 금주의 실적과 연동되도록 작성되어야 한다. 둘째, 전체 Task 대비 진척 Task를 숫자, 진척률로 표시한다. 셋째, 작성된 회의록은 참석한 이해관계와 공유하고 확정(승인)받는다. 마지막으로 미해결 이슈, 변화관리, 이해관계자 참여 유도 등의 여러 가지 프로젝트 현안을 해결할 수 있도록 보고를 준비한다.

또한 발주기관의 요구사항에 대해서는 <사례 54>와 같이 이행 여부의 이력을 파악할 수 있는 요구사항 이행점검표를 통해서 주기적으로 보고한다. 주요항목은 요청번호, 요청일자, 요청자, 요청부서, 요청사항 상세 내용, 중요도, 요청사항 조치 결과, 피드백 정보(상태, 처리자, 완료 예정일, 완료 일자, 전달 방식) 등이 있다.

<사례 54> PMO 요구사항이행점검표

											요청건수	완료건수	지연건수	보류건수
											63	63	0	0

| 번호 | 요청 정보 | | | 요청사항 상세 내용 | 중요도 | 요청사항 조치 결과 | 피드백 정보 | | | | | 비고 |
	요청일자	요청자	요청부서				상태	처리자	완료예정일	완료일자	전달방식	
RI-001	2023.10.15	홍길동	정보화기획팀	투자통계 고도화 분석/설계단계 산출물 점검 검토보고서	중	PMS 산출물 등재 확인 및 내용 검토 보고서	완료	OOO 이사	2023.10.19	2023.10.19	PMS 등록	
RI-002	2023.10.22	홍길동	정보화기획팀	인사관리최종 산출물 점검 검토보고서	중	PMS 산출물 등재 확인 및 내용 검토 보고서	완료	OOO 수석	2023.10.29	2023.10.29	PMS 등록	
RI-003	2023.11.03	이몽룡	정보화기획팀	국내활용시스템 AS-WAS 현황분석서	상	AS-WAS 인프라 아키텍처 현황분석서	완료	OOO 수석	2023.11.09	2023.11.09	PMS 등록	

별도 보고가 필요한 쟁점 사항에 대해서는 현안 및 대안을 파악해 검토보고서를 작성해 발주기관에 수시로 보고한다. 검토보고서 양식의 쟁점 사항에 따라 정해서 작성한다.

2.10.2.3 발주기관의 의사결정 지원

프로젝트를 진행하다 보면 발주기관은 안에 따라 의사결정을 위한 자문을 요청한다. 발주기관의 의사결정 지원은 PMO가 발주기관에서 자문 요청한 사항에 대하여 검토하고, 판단을 위한 근거자료 및 대안을 제시하는 등 발주기관의 의사결정을 지원하는 과정이다.

1) 기준

발주기관의 의사결정 지원의 기준은 발주기관이 요청한 '의사결정 요청사항'의 검토이다.

2) 측정지표(*납기)

  – 납기를 준수하였는가?

3) 절차

PMO는 발주기관이 요청한 의사결정 지원 요청사항에 대한 상황인식(검토), 문제정의, 대안 제시 등을 <그림 169>와 같이 발주기관의 의사결정 지원 절차에 따라 수행한다.

<그림 169> 발주기관의 의사결정 지원 절차

Input	절차	Output
의사결정 지원요청 자문 요청	① 의사결정 지원 요청사항에 대한 상황인식(검토) ② 의사결정 지원 요청사항에 대한 문제정의 ③ 의사결정 지원 요청에 대한 대안 제시(자문, 보고서)	(조정) 의사소통 추진체 운영계획서 PMO 검토보고서

① 의사결정 지원 요청사항에 대한 상황인식(검토)

PMO는 프로젝트 진행 과정에서 의사결정 지원이 필요한 사안을 식별 및 발주기관으로부터 요청받은 의사결정 지원사항에 대해서 계속해서 상황인식을 하고 검토한다. 의사결정 지원사항이 기획단계, 집행단계, 사후관리단계 특성에 따라 검토하고 대안을 제시하는 것이 중요하기 때문이다. 한편 PMO는 비판적 사고 능력으로 프로젝트를 관리·감독하는 능력도 필요하지만, 상황을 인식하고 문제를 도출하는 역량도 갖춰야 한다.

② 의사결정 지원 요청사항에 대한 문제정의

의사결정 지원 요청사항은 크게 기획단계, 집행단계, 사후관리단계의 세 가지 관점에서 정의될 수 있다. 첫째, 기획단계에서는 사업의 방향성, 포트폴리오, 전략, 경제성 분석 등 투자의사 결정 사항 등에 대해서 의사결정 지원 업무를 수행하게 된다. 둘째, 집행단계에서 PMO는 사업의 이행현황 점검 및 조치사항 지시, 쟁점·위험의 식별·분석·보고 및 대안 제시, 본사업 관련 의사결정 지원 등의 업무를 수행한다. 마지막으로 사후관리단계에서는 성과측정을 통하여 폐기 검토로 분류된 정보시스템에 대한 유형별 재분류와 자원 효율성 측정을 수행하며, 개선, 재개발 및 통폐합 등의 투자가 필요한 정보시스템에 대한 상세 분석을 수행한다. 또한 구축방안 정의, 투자 타당성 분석을 통하여 정보시스템의 유지/기능 고도화/재개발 등에 대한 최종 의사결정을 지원한다.

③ 의사결정 지원요청에 대한 대안 제시(자문, 보고서)

다음은 의사결정 지원에 대한 대안의 제시다. PMO는 발주기관의 요청에 따라 수행 중인 프로젝트의 목표 달성에 접근할 수 있는 다수의 경로 또는 방법을 찾아서 대안을 만들어 제시할 필요가 있다. 대안을 평가하기 위한 기준을 설정하고, 평가에 필요한 데이터를 분석한 다음, 사례와 경험을 담아 대안들을 평가하여 최선의 대안을 제시하는 것이 중요하다. 대안 제시는 구두로 하는 단순 자문이 될 수도 있고, 정교한 보고서가 될 수도 있다. 예를 들어 '계획을 수정할 것인가?', '프로젝트 추진 역량 제고를 위한 조치는 어떤 것인가?'와 같은 것일 수 있다. 성공적인 대안을 제시하기 위해서는 PMO의 지식과 경험은 물론 이전 프로젝트의 교훈 활용이 중요하다.

<그림 170> 의사결정 지원사항 및 지원 방안 사례

역할		의사결정 주체	관리/통제/모니터링 주체	프로젝트 관리 및 수행 주체
		시스템 구축 전체를 주관하고 총괄관리	객관적, 전문적 시각에서 시스템 구축사업 전반에 대한 모니터링	시스템 구축 프로젝트 수행의 1차적인 프로젝트 관리 및 책임 주체
PMO 업무 범위		발주기관	PMO	수행사
사전준비 지원		● • 조직 Set-Up • 관리프로세스 및 프로젝트 수행계획서 검토 및 승인	● • 프로젝트 관리프로세스 수립 • 수행사 수행계획서 검토 및 의견개진	● • PL을 중심으로 개별 수행계획서 작성 및 PM 검토
프로젝트 통합 관리	프로젝트 통합계획	○ • 통합계획 승인	○ • 통합관점의 계획 검토(구조적/내용적) 및 검토결과 보고	● • 1차적으로 통합 계획을 작성하여 PMO에 검토 요청
	일정관리	○ • 일정계획 승인	● • 일정계획 타당성 검토 • 일정관리 모니터링 및 통제	● • 일정에 대한 관리계획을 수립하고 일정관리를 수행
	범위/형상 (변경)관리	● • 수행사와 범위에 대해 협의 및 확정 • 범위변경에 대한 승인	● • 범위변경에 대한 모니터링 및 통제 • 형상관리 모니터링 및 통제	● • 발주기관과 범위 협의 및 확정 • 업무 범위 관리 및 형상관리
	이슈/위험 관리	● • 이슈/위험 해결안 승인 • 상위 의사결정 협의체 Issue Escalation	● • 이슈관리 및 이슈해결 모니터링 및 통제 • 이슈해결 지원	● • 1차적인 이슈 발견 및 이슈대장에 기록 • 이슈 해결을 위한 노력
	의사소통 관리	● • 의사소통 체계 수립 지원 • 상위 의사결정 협의체 구성원 정의 • 경영진 보고	● • 이해관계자 분석을 통해 의사소통 체계 수립 • 의사결정 협의체 및 보고체계 수립 • 경영진 보고 지원	● • 의사소통 체계에 준한 보고 활동 수행
	품질관리	○ • 단계말 품질 검토 및 승인	● • 산출물에 대한 표준 품질검토 프로세스 배포 • 수행사의 품질관리 실행을 모니터링 하고 각 단계 종료시 단계말 품질검토 진위 검토 수행	● • 동료검토, 합동검토 등 표준 품질검토 프로세스에 준한 상시 품질검토 및 단계말 품질검토 수행

412

PMO 업무 범위		발주기관		PMO		수행사	
프로젝트 통합 관리	인력관리	●	• 인력 운영/변경에 대한 의사 결정 • 필요시 인력 변경 요청	○	• 행사 핵심인력 선정 • 인력 투입/철수 모니터링 및 인력 검토 보고	●	• 제안서 및 수행계획에 준한 인력을 투입 • 인력 변경이 필요할 경우 PMO에 변경 요청
	변화관리	●	• 변화관리 전략 수립 • 프로젝트 전반에 걸친 변화 관리 수행	○	• 변화관리 계획 수립 지원 • 변화관리 실행 지원	●	• 변화관리 전략 수립 • 프로젝트 전반에 걸친 변화관리 수행
	성과관리	○	• 프로젝트 구축 및 운영에 대한 성과KPI 제시(내부 KPI가 없을 경우 수행사가 제시한 KPI에 대한 승인)	●	• 프로젝트 구축 및 운영에 대한 성과(기대효과) 측정 및 보고 • 프로젝트 관리 성과 측정 및 보고	●	• 프로젝트 기대효과 및 관리성과 측정 Raw Data 입력 • 성과관리 지원
	업무요건관리	●	• 현업 및 사업부서의 업무 요구사항, 시스템 요구사항 수 렴 및 확정	●	• 업무요구사항을 상세화 하여 PMO 승인 후 개발사업자에 전달 • 요구사항 구현 결과 추적관리 • 업무 요구사항 변경 관리/통제	○	• 업무 요구사항을 근간으로 도출된 시스템 기능 요구사항 기반의 과제관리시스템 구현
	테스트 및 이행관리	●	• 사용자테스트를 위한 현업 참여 유도 및 Legacy 연계테 스트를 위한 내부 환경준비 지원	○	• 수행사와 협조하고, 환경을 고려하여 테스트 전략 수립 • 테스트 진행상황 모니터링	●	• 단위테스트, 통합테스트, 성능테스트를 주도적으로 수행

●: 업무 주도   ○: 업무 지원

2.10.2.4 의사소통 추진체 운영계획 검토

의사소통 추진체 운영계획 검토는 의사소통 추진 운영을 위해서 계획이 적정하게 정의되었는지 검토하고 조정하는 과정이다. 의사소통 추진체는 의사소통의 한 수단으로 매우 중요한 역할을 한다. 특히 차세대 등 대형 프로젝트일수록 필요성이 높아진다.

1) 기준

의사소통 추진체 운영계획 검토기준은 의사소통 프로세스, 의사소통 유형, 회의체 운영, 보고체 운영 등이 적절하게 고려되었는지 기록된 '의사소통 추진체 운영계획서'이다.

2) 측정지표(*점검항목: 체크리스트)

PMO는 의사소통 추진체 운영계획 검토를 위한 측정지표로 점검항목을 활용한다. 점검항목은 프로세스 수립 여부, 의사소통 유형의 정의 여부, 의사소통 추진체 운영 등 <표 151>과 같이 점검항목별 점검결과(적합(O), 수정/보완(△), 누락(X), 제외(N/A))를 지표로 하여 점검한다.

<표 151> 의사소통 추진체 운영계획 검토에 대한 측정지표

번호	점검항목	점검결과(○,△,×,N/A)				PMO 검토 의견
1	• 추진체 참여 대상 간의 원활한 의사 프로세스가 확립되어 있는가? 1) 의사소통 진행 절차 기술 여부 2) 의사소통 결과 공지 및 검토 방법 기술 여부 3) 의사소통 결과 보관 및 공유방법 기술 여부					
2	• 의사소통 유형의 정의가 프로젝트 크기 및 특성을 고려하여 정의되어 있는가? 1) 의사소통 유형의 정의 여부(보고, 검토 의견, 회의, 공지) 2) 의사소통 수단 정의 여부(회의, 보고, 공식 질의, 요청, 공지, 정보공유, 회의체 운영 등)					
3	• 공지 사항 게시, 회의체 운영, 보고체 운영, 위원회 등이 정의되어 있는가? 1) 이해관계자가 포함된 의사소통 조직도 정의 여부 2) 의사결정 회의체 유형별 목적, 내용, 참여 대상, 주기, 산출물 등 기술 여부 3) 의사결정 회의체에 대한 역할 및 책임 기술 여부					

3) 절차

PMO는 수행사가 제출한 의사소통 추진체 운영계획서를 기준으로 의사소통 추진체 운영계획의 적절성 검토, 의사소통 추진체 운영계획의 조정 등을 <그림 171>과 같이 의사소통 추진체 운영계획 검토 절차에 따라 검토 후 조정한다.

<그림 171> 의사소통 추진체 운영계획 검토

Input	절차	Output
의사소통 추진체 운영계획서	① 의사소통 추진체 운영계획의 적절성 검토 ② 의사소통 추진체 운영계획의 조정 작업	(조정) 의사소통 추진체운영계획서 PMO 검토보고서

① 의사소통 추진체 운영계획의 적절성 검토

의사소통 추진체 운영계획은 발주기관, 이해관계자, 유관기관, 수행사, 협력사 간에 일어나는 의사소통 추진에 대한 계획을 수립하는 것이다. 프로젝트는 의사소통의 결과로 이루어진다. 의사소통의 지연, 왜곡, 불이행 등 소통 채널이 정상적으로 작동하지 않으면 프로젝트를 기한 내에 끝낼 수 없고, 품질도 확보할 수 없다.

PMO는 의사소통 추진체 운영계획이 적절한지 점검하기 위해 첫째, 의사소통 추진체 조직도의 적절성을 검토한다. 의사소통 추진체는 목적에 맞게 의사결정권자 및 관련 부서 핵심 인력 등 이해관계자가 모두 참여했는지 점검한다. 특히 추진체를 운영하기 위한 실무운영자 및 실무책임자가 지정되었는지도 점검한다. 그리고 담당별 역할과 책임도 명확하게 정의한다. 발주부서 및 수행사 담당자도 추진체 조직도에 포함되었는지 점검한다.

둘째, 의사소통 운영 프로세스의 적절성을 검토한다. 의사소통 추진체를 운영하기 위한 운영원칙이 있는지 점검한다. 그리고 추진체 특성에 맞는 운영 절차, 역할 및 책임, 소집 기준 등도 적절한지 점검한다.

마지막으로 의사소통 추진체 운영방안이 적절한지 검토한다. 의사소통 추진체의 목적, 내용, 참여 대상, 주기, 산출물 등이 정의되었는지 점검한다. 또한 의사소통 유형의 정의가 프로젝트 크기 및 특성을 고려하여 정의되어 있는지도 점검한다. 의사소통 추진체 활동 결과물의 공유방법이 적절한지도 점검한다.

<사례 55> 의사소통 추진체 유형 사례

유형	목적	참여 대상
의사결정 협의회 (Steering Committee)	-프로젝트 수행의 정책 및 방향 협의 -프로젝트 주요 의사결정	-주관기관 PM 및 임원 -PMO 수행사 PM 및 임원 -주관사업자 PM 및 임원
의사결정 위원회	-핵심 이슈 해결방안 및 리스크 대응방안에 대한 의사결정	-주관기관 PM -유지보수 PM(필요시) -PMO-주관사업자 PM
과업심의위원회	-프로젝트에 중대한 영향을 미치는 변경에 대해 검토하고 변경 여부에 대한 의사결정 -개발범위 및 요건에 대한 변경사항을 조정 및 확정	-주관기관 PM 및 담당자 -주관기관사업추진협의체(협업부서) -유지보수 PM 및 담당자(필요시) -PMO -주관사업자 PM/PL/업무담당자
표준협의회	-디지털공제시스템 표준 정의 시 필요사항 협의 및 의사결정	-주관기관 PM 및 담당자 -유지보수 PM(필요시) -PMO-주관사업자 PM 및 관련업무 PL
인터페이스 협의회	-대외기관 인터페이스 관련 협의	-주관기관 담당자 -PMO-주관사업자 관련PL 및 담당자
기술지원 협의회	-디지털공제시스템 구축 중 발생하는 기술 이슈의 신속한 대응 -협력사 제공 솔루션에 대한 기술지원 협의	-주관기관 담당자 -PMO-주관사업자 관련PL 및 담당자 -솔루션 제공 협력사
프로젝트 실무협의회	-업무 설계 요건 협의 -현업부서와의 협의/조정-요구사항 수렴방법 협의	-주관기관 담당자 -주관기관사업추진협의체(협업부서) -PMO -주관사업자 PM/PL/업무담당자

② 의사소통 추진체 운영계획의 조정 작업

PMO는 발주기관 및 수행사에 의사소통 추진체 운영계획에 대한 PMO 검토보고서 작성 내용을 설명하고, 잘못된 검토 내용이 있는지 확인한다. 그리고 발주기관의 의사소통 추진체 운영계획 점검항목을 기반으로 검토된 내용이 맞지 않거나 발주기관의 조정요청이 있는 경우 의사소통 추진체 운영계획을 조정한다.

<조정항목 예시>

- 의사소통 추진체 조직도
- 의사소통 추진체 운영 프로세스(절차)
- 의사소통 추진체 목적, 내용, 참여 대상, 주기, 산출물 등

2.10.2.5 의사소통 추진체 운영상태 점검

의사소통 추진체 운영상태 점검은 의사소통 추진체 운영계획에 따라 추진체가 적절하게 운영되고, 의사결정이 이루어지고 있는지 점검하는 과정이다.

1) 기준

의사소통 추진체 운영상태 점검의 기준은 의사소통 추진체 활동이 계획 대비 적절하게 이루어지고 있는지 회의체 결과 회의록 등의 결과물이다.

2) 측정지표(* 점검항목: 체크리스트)

PMO는 의사소통 추진체 운영상태 점검을 위한 측정지표로 의사소통 추진체 운영에 대한 계획 대비 실행의 적정 여부, 의사소통 추진 주기의 적정 여부, 의사소통 추진체 참석자에 대한 관리 적절성 등 점검항목을 활용한다. 점검항목은 <표 152>와 같이 점검항목별 점검결과(적합(O), 수정/보완(△), 누락(X), 제외(N/A))를 지표로 하여 점검한다.

<표 152> 의사소통 추진체 운영상태 점검에 대한 측정지표

번호	점검항목	점검결과(O, △, ×, N/A)			PMO 검토 의견
1	의사소통 추진체 운영에 대한 계획 대비 실행은 적정한가?				
2	의사소통 추진 주기는 적정한가?				
3	의사소통 추진체 참석자에 대한 관리는 적절하게 이루어지고 있는가?				

3) 절차

PMO는 사업자가 제출한 의사소통 추진체 활동 결과물을 기준으로 <그림 172>와 같이 추진체 운영상태를 의사소통 추진체 운영상태 점검 절차에 따라 검토한다.

Input	절차	Output
의사소통 추진체 결과물	① 의사소통 추진체 운영상태 점검	PMO 검토보고서 의사소통 추진체 운영상태점검표

① 의사소통 추진체 운영상태 점검

PMO는 수행사가 의사소통 추진체의 운영계획에 따라 운영되는지 상태를 점검한다. 의사소통 추진체 운영 목적, 운영 내용, 운영 주기, 참석자 등이 적합한지도 점검한다. 그리고 추진체 운영결과물이 적기에 배포되고 있는지, 공유는 적절하게 이루어지고 있는지 점검한다.

2.11 변화관리

2.11.1 변화관리 개요

1) 정의

변화관리는 프로젝트 수행 중에 발생하는 변화에 대한 프로젝트 이해관계자들이 변화 내용을 이해하고 대처할 수 있도록 체계적으로 개입하는 관리 활동이다. 변화에 대한 공감대 형성, 다양한 교육 및 홍보를 통해 변화내용에 적응할 수 있도록 지속해서 활동하는 과정이다.

2) 목적

변화관리의 목적은 새로운 변화에 수반되는 일시적인 혼란을 최소화하고 사업효과를 극대화할 수 있도록 조직 구성원의 소통과 사업 참여, 홍보 및 교육 관리를 통한 변화수용을 도모하는 활동이다. 또한 조직, 경영환경, As-Is 시스템의 변화 등에 대한 모니터링과 프로젝트 전략 수립 및 지속적인 변경관리를 하는 것이다. 프로젝트 과제와 변경된 시스템에 의한 조직, 프로세스 등의 To-Be로의 점진적인 변화를 유도한다. 조직, 프로세스, 기술 관점의 프로젝트 성숙도 향상을 위한 활동이다.

3) PMO 중점 관리사항

PMO는 발주기관의 입장에서 사업 비전의 정확한 설명 및 공유 활동을 한다. 이해관계자들이 현 조직의 상황, 변화 준비, 변화의 목적 등에 명확한 이해와 정보화 구축사업의 상황 점검을 통해 성공적 사업 결과를 얻기 위해 신규시스템의 적극적 활용을 홍보한다.

2.11.2 변화관리 프로세스

변화관리 프로세스는 <그림 173>과 같이 변화관리 계획검토 및 조정, 변화관리 계획의 이행 여부 점검 및 조치사항 지시 등 2단계 절차를 거쳐 진행한다.

<그림 173> 변화관리 프로세스

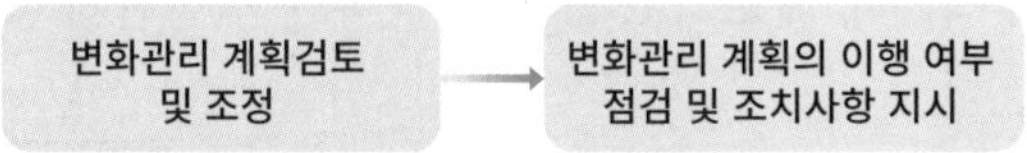

2.11.2.1 변화관리 계획검토 및 조정

변화관리 계획검토 및 조정은 프로젝트의 이해관계자를 대상으로 한 마케팅 활동으로, 조직원들의 관심과 참여 수준을 높이고 자기주도적 참여자가 되도록 변화관리에 대한 계획이 적정하게 수립되었는지 점검하고 조정하는 활동이다.

1) 기준

변화관리 계획검토 및 조정의 기준은 '변화관리계획서'이다. 이를 통해 변화관리 계획 및 변화관리 수행을 위한 계획이 적정하게 수립되었는지 검토하고 조정한다.

2) 측정지표(*점검항목: 체크리스트)

PMO는 변화관리 계획검토 및 조정을 위한 측정지표로 변화관리 계획의 적절성, 변화관리 프로세스의 적절성, 변화관리 수행방안의 구체성, 발주기관의 변화관리 지원 방안 여부 등을 점검항목으로 활용한다. 점검항목은 <표 153>과 같이 점검항목별 점검결과(적합(O), 수정/보완(△), 누락(X), 제외(N/A))를 지표로 하여 점검한다.

<표 153> 변화관리 계획검토 및 조정에 대한 측정지표

번호	점검항목	점검결과(○, △, ×, N/A)				PMO 검토 의견
1	• 변화관리 계획을 적절하게 수립하였는가? 　1) 변화관리 목적의 적절성 여부 　2) 변화관리의 역할과 책임의 명확성 여부					
2	• 변화관리 프로세스가 적절한가? 　1) 변화관리 계획 절차 정의 여부 　2) 변화관리 실행 절차 정의 여부 　3) 변화관리 모니터링 절차 정의 여부					
3	• 변화관리 수행방안이 구체적인가? 　1) 프로젝트 전 기간(수행 전/수행 중/수행 후) 대상별 다양한 활동 기술 여부 　2) 변화관리 매체 및 방법 기술 여부(커뮤니케이션 방법, 홍보, 교육 등)					
4	• 변화관리 계획담당자는 사업자의 운영조직과 독립적인가(대형 프로젝트인 경우)?					
5	• 발주기관의 변화관리 지원 방안이 기술되었는가? 　1) 법·제도·규정 변경 사항 고려 여부 　2) 업무부서의 역할 및 책임을 프로젝트 초기 공유 여부 　3) 변화관리 방향성 제시 여부					
6	• 변화관리 계획검토 결과로 식별된 부적합 사항에 대해 시정조치 활동을 수행하였는가?					

3) 절차

PMO는 사업자가 제출한 변화관리계획서를 기준으로 <그림 174>와 같이 변화관리 계획의 적절성 검토, 변화관리 계획의 조정 등 변화관리 계획검토 및 조정절차에 따라 점검하고 조정한다.

<그림 174> 변화관리 계획검토 및 조정절차

Input	절차	Output
변화관리계획서	① 변화관리 계획의 적절성 검토 ② 변화관리 계획의 조정 작업	PMO 검토보고서 (조정) 변화관리계획서

① 변화관리 계획의 적절성 검토

PMO는 수행사가 제출한 변화관리계획서를 기준으로 변화관리를 수행할 역할과 책임, 변화관리 프로세스, 변화관리 수행방안 등이 적절하게 수립되었는지 점검한다. 변화관리는 구축되는 시스템의 안정적인 정착을 위해서 발주기관 변화관리 담당자와 협업을 통해 지속적인 커뮤니케이션, 홍보 및 교육을 수행하는 활동이다.

이런 변화관리 계획의 적절성을 검토하기 위해서는 첫째, PMO는 변화관리를 수행할 역할과 책임이 적절한지 점검한다. 변화관리 계획은 이해관계자를 파악하고 세분화하여 업무영역, 커뮤니케이션 채널, 회의체, 환경 등을 분석하고 이해관계자별 최적의 채널을 결정한다. 또한 <사례 56>과 같이 변화관리의 주체가 누구이며, 무엇을 해야 하는지 역할과 책임의 명시 여부를 점검한다.

<사례 56> 변화관리 수행의 역할과 책임 사례

구분		역할 및 책임
발주기관/PMO	발주기관 PM(업무, IT)	- 변화의 비전 제시 및 프로그램 실행 독려
	변화관리 리더 (발주기관 담당자 / PMO)	- 변화관리 프로그램 리딩 - 변화관리 진행 관리
	변화관리 담당자(발주기관 현업부서 담당자)	- 홍보 및 교육훈련 수행 - 변화관리 진행 상황 피드백
수행사	수행사 PM	- 변화관리 수행 지원 - 기술교육 지원
	응용개발팀/인프라팀	- 변화관리 프로그램 자료 작성 지원 - 사용자 매뉴얼 작성 - 운영자 매뉴얼 작성 및 기술교육 수행

둘째, PMO는 변화관리 프로세스를 점검한다. 변화관리 프로세스는 변화관리 계획, 변화관리 실행, 변화관리 모니터링으로 구성된다. 변화관리 계획에서는 이해관계자를 파악 및 세분화하고 업무영역, 커뮤니케이션 채널, 회의체, 환경 등을 분석하여 이해관계자별 최적의 채널을 정의하였는지 점검한다. 변화관리 실행에서는 시행문, 뉴스레터, 게시판(전용 게시판 개설), 사보, 설문조사 등을 통해 디지털 공제시스템의 커뮤니케이션 및 홍보와 사용자 교육 등 교육 훈련에 따른 변화관리를 수행하는지 점검한다. 변화관리 모니터링 단계에서는 인터뷰, 조직 문화 이해 등을 통해 조직의 변화에 대한 준비 정도를 진단하거나 워크숍 결과 조사 등 설문조사, 피드백 등을 반영하여 변화관리 전략을 수정하고 있는지 점검한다.

마지막으로 PMO는 변화관리 수행방안을 점검한다. 프로젝트 전 기간(수행 전/ 수행 중/ 수행 후) 대상별 다양한 활동 내용이 기술되었는지 점검한다. 사업수행 전에는 프로젝트 추진 필요성의 공감을, 사업수행 중에는 착수단계부터 계획, 실행/통제, Cut Over까지 지속적인 커뮤니케이션 수행 여부를, 사업수행 후에는 시스템 구축 이후 개선된 프로세스에 의한 효율성 분석 등을 통한 변화 성과측정 등이 변화관리 계획수립에 포함되었는지 점검한다.

또한 커뮤니케이션, 홍보, 교육 등 변화관리 유형별로 <사례 57>과 같이 도구/방법, 내용, 대상, 주기(횟수) 등이 정의되었는지 점검한다.

구분	도구/방법	내용	대상	주기(횟수)
커뮤니케이션 / 홍보	뉴스레터 (이메일 발송)	- 변화관리 진행사항 공유 및 지속적 관심 유도 - 시스템 개선 방향 및 주요 변화 포인트 - 오픈 안내, 시스템 구축 관련 협조 사항 안내	발주기관 임원 & 업무 부서 / 수행사	필요시
	전용 게시판 공지	- 중앙회 그룹웨어 내 홍보 전용 게시판 개설 - 업무별 주요 기능, 디지털 공제시스템의 신규/개선 기 능 등 게시	발주기관 임원 & 업무 부서 / 수행사	필요시
	사보	- 임직원 대상으로 관심 유도 및 시스템 홍보 - 리더들의 기고를 통한 임직원 관심 증대 유도 - 프로젝트 구성원의 인터뷰 기고를 통한 홍보	발주기관 임원 & 업무 부서	필요시
	설문조사	- 워크샵 및 사용자 교육 시 설문조사 또는 VOC 활동을 통해 결과 공유	발주기관 임원 &업 무 부서	필요시
	유관부서 정기회의	- 변화관리 활동 결과와 이슈 공유	프로젝트 TF/ 유관업무부서	필요시
교육 활동	변화관리 워크샵 / 보고회	- 프로젝트 착수 및 방향성 공유 - 디지털 공제시스템 분석/설계 공유 및 합의 - 신규/개선 기능 또는 프로세스에 대한 설명	프로젝트 TF / 발주기관 임원(PM)	별도 협의
	사용자 교육	- 사용자 매뉴얼을 활용한 교육 - 업무 사용자 및 운영자별 교육 - 지역본부 사용자 집중 교육	발주기관 본부부서/ 지역본부	별도 협의
	기술교육	- 시스템 구축에 따른 운영자 교육 - 시스템 구축에 따른 개발자 교육 - 시스템 구축에 관련되는 기술교육	발주기관 IT 담당자	별도 협의

② 변화관리 계획의 조정 작업

PMO는 발주기관 및 수행사에 변화관리 계획에 대한 PMO 검토보고서 작성 내용을 설명하고, 잘못된 검토 내용이 있는지 확인한다. 그리고 발주기관의 변화관리 방침과 변화관리 계획 점검항목을 기반으로 검토된 내용이 맞지 않거나 발주기관의 조정요청이 있는 경우 변화관리 계획을 조정한다.

<조정항목 예시>

• 연관부서의 변화관리 역할과 책임
• 변화관리 프로세스(변화관리 계획, 변화관리 수행, 변화관리 모니터링 등)
• 변화관리 수행방안(커뮤니케이션, 홍보, 교육 등)

2.11.2.2 변화관리 계획의 이행 여부 점검 및 조치사항 지시

변화관리 계획의 이행 여부 점검 및 조치사항 지시는 변화관리 계획에 따라 적절하게 이행되고 있는지 점검하고 조치사항을 지시하는 활동이다.

1) 기준

변화관리 계획의 이행 여부 점검 및 조치사항 지시의 기준은 변화관리가 계획 대비 적절하게 이루어지고 있는지 '변화관리 이행결과서', '발주기관보고서' 등의 산출물이다.

2) 측정지표(*점검항목: 체크리스트)

PMO는 변화관리 계획의 이행 여부 점검 및 조치사항 지시를 위한 측정지표로 변화관리 프로그램 실행측정 여부, 실행측정 결과를 주기적으로 발주기관에 보고하는지의 여부, 시정조치의 적절성 등을 점검항목으로 활용한다. 점검항목은 <표 154>와 같이 점검항목별 점검결과(적합(O), 수정/보완(△), 누락(X), 제외(N/A))를 지표로 하여 점검한다.

<표 154> 변화관리 계획의 이행 여부 점검 및 조치사항 지시에 대한 측정지표(점검항목)

번호	점검항목	점검결과(O, △, ×, N/A)	PMO 검토 의견
1	•계획된 일정에 따라 변화관리프로그램 실행측정 활동을 적정하게 수행하고 있는가?		
2	•변화관리 프로그램 실행측정 결과를 주기적으로 발주기관에 보고하는가?		
3	•변화관리 프로그램 실행측정 결과로 식별된 부적합 사항에 대해 시정조치 활동을 적정하게 수행하였는가?		

3) 절차

PMO는 사업자가 제출한 변화관리 이행 결과물을 기준으로 변화관리 계획의 이행 여부 점검, 조치사항 지시 등을 <그림 175>와 같이 변화관리 계획의 이행 여부 점검 및 조치사항 지시 절차에 따라 이행상태를 점검한다.

<그림 175> 변화관리 계획의 이행 여부 점검 및 조치사항 지시 절차

Input	절차	Output
변화관리계획서 변화관리결과서	① 변화관리 계획의 이행 여부 점검 ② 조치사항 지시	PMO 검토보고서 (보고) 변화관리 이행점검표

① 변화관리 계획의 이행 여부 점검

PMO는 수행사가 변화관리 계획에 따라 변화관리 프로그램이 이행되고 있는지 점검한다. 변화관리를 위해 준비한 커뮤니케이션, 홍보, 교육, 워크숍, 이벤트 등 세부 실행일정의 시행 여부와 평가를 통해 가시적인 효과를 얻기 위해 성과를 점검(측정)한다. 발주기관이 변화에 순응하기 위해 정기적인 커뮤니케이션(워크숍)의 진행 여부와 그 성과를 측정한다. 또한 To-Be 시스템의 화면을 통해 시스템이 어떻게 개선되고 현업에 직접 사용함으로 현장의 목소리를 듣고 수정·반영하는지의 여부와 그 성과를 측정한다.

<그림 176> 변화관리 단계별 지원활동 및 점검사항 사례

변화관리단계	PMO 지원방안
변화관리 전략수립	변화관리 전략 및 계획 수립가이드
변화관리 계획수립	변화관리 프로그램 검토 및 제언
변화관리 프로그램	변화관리 프로그램 실행현황 모니터링
사전준비 및 인식 확산	컨트롤타워 및 헬프데스크 운영 지원
변화관리 전략수립 실행	변화관리 관련 의사결정 지원
변화정착 및 유지	이해관계자 소통 및 참여 지원

활동 구분	변화관리 PMO 지원 및 검토 사항
변화관리 가이드 및 계획 검토	• 주요 이해관계자 식별의 충분성 및 유형 분류 방법의 적정성 • 변화관리 전략이 수행사업의 목적 및 특성을 반영했는지 여부 • 변화관리를 위한 자원 확보 방안의 적정성 및 계획 항목 간 충돌 여부 • 변화관리 프로그램의 효과성 및 창의성, 수행 일정 및 배정 인원의 적정성
변화관리 프로그램 검토 및 제언	• 홍보, 이벤트, 교육 수행을 통해 전달하려는 메시지 및 전달 방법 적정성 • 매뉴얼, 브로슈어, 포스터, 동영상, 웹사이트, 공지사항 등의 효과성 • 변화관리 위한 컨트롤타워 및 변화 유지 조직의 구성 및 운영방안
수행 활동검토	• 사업자의 변화관리 계획 대비 관리 활동 검토(일정, 수행자, 내용 등) • 활동 수행 전의 준비 상태, 수행 절차 및 내용, 투입 인력 및 자원 적정성 • 활동 수행 후 만족도 조사, 지속적 의견반영 및 피드백
의사결정 지원	• 의사결정(핵심 변경 요청사항, 검토 내역 등) 및 이행 과정 지원 • 의사결정 진행 관련 정보의 이해관계자 배포 현황 검토
이해관계자 관리 지원	• 변화관리 프로그램 실행 및 변화 유지 관리 참여(컨트롤타워 & 헬프데스크 참여) • 현황 및 이슈 검토 및 보고(정기/수시) • 이해관계자 소통/참여/협조, 갈등 해결, 질의 및 애로사항 대응 촉진 • 이슈 분석 및 해결방안 도출 지원

② 조치사항 지시

새로운 제도나 시스템이 도입되면 조직 구성원의 거부나 무관심으로 인해 기대하는 성과가 나타나지 않을 수 있다. 이를 해결하기 위해 지속적인 커뮤니케이션, 홍보, 교육 등을 통해 문제를 최소화하고, 변화를 촉진하여 성과를 달성할 수 있도록 하는 것이 중요하다. 따라서 PMO는 수행사가 변화관리 프로그램 실행측정 결과로 식별된 부적합 사항에 대해 시정조치를 지시하고, 조치 활동이 적절한지 점검한다.

2.12 보안관리

2.12.1 보안관리 개요

1) 정의

보안관리는 발주기관이 수행사에 제공한 내부 자료나 용역 결과물 등 보안이 요구되는 제반 자료가 해킹 및 관리 부주의로 인해 유출되는 것들을 방지하는 것이다. 인원, 장비, 관련 자료 등의 보안관리 대상을 식별하고 이를 대외비, 비밀 등으로 분류하여 보안등급에 따라 관리하는 활동이다.

2) 목적

보안관리의 목적은 프로젝트가 성공할 수 있도록 프로젝트 관련 정보자산을 안전하게 보호하는 것이다. 또한 정보자산의 기밀성(Confidentiality), 무결성(Integrity), 가용성(Availability)을 보장하기 위한 보안정책 및 절차를 개발하고, 위험분석에 따라 보안 계획을 수립한 후 이를 구현 및 유지보수를 하는 것이다.

3) PMO 중점 관리사항

PMO는 발주기관의 입장에서 국가·공공기관 발주 용역사업의 보안관리 요령과 정보통신망 보안관리 실무요령을 참조하여 적정성 여부를 검토하고 조정한다. 특히 프로젝트 수행 중 업무상 비밀 또는 개인정보 내용이 관련 시행규칙과 업무규정에 벗어나지 않도록 점검한다.

2.11.2 보안관리 프로세스

보안관리 프로세스는 <그림 177>과 같이 보안 및 개인정보 보호관리 계획검토 및 조정과 보안 및 개인정보 보호관리 계획 이행 여부 점검 및 조치사항 지시 등 2단계 절차를 거쳐 진행한다.

<그림 177> 보안관리 프로세스

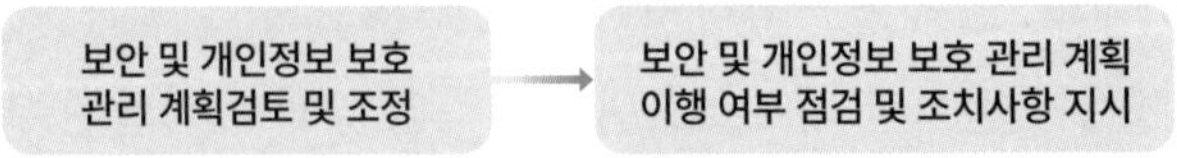

보안 및 개인정보 보호 관리 계획검토 및 조정 → 보안 및 개인정보 보호 관리 계획 이행 여부 점검 및 조치사항 지시

2.12.2.1 보안 및 개인정보 보호관리 계획검토 및 조정

보안 및 개인정보 보호관리 계획검토 및 조정은 프로젝트 수행 중에 발생하는 문제점 및 쟁점 사항(이슈)의 해결방안을 적기에 보고하기 위해 정기보고, 단계별 보고, 수시보고 등을 통해서 진척 현황보고 및 산출물 품질확보에 대한 원활한 의사소통 체계 및 의사소통 수행을 위한 계획이 적정하게 정의되었는지 점검하고 조정하는 활동이다.

1) 기준

보안 및 개인정보 보호관리 계획검토 및 조정의 기준은 '보안관리계획서'이다. 보안관리계획서에는 프로젝트 수행과 관련하여 외부 용역업체 보안, 개인정보 보호, SW 개발 보안 적용 등 관련규정 및 지침에 근거하여 기술되어 있어야 한다.

2) 측정지표(* 점검항목: 체크리스트)

PMO는 보안 및 개인정보 보호관리 계획검토 및 조정을 위한 측정지표로 보안대책 수립, 참여 인력 보안관리, 사무실 및 장비 보안관리, 산출물(자료) 보안, 기술적 보안, 관리적 보안 기술 여부 등을 점검항목으로 활용한다. 점검항목은 <표 155>와 같이 점검항목별 점검결과(적합(O), 수정/보완(△), 누락(X), 제외(N/A))를 지표로 하여 점검한다.

<표 155> 보안 및 개인정보 보호관리 계획검토 및 조정에 대한 측정지표

번호	점검항목	점검결과(○,△,×,N/A)	PMO 검토 의견
1	• 보안관리계획서에 보안대책이 수립되어 있는가? 　1) 보안관리 목적 기술 여부 　2) 보안관리 담당자 지정 여부 　3) 보안관리 담당자의 역할 정의 여부 　4) 보안관리 대상 정의 여부(참여 인력에 대한 보안, 사무실 및 장비 보안, 산출물 보안, 　　기술적 보안 등)		
2	• 참여 인력에 대한 보안관리 방안이 적절한가? 　1) 보안서약서 및 보안확약서 작성 여부 　2) 보안교육 실시 기술 여부 (교육 시기, 교육 대상, 교육내용, 교육 기록 등) 　3) 보안점검 실시 기술 여부 　4) 보안사고 보고 절차 기술 여부		
3	• 사무실 및 장비 보안관리 방안이 적절한가? 　1) 사무실 보안관리 기술 여부(출입문, 방문 대장, 출력물, 개인 책상, 서랍, 캐비닛 등) 　2) 장비 보안관리 기술 여부(PC, 노트북, 프린터, 보조 기억 매체 등)		
4	• 산출물(자료) 보안관리 방안이 적절한가? 　1) 사업수행산출물 관리 기술 여부 　2) 기타 자료관리 기술 여부(PC 저장금지, 비공개 자료관리, 온라인 보안관리)		

번호	점검항목	점검결과(O, △, ×, N/A)				PMO 검토 의견
5	• 기술적 보안관리 방안이 적절한가? 1) 시스템 보안 기술 여부(시스템 접근 통제, 서비스 통제, 서버 계정 관리, 암호관리, 원격 접속 금지) 2) 사용자 인증 및 계정관리 기술 여부(사용자 인증대책, 사용자 계정관리, 패스워드 요구사항, 정보시스템 접근 통제 정책 등) 3) 데이터베이스 보안 기술 여부(DBA, 사용자, 개발용 데이터베이스 등) 4) 네트워크 보안 기술 여부(접근 통제, 인터넷 접근 통제, 보안 취약점 등) 5) 응용프로그램 보안 기술 여부(요구분석, 시스템 설계, 시스템 개발 등)					
6	• 관리적 보안관리 방안이 적절한가? 1) 용역직원의 보안 준수사항 및 위반에 대한 책임을 명시하였는가? 2) 하도급계약 시 해당 사업계약 수준의 비밀 유지조항이 포함되었는가? 3) 신원조회 결과의 보안 유지 사항에 대하여 언급되었는가? 4) 비밀 준수 의무 위반 시 처벌 관련 내용이 정의되었는가? 5) 정기/수시 보안 시행 결과에 대한 보고방안은 적정한가?					

3) 절차

PMO는 사업자가 제출한 보안관리계획서를 기준으로 <그림 178>과 같이 보안관리 계획의 적절성 검토, 보안관리 계획의 조정 등 보안 및 개인정보 보호관리 계획검토 및 조정절차에 따라 점검하고 조정한다.

<그림 178> 보안 및 개인정보 보호관리 계획검토 및 조정절차

Input	절차	Output
보안관리계획서	① 보안관리 계획의 적절성 검토 ② 보안관리 계획의 조정 작업	PMO 검토보고서 (검토) 보안관리계획서

① 보안관리 계획의 적절성 검토

PMO는 수행사가 제출한 보안관리계획서를 기준으로 보안 적용 범위 적정성 여부, 보안관리의 역할과 책임, 보안관리 방안, 누출금지 정보, 수행사 보안 위규 처리기준 등이 적절하게 수립되었는지 점검한다. 보안관리는 프로젝트 수행 전반에 대한 참여 인원, 장비, 자료에 대한 보안관리 등 제반 사항에 대한 보안 활동을 하는 것이다.

이런 보안관리 계획의 적절성을 검토하기 위해서는 첫째, 프로젝트가 수행되는 기간에 보안을 적용해야 할 대상과 범위가 적절하게 기술되었는지 점검한다. 범위로는 참여 인력에 대한 보안관리, 사무실 및 장비 보안관리, 산출물(자료) 보안관리, 기술적 보안(시스템, 사용자 인증 및 계정 관리, 데이터베이스 보안, 네트워크 보안, 응용프로그램 보안 등) 등이 포함된다.

둘째, 보안관리의 역할과 책임이 정의되었는지 점검한다. 즉, <표 156>과 같이 보안관리 주체가 누구이며, 무엇을 해야 하는지 점검한다.

<표 156> 보안관리의 역할과 책임

역할	책임	비고
프로젝트 관리자(수행사)	- 사업수행 기간 내의 보안관리를 총괄 책임	
보안관리자	- 산출물 관련 보안관리 - 참여 인력에 대한 보안관리 - 개인정보 관련 보안관리 - 사무실 및 장비 보안관리 - 기술적 보안관리	

셋째, 보안관리 방안의 적절성을 검토한다. 보안관리 방안은 <표 157>과 같이 물리적/기술적/관리적 보안 관점에서 보안규정과 관리 방안, 점검 시기가 적절하게 표현되었는지 점검한다.

<표 157> 보안관리 영역별 관리기준

구분	관리대상	보안관리 규정	관리방안	점검시기
관리적 보안	비밀취급	제재 대상 누출금지 정보는 최고 수준으로 비밀정보로 취급하며, 철저한 정보 접근권한 부여 및 보안 통제실시로 누출 방지	보안서약서	사업착수
		수행사는 보안 준수사항을 위반하여 발생하는 모든 민·형사상 책임 및 그에 따른 유·무형의 손해배상을 전적으로 책임짐	보안서약서	사업착수
		수행사는 사업수행과정에서 취득한 자료와 정보에 관하여 사업수행 중은 물론 사업완료 후에도 외부에 유출하지 않고, 사업 종료 시 정보보안 담당자의 입회하에 완전 폐기 또는 반납	보안확약서	사업종료
	보안서약서	투입/교체 인력에 대해서 개인별로 보안서약서를 작성하여 제출	보안서약서	인력투입시
		사업종료 시 사업 관련 자료를 보유하고 있지 않으며 이를 위반할 때 향후 법적 책임이 있음을 포함한 대표자용 보안확약서 제출	보안확약서	인력투입시
	보안점검 활동	정보자산(PC 등) 및 자료의 반출관리 및 잠금 등	잠금장치	상시
		보안 예방 및 보안사고 방지를 위한 자체 보안 점검실시 및 결과관리	보안결과서	월 1회
	보안교육	프로젝트 수행사 직원을 대상으로 정기적 보안교육 실시	보안서약서	인력투입시
물리적 보안	보호구역	수행사는 보안구역 출입 시 발주자가 요구하는 보안관련 규정을 충실히 이행하고, 출입에 필요한 조치를 취할 수 있으며, 수행사는 이를 철저히 준수함	보안업체 (지문등록)	상시
		비전자문서 폐기	문서파쇄기	상시
		중요자료 및 비공개자료는 잠금장치가 있는 장소에 보관	서랍장 관리	상시
	방문자 관리	외부 방문자의 출입 대장 기록 및 확인 관리	외부인 출입 관리대장	상시

구분	관리대상	보안관리 규정	관리방안	점검시기
기술적 보안	네트워크 보안	참여 인력이 사용하는 네트워크 접근 통제 필수	매체 제어 SW설치	상시
		인터넷, 무선이동통신, 정보처리기기 등을 이용한 정보자산의 외부 유출 방지	매체 제어 SW 설치	상시
	네트워크 보안	산출물(문서, 소스, DB 등)의 공유는 내부 파일서버를 이용하되 자체 공유 방안을 수립·관리함	프로젝트 내부전용 파일서버	상시
	정보처리기기 반입/반출	반입되는 정보처리기기는 필수보안 프로그램을 설치하고, 악성프로그램 감염 여부 확인 주기적(월 1회)으로 전수검사 실행	보안점검표	월 1회
	개인정보 처리 기기 보안	필수 보안프로그램 설치 후 사용(백신 등)	V3, 매체 제어	상시
		화면보호기 설정, 사용자 외 비인가자의 임의 사용 통제	매체 제어 SW 설치	상시
		부팅 및 윈도우 비밀번호 설정 후 사용(영문, 숫자, 특수문자 포함 8자리 이상)	보안점검표	월 1회
		USB사용 차단 솔루션 설치	매체 제어 SW 설치	상시
	기밀시스템	업무시스템(업무포탈, 메일, 통합출력관리서비스, 가상PC, 자료등록)과 출입통제시스템 이용	출입보안 이용동의서	상시
	수행보안	보안 취약점에 대한 정기적인 보안 점검활동 계획수립 및 실시, 활동 결과 작성	보안점검표	월 1회

넷째, 누출금지 정보가 기술되었는지 점검한다. 누출금지정보는 정보시스템의 구축 및 유지 관리계약의 이행 과정에서 누출될 경우 발주기관에 피해가 발생할 것으로 판단되는 정보를 지정하여 명시한 것이다. 수행사가 프로젝트 수행 시 열람 혹은 알게 될 기관 정보 중 프로젝트 수행 중 누출되어 발주기관에 피해가 발생할 가능성이 있는 정보가 기술되었는지 점검한다.

<사례 58> 누출금지 정보 사례

① 발주기관 소유 정보시스템의 내외부 IP주소 현황
② 세부 정보시스템 구성 현황 및 정보통신망 구성도
③ 사용자계정·비밀번호 등 정보시스템 접근권한 정보
④ 정보통신망 취약점 분석·평가 결과물
⑤ 용역사업 결과물 및 프로그램 소스코드
⑥ 국가용 보안시스템 및 정보보호 시스템 도입 현황
⑦ 침입차단 시스템·방지시스템(IPS) 등 정보보호 제품 및 라우터·스위치 등 네트워크 장비 설정 정보
⑧ 「공공기관의 정보공개에 관한 법률」 제9조제1항에 따라 비공개 대상 정보로 분류된 기관의 내부 문서
⑨ 「개인정보보호법」 제2조제1호의 개인정보
⑩ 「보안업무규정」 제4조의 비밀 및 동 시행규칙 제7조제3항의 대외비
⑪ 그 밖에 발주기관이 보안규정에 따른 중요문서

다섯째, 수행사 보안 위규 시 처리기준 및 보안 위규 수준별 차등 부과 기준 등이 명시되

었는지 점검한다.

<사례 59> 보안 위규 처리기준 사례

구분	위규사항	처리기준
심각	1. 비밀 및 대외비급 정보 유출 및 유출 시도 　가. 정보시스템에 대한 구조, 데이터베이스 등의 정보 유출 　나. 개인정보·신상정보 목록 유출 　다. 비공개 항공사진·공간정보 등 비공개 정보 유출 2. 정보시스템에 대한 불법적 행위 　가. 관련 시스템에 대한 해킹 및 해킹 시도 　나. 시스템 구축 결과물에 대한 외부 유출 　다. 시스템 내 인위적인 악성코드 유포	사업 참여 제한 위규자 중징계 재발 방지를 위한 조치계획 제출 위규자 대상 특별보안교육 실시
중대	1. 비공개 정보 관리 소홀 　가. 비공개 정보를 책상 위 등에 방치 　나. 비공개 정보를 휴지통, 폐지함 등에 유기 또는 이면지 활용 　다. 개인정보, 신상정보 목록을 책상 위 등에 방치 　라. 기타 비공개 정보에 대한 관리 소홀 2. 사무실·보호구역 보안관리 허술 　가. 통제구역 출입문을 개방한 채 퇴근 등 　나. 인가되지 않은 작업자의 내부 시스템 접근 　다. 통제구역 내 장비·시설 등 무단 사진 촬영 3. 전산정보 보호 대책 부실 　가. 업무망 인터넷망 혼용사용, 보안 USB 사용 규정 위반 　나. 웹하드·P2P 등 인터넷 자료공유사이트를 활용하여 용역사업 관련 자료 수발신 　다. 개발·유지 관리 시 원격작업 사용 　라. 저장된 비공개 정보 패스워드 미부여 　마. 인터넷망 연결 PC 하드디스크에 비공개 정보를 저장 　바. 외부용 PC를 업무망에 무단 연결 사용 　사. 보안 관련 프로그램 강제 삭제 　아. 사용자 계정관리 미흡 및 오남용(시스템 불법 접근 시도 등)	위규자 중징계 재발 방지를 위한 조치계획 제출 위규자 대상 특별보안교육 실시
보통	1. 기관 제공 중요정책·민감 자료관리 소홀 　가. 주요 현안·보고자료를 책상 위 등에 방치 　나. 정책·현안자료를 휴지통·폐지함 등에 유기 또는 이면지 활용 2. 사무실 보안관리 부실 　가. 캐비넷, 서류함, 책상 등을 개방한 채 퇴근 　나. 출입 키를 책상 위 등에 방치 3. 보호구역 관리 소홀 　가. 통제·제한구역 출입문을 개방한 채 근무 　나. 보호구역내 비인가자 출입 허용 등 통제 미실시 4. 전산정보 보호 대책 부실 　가. 휴대용저장매체를 서랍, 책상 위 등에 방치한 채 퇴근 　나. 네이트온 등 비인가 메신저 무단 사용 　다. PC를 켜 놓거나 보조기억매체(CD, USB 등)를 꽂아 놓고 퇴근 　라. 부팅·화면보호 패스워드 미부여 또는 '1111' 등 단순 숫자 부여 　마. PC 비밀번호를 모니터 옆 등 외부에 노출 　바. 비인가 보조기억매체 무단 사용	위규자 경징계 위규자 사유서 / 경위서 징구 위규자 대상 특별보안교육 실시
경미	1. 업무 관련 서류 관리 소홀 　가. 진행 중인 업무자료를 책상 등에 방치, 퇴근 　나. 복사기·인쇄기 위에 서류 방치 2. 근무자 근무상태 불량 　가. 각종 보안장비 운용 미숙 　나. 경보·보안장치 작동 불량 3. 전산정보 보호 대책 부실 　가. PC내 보안성이 검증되지 않은 프로그램 사용 　나. 보안 관련 소프트웨어의 주기적 점검 위반	위규자 서면·구두 경고 등 문책 위규자 사유서 / 경위서 징구

구분	위규 수준			
	A급	B급	C급	D급
위규	심각 1건	중대 1건	보통 2건 이상	경미 3건 이상
위약금 비중	부정당업자 등록	5백만 원 이하	3백만 원 이하	1백만 원 이상

② 보안관리 계획의 조정 작업

PMO는 발주기관 보안관리 담당자 및 수행사 프로젝트 관리자에게 보안관리 계획에 대한 PMO 검토보고서 작성 내용을 설명하고, 잘못된 검토 내용이 있는지 확인한다. 그리고 발주기관의 보안관리 방침과 변화관리 계획 점검항목을 기반으로 검토된 내용이 맞지 않거나 발주기관의 조정요청이 있는 경우 변화관리 계획의 조정 작업을 한다.

<조정항목 예시>
- 참여 인력에 대한 보안관리
- 사무실 및 장비 보안관리
- 산출물(자료) 보안관리
- 기술적 보안관리

2.12.2.2 보안 및 개인정보 보호관리 계획 이행 여부 점검 및 조치사항 지시

보안 및 개인정보 보호관리 계획 이행 여부 점검 및 조치사항 지시는 프로젝트 수행 중에 발생하는 문제점 및 쟁점 사항(이슈)의 해결방안을 적기에 보고하기 위해 정기보고, 단계별 보고, 수시보고 등을 통해 진척 현황보고 및 산출물 품질확보에 대한 원활한 의사소통 체계 및 의사소통 수행을 위한 계획이 적정하게 정의되었는지 점검하고 조정하는 과정이다.

1) 기준

보안관리 계획의 이행 여부 점검 및 조치사항 지시의 기준은 보안관리가 계획 대비 적절하게 이루어지고 있는지 '보안관리 이행 결과', '발주기관보고서' 등의 산출물이다.

2) 측정지표(* 점검항목: 체크리스트)

PMO는 보안 및 개인정보 보호관리 계획 이행 여부 점검 및 조치사항 지시를 위한 정기 및 수시 보안점검 여부, 보안 준수사항 위반 시 관련 내용의 적절성 여부, 산출물관리의 적절성 여부, 철수 시 보안관리 준수 여부 등을 점검항목으로 활용한다. 점검항목은 <표 158>과 같이 점검항목별 점검결과(적합(O), 수정/보완(△), 누락(X), 제외(N/A))를 지표로 하여 점검한다.

<표 158> 보안 및 개인정보 보호관리 계획 이행 여부 점검 및 조치사항 지시에 대한 측정지표(점검항목)

번호	점검항목	점검결과(O, △, ×, N/A)				PMO 검토 의견
1	정기 및 수시 보안점검이 시행되고 결과서가 작성되었는가?					
2	정기 및 수시 보안시행보고서가 작성되었는가? 보고 시기는 적정한가?					
3	용역직원의 보안 준수사항 위반 시 관련 내용은 적정한가?					
4	하도급계약을 할 때 본 사업계약 수준의 비밀 유지가 이행되고 있는가?					
5	비밀 준수 의무 위반 시 처벌 내용에 대한 교육은 시행되었는가?					
6	용역수행을 할 때 산출물 관리현황은 적정한가?					
7	철수 시 노트북, 보조 기억매체 등의 전자 기록이 완전하게 삭제되고, 관리되고 있는가?					

3) 절차

PMO는 사업자가 제출한 보안관리 이행 결과물을 기준으로 <그림 179>와 같이 보안관리 계획의 이행 여부 점검 및 조치사항 지시 절차에 따라 이행상태를 점검한다.

<그림 179> 보안 및 개인정보 보호관리 계획 이행 여부 점검 및 조치사항 지시 절차

Input	절차	Output
보안시행보고서 (보안결과서, 보안점검표)	① 보안 및 개인정보 보호관리 계획 이행 여부 점검 ② 조치사항 지시	PMO 검토보고서 보안관리이행점검표

① 보안 및 개인정보 보호관리 계획 이행 여부 점검

보안관리 이행의 가장 기본이 되는 보안 예방 및 보안사고 방지를 위한 자체 보안점검 실시와 반입된 정보처리기기에 보안프로그램을 설치하고, 악성프로그램 감염 여부를 주기적(월 1회)으로 실행한 전수검사가 진행되었는지를 점검한다.

용역사업 수행단계에서 보안점검을 정리하면 다음과 같다.

- 비밀 준수 의무 위반 시 처벌 내용 관련 교육 시행 여부
- 비밀 관련 용역사업 시 비밀취급 인가 등 보안 조치 시행 여부
- 용역수행 시 산출물관리 적정성
- 용역수행 시 사무실과 장비 관리의 적정성
- 정기/수시 보안대책 관련 보고할 때의 적정성
- 보안적합성 검증 절차 시행사항 검토
- 보안적합성 검증 대상 제품 관련 제출서류 검토

용역사업 종료 단계 보안점검을 정리하면 다음과 같다.

- 최종 산출물 관리이행 여부(비밀/대외비, 비공개자료)
- 제반 자료의 전량 회수 여부
- 노트북, 보조 기억매체 등의 전자 기록 완전 삭제 이행 여부

<사례 61> 외부(용역)업체 업무완료 보안 점검표 사례

외부업체 업무완료 보안 점검표

1. 사업 개요

업무명		업무기간	
외부 담당자		연락처	

2. 외부 업무 수행자 인적사항

소속	직급	성명

3. 정리 확인 항목

점검항목	완결 여부	미결사항 및 조치사항
PC 포맷 여부		
기타 물리적 접근권한(열쇠 등) 반납		
정보시스템 계정 삭제 요청		
정보자산 및 지적재산 반납/삭제		
정보 관련 자료 및 문서 반납/폐기		
기타 보안 관련 정리 사항		

일자:
업무담당자:
정보보안담당자:

② 조치사항 지시

보안관리의 목적은 사업의 진행 과정에서 내부 자료나 결과물 등 보안이 요구되는 제반 자료가 해킹 및 관리 부주의로 인해 유출되는 것을 방지하는 것이다. PMO는 수행사가 보안관리 이행 결과로 식별된 부적합 사항에 대해 시정조치를 지시하고, 조치 활동이 적절한지 점검한다.

참고문헌

논문

- Al-Arabi, M. & Al-Sadeq, I. M., (2008). Establishing a project portfolio management office(PPMO)
- Casey, W. & Peck, W., (2001). Choosing the right PMO setup.
- Crawford, J. K., & Cabanis-Brewin, J., (2010). The Strategic Project Office, PM Solutions Research.
- Gerald M. Hill (2004). Evolving the Project Management Office: A Competency Continuum.
- Giraudo, Luca ., Monaldi, Emmanuele (2015). PMO evolution from the origin to the future, PA: Project Management Institute.
- Mullaly, M., (2002). Defining the Role of the PMO: The Quest for Identity.
- PMI & PwC, (2021). PMO Maturity: Lessons from the Global Top Tier.
- 간효진, 이석주 (2014). 일반 PMO와 차세대 금융 PMO의 기능 비교에 관한 연구. 2014년 추계학술대회 논문집(2014.11), 제21권 제2호.
- 강선무, 김태완, & 이재두 (2009). EA 기반의 국가정보화 PMO제도 적용·활용 방안 연구. 제31회 한국정보처리학회 춘계학술발표대회 논문집(2009. 4), 제16권 제1호.
- 강신원, 김정란, & 지경용 (1999). 국가 정보화지표 개선에 관한 연구. 전자통신동향분석(1999.4), 제14권 제2호.
- 구희현, 이석주 (2011). 조직 내 프로젝트의 성과를 개선하기 위한 PMO 활용에 관한 연구. 제35회 한국정보처리학회 춘계학술대회 논문집(2011. 5), 제18권 1호.
- 김두현 (2009). 국가정보화 평가제도의 변화와 발전방안. 서울행정학회 동계학술대회 발표논문집
- 김본영, 함유근, & 박성식 (2016). 공공기관 SI프로젝트 PMO 운영사례 연구: PMO 도입 전후 성과 비교를 중심으로.
- 김봉준, 김용성, & 백승익 (2006). PMO 서비스 품질 평가모델 개발에 관한 탐색적 연구. Entrue Journal of Information Technology, Vol.5, No.2.
- 김상복 (2016). PMO 수행 인력별 역량이 프로젝트 성공요인 및 프로젝트 성과에 미치는 영향 연구. 서울과학기술대학교 산업정보시스템전공 박사학위 논문.
- 김상복 (2016). PMO 정의 및 역할과 기능.
- 김상복, 남양섭, & 장병만 (2017). 전자정부 사업관리위탁 전문가(PMO) 역량이 프로젝트 성공요인과 프로젝트 성과에 미치는 영향 연구. Journal of KIIT(Mar. 30, 2017), Vol. 15, No. 3, pp. 117-134.
- 김상열, 장윤희 (2006). 정보시스템 개발 프로젝트 성과 향상을 위한 PMO 핵심 기능과 관리수준에 관한 연구: 금융권 차세대 프로젝트 사례를 중심으로. Journal of Information Systems, 15, 1-22.
- 김상열, 김진환, & 배재권 (2008). PMO 역량에 따른 프로젝트 성과에 관한 연구. 경영정보학연구, 제18권 제1호.
- 김성근, 서배선, & 황기현 (2014). 공공부문 PMO도입 의도에 영향을 미치는 요인에 관한 연구. Journal of Digital Convergence(2014 May), 12(5): 159-169.
- 김승철, 이무건, & 부제만 (2017). PMO 기능 도입유형에 따른 프로젝트 성과의 영향 연구 : ICT 산업을 중심으로. 韓國IT서비스學會誌(2017. 2), pp.61-83.
- 김종류, 윤옥수 (2011). The Effect of PMO Functions on IT Project Performance. Journal of Information Systems, 20, 129-159.
- 김주한, 이석주 (2015). 공공정보화 프로젝트 지원을 위한 PMO 주요 기능에 관한 연구. 2015년 춘계학술대회 논문집(2015. 4) 제22권 제1호.
- 김충영, 남수현 (2012). 국가정보화전략 및 거버넌스의 평가와 대안. 디지털정책연구(2012.2), 제10권 제1호.
- 김태우, 이석주 (2012). 프로젝트 성공 촉진을 위한 프로젝트관리조직(PMO)에 관한 연구. 제38회 한국정보처리

학회 추계학술발표대회 논문집(2012. 11), 제19권 2호.

- 박승우 (2017). SI 프로젝트의 성공을 위한 PMO의 역할에 관한 연구. 2017년 추계학술발표대회 논문집, 제24권 제2호.
- 박현준, 이석주 (2013). 공공 정보화 부문 PMO제도 도입에 따른 관련 법제도와 표준화된 프로젝트 관리 프로세스의 적합성 비교 연구. 제39회 한국정보처리학회 춘계학술발표대회 논문집(2013.5), 제20권 1호.
- 백인수 (2013). 데이터 강국을 위한 국가정보사업 추진방향, 한국정보화진흥원.
- 서용원, 이덕희 (2014). PMO 대가 산정모형의 개발. Information Technology, 13, 169-188.
- 성시창, 이석주 (2017). 리스크에 기반한 전사 PMO에 관한 연구. 2017년 춘계학술발표대회 논문집(2017. 4), 제24권 제1호.
- 오민정, 오석현, & 김승철 (2018). 프로젝트 관리 전문조직(PMO)과 프로젝트 포트폴리오 성과과의 관계. 한국생산관리학회지(2018. 8), 제29권 제3호 pp. 351~375.
- 윤수재 (2017). 정부 성과관리 프로세스 진단 및 개선방안 연구(A study on analysis and improvement of performance management process). KIPA.
- 이명희, 이재두 (2017). 공공부문 IT프로젝트 발주시스템 선진화에 관한 연구. 2017년 춘계학술발표대회 논문집(2017.4), 제24권 제1호.
- 이무건 (2012). PMO 기능의 아웃소싱 효과성 연구. 한양대학교 대학원 박사학위 논문.
- 이석주, 황영록 (2014). 산업별 PMO 특성 비교에 관한 연구. 2014년 춘계학술발표대회 논문집(2014. 4), 제21권 제1호.
- 이성몽, 김은홍, & 문송철 (2013). PMO 서비스와 PMO 역량이 프로젝트 성과에 미치는 영향. JOURNAL OF INFORMATION TECHNOLOGY APPLICATIONS & MANAGEMENT.
- 이재두 (2008). 실용적 기반 국가 정보화 아키텍처 추진 방안 연구. 2008년 한국경영정보학회 춘계학술대회.
- 이재범·이재철·장윤희 (2009). 금융권 핵심 PMO 기능과 운영형태에 관한 연구. 디지털정책학회지(2009.10), 제7권 3호.
- 이현승, 이윤선 (2017). 공공SW사업 발주관리의 현황, 문제점, 개선방안., 소프트웨어정책연구소(제2017-002호).
- 정지원 (2012). 인천광역시 PMO 제도 도입방안, Local Informatization Magazine.
- 정천수, 김승렬, & 김남규 (2011). PMO 기반 프로젝트 관리 시스템의 설계 및 적용. Journal of Information Systems, 20, 119-143.
- 정호원, 최경규, & 박주석 (2006). 공공부문의 정보화사업 성과측정을 위한 BSC 모형 및 방법.

단행본
- 1기 CBD 아키텍트과정. CBD 개요 및 원리. 한국소프트웨어컴포넌트컨소시엄.
- Barbee Davis 편 (2011). 프로젝트 관리자가 알아야 할 97가지. 넥스트리 역. 지앤선.
- Bernd Bruegge, Allen H. Dutoit (2014).
- Erez Aiden ., Jean-Baptiste Michel (2015). 빅데이터 인문학 : 진격의 서막. 김재중 역. 사계절.
- Grady Booch (1999). UML 사용자 지침서. 인터비전.
- Harold Kerzner (2012). 가치 중심의 프로젝트 관리. 한양대 PM연구팀 A13팀 역. 북파일.
- itSMF NL (2006). ITIL 기반의 IT 서비스 관리 ITSM. 감수 itSMF Korea 감수. 네모북스.
- Joseph Philips (2010). IT Project Management On Track Start to Finish.
- Karl Wiegers., Joy Beatty (2017). Software Requirement 소프트웨어 요구사항 3: 모든 프로젝트 이해관계자가 알아야 할 요구공학의 정석과 실천법. 최상호, 임성국 공역. 위키북스.
- Luke Hohmann (2009). 소프트웨어 아키텍쳐 2.0. 김인기역. 에이콘출판사.
- M.S.Leslie O., Biles, Jan.,& Createspace (2011). The PMO Practice Templates : Effective Phase Exits : Templates for Delivering Succeceful Phase Exits to the Executives Magsalay. CreateSpace Independent Publishing Platform.

- Mark Price Perry (2013). Business Driven PMO Success Stories.
- PMBok,PMI (2020). 2020 프로젝트 관리 지식 체계(PMBOK: Project Management Body of Knowledge).
- Robert C. Martin (2010). JAVA 프로그래머를 위한 UML 실전에서는 이것만 쓴다. 이용원, 정지호 공역. 인사이트.
- Takahashi, Shinya., Neuman, Andrew (2014). PMO Implementation Framework: A simple and practical guide for determining the best organization, roles, human resources, and skills necessary for y A Simple and Practical Guide for Determining the Best Organization, Roles, Human Resources, and Skills Necessary for Your Project's Success. CreateSpace Independent Publishing Platform.
- UML 패턴 자바를 이용한 객체지향 소프트웨어 공학. 김우식, 최재영, 한익주 공역. 휴먼사이언스.
- Wim Van Grembergen (2005). IT거버넌스 Strategies for IT Govenrance. 안중호, 서한준 공역. 네모북스.
- 고광범 (2021). 한 권으로 끝내는 디지털 경영: 애자일로 트랜스포메이션하라. 넥서스 Books.
- 고석하 (2007). 소프트웨어 프로젝트 관리[개정3판]. 생능출판사.
- 김민정, 김예빈, 김지후 (2021). ICT 국제표준화 노하우 가이던스 실전편 1~11. 한국정보통신기술협회.
- 김병호 (2009). PMP PM+P 수험서. 소동.
- 김병호 (2012). 통통통 프로젝트 관리. 소동.
- 김승철 (2019). 글로벌 스탠다드 프로젝트경영[3판]. 한경사.
- 김익환, 전규현 (2011). 소프트웨어 스펙의 모든 것: 프로젝트를 성공적으로 이끄는 소프트웨어스펙 (SRS) 작성법. 한빛미디어.
- 김행기 (2008). 업무혁신(BPR)과 변화의 적용 방법론: 공공조직의 성과 및 업무가치 극대화를 위한. 한국학술정보.
- 김희천 (2020). 소프트웨어공학. 한국방송통신대학교출판문화원.
- 나피엠 (2015). PMO 가이드 : 성공적인 소프트웨어 개발 프로젝트를 위한. 비팬북스.
- 노규성 (2020). 디지털 뉴딜: 디지털경제 시대, 대한민국 미래성장전략. 비앤컴즈.
- 노규성, 김미연, 김용영, 김의창, 김진화 외 5명(2023). 빅데이터 개론. 광문각.
- 류성렬 (2013). 시스템분석과 요구공학. 한티미디어.
- 민택기 (2019). 프로젝트 관리를 알면 프로젝트가 보인다. 노드 미디어.
- 안영식 (2020). 프로젝트경영과 리더십. 범한.
- 안재성 (2021). 프로젝트 관리 실무[개정5판]. 제이에스캠퍼스.
- 안재성 (2021). 프로젝트 관리 실무[개정6판]. 제이에스캠퍼스.
- 양지윤 (2008). IT 거버넌스의 책임과 성과. 한국학술정보.
- 이동길 (2013). PMO 프로젝트 리사이클 관리. 유원북스.
- 이석주 (2016). 프로젝트 성공 2579: 프로젝트관리 실무 및 PMO 실무. 범한.
- 이석주, 리강민, 박상종,& 이승철 (2019). 성공하는 PMO: 실무 중심의 PMO 가이드 & 매뉴얼. 범한.
- 이완형 (2019). 디지털 비즈니스 트랜스포메이션: 4차 산업혁명시대의 경영 이해. 교문사.
- 이주헌 (2000). 실용 소프트웨어 공학론. 법영사.
- 전병선 (2008). CBD, What&How: J2EE와 .NET 엔터프라이즈 시스템 개발을 위한. 와우북스.
- 차훈상, 홍일유 (2021). 디지털기업을 위한 경영정보시스템[제5판]. 법문사.
- 채홍석 (2003). 객체지향 CBD 개발 Bible: J2EE .NET 대학정보시스템 프로젝트. 한빛미디어.
- 최은만 (2017). 객체지향 소프트웨어 공학. 한빛아카데미.
- 쿨 소프트웨어 코리아 (2001). UML Components 컴포넌트 기반 소프트웨어 명세를 위한 실용적인 프로세스. 공역 김경주, 조남규. 인터비전.
- 특허청 (2017). 정보화사업관리 표준가이드. JINHAN M&B.
- 한국프로젝트관리기술회, 한국전력기술주식회사. 한국의 프로젝트 매니지먼트.
- 한미글로벌 (2011). Construction Management A to Z. 보문당.

보고서

- Altimeter Group (2021). Understanding Convergence: The Next Wave of Digital Transformation.
- https://hbr.org/2021/03/digitizing-isnt-the-same-as-digital-transformation
- https://www.samsungsds.com/kr/insights/dta.html
- IMD (2022). Top 21 Digital Transformation Strategies.
- 과학기술정보통신부 (2021). 2021 정보통신산업의 진흥에 관한 연차보고서.
- 과학기술정보통신부, NIA. 인공지능 학습용 데이터셋 구축 안내서.
- 대통령직속 4차 산업혁명위원회 (2017). 혁신성장을 위한 사람 중심의 4차 산업혁명 대응계획 I-KOREA 4.0
- 은서기 (2020). 4차 산업혁명 시대, 디지털트랜스포메이션 전략.
- 은서기 (2022). ㈜씨에이에스 2022년 상반기 경영전략 보고.
- 특허청 (2021. 9). 4차산업혁명관련 신 특허분류체계 Z코드 및 기술혁명.
- 한국개발연구원 (2013). 2013년도 예비타당성조사 연구보고서 정보화부문 사업의 예비타당성조사 표준지침 연구(제2판).
- 한국전산원 (1999). 공공부문 정보시스템 아웃소싱 동향 및 추진방안.
- 한국정보보호진흥원 (2018). 4차 산업혁명 시대 ICT 진화 방향과 발전단계. IT&Future Strategy 제2호 (2018.5.30.).
- 한국정보통신기술협회 (2022). 2022 ICT 표준화전략맵 요약보고서.
- 한국정보통신기술협회 (2022). 2022 ICT 표준화전략맵 종합보고서1, D.N.A 생태계 강화.
- 한국정보통신기술협회 (2022). 2022 ICT 표준화전략맵 종합보고서2, 비대면 인프라 고도화.
- 한국정보통신기술협회 (2022). 2022 ICT 표준화전략맵 종합보고서3, 초연결 신산업 육성.
- 한국정보통신기술협회 (2022). 2022 ICT 표준화전략맵 종합보고서4, SOC 디지털화 Part.1.
- 한국정보통신기술협회 (2022). 2022 ICT 표준화전략맵 종합보고서5, SOC 디지털화 Part.2.
- 행정안전부 (2018. 10). 공공서비스 디지털기술로 날다.

법령, 매뉴얼 & 가이드

- KOSA. SW사업 대가산정 가이드 2019[2차 개정판]
- 고용노동부 (2022). 2022년도 국가정보화 시행계획.
- 과학기술정보통신부 (2017). 소프트웨어사업의 하도급 승인 및 관리 지침, [시행 2017. 8. 24.] [과학기술정보통신부고시 제2017-7호, 2017. 8. 24., 타법개정]
- 과학기술정보통신부 (2020). 소프트웨어사업 관리감독에 관한 일반기준 [시행 2020. 8. 19.] [과학기술정보통신부고시 제2020-38호, 2020. 8. 19., 일부개정].
- 과학기술정보통신부 (2020). 소프트웨어 품질성능 평가시험 운영에 관한 지침, 과학기술정보통신부고시 제2020-89호, 2020. 12. 24.
- 과학기술정보통신부 (2021). 정보보호 및 개인정보보호 관리체계 인증 등에 관한 고시, [시행 2021. 3. [과학기술정보통신부고시 제2021-27호, 2021. 3. 31., 일부개정] .
- 과학기술정보통신부, NIA, 한국정보통신기술협회. 인공지능 학습용 데이터 품질관리 가이드라인 v1.0.
- 관계부처합동 (2022). 디지털 뉴딜 2.0 초연결 신산업 육성메타버스 신산업 선도전략
- 국가정보원 (2020). 국가·공공기관 도입을 위한 블록체인 암호기술 가이드라인.
- 기획재정부 (2021). 국가를 당사자로 하는 계약에 관한 법률 시행규칙(약칭: 국가계약법 시행규칙), [기획재정부령 제867호, 2021. 10. 28., 타법개정]
- 기획재정부 (2022). 2023년도 예산안 편성 및 기금운용계획안 작성지침.
- 기획재정부. 예비타당성조사 운용지침, 기획재정부훈령 제435호.
- 대한무역투자진흥공사 (2022). KOTRA 소프트웨어 방법론 표준가이드.
- 대한무역투자진흥공사 (2022). KOTRA 소프트웨어개발 표준가이드.

- 대한무역투자진흥공사 (2022). KOTRA 정보화 사업 UI/UX 표준가이드.
- 대한무역투자진흥공사 (2022). KOTRA 정보화 사업 발주·수행 표준가이드.
- 문화체육관광부 (2020). 보안업무규정 시행세칙.
- 미래창조과학부 (2015). 한국형 웹 콘텐츠 접근성 지침 2.1.
- 미래창조과학부 (2016). SW사업 분할발주를 위한 수·발주자가이드라인(요건정의, 기본설계).
- 방송통신표준심의회 (2016). 모바일 애플리케이션 콘텐츠 접근성 지침 2.0.
- 소프트웨어 진흥법 시행규칙 [시행 2020. 12. 23.] [과학기술정보통신부령 제62호, 2020. 12. 23., 전부개정]
- 소프트웨어 진흥법, [시행 2021. 12. 30.] [법률 제17799호, 2020. 12. 29., 타법개정]
- 정보통신산업진흥원 (2019). 사례기반 소프트웨어 단계별 발주 가이드.
- 정보통신산업진흥원 (2019). 소프트웨어 단계별 발주 가이드.
- 정보통신산업진흥원 (2019). 정보시스템 마스터플랜(ISMP) 방법론.
- 정보통신산업진흥원 (2021). 공공 SW사업 법제도 관리 감독 및 지원 가이드.
- 정보통신산업진흥원 (2021). 공공 SW사업 제안요청서 작성을 위한 요구사항 상세화 실무 가이드.
- 정보통신산업진흥원 (2021). 공공SW사업 법제도 관리감독 및 지원 가이드.
- 정보통신산업진흥원 (2021). 공공부문 SW사업 하도급 승인 및 관리 가이드.
- 정보통신산업진흥원 (2021). 공공소프트웨어사업 과업심의 가이드.
- 정보통신산업진흥원 (2021). 상용SW 직접구매(구, 분리발주) 가이드(개정판).
- 정보통신산업진흥원 (2021). 소프트웨어 개발사업의 적정 사업기간 산정 가이드.
- 정보통신산업진흥원 (2021). 소프트웨어사업 영향평가 가이드라인.
- 정보통신산업진흥원 (2021). 소프트웨어사업 요구사항 분석·적용 가이드.
- 정보통신산업진흥원 부설 소프트웨어공학센터 (2016). SW사업정보 제출 및 활용 서비스 안내.
- 조달청 (2014). 공공정보화 사업유형별 제안요청서 작성 가이드.
- 통계청 (2021). 2021년도 자체평가 시행계획.
- 특허청 (2014). 소프트웨어(SW) 개발방법론.
- 특허청 (2014). 정보화사업 관리 표준가이드.
- 표준프레임워크 포털, 표준프레임워크 MSA 적용 개발 가이드 Version 1.2.0.
- 한국사회보장정보원. 정보화사업 표준가이드(SW개발방법론)
- 한국사회보장정보원. 정보화사업 표준가이드(수행관리)
- 한국소프트웨어산업협회 (2012). 소프트웨어 사업 가이드북.
- 한국소프트웨어산업협회 (2021). SW사업 대가산정 가이드.
- 한국인터넷진흥원 (2011). 모바일 대민 서비스 보안취약점 점검 가이드.
- 한국인터넷진흥원 (2011). 소프트웨어 개발보안 가이드.
- 한국인터넷진흥원 (2011). 소프트웨어 보안약점 진단 가이드.
- 한국인터넷진흥원 (2013). 정보시스템 개발·운영자를 위한 홈페이지 취약점 진단·제거 가이드.
- 한국인터넷진흥원 (2018). 온라인 개인정보 처리 가이드라인.
- 한국인터넷진흥원 (2019). 소프트웨어 보안약점 진단가이드.
- 한국인터넷진흥원 (2020). 개인정보 영향평가 수행 안내서.
- 한국인터넷진흥원. 전자정부 SW 개발·운영자를 위한 소프트웨어개발 보안 가이드.
- 한국정보통신기술협회 (2018). 정보시스템 하드웨어 규모산정 지침.
- 한국정보화진흥원 (2011). CBD SW 개발 표준 산출물관리 가이드.
- 한국정보화진흥원 (2011). IT 아웃소싱 운영 관리 매뉴얼 V2.0.
- 한국정보화진흥원 (2011). 정보화사업 PMO 운영관리 매뉴얼.
- 한국정보화진흥원 (2013). 전자정부사업 품질관리 매뉴얼 V1.0.
- 한국정보화진흥원 (2017). 정보시스템 운영 성과측정 매뉴얼.

- 한국정보화진흥원 (2017). 정보시스템감리 운영 및 유지보수 감리 점검 가이드.
- 한국정보화진흥원 (2020). 전자정부지원사업 사업관리매뉴얼 V5.3.
- 한국정보화진흥원 (2022). 정보시스템 감리 수행가이드.
- 한국정보화진흥원(2015). 전자정부지원사업 정보화전략계획(ISP) 산출물 점검 가이드 V1.0.
- 한국정보화진흥원. 정보시스템 감리지침 - 정보기술 아키텍처 구축 V1.0.
- 한국지능정보사회진흥원 (2020). 전자정부 SW 개발·운영자를 위한 표준프레임워크 보안 개발 가이드.
- 한국지능정보사회진흥원 (2021). PMO 도입 운영 가이드 2.1.
- 한국지능정보사회진흥원 (2021). 공공데이터베이스 표준화 관리 매뉴얼.
- 한국지능정보사회진흥원 (2021). 전자정보사업관리위탁(PMO) 도입-운영 가이드 2.1.
- 한국지능정보사회진흥원 (2021). 정보시스템 구축 발주자를 위한 표준프레임워크 적용가이드 Ver. 3.10.
- 한국지능정보사회진흥원 (2022). 정보시스템 감리 발주-관리 가이드.
- 한국지능정보사회진흥원. 범정부 EA포털 정보등록·상시등록관리가이드.
- 한국지능정보사회진흥원. 행정·공공기관 민간 클라우드(SaaS) 이용사례집.
- 행정안전부 (2010). 웹 접근성 향상을 위한 국가표준 기술 가이드라인
- 행정안전부 (2017). 개인정보보호 지침(개정 2017.12.12.), 행정안전부훈령 제19호.
- 행정안전부 (2017). 전자정부서비스 호환성 준수지침 전문, 행정안전부 고시 제2017-26호.
- 행정안전부 (2017). 정보기술아키텍처 도입 · 운영 지침, 개정, 행정안전부고시 제2017호
- 행정안전부 (2018). 행정기관 및 공공기관 정보시스템 구축·운영지침, 행정안전부 고시 제2018호(2018.3).
- 행정안전부 (2019). 행정기관 및 공공기관 정보시스템 구축·운영 지침, 행정안전부 고시 제2019-69호.
- 행정안전부 (2020). 전자정부 웹사이트 품질관리 지침, 행정안전부 고시 제2020-38호.
- 행정안전부 (2021). 공공기관의 데이터베이스 표준화 지침 개정 고시(행정안전부고시 제2021-32호, '21.6.7.).
- 행정안전부 (2021). 공공데이터 제공·관리 실무 매뉴얼.
- 행정안전부 (2021). 웹사이트 발주자 관리자를 위한 행정 공공기관 웹사이트 구축 운영 가이드.
- 행정안전부 (2021). 전자정부 성과관리 지침(개정 2021.2.16), 제2021-16호.
- 행정안전부 (2021). 전자정부 웹사이트 품질관리 지침, 행정안전부 고시 제2021-19호
- 행정안전부. 공공데이터를 활용한 공공기관의 서비스 개발·제공가이드라인.
- 행정자치부 (2017). 정보화사업 중복 · 연계 검토 가이드.
- 허원실. 시스템 분석과 설계 개정판 효과적인 비즈니스 정보시스템 개발.

표 색인

표 색인

그림 색인

그림 색인

사례 색인

영문약어

AA(Application Architecture, 응용아키텍쳐)

AES(Advanced Encryption Standard, 고급 암호 표준)

AHP(Analytical Hierarchy Process, 종합평가법)

AI(Artificial Intelligence, 인공지능)

ANI(automatic number identification, 발신 번호 자동 식별)

API(application programming interface, 운영체제가 제공하는 함수의 집합체)

APM(Application Performance Management, 애플리케이션 성능 관리)

ATM(Automated Teller Machines, 현금자동인출기)

BA(Business Architecture, 업무아키텍쳐)

BMT(Benchmark Test, 벤치마크 테스트)

BPR(Business Process Re-engineering, 업무 재설계)

BRM(Business Relationship Management, 비즈니스 참조 모형)

BYOL(Bring Your Own License, 사용자 라이선스 사용)

CBD(Component Based Development CBD 개발방법론)

CDO(Chief Data Officer, 데이터 최고 책임자)

CDP(Continuous Data Protection, 지속 데이터 보호)

CI(Cybersecurity Information, 사이버 보안 정보)

CI/CD(continuous integration/continuous delivery, 지속적 통합/지속적 배포)

CIO(Chief Information Officer, 정보담당 최고경영자)

CISO(Chief Information Security Officer, 최고정보보호책임자)

CLI(Common Language Infrastructure, 공통 언어 기반 구조)

CM(Configuration Management, 형상관리)

CoE(Centers of Excellence)

CORBA(common ORB architecture, 코바)

CPU(Central Processing Unit, 중앙 처리 장치)

CRM(Customer Relationship Magement, 고객 관계 관리)

CRUD(Create Read Update Delete)

CSR(Customer Service Request,고객 서비스 요청)

CSUD(Collection Storage Utilize Deletion)

CSV(Comma Separated Values, 파일 형식)

CTIP(Cyber Threat Intelligence Platforms, 사이버 위험 지능형 플랫폼)

CTQ(Critical To Quality, 핵심 품질 인자)

CTS(computer typesetting system, 컴퓨터 사식 조판 시스템)

DBMS(Data Base Management System, 데이터베이스관리시스템)

DBWR(Database Writer, 데이터베이스 기록)

DES(Data Encription Standard, 데이터 암호화 표준)

DET(Data Element Type)

DET(Data Element Type)

DFD(Data Flow Diagram, 데이터 흐름도)

DMZ(DeMilitarized Zone, 외부에 오픈된 서버영역)

DNS(domain name system, 도메인 네임 시스템)

DRM(Digital Right Management, 디지털 권리 관리)

DT(Digital Transformation, 디지털 전환)

DW(data warehouse, 데이터 웨어하우스)

DW(Data Warehouse, 데이터 웨어하우스)

EA(Enterprise Architecture, 엔터프라이즈 아키텍쳐)

EA(Enterprise Architecture, 엔터프라이즈 아키텍쳐)

EAM(Enterprise Access Management, 기업 접근 관리)

EGA(Enhanced Graphic Adaptor, 고도화 도형 어댑터)

EI(External Input, 외부입력)

ELF(External Logical File, 외부논리파일)

EO(External Output, 외부출력)

EPMO(Enterprise PMO, 전사적 프로젝트 관리 조직)

EQ(External Inquiry, 외부조회)

ERD(Entity Relationship Diagram, 개체 관계도)

ERP(Enterprise Resource Planning, 전사적 자원관리)

ETCL(Extraction,Transformation, Cleansing, Loading)

FGI(Focus Group Interview, 표적집단면접법)

FP(Fuction Point, 기능점수)

FP(Function Point, 기능점수)

FSM(Functional Size Measurement, 기능규모 측정)

FTR(File Type Reference)

FTR(File Type Referenced)

GEAP(Government-wide Enterprise Architecture Portal, 범정부 EA 포털)

GID(Group-ID, 그룹 아이디)

GUI(graphical user interface , 그래픽 사용자 인터페이스)

HA(High Availability , 고가용성)

HACMP(High Availability Cluster Multi-Processing, 고가용성 솔루션)

HCI(Hyper-convergedinfrastructure, 하이퍼 컨버지드 인프라스트럭처)

HTML(hyper text markup language, 하이퍼텍스트 생성 언어)

HTTP(HyperText Transfer Protocol, 하이퍼텍스트 전송 규약)

IA(Information architecture, 정보 아키텍처)

IE(Information Engineering, 정보공학)

IEEE(Institute of Electrical and Electronics Engineers, 미국 전기전자학회)

IIS(Internet Information Server , 인터넷 정보 서버)

ILF(Internal Logical File, 내부논리파일)

IM(Issue Manager, 이슈관리자)

IoT(Internet of Things, 사물인터넷)

ISMP(Information System Master Plan, 정보 시스템 종합 계획)

ISMS-P(Personal information & Information Security Management System)

ISP(Information Strategy Plan, 정보 전략 계획)

ITO(Information Technology Total Outsourcing, IT 토털 아웃소싱)

ITS(Intelligent Transport System, 지능형교통시스템)

JDK(Java Development Kit, 자바 개발 키트)

JSP(Jackson structured programming, 잭슨 구조화 프로그래밍)

KWCAG(Korean Web Content Accessibility Guidelines, 한국형 웹 콘텐츠 접근성 지침)

LAN(local-area network, 근거리 통신망)

LBS(Location Based Service, 위치 기반 서비스)

LDAP(Lightweight Directory Access Protocol, 경량 디렉터리 액세스 프로토콜)

LISI(Level of Information System Intercoperability, 상호 운용성 수준)

LOC(Line of Code)

MDI(Multiple-document interface, 다중 문서 인터페이스)

MECE(Mutually Exclusive Collectively Exhaustive)

MIS(management information system, 경영정보 시스템)

MSA(Micro Service Architecture, 마이크로서비스 아키텍쳐)

NAT(Network Address Translation, Network Address Translation)

NFS(Network File System, 네트워크 파일 시스템)

NTP(network time protocol, 네트워크 타임 프로토콜)

ODBC(open database connectivity, 개방형 데이터베이스 접속성)

ODS(Object Directory Service, 객체 디렉터리 서비스)

OECD(Organization for Economic Co-operation and Development, 경제협력개발기구)

PDCA(Plan-Do-Check-Act)

PHD(Process Hierarchy Diagram, 프로세스 계층도)

PM(Project Manager, 프로젝트 관리자)

PMD(Polarization Mode Dispersion, 편광 모드 분산)

PMI(Project Management Institute)

PMO(Project Management Office, 프로젝트 관리조직)

QC(Quallity Control, 품질관리)

RAC(Real Application Clutster, 리렁 애플리케이션 클러스터)

RAID(Redundant Array of Independent Disks, 복수 배열 독립 디스크)

RET(Record Element Type)

RFP(Request for Proposal, 제안 의뢰서)

ROI(Return on Investment, 총자본이익률)

RPA(Robotic Process Automation, 로보틱 처리 자동화)

RPC(remote procedure call, 원격 순서 호출)

SA(Software Architecture, 소프트웨어아키텍쳐)

SAM(Secure Application Module, 보안 응용 모듈)

SDDC(Software Defined Data Center, 소프트웨어 정의 데이터센터)

SDLC(Software Development Life Cycle, 소프트웨어 개발 생명 주기)

SFS(Service Factor Specification, 서비스 팩터 규격)

SGA(System Global Area, 시스템 글로벌 영역)

SGID(Set Group-ID, 설정 그룹 아이디)

SIP(Service Improvement Program, 서비스 개선 프로그램)

SLA(Service Level Agreement, 서비스 수준 협약)

SLM(Service Level Management, 서비스 수준 관리)

SLO(Service Level Objectives, 서비스 레벨 목표)

SLR(Service Level Requirement, 서비스 수준 요구)

SMS(Short Message Service, 단문메세지)

SMTP(simple mail transfer protocol, 간이 전자 우편 전송 프로토콜)

SNMP(simple network management protocol, 간이 망 관리 프로토콜)

SOW(Statement Of Work, 작업기술서)

SPO(System Program Office, 시스템 프로그램 관리조직)

SQL(Structured Query Language, 구조화된 질의 언어)

SR(Service Request, 서비스 요청)

SSO(Single Sign-On, 싱글 사인온)

SUID(Set User-ID, 설정 사용자 아이디)

SVN(Subversion, 아파치 서브버전)

TA(Technical Architecture, 기술아키텍쳐)

TCP(transmission control protocol, 전송 제어 프로토콜)

TMP(test management protocol , 시험 관리 프로토콜)

TPS(Transaction Per Second, 초당 거래수)

UCD(Use Case Diagram, 유스케이스 다이어그램)

UI(user interface, 사용자 인터페이스)

UML(Unified Modeling Language, 통합 모델링 언어)

UPMO(Union PMO, 연합적 프로젝트 관리 조직)

UPS(power supply, uninterruptible, 무정전전원)

URL(Uniform Resource Locator, 파일식별자)

V&V(Verification & Validation)

VOC(Voice of the customer, 고객의 소리)

W3C(World Wide Web Consortium, 월드 와이드 웹을 위한 표준을 개발하고 장려하는 조직)

WAN(wide area network, 광역 통신망)

WAS(Web Application Server, 웹 애플리케이션 서버)

WBS(Work Breakdown Structure, 업무분류체계)

WVS(Web Vulnerability Scanner, 웹 볼룬터리 시스템)

XDR(Extended Detection and Response, 외부 데이터 표현 방식)

XML(extensible markup language, 확장성 생성 언어)

XML(extensible markup language, 확장성 생성 언어)

정보화사업 성공을 위한
Enterprise PMO 실무가이드 vol.1

1판 1쇄 | 2023년 9월 15일

지은이 | 은서기, 전영하, 박호순, 나정희, 원선기, 이창희
펴낸이 | 박상란
펴낸곳 | 피톤치드

디자인 | 김다은 교정 | 강지희
경영·마케팅 | 박병기
출판등록 | 제 387-2013-000029호
등록번호 | 130-92-85998
주소 | 경기도 부천시 길주로 262 이안더클래식 133호
전화 | 070-7362-3488
팩스 | 0303-3449-0319
이메일 | phytonbook@naver.com

ISBN | 979-11-92549-20-0(04320)